Max Schilling

Pädagogische Studien

Jahrgang 1881

Max Schilling

Pädagogische Studien
Jahrgang 1881

ISBN/EAN: 9783744642736

Hergestellt in Europa, USA, Kanada, Australien, Japan

Cover: Foto ©Suzi / pixelio.de

Weitere Bücher finden Sie auf **www.hansebooks.com**

Pädagogische Studien.

Neue Folge.

———

Herausgegeben

von

Dr. W. REIN

Seminardirektor in Eisenach.

———

Jahrgang 1881.

———◆◆———

Dresden.

Verlag von Bleyl & Kaemmerer.

1881.

Inhaltsverzeichnis des zweiten Bandes.

IV. Anzeigen.

Im ersten Band, Jahrgang 1880, sind folgende grössere Abhandlungen
veröffentlicht:

1. Dr. E. v. Sallwürk, Oberschulrat in Karlsruhe, Rousseau's Stellung in
der Pädagogik und in der Geschichte der Pädagogik.
2. Dr. Richard Staude, Seminarlehrer in Eisenach, Die „kulturhistorischen
Stufen" im Unterrichte der Volksschule.
3. G. A. Israel, Oberlehrer in Dresden, Dörpfeld und die Classenzahlfrage.
4. Dr. Karl Just in Dresden, Die Psychologie im Lehrer-Seminar. Ein
Beitrag zur Ausbildung der Schulwissenschaften.

Kritische Betrachtungen über die „Kunstkatechese".

Von **Dr. Thrändorf**, Seminaroberlehrer in Auerbach i. S.

I.

> Erquickung hast Du nicht gewonnen,
> Wenn sie Dir nicht aus eigner Seele quillt.

In dem Verbalismusstreite, der leider durch die persönliche Art, in der er geführt wurde, viel Staub aufwirbelte, ohne der Sache viel zu nützen, hat sich wenigstens so viel ganz klar herausgestellt: Viele, die sich dazu berufen fühlen, die Schulen gegen den Vorwurf eines verbalistischen Unterrichts zu verteidigen, wissen noch gar nicht was Verbalismus ist, können daher auch nicht beurteilen, wie sehr wir noch in den Fesseln dieses Erbfeindes schmachten. Den aus dieser Unkenntnis mit Notwendigkeit sich ergebenden Misverständnissen ist eben nur dadurch vorzubeugen, dass man an concreten Beispielen: Methodenbüchern, Lehrplänen, Schuleinrichtungen etc. nachweist, was Verbalismus ist und welche dominirende Stellung er trotz aller feierlichen Proteste und Erklärungen von Lehrerversammlungen in der Schule einnimmt.

In den naturkundlichen Fächern macht sich nach Pestalozzi's Vorgange ein anerkennenswertes Streben geltend, den alten geheimen Feind der Schule zu entlarven und unschädlich zu machen; nur selten und schüchtern wagt sich dann und wann ein „alter Praktikus" hervor, um dem für den Lehrer so äusserst bequemen Dictiren und Auswendiglernen auf Kosten der lästigen „zeitraubenden" Anschauung das Wort zu reden. Im ganzen und grossen beginnt auf diesem Gebiete der Dogmatismus einem rationellen, die geistige Kraft und das Interesse weckenden Empirismus Platz zu machen.

Um so breiter und ungestörter wuchert dagegen der Verbalismus in den Unterrichtszweigen, denen die Bildung der Gesinnung, des sittlich religiösen Charakters in erster Linie anvertraut ist. Ja die Sache liegt hier so im Argen, dass man in den weitesten Kreisen von der Natur des Gegners noch gar keine Ahnung hat, und doch ist auf keinem Gebiete der Kampf gegen den Verbalismus älter als auf diesem, denn Jesaia, der da sagt: „Dies Volk nahet sich zu mir mit seinem Munde und ehret mich mit seinen Lippen" etc., kämpft bereits gegen den sittlich-religiösen Verbalismus. Der Unterschied der Jetztzeit von der Vorzeit liegt blos darin, dass das, was Jesaia bekämpft, von vielen unsrer Lehrer und „Geistlichen" meist ohne ihr eigenes Wissen gepflegt wird, nämlich religiöses Bekenntnis ohne religiös-sittliches Gefühl, ein äusserlich angelernter Gedankenkreis, oder sagen wir besser ein Aggregat von Worten und Redensarten *) ohne Wurzel in der eigenen innern Erfahrung und daher auch ohne Einfluss auf das Leben. Wollte Jemand diesem Facit einer psychologisch-kritischen Betrachtung unseres gewöhnlichen Religionsunterrichtes widersprechen, so würden unsere Jugend und der schwindende religiöse Sinn unsers Volkes ihn Lügen strafen.

Diese Anklage gegen den Religionsunterricht ist sehr schwer, aber leider nicht neu, und ich glaube es ist besser, wenn man sich dieselbe recht zu Gemüte führt, als wenn man den Tatbestand mit verblendeter Selbstgefälligkeit zu beschönigen sucht. — Und sollte das Bekenntnis der grossen Mangelhaftigkeit unseres Religionsunterrichtes wirklich so schwer sein? Sollte es so schwer sein, sich hier zum Bekenntnis der geistlichen Armut zu bequemen?

Der Religionsunterricht hat sich unter allen Unterrichtszweigen das höchste Ziel gesteckt, ja sein Ziel ist das Ziel der Erziehungsschule überhaupt und alle andern Fächer müssen sich diesem Ziele, als dem höchsten absolut wertvollen unterordnen, denn ein Christ zu werden im Geiste Jesu des Meisters, gottähnlich zu werden im Fühlen, Denken und Wollen, das ist das erhabenste Ziel des Menschen, mit dem kein anderes verglichen werden kann. Den Weg zu diesem Ziele zu zeigen und die ersten entscheidenden Schritte zu leiten, ist Sache des Religionsunterrichtes. Aber je höher das Ziel, desto schwieriger der Weg und unserm Ziele gegenüber wird wol Jeder gern zugeben: Erreichen können wir dies Ziel nie, nur annähern können wir uns ihm nach dem Masse der uns von Gott verliehenen Kräfte und des göttlichen Beistandes. Es gibt nun aber ein doppeltes Resigniren. Auf der einen Seite sagt man sich gewissermassen als Trost und Beruhigung: Erreichen kann man das Ziel einmal nicht, also muss man sich mit dem, was erreicht wird, zufrieden geben. Auf der andern Seite findet man gerade in der Unendlichkeit des Zieles einen Sporn zu nie rastendem Streben nach höherer Vervollkommnung.

Die katholische Kirche hat in alten Zeiten auf religiöse Unterweisung der Jugend so gut wie völlig Verzicht geleistet. Die Reformation hat durch den Katechismus und besonders die deutsche Bibel dem religiösen Leben auch des gemeinen Mannes die ewig unversiegbaren Quellen er-

---

*) Der Jahresbericht des evangelischen Schullehrerseminars zu Karlsruhe (1872) sagt mit Bezug auf die ehemaligen Katechesenjungen des Predigerseminars zu Heidelberg: Busse und Glaube, das sind die allezeit parat liegenden Schlagwörter. Ebenso geht es mit den Begriffen Gnade, Gerechtigkeit etc. Geht man näher ein, so findet man, dass dies alles meistens leere Worte sind, sie (die Schüler) wissen entweder gar nicht, was die Worte bedeuten, oder bringen ein Stück einer angelernten Definition vor, von der sie natürlich ebenso wenig verstehen. Solches Wissen hat keinen Wert.

schlossen und der Geist eifrigen Bibelstudiums ist eine der grössten und schönsten Errungenschaften der Reformation. Was dagegen die Methodik anlangt, so kam man über ein wortgetreues Auswendiglernen des Katechismus und vielleicht einiger Bibelstellen nicht allzuweit hinaus, lebte aber in dem fröhlichen Glauben, dass damit auch der gemeine Mann in den Besitz religiöser Wahrheiten kommen könne*). Wir können diesen Glauben nicht mehr teilen, denn wir wissen, dass durch bloses Auswendiglernen nichts als eine Summe von Worten in den Kopf kommt; diese Worte sind Symbole für Vorstellungen, Gefühle, Begriffe, wer nun diese Grundlagen für das Verständnis der Worte nicht in sich trägt, für den haben die Worte keinen Inhalt, sie sind leerer Klang. Niemand hört, als was er weiss, niemand vernimmt, als was er empfunden**). Wenn man im Religionsunterricht Kindern Worte darbietet, denen Nichts aus dem Innern der Kindesseele entgegenkommt, so ist das — wenn es gestattet ist Grosses mit Kleinem zu vergleichen — gerade so, als wollte ich unter einem Volke, welches das Papiergeld nicht kennt, Jemand mit solchem Papiergeld beschenken, der Beschenkte würde wenig Freude und Vorteil von dem Geschenk haben***). Wenn wir nun trotzdem in der Reformationszeit viel religiöses Leben finden, so ist das sicher nicht Folge des Auswendiglernens der Glaubensformeln, sondern vielmehr des intensiven Bibelstudiums. Die Bibel aber führt uns in den Personen, von denen sie erzählt, anschauliche Bilder religiösen Lebens vor und begnügt sich nicht mit Begriffen und Formeln, die für den, dem die Vorstellungen fehlen, leer sind. — Vor allem darf man nicht vergessen, dass eine ausgeprägte Kirchlichkeit noch längst keine Religiosität oder Frömmigkeit ist, dass sie sich vielmehr ohne alle Schwierigkeit mit grenzenloser sittlicher Rohheit und einem grassen Aberglauben paaren kann. Ich glaube, die viel gerühmte alte Zeit hat für diese Vereinigung mehr Beispiele geboten, als man gewöhnlich annimmt. — Das Ziel aber, dem der wahre Religionsunterricht zustreben muss, ist sittlich religiöse Wiedergeburt des innern Menschen und wenn er sich dabei auch bewusst ist, dass eine solche Wiedergeburt ein Werk Gottes ist, so lässt er sich doch durch diesen Gedanken nur dazu treiben, nun in der Zuversicht auf göttlichen Beistand alles, was in seinen Kräften steht aufzubieten, um diese

---

*) Geschichte der Methodik des Volksschulunterrichtes herausg. von Kehr, (Religion, bearbeitet von Schumann) p. 26 ff.

**) Lange, Über Apperception (Plauen 1879) p. 47—49. Das ganze Büchlein sei allen, denen es um eine psychologisch richtige Gestaltung ihres Unterrichts zu tun ist, bestens empfohlen.

***) Vielleicht beruft sich Jemand darauf, dass man es im Religionsunterricht mit Mysterien zu tun habe, die nie zur vollen Klarheit kommen können. Dem muss entgegengehalten werden, dass es auf sittlichem Gebiet — und mit dem hat es der Religionsunterricht doch auch zu tun — kein Mysterium gibt, also auch keine unverstandenen Worte geben darf, und was das religiöse Gebiet im engern Sinne anlangt, so hat Lipsius, der weit entfernt ist, das Mysterium aus der Religion entfernen zu wollen, Recht wenn er (Dogmatik 2. Aufl. I, 49) sagt: „Was höchstens wie eine unverstandene Chiffreschrift weiter tradirt wird, das kann vom Menschengeiste auch nicht wahrhaft auf geistige Weise angeeignet werden, es ist also auch nicht offenbar."

Wandlung im Menschen anzubahnen. Der echte Religionslehrer vertraut,
als ob Gott alles tun müsste und arbeitet, als ob von seiner Arbeit alles
abhinge. Die grösste Kraft, die der für die Sache des Religionsunterrichtes begeisterte Lehrer in den Dienst seiner hohen Aufgabe stellen
kann, ist die Wissenschaft der Psychologie. Das erste, was die
Psychologie tut. ist, dass sie uns auf die grossen Schwierigkeiten
aufmerksam macht, mit denen der Religionsunterricht zu kämpfen hat.
Begriffe, lehrt sie, denen nicht ein reiches Vorstellungs- und Gefühlsleben
zu Grunde liegt, sind null und nichtig[*]; es ist aber eine Tatsache der
Erfahrung, dass das eigentliche religiöse Fühlen und Denken einer ziemlich späten Entwicklung des individuellen Geistes angehört. Das Kind
hat noch keine Erfahrung von der unendlichen Abhängigkeit des Menschen
von einer unbegreiflichen höheren Macht, es kennt noch nicht das
drückende Gefühl, das durch die Vergleichung der idealen Forderung,
die uns Gott ins Herz geschrieben hat, mit der Unvollkommenheit unsrer
Leistungen zu Stande kommt und jenes Sehnen nach Erlösung von
den Banden der zum Staube ziehenden Sinnlichkeit erzeugt. Das Kind
kennt noch kein Staunen beim Anblick der von der Natur gepredigten
Weisheit und Allmacht des Schöpfers.

Wenn man nun auf dieser gegebenen Tatsache fortbauend behaupten
wollte: Wo keine Erfahrungen, Vorstellungen und Gefühle sind, da sollen
auch keine Begriffe sein, so käme man zu dem Standpunkt Rousseau's
und des seinem Beispiel folgenden Philanthropin. Sie wollten das Eintreten religiöser Unterweisungen bis zu dem Zeitpunkt hinausgeschoben
wissen, wo das Kind eigner religiöser Erfahrungen fähig geworden ist.

Dagegen fordert Herbart mit aller Entschiedenheit, dass die Idee
Gottes schon früh in die Kindesseele gepflanzt werde, denn er sagt
(WWX, 97) „Nie wird Religion den ruhigen Platz in der Tiefe
des Herzens einnehmen, der ihr gebürt, wenn ihr Grundgedanke nicht zu den ältesten gehört, wozu die Erinnerung
hinaufreicht; wenn er nicht verschmolzen wurde mit Allem, was das
wechselnde Leben in dem Mittelpunkt der Persönlichkeit zurückliess" [**].
Dazu lehrt die Psychologie, dass alle Begriffe im Geistesleben einen
Werdeprocess durchzumachen haben, dass sie nicht gleich beim ersten
Auftreten in der vollen Klarheit und Deutlichkeit dastehen können und
sollen. Also werden auch die religiösen Vorstellungen nicht gleich in
vollendeter Correctheit in der Kindesseele entstehen können, sondern sie
werden sich vielmehr von stark anthropomorphistischen halb mythischen
zu immer reineren, geistigeren Formen entwickeln. Wer wüsste nicht

---

[*] Lazarus, Leben der Seele. (2. Aufl.) II. p. 312.
[**] Herbarts Werke von Hartenstein XI, 227 heisst es: „Gott, als das reelle
Centrum aller praktischen Ideen und ihrer schrankenlosen Wirksamkeit; der Vater
der Menschen und das Haupt der Welt: Er fülle den Hintergrund der Erinnerung,
als das Älteste und Erste, bei dem alle Besinnung des aus dem verwirrten Leben
zurückkehrenden Geistes immer zuletzt anlangen müsse; um, wie im eigenen Selbst,
in der Feier des Glaubens zu ruhen." — Niemeyer tritt diesen Ausführungen Herbarts bei (Grundsätze der Erziehung und des Unterrichts herausgeg. von Rein.
Langensalza 1879. II, 245).

aus seiner eigenen Kindheit sich zu erinnern, wie er sich Gott als würdigen Greis tronend auf einer Wolke vorgestellt hat, wie dem Bilde des Grossvaters oder sonst einer ehrwürdigen Greisengestalt die Züge zu dem Gottesbilde entlehnt wurden*)? Doch das weiss Jeder am besten selbst, denn Jeder hat hierin seine besondere, eigentümliche Entwicklungsgeschichte. Neben diesen ursprünglichsten Formen religiösen Denkens werden sich aber in der Kindesseele schon sehr bald Spuren sittlicher Bildung zeigen, das Kind wird gewisse Handlungen als g e b o t e n, andere als v e r b o t e n, wieder andere als e r l a u b t ansehen lernen.

An diese schon vor der Schulzeit in der Kindesseele entstandenen Gedankenkreise hat der Lehrer mit schonender Hand anzuknüpfen, diese Gedankenkreise hat er nach den Gesetzen der Psychologie weiter zu bilden. Die Hauptvorschrift, die man für eine solche Weiterbildung geben kann, ist diese: Lass als Lehrer die Kindesseele so viel als möglich selbst walten und schaffen, sei der Künstler, der die Schönheiten des Sittlichen v o r z e i g t**), aber sich wol hütet, dem Kinde das Anschauen und Selbstfühlen durch V o r p r e d i g e n zu ersetzen, sei der Gärtner, der der Pflanze die Nahrung zuführt, aber nicht versucht durch Ziehen und Drücken die Aeste länger zu machen, als die Natur sie wachsen liess, vor allem gib der Kindesseele reiche Gelegenheit, sich selbst tätig zu erweisen, denn nur so kannst du sie in ihren oft sehr i n d i v i d u e l l e n W e n d u n g e n b e l a u s c h e n und nur wenn du sie recht verstehst, kannst du mit rechtem Tact auf sie wirken, n u r d e r v e r m a g j a G e f ü h l e z u w e c k e n, d e r v e r w a n d t e. S a i t e n a n z u s c h l a g e n v e r s t e h t; bilde dir niemals ein, dass du den kindlichen Geist schon vollständig kennst, denn jedes Kind hat seinen eigenen Entwicklungsgang und fordert besonderes Studium; vor allem glaube nicht, du könntest kindlich sprechen, das kann blos das Kind und das Altertum, vor allem die Bibel, wer es nachmachen will, wird kindisch; lass' daher die Kinder alles selbst finden und sich gegenseitig belehren; glaube nicht, dass du durch gefühlvolles Pathos wertvolle Gefühle in der Kindesseele wecken könntest; wo die rechten Vorstellungen fehlen, können sich auch die Gefühle nicht einstellen.***)

Ich kann mir kaum denken, dass Jemand, der die Kindesseele beobachtet hat, gegen diese Vorschriften etwas einzuwenden haben wird. Sehen wir uns nun einmal die in pädagogischen Handbüchern und katechetischen Werken empfohlene Praxis an. Ich greife vor allen zwei der angesehensten und vielgerühmtesten heraus, nämlich die Werke der Herren v. Zezschwitz und Schütze †).

---

*) H. W. X, 99. Über ähnliche Erscheinungen im Völkerleben vergl. Lange l. c. 29.

**) Lazarus l. c. II, 321.

***) Lange l. c. 30 ff.

†) G. v. Zezschwitz, Die Katechese, 2. Hälfte. Die erotematische Unterrichtsform. Leipzig 1872. Schütze, Praktische Katechetik. Leipzig 1879. — Auf die in diesen Werken aufgestellten allgemeinen Begriffe und Grundsätze lasse ich mich wenig ein, sie sind entweder selbstverständlich oder so allgemein, dass jede Art von Religionsunterricht darunter Platz hat; die Beispiele dagegen lehren, dass man

Ganz äusserlich fällt uns in diesen Werken schon auf, dass die
Tätigkeit des Lehrers die des Schülers bei weitem über-
trifft. Bei Schütze (l. c. p. 134 Frage 1—15) kommen ungefähr auf
8 Worte des Lehrers, 3 des Schülers, dabei ist die grosse Masse
der Worte, die der Schüler dem Lehrer blos einfach nachzusprechen
hat, noch gar nicht in Abzug gebracht. — Wer jemals Turnunterricht
gegeben oder auch nur aufmerksam zugesehen hat, wird wissen, dass die
Schüler wenig oder gar nichts lernen würden, wenn der Lehrer $\frac{8}{11}$ der
Stunde für seine Übungen und $\frac{3}{11}$ für die der Schüler verwenden
wollte. Nur die Übung der Kraft steigert die Kraft, nicht aber das Zusehen. Ein Turnlehrer brauchte seinen Schülern gar nichts vorzumachen,
er dürfte sie nur in geeigneter, die Anforderungen nach der wachsenden
Kraft steigernder Weise anleiten zu üben, so würde er bedeutende Erfolge
erzielen. Wie mit der körperlichen Kraft, so ist es mit der geistigen,
sie will geübt sein, wenn sie wachsen soll. Nun wirft man mir allerdings ein, dass der Schüler doch die Gedanken des Lehrers beständig
nachdenken muss, um die eingestreuten Fragen beantworten zu können.
Aber abgesehen davon, dass die Fragen so beschaffen sind, dass sie ein
ernstliches Nachdenken nicht erzeugen, so ist doch ganz klar, dass der
Lehrer das Nachdenken des Schülers blos durch die Worte desselben
erkennen kann. Daher rät Montaigne (Raumer's Gesch. der Pädag.
2. Aufl. I, 356), man solle den Zögling „vor sich her trottiren lassen,
damit man seine Gangart kennen lernt". Da aber einzelne Worte des
Schülers über seine augenblickliche Geistestätigkeit kein Urteil zulassen, so
muss der Lehrer ihn im Zusammenhange sprechen lassen. Wenn also
der Katechet den Knaben wenig sprechen lässt, so schneidet er sich
selbst die Möglichkeit ab, den Geisteszustand und die Geistestätigkeit
des Zöglings in geeigneter Weise zu beobachten[*]. Wo aber eine solche
Beobachtung nicht stattfindet, da kann von wirklich erfolgreichem Wirken auf die Kindesseele nicht die Rede sein. Doch die Redseligkeit des
Katecheten bringt noch einen andern Schaden mit sich. Alle Gedanken,
die dem Schüler nahe treten, werden ihm durch Andere und zwar meist
Erwachsene nahe gebracht, tragen also in ihrer Form das Gepräge einer
andern Person. Sollen sie nun des Schülers Eigentum werden, so muss
er sie in die Formen seines Sprechens und Denkens umprägen
und dieser Process müsste eigentlich von jedem Lehrer überwacht werden. Wenn aber der Lehrer beständig selbst spricht, und nicht gestattet,
dass in der Kindesseele eine zusammenhängende Gedankenreihe abläuft[**],
so ist ein solches Überwachen des psychischen Processes unmöglich, ja
die Psychologie macht es sehr wahrscheinlich, dass ein solcher Aneig-
nungsprocess gar nicht stattfindet, denn die Natur ist blos dann zu

einen viel engeren Begriff im Auge hat, und das ist der des rein logischen
Verfahrens der alten Sokratik.
[*] Lange l. c. 98 u. 100—102.
[**] Schütze hält p. 124 u. 135 Anm. vollständige Antworten der Schüler nicht
für nötig. — Natürlich! Der Katechet hat ja das Alles schon viel besser gesagt,
und das Kind hat es nach Schützes naivem Glauben verstanden, wenn es nur logisch
regelrecht entwickelt wurde.

zwingen, wenn man ihre Gesetze anerkennt und sich nach ihnen richtet. — Angeblich richtet sich der Katechet allerdings nach der kindlichen Natur, denn Schütze empfiehlt, dass sich der Lehrseminarist den S c h u l - t o n, das soll doch wol heissen: die kindliche Sprechweise, angewöhnt und Wiedemann bemüht sich, seinen Kleinen die biblischen Geschichten wie ein Kind zu erzählen. Abgesehen davon, dass es „albern" ist, wenn ein M a n n spricht wie ein 7 j ä h r i g e s K i n d (H. W. XI, 230), und dass es der Würde des Gegenstandes nicht entsprechen will, wenn er s c h a u s p i e l e r t, so ist diese Anbequemung an das kindliche Geistes- leben schon deshalb verfehlt, weil man sich blos an ein f i n g i r t e s K i n d e s d e n k e n anbequemt'). Die Kindesseelen sind aber nicht nach der Schablone geschaffen, lassen sich also auch nicht schablonenmässig behandeln, will man ihrer Eigenart wirklich Rechnung tragen, so muss der Lehrer die jedesmal vor ihm sitzenden Kinderindividuen ausreichend zu Worte kommen lassen, und je kleiner die Kinder sind, desto mehr muss er sie reden lassen und darf auf ihre Gedankenbewegungen nur leise dirigirend eingehen, denn wo er durch vieles Reden einen Druck ausübt**), da verstummt die Kindesseele und blos der Mund spricht mecha- nisch vorgesprochene Worte nach***). Allerdings wird sich bei diesem Ein- gehen auf das individuelle Denken des einzelnen Schülers oft ein Umweg, oft Weitschweifigkeit ergeben, aber Umwege schaden dem offenbar nichts, der das Gehen lernen soll. Wenn Palmer (nach Schütze p. 125) einwirft, die Religionsstunde sei nicht zu Sprachstudien da, so scheint das sehr berechtigt, nur schade, dass, wer aufs Sprechenlernen verzichtet, in dem Gegenstande, in welchem er das tut, auch aufs Denkenlernen verzichten muss†). Dass die Weihe der Religionsstunde durch zusammenhängendes Reden der Schüler gefährdet werde (Schütze p. 124), kann blos der fürchten, dem der äussere Ton über den innern Kern der Sache geht. Ärger kann der Religionsunterricht durch kindliche Rede jedenfalls nicht geschädigt werden, als ihn der Katechet durch seine Taschenspielerkunststückchen, die wir weiter unten aufdecken werden, schädigt.

Wie wenig man auf katechetischer Seite Verständnis für das Wesen, Walten und Schaffen des kindlichen Geistes hat, das beweist am deutlichsten S c h ü t z e, der noch heute meint, durch b l o s e s Auswendig- lernen könne man etwas Wertvolles in die Kindesseele hineinbringen. Er behauptet l. c. p. 128: Wenn man einen guten Schulkatechismus hat,

---

') Schütze behauptet (134 Fr. 11. Anm. 2): der Satz: „Ein gutes Kind etc." — der NB. vom L e h r e r vorgesagt wurde — ist ein Axiom für das Kind, ... w i r g e h e n a l s o v o n d e r k i n d l i c h e n E r f a h r u n g a u s. — Schöne kindliche Erfahrung, die dem Kinde vorgesagt werden muss!

**) Leutz (Anleitung zur Behandlung biblischer Geschichten, Tauberbi- schofsheim 1879) stellt es daher wol nicht mit Unrecht als eine allgemeine Er- fahrung hin, dass die Kinder mit religiösen Schlagwörtern operiren bei völligem Mangel des Verständnisses.

***) „Vieles und unnützes Reden und Fragen beim Unterricht ist ein Zeichen geistiger Schwäche und Ungewandtheit im Unterrichten." (Wangemann, Einführung in das Verständnis des Luth. Katech., Leipzig 1880, p. XXIX.)

†) Lazarus l. c. II, 219, 306, 311 ff. 330, 394 bes. Anm. 3. Abn.

der fertige Dispositionen bietet, so könnte man diese „einfach auswendig lernen lassen, so käme das Kind auch in den Besitz derselben." [*] — Wenn man nur ein gutes Buch über Botanik hat, dann braucht man es blos der Reihe nach auswendig zu lernen, dann ist man im Besitz botanischer Begriffe. — Die ganze Entwickelung der Pädagogik von Bako an ist natürlich umsonst vor sich gegangen. — Wem hier der oberflächlichste Verbalismus nicht in die Augen springt, der ist stockblind. [**]

Doch wir sehen vielleicht etwas zu schwarz, auch Schütze kennt noch eine Methode, die selbst bei einem guten Katechismus besser ist, als bloses Auswendiglernen, nämlich das Zergliedern oder Analysiren. Dieses analysirende Verfahren ist deshalb von grosser Wichtigkeit, weil es bei Schütze in der Verarbeitung biblischer Geschichten zur Anwendung kommt. Ein Beispiel (126) wird die Sache klar machen: „Petrus war ein Apostel des Herrn unter den Juden", wird nach Schütze am besten in folgender Weise analysirt: Von wem ist in diesem Satze die Rede? — Was war dieser Petrus seinem Berufe oder Amte nach? etc." [***] Der Uneingeweihte fühlt sich in eine deutsche Sprachstunde versetzt, oder er glaubt Vorbereitungsübungen zum Uebersetzen ins Lateinische vor sich zu haben. Ich muss gestehen, dass ich zu diesen Uneingeweihten gehöre und nicht begreifen kann, wie man sich durch den Zweck des Religionsunterrichts zu derartigen grammatischen Erörterungen veranlasst sehen kann.

In ähnlicher Weise wird in einem anderen Falle (128) verfahren, dort wird die fertige Definition des Begriffs Schwören aus einem „guten Schulkatechismus" abgelesen und nun beginnt das pädogogische Verfahren: Wen ruft also Der an, welcher schwört? — Wozu ruft er Gott an? — Wofür etc.? Dann wird eine Bibelstelle aufgeschlagen, die in ähnlicher Weise grammatisch zerlegt wird. [†] Dieses grammatische Zerlegen ver-

---

[*] Lazarus II, 21: „Das Wort, das Lautgebilde, welches mein Ohr vernimmt, ist kein Abbild des Gedankens, enthält Nichts vom Gedanken; wenn ich das Wort, die Töne höre, so muss ich aus mir selbst mit ihnen den Gedanken verbinden."

Ib. 305. „Die Bildung der Begriffe ist nur dadurch möglich, dass von der Vorstellung auf die Anschauung, d. h. von der verdichtenden Vorstellung auf die in ihr verdichteten Anschauungen zurückgegangen wird." — Vgl. ferner p. 308 und 372 ff.

[**] Wenn Wangemann (a. a. O. p. XXV) glaubt, die Zeiten, in denen man „allen Wert in die Macht des Wortes, wenn es nur mit dem Gedächtnis fest aufgenommen wurde," legte, seien vorüber, so irrt er sich leider.

[***] In ähnlicher Weise zergliederte Lentz (Anleitung zur Behandlung bibl. Gesch. in den untern Schuljahren, Tauberbischofsheim 1879) als abschreckendes Beispiel die Geschichte von den Weisen aus dem Morgenlande (71), glaubt aber fälschlich, dass dieses verkehrte Verfahren blos bei Anfängern vorkomme (70). — Kellner (Zur Pädagogik der Schule und des Hauses. Essen 1874) sagt: „Was mit wenigen kurzen Fragen und Bemerkungen hätte abgemacht werden können, wird absichtlich auseinander gespalten, nur, damit man das Vergnügen habe, es noch einmal zu erhaschen. ... Welche Zeit wird damit vergeudet."

[†] Geradezu empörend wirkt es, wenn Schütze mit der ganzen Kälte und Objektivität des Logikers den juristischen Begriff des Tötens feststellt (p. 130), ohne ein Wort des Abscheus einfliessen zu lassen. — Für dieses Verfahren muss die Schule danken, ihr ist die Gesinnung Hauptsache.

gleicht Schütze mit dem Verdauen, während das Annehmen des Katechis-
mussatzes die Stelle des Verschluckens vertritt, und er meint (Entwürfe
und Katechesen I. B. 2. Aufl. Leipzig 1871 p. VII.) dass diese Methode
ganz naturgemäss sei. Es fragt sich nur, ob Definitionen die rechten
Speisen für kindliche Seelen sind, und ob grammatische Zergliederung
mit psychologischer Assimilation identisch ist. Montaigne sagt (Raumer,
Gesch. d. Päd. II. Aufl. I. B. p. 357): „Es ist ein Zeichen der Unver-
daulichkeit, wenn man Speisen wieder aus dem Magen gibt, wie man sie
verschlungen hat." Wenn man das auf den katechetischen Unterricht
anwendet, so ergibt sich, dass das, was er bietet, sehr unverdaulich sein
muss, denn alles, was die Katecheten zu sagen pflegen, kommt wörtlich wieder, es ist also nicht in den Geist des Kindes übergegangen,
sonst würde es auch in der Sprache des Kindes reproducirt werden.[*])
Und so muss es nach den Gesetzen der Psychologie auch sein, denn
Begriffe können nicht durch Auswendiglernen und grammatische Analyse
in die Kindesseele hineingezaubert werden, sondern müssen vom Kinde
selbst durch regelrechten Abstraktionsprozess erworben werden. Das gilt
auf dem Gebiete des Religionsunterrichts so gut, wie auf allen andern
Gebieten. Ja auf dem Gebiete des Religionsunterrichts ist das unterrichtliche Verfahren noch unendlich viel schwerer, weil dieser es mit dem er-
habensten der Kindesseele meist noch fernliegenden Gefühlen und Vorstellungen zu tun hat. Diese Gefühle und Vorstellungen können nur
ganz allmälig in der Kindesseele erzeugt werden, und diese Erzeugung
wirklicher, starker Gefühle und inhaltreicher Vorstellungen
ist bis in die letzten Schuljahre die Hauptaufgabe des Religionsunterrichtes.[**]) Die begriffliche Formulirung ist demgegenüber ver-
schwindende Nebensache, so notwendig sie auch für den Ueberblick
ist. So wie der Religionslehrer diese seine Hauptaufgabe aus den Augen
lässt, läuft er Gefahr, mehr oder weniger, Worte an die Stelle von Gefühlen oder Gedanken zu setzen. Wenn Schütze durch Auswendiglernen
und Satzanalyse sein Ziel erreichen zu können meint, so bietet er seinen
Kindern einfach Steine statt Brot, und da er die Hauptschwierigkeiten,
die der Religionsunterricht zu bewältigen hat, nicht sieht, ihnen also
auch nicht in geeigneter Weise begegnen kann, so ist sein Verfahren
nicht ein naturgemässer Aneignungsprozess, sondern ein recht naturwidriges
Verfahren, gegen das die Natur auch nicht verfehlt, zu protestiren, nur
schade, dass der Katechet, der von der Natur der Sprache und ihrem Verhältnis zur inneren Erfahrung nichts weiss, für den Protest blind und
taub ist.

---

[*]) Lange l. c. 16.
[**]) Lazarus sagt (l. c. 185): „Gewis aber und höchst wichtig ist, dass alle
moralischen, religiösen und ästhetischen Vorstellungen, welche die Kinder durch
die Sprache zuerst empfangen, dennoch nicht durch dieselbe mitgeteilt,
verständlich gemacht werden können, es sei denn, dass der eigentliche
Inhalt derselben, die moralischen ästhetischen Gefühle im Gemüt des
Kindes selbst entspringen." Über das Verhältnis von Wort und Gedanke
vergleiche ferner p. 297 u. 325 ff.

Die biblischen Geschichten werden durch diese Zergliederungs-
methode in ihrer Wirkung auf das kindliche Gemüt völlig vernichtet,
statt sie in ihrer Totalität wirken zu lassen, zergliedert man sie und
macht dadurch ein sittliches Urteil unmöglich, denn jedes derartige Urteil bezieht sich auf absolut wolgefällige oder misfällige Verhältnisse,
hört also auf, wenn die Verhältnisse in ihre Elemente zerlegt werden*).
Wenn ich eine Statue des Apollo in Stücken haue und die Beschaffenheit des Marmors chemisch untersuche, so darf ich dann kein Urteil über
den ästhetischen Wert mehr verlangen. Wenn ich eine Geschichte grammatisch zerlege, so darf ich mir keine Wirkung auf's Gemüt mehr davon versprechen.**) Doch das Zergliedern gilt für ein notwendiges Mittel,
um das Verständnis zu erzeugen und mit einer zuversichtlichen Sieges-
gewisheit werfen uns die katechetischen Anatomen ein: Wie wollt ihr
denn vorgehen, wenn der Schüler den Sinn eines ihm vorgelegten Satzes
nicht versteht? Es ist ganz klar, dass solche Fälle vorkommen können,
und ebenso geben wir gern zu, dass mitunter Satzanalyse in einem einzelnen Falle eintreten muss, um den Einblick in den Bau des Satzes zu
vermitteln. Wo das aber eintritt, da würden wir, so weit als möglich,
den Schüler zergliedern lassen und nicht durch Abfragen die Zergliederung vormachen. Dagegen müssen wir uns entschieden dagegen verwahren,
dass man glaube, durch die sprachliche Analyse an sich die sach-
liche Einsicht in irgend welcher Hinsicht wesentlich fördern zu können.
Die letztere hängt davon ab, ob die geistige Gesamtverfassung des Zöglings derartig ist, dass dem Neuen eine genügende Menge von apperci-
pirenden Vorstellungen entgegenkommt, um dieses Neue zum geistigen
Eigentum des Zöglings zu machen. Wo diese Bedingung nicht erfüllt
ist, da nützt die fortgesetzte Satzanalyse nichts, wo sie dagegen erfüllt
ist, da wird die Satzanalyse entweder ganz überflüssig, oder sie tritt in
die ihr gebürende, ganz untergeordnete Stellung zurück. Ein Unterricht,
in dessen Verlauf es sich wiederholt nötig macht, dem Schüler durch
förmliche Satzanalyse das Verständnis zu vermitteln, ist auf falschen
Wege, denn er hat nicht dafür gesorgt, dass der Schüler für das Pensum
geistiger Arbeit, das ihm aufgelegt wird, die nötige Kraft mitbringt. Für
diese Kraft sorgt der Religionsunterricht, indem er in der Kindesseele eine bestimmte Summe von religiösen Vorstellungen, Gefühlen und
Urteilen erzeugt***), und der Sprachunterricht, indem er ein dem Alter
des Zöglings angemessenes sprachliches Verständnis übermittelt.†) Hat

---

*) Ziller, Allgemeine Philosophische Ethik. (Langensalza 1880) p. 92 ff.

**) Lentz spricht sich zwar gegen das eingehende Zergliedern aus s. o. Anm.
19, hält (p. 69) aber auf der Elementarstufe das Abfragen, was nicht viel besser
ist, für notwendig. Dagegen glaubt er (p. 67) mit Recht, dass es dem Kindesherzen
Bedürfnis ist, sich über das auszusprechen, was es liebt, oder auch, was ihm Freude
oder Schmerz macht.

***) „Von der gährenden Fülle, Kraft und Beweglichkeit der Anschauungs-
elemente hängt es ab, ob sie zur Apperception führen werden." Lazarus
l. c. 327.

†) Die Beherrschung der Sprache fällt unsern Schülern so schwer, weil sie
im Sprechen fast gar nicht geübt werden; der Lehrer spricht ja beständig selbst.
Ein andrer Grund liegt darin, dass man zu wenig auf gründliche Befestigung des

jeder an seinem Teile seine Schuldigkeit getan, so wird der Religionsunterricht blos noch darauf zu achten haben, dass er dem Schüler keine
Sprachstücke bietet, die über den sprachlichen Horizont desselben hinausgehen. Der Religionslehrer aber muss sich stets bewusst bleiben, dass
sein Unterricht den Charakter des Religionsunterrichtes verliert, sobald
er anfängt, Sätze zu zergliedern. Daher muss er, wo wirkliche sprachliche Schwierigkeiten sich nicht umgehen lassen, dafür sorgen, dass der
Zusammenhang und das Verständnis für die ausgedrückten Gedanken dem
Schüler über die sprachlichen Schwierigkeiten möglichst rasch hinweg-
helfen. Wer aber trotz dem Gesagten darauf besteht, dass Satzanalyse
ein notwendiger Bestandteil des Religionsunterrichts sei und wer sich
dabei auf die Ungeschicktheit der Schüler im zusammenhängenden
Reden beruft, für den gibt es keine andere Antwort als ein derbes aber
treffendes Wort von Herbert Spencer: „Nachdem wir durch unsere
Methode eine Hilflosigkeit erzeugt haben, machen wir aus
der Hilflosigkeit einen Grund für unsere Methode.")

II.

Denn eben wo Begriffe fehlen,
Da stellt ein Wort zu rechten Zeit sich ein.

Wir kommen nun zur eigentlichen Blüte der katechetischen Kunst,
nämlich zum katechetischen Entwickeln. Hören wir zunächst einmal
das Urteil des Altmeisters Pestalozzi, dann wollen wir uns aus passenden
und einleuchtenden Beispielen das Wesen der heutigen Katechese deutlich machen und dabei wird sich von selbst ergeben, welche Folgen das
Verfahren haben muss.

Pestalozzi sagt**): „Das Katechisiren ist . . . . an sich selbst nichts
als ein papageienartiges Nachsprechen unverstandener Töne . . . .
Man träumte aus dem eigentlichen Nichts Wunder hervorzurufen . . . .
man merkte nicht, dass selbst der Habicht und der Adler den Vögeln
keine Eier aus den Nestern nehmen, wenn diese noch keine hineingelegt
haben . . . . Ich bin gar nicht dafür, das Urteil der Kinder über irgend
einen Gegenstand vor der Zeit scheinreif zu machen, sondern vielmehr dasselbe so lange als möglich zurückzuhalten, bis sie jeden Gegenstand, über den sie sich äussern sollen, von allen Seiten und unter
vielen Umständen ins Auge gefasst und mit den Worten, die das
Wesen und die Eigenschaft desselben bezeichnen, unbedingt bekannt
seien . . . . Das Kind ist bei allen Katechisationen teils durch die Schranken

---

Gelernten bedacht ist. Vor lauter „Durchnehmen" kommt man nicht zum Üben und
so wird das Gelernte nicht in Fertigkeit umgesetzt.

*) Spencer's Erziehungslehre deutsch von Fr. Schultze (Jena). — Das Kapitel
über Erziehung des Verstandes ist eingefleischten Katecheten sehr zu empfehlen.

') Wie Gertrud ihre Kinder lehrt (Ausg. v. Riedel, Wien 1877) p. 30 ff.

des bestimmten Begriffs, über welchen katechisirt wird, teils durch die
Form, in welcher katechisirt wird, und endlich noch gar durch die
Schranken des Erkenntniskreises des Lehrers, und was noch mehr ist,
durch die Schranken der ängstlichen Sorgfalt, dass er nicht aus
seinem Kunstgeleise gebracht werde, gebunden. Freund! Welche
schreckliche Schranken für das Kind (l. c. 78). — Die Kunst des Sokra-
tisirens ist für Lehrer und Kinder der Volksschule durchaus nicht. Sokrates hatte Jünglinge und Männer vor sich, die einen Hintergrund
von Sprach- und Sachkenntnissen besassen. Sorge Du (Krüsi) nur,
dass Deine Schüler diesen Hintergrund erwerben*), so werden sich
dann die nötigen Fragen über Gehörtes, Gesehenes und im Leben Be-
obachtetes von selbst ergeben. Jegliche Mühe, bei Mangel dieses Hinter-
grundes durch künstliche Fragen Antworten aus den Kindern zu locken,
ist leeres Strohdreschen.**)

Pestalozzi's Vorwürfe sind also folgende:

1. Das sokratische Verfahren (in wie weit dieses mit unserer heuti-
gen synthetischen oder entwickelnden Katechese identisch ist, sollen die
Beispiele lehren) übt einen unberechtigten Druck auf den individuellen
Gedankengang des kindlichen Geistes aus, indem es ihm fast Wort für
Wort einen im Voraus fertigen Gedankengang des Lehrers aufzwingt.

2. Es vergisst, dass sich ein abstrakter Gedankenkreis in der Kindesseele nur auf Grund reicher Erfahrungen auferbauen kann.

3. Es erzeugt, indem es die Begriffe, die auf naturgemässem Wege
nicht entstehen können, durch gewandte Fragekunst unterschiebt, eine
Verfrühung des Urteils und ein Scheinwissen, das schlimmer ist als
Nichtwissen.***)

Sehen wir nun, wie die Methodiker des Religionsunterrichtes mit
diesem vom Altmeister hinterlassenen Pfunde gewuchert, wie sie die
wahren und tiefen Gedanken weiter ausgebaut haben. Zezschwitz ge-
bietet jetzt in der Methodik des Religionsunterrichtes als unfehlbarer
Papst, hören wir ihn zuerst: Er sagt (l. c. 347): „Die Form des katechetischen Entwickelungsresultates stellte die allgemeinen Gesetze und
Begriffe in ihrer concreten Anwendung und Giltigkeit dar." — „Der
Kettenschluss in seinen Gliedern bildet das Gerippe oder die Disposition

---

*) „Von der Anschaulichkeit, sagt Lazarus (l. c. 196 Anm.) ist die Klarheit
des Denkens bis hinauf in die höchsten Regionen der Begriffe abhängig".
**) Aus Mager's Revue Okt. 1840 S. 320 citirt in Beneke's Erziehung und
Unterrichtslehre. — Dass man Pestalozzi nicht zu den „Gläubigen" rechnet, und
ihm deshalb die Berechtigung über Religion zu reden abspricht, kümmert
uns nicht. Vielleicht urteilt der Meister, der die Jünger an der Liebe erkennen
will, anders über den alten Schulmeister von Neuhof, Stanz und Burgdorf als über
jene eitlen „Rechtgläubigen", die das „Ich danke dir Gott, dass ich nicht bin wie
andre Leute" beständig an der Stirn tragen.
***) Den Urteilen Pestalozzi's tritt Beneke bei, er behauptet (l. c. II. 189):
Die Katechisationen erzeugen den Schein heuristischer Entwicklung ohne die
Fähigkeit praktischer Anwendung, sie sind daher schädlich, weil sie zu
leichtsinnigen Urteilen über moralische und religiöse Gegenstände
führen. Die wahre heuristische Methode dagegen lehrt das Lernen, verschafft
lebendig aus den Elementen heraus die volle Ueberzeugung.

der katechetischen Entwickelung. . . . Den Ansatz jeder katechetischen Entwickelungsstufe bildet ein konkretes Moment (p. 353), z. B. Ich bin ein Mensch; alle Menschen sind unvollkommene Wesen; (diese Vertauschung der propositio major und minor soll vielleicht den Schein der Induktion erzeugen) alle unvollkommenen Wesen können irren etc. An dem letzten Grundsatze wird jedoch nicht durchweg festgehalten, denn in dem Musterbeispiel (p. 563) geht Zezschwitz nach der Einleitung von dem vorher auswendig gelernten Gebot, also vom abstrakten Satze aus. Um so strenger wird dagegen an der ersten Forderung festgehalten, dass nämlich die Entwickelung ein logisches Schlussverfahren darstellt, in dem jede Frage ein notwendiges Glied ist. Schütze, der Zezschwitz entschieden sehr nahe steht, gibt über das Wesen der katechetischen Entwickelung folgende theoretische Aufklärung (l. c. 129): „Vorstellungen, Begriffe, Urteile, Schlüsse: alle entstehen auf dem Wege genetischer Entwickelung, die als solche sich in stetigem Fortschreiten vom Allgemeinen zum Besondern, vom Einfachen zum Zusammengesetzten, vom Unbestimmten zum Bestimmten, von der Anschauung zum Begriff vollzieht." Diese Stelle ist — gelind gesagt — sehr dunkel. Etwas mehr Klarheit bringt eine andere Stelle in die Sache (l. c. 130). Dort heisst es: „Der Synthetiker zerlegt jeden Begriff in seine Momente und ordnet diese für sein Entwickelungsverfahren logisch so, dass der volle Begriff in der Seele des Kindes auf dem Wege vom Allgemeinen zum Besondern erzeugt werde." So werden z. B. an derselben Stelle die einzelnen Momente des Begriffs Töten in der Weise geordnet, dass der Allgemeinbegriff „Leben nehmen" vorangestellt und ihm dann die besondern Merkmale des Widerrechtlichen und Gewaltsamen beigegeben werden. — Aus dem allen geht wenigstens so viel mit völliger Klarheit hervor: Wir haben es hier mit einem rein logischen Verfahren zu tun, welches sich nicht darum kümmert, wie die Begriffe auf psychologischem Wege entstehen. Diese logische Natur zeigt sich auch in den beiden ausführlichen „Musterbeispielen", die Schütze (132) gibt. Im ersten lässt er Dinter eine Art moralisch-kosmologischen Beweis in regelrechter Schlussform „entwickeln". Logische Beweise für das Dasein Gottes sind nun zwar nach Kant's berühmtem Nachweise (K.-W. [1838] II., 455 ff.) nicht möglich, aber das möchte noch sein, wenn nur durch diesen wolgemeinten Beweis, den Dinter uns in 36 Fragen vorführt, etwas genützt würde. Aber das ist sicher nicht der Fall, denn der Glaube, dass auf diesem Wege etwas erreicht werden könnte, stützt sich auf einen ganz plumpen psychologischen Aberglauben, der von Sokrates stammt. Dieser behauptet nämlich, ein mathematischer Satz lasse sich mit jedem Menschen entwickeln. Schütze führt eine derartige Entwickelung als zweites Musterbeispiel an und sagt, dass die Ausführung der Form nach „gewis ein hohes Muster sei" (146). Nur schade, dass dieser Musterdialog weder, wie Sokrates glaubt, von Kenntnissen zeugt, die unbewusst im Sclaven schlummern, noch wie Schütze zu glauben scheint, dem Sclaven irgendwelche Belehrung zuführt. Sokrates könnte seinem Sclaven den grössten Unsinn vordemonstriren, der Sclave würde, wenn das Experiment mit der nötigen logischen Gewandtheit ausgeführt wurde, nichts dagegen eingewendet haben, denn er kann die Richtigkeit der Schlussformen, die weit über seinen Horizont hinausliegen, nicht prüfen und noch viel weniger kann er den Beweis, der ihm vorgeführt wurde, wiederholen. Da er aber den Weg, den er geführt wurde, nicht übersehen und auf seine Richtigkeit hin prüfen kann, so hat er nicht eine Erkenntnis gewonnen, sondern ein unverstandenes inhaltsleeres Dogma und der Weg, der aus dem Dogma Erkenntnis machen sollte, ist vergebens 'gegangen worden, war also nutzlose Zeitverschwendung. Gegen diese Erkenntnis verschliesst sich der Katechet dadurch, dass er das Kind niemals im Zusammenhang ohne Unterbrechung und Nachhilfen den Gang der Entwickelung angeben lässt. Sein pädagogisches Gewissen beschwichtigt er mit dem psychologisch unsinnigen Satze: Was richtig vordemonstrirt ist, muss vom Kinde richtig verstanden werden (Schütze l. c. 135 Anm.). Das ist jener „vertrauensselige Erzieher", der, wie Lange (l. c. 50) sagt, meint „die Apperception mache sich von selbst"; wenn er hineinschauen könnte in die Kindesseele, würde er staunen, wenn er da entweder gar keine Gedanken fände, oder solche, die von den seinen sich himmelweit unterschieden.*)

Herder sagt: „Der beste Prüfstein, ob jemand etwas gefasst hat, ist, dass er's nachmachen, dass er's vortragen kann, nach seiner eigenen Art mit seinen eigenen Worten." Die Leipziger Übungsschule hat sich dieses Herderwort gesagt sein lassen, und wenn ein Praktikant am Ende der Unterrichtstunde die Kinder nicht dazu gebracht hatte, dass sie zusammenhängend sagen konnten, was sie gelernt hatten, so wusste er ohne alle Kritik, dass sein Unterricht misslungen war.**) Nur Anfänger behaupteten bisweilen: die Kinder müssen es verstanden haben, sie können sich nur nicht ausdrücken. Wollten eingefleischte Katecheten diesen „Prüfstein" öfters zur Prüfung ihrer Methode anwenden, sie würden die Armseligkeit ihrer Kunststückchen bald einsehen.

In einem solchen logisch geschlossenen Ganzen, wie es nach dem Vorgange des Sokrates das Ideal des Katecheten ist, bleibt natürlich für individuelle Bewegungen des kindlichen Denkens nicht der geringste Raum, es gibt blos falsche und richtige Antworten und „wenn geschickt gefragt wird, können falsche Antworten nicht häufig vorkommen (Sch. 123). Die Fragen des Katecheten werden also in „strenglogischer Geschlossenheit auf einander folgen (131) und zwingend sein (117). Wo aber dennoch das Kind einmal den Versuch macht, einen individuellen Seitenweg einzuschlagen, da wird es schleunigst durch „Hilfsfragen" in die katechetische Bahn zurückgedrängt. Katechesen können daher auch auswendig gelernt und wörtlich gehalten werden.

Diese logische Geschlossenheit des Fragesystems, verbunden mit der Redseligkeit des Lehrers hat zur Folge, dass das Kind sich wie mit unsichtbaren Zangen willenlos hierhin und dorthin gezogen fühlt, es muss folgen und doch weiss es am Schlusse nicht, warum es gefolgt ist, nur davon ist ihm ein klares Bewusstsein geblieben, dass es gedrängt und geschoben

---

*) Lazarus II., 370 ff.
**) Lange l. c. 104.

wurde. Je länger daher ein Kind katechetisch bearbeitet wird, um so mehr wird sich bei ihm durch die Wiederholung das Bewusstsein des eigenen Unvermögens ausbilden. Die notwendige Folge davon ist, dass ein eigenes, individuelles religiöses Denken nicht zustande kommt, denn wer das Schwimmen nie versucht hat, der lernt es nicht; und da der, welcher eine Kunst nie recht geübt hat, auch keinen Wolgefallen an ihrer Ausübung finden kann, so wird das katechetisch dressirte Individuum niemals an eigenem religiösen Denken Gefallen finden, also werden auch religiöse Gedanken keine Macht im Geistesleben des Zöglings werden können.

Dass die Erfahrung, die der Schüler auf sittlichem oder religiösem Gebiete selbst gemacht hat, nicht zur Geltung kommen kann, ist nach dem Gesagten selbstverständlich. In einem logischen Kunstbau, bei dessen Vorführung dem Kinde stets der Hauptteil der Antwort in der Frage gegeben wird, ist für die kindliche Erfahrung, die oft sehr wunderbare Formen annimmt, kein Platz. Der Schüler wird auch durch die imponirende Geschlossenheit des Katechesenbaues so eingeschüchtert, dass er seine Erfahrungen und Gedanken, die gerade diese Geschlossenheit vermissen lassen, nicht zu äussern wagt. In den bei weitem meisten Musterkatechesen kann die individuelle Erfahrung schon deshalb nicht zur Geltung kommen, weil dieselben, wie Beneke (II., 190) richtig bemerkt, „sich rein im Gebiete des Logischen, ja des Grammatischen oder des Lexikalischen namentlich der Synonymik halten" und weil sie als Ausgangspunkt auswendig gelernte Katechismus- und Bibelstellen haben.

Soll die Sache wirklich besser werden, so muss man allen Ernstes von den Erfahrungen ausgehen, die die Kinder bei der Betrachtung der biblischen Geschichten selbst gesammelt haben, vor allem dürfen Katechesen nicht mehr wörtlich memorirt werden, denn das wird stets die freie Bewegung hindern. Die schriftliche Vorbereitung des Anfängers muss in der Weise stattfinden, dass er vor allem seinen Stoff nach allen Seiten und Beziehungen hin sorgfältig und gründlich durchdenkt und sodann mit Hilfe der Psychologie (also nicht der logischen Schlussregeln) sich ungefähr den Gang des Unterrichts, wie er als Apperceptions- und Abstraktionsprozess verlaufen muss, entwirft. Auch einzelne Wendungen, durch die er das Urteil der Schüler anzuregen gedenkt, muss er sich im voraus aufzeichnen, doch gilt dabei als Regel, dass alles, was Zwang ausübt, absolut fehlerhaft ist, weil es den Geist in unwahre Lagen drängt. Man kann eben den psychologischen Prozess in der Kindesseele nicht machen oder erzwingen, man kann ihn höchstens anregen und unterstützen. An der stetig steigenden oder an der mangelnden Fertigkeit der Kinder, grössere Gedankengänge vorzutragen, wird der Erfolg oder Miserfolg gemessen. Jeder Miserfolg fordert erneute Prüfung des Verfahrens an den Regeln der Psychologie.

Sind die praktischen Uebungen im Unterrichten, die vor dem Eintritt in's Lehramt stattzufinden haben, nicht in der rechten Weise betrieben worden, so setzt sich das Experimentiren bis in die Zeit der selbständigen Lehrtätigkeit fort und wirkt hier um so verderblicher, weil es fast ohne alle Kontrole ist. Zu den unzureichenden Vorbereitungen rechne ich es, wenn dem prakticirenden Seminaristen nicht Gelegenheit gegeben wird, zusammenhängenden Unterricht zu erteilen. Indem man ihm dies versagt, hindert man ihn, an dem Erfolge seines Unterrichtes psychologische Studien zu machen und wer diese Kunst nicht unter Anleitung gelernt hat, lernt sie später sehr selten, und doch ist sie besser als alle die dicken Hefte über Logik, Psychologie, Methodik, Katechetik etc. etc.

Doch wir müssen zum Schluss noch näher auf die Beschaffenheit der einzelnen Fragen eingehen. Das wird uns darüber aufklären, warum Katechesen so beliebt bei vielen Lehrern sind und warum sie besonders gern bei Examinibus und Lehrproben vom Stapel gelassen werden. Einige recht schlagende Beispiele aus Zezschwitz werden uns über dieses Zaubergeheimnis die nötige Auskunft geben, sie werden auch zeigen, dass Beneke Recht hat, wenn er behauptet, dass es der Katechet hauptsächlich mit grammatischen und lexikalischen Unterschieden zu tun hat.[*] Indem an das auswendiggelernte 10. Gebot angeknüpft wird, heisst es unter andern: Lehrer: Dass es auf die einzelnen Güter, die genannt werden, nicht ankommt, ist auch aus den Worten des Gebots selbst zu erkennen. Welche Worte stehen am Ende des 10. Gebots? — L. Wie wirst Du eine Redeweise nennen, wo man Alles befassen will, wenn man auch nicht Alles nennt? — L. Wie ist also die Bezeichnung der Güter hier beschaffen? .... L. Auf wessen Bestes denkt aber der, der für sich begehrt, was des Nächsten ist? — An dieser Frage ist recht deutlich zu sehen, warum Schütze keine vollständigen Antworten der Schüler haben will, denn die Antwort würde hier bis auf 2 Wörtchen blos eine Wiederholung dessen sein, was der Lehrer gesagt hat, würde also das ganze Geheimnis, woher die Antworten der Schüler stammen, in der plumpsten Weise verraten. — Doch noch einige Proben, zu denen ich mir den Commentar ersparen darf. L. Wie nennt man denn die Liebe, wo Jemand immer sein Eigenes gelobt und geliebt sehen will? — L. Was ist das für eine Sucht, wenn ein Mensch nur an sich selbst denkt oder Alles für sich selbst begehrt? — L. Alles will der Selbstsüchtige allein haben. Nun merkt ihr schon, warum so viele Dinge aufgezählt werden. Was soll damit ausgedrückt werden?

Ein Beispiel aus Schütze mag uns lehren, wie der Katechet biblische Geschichten behandelt und benutzt. Es gilt den Begriff der Gottesfurcht zu gewinnen, der Lehrer fragt (p. 136): Wie diese (die Gottesfurcht) beschaffen sein soll, wollen wir an dem Beispiel des Joseph lernen. Du merkst sogleich, an welche biblische Geschichte ich denke! (Also erst Begriff, dann Beispiel) . . . L. Du meinst also die Erzählung, nach der Potiphar's Weib den keuschen Joseph zu einer schweren Sünde, zur Sünde der Unkeuschheit (leeres Wort oder Taktlosigkeit) verführen wollte. In dieser Versuchungsstunde gedachte der fromme Joseph gleich an seinen Gott, wie uns sein Ausruf lehrt. Du kennst sein frommes Wort.

---

[*] „Der Begriff (sagt Kellner l. c. 36) ist Nebensache; das Wort soll sich einstellen, wo vielleicht dieser Begriff ganz fehlt, und so wird denn eine Parforcejagd angestellt, bei welcher Lehrer und Schüler schier Alles vergessen, nur das leidige Wort nicht."

— So merke denn, Joseph gedachte in der Versuchungsstunde gleich an seinen Gott etc. — Die Benutzung geschieht also in der Weise, dass einige auswendig gelernte Stellen mechanisch reproducirt werden, dass dagegen dem Schüler keinerlei Gelegenheit gegeben wird, die sittlich-religiösen Erfahrungen, die er bei der Behandlung und Betrachtung der Geschichte gemacht hat, zu äussern. Diese Erfahrungen werden ihm vom Lehrer mit einem „So merke denn" vorgesagt, und der Schüler weiss nun, dass es wieder etwas auswendig zu lernen gibt.

Noch einige Einzelproben: L.: Es gibt Kinder, die gerade das tun, was der Vater nicht will, und das nicht tun, was der Vater will. Wie nennt man derartige Kinder? — Was wir tun sollen, ist unsre Pflicht; was aber alle Menschen tun sollen: wie wirst du eine solche Pflicht nennen, eben weil sie alle üben sollen? Palmer (Katechetik, Stuttgart, 1856) will p. 512 den Begriff „wirkliche Sünde" deutlich machen: L. „Wenn ich von etwas sage, es sei wirklich, z. B. eine Geschichte, die ich euch erzähle, habe sich wirklich zugetragen, was will ich damit sagen? (Was für Erzählungen setze ich sie dadurch entgegen?) Sie seien nicht eine erdichtete, eine blos eingebildete. So kann ich auch sagen: Ich sehe in weiter Ferne etwas, was wie ein Wolf aussieht, ich weiss aber nicht, ob es ein wirklicher Wolf ist; was will ich damit sagen? Es scheine ein Wolf zu sein, ich wisse aber nicht, ob dieser Schein mich nicht täusche. Also was ist das Gegenteil des Wirklichen? Der Schein. Oder dem vorhin gebrauchten Beispiele gemäs — das, was ich mir blos einbilde. Wenn nun die wirkliche Sünde ihren Namen mit Recht führen soll, was darf sie nicht sein?" — Wie wenig es dem Katecheten bei seinem Wortgeklingel auf Wirkung der Gefühle, auf Benutzung innerer Anschauungen ankommt, zeigt dieses Beispiel; denn weil das Wort „wirklich" bei gleichgiltigen Dingen verständlich ist, so glaubt der Katechet blos auf diese äusserlichen Dinge hinweisen zu müssen, um auch für die tiefeinschneidende Bedeutung des Wortes bei dem toto genere verschiedenen innern Vorgängen des sittlichen Lebens Verständnis zu erzeugen. Hat das Kind noch nie das Bewusstsein einer wirklichen Sünde an sich erfahren, dann ist ihm der Begriff einer solchen überhaupt nicht deutlich zu machen, denn selbst, um die Äusserungen des lebhaften Schuldbewustseins an Andern zu verstehen, muss das Kind innere Bewusstseinszustände an sich erlebt haben *), die es nun in Folge der Äusserungen des Andern in diesem in gleicher Weise voraussetzt. Die eigenen Seelenzustände sind das einzige Apperceptionsmaterial, was psychische Zustände begreiflich machen kann, denn auch eine Geschichte kann nur dadurch für mich Leben gewinnen, dass ich den handelnden Personen mein Denken und Fühlen leihe. Indem Palmer dieses Apperceptionsmaterial nicht zur Geltung kommen lässt, sondern die Aufmerksamkeit vielmehr auf ganz andere

---

*) Alle Bedeutung der Rede muss der Hörer aus sich selbst hergeben .... Alle gewonnene Erkenntnis hat nur durch veränderte Zusammensetzung dessen, was die Reproduction darbot, entstehen können. H. W. II., 208 Lazarus l. c. 208 Anm.

Gebiete lenkt, trägt er nicht zur Klärung, sondern zur Verwirrung der Begriffe bei.

Noch ein Beispiel aus neuerer Zeit: Im „Deutschen Schulmann" (1880 Nr. 1) heisst es in einer Katechese von Seminardirector Römpler: L. Von den Gottesfürchtigen aber heisst es Sir. 34, 14 „sie haben den rechten Geist". Was für einen Geist muss also David damals, als er gegen den Goliath mutig zu Felde zog, gehabt haben?*) . . . L.: David war ein Rohr, das der Wind hin und her bewegte . . . . wie ein Kleid, das schon nach kurzem Gebrauch zerreisst. Welche Eigenschaft fehlte also seinem Geiste? Aus diesen Beispielen geht, scheint mir, mit ziemlicher Klarheit hervor, dass zwingende Fragen solche sind, bei denen der Schüler ohne alles Nachdenken ganz mechanisch antworten kann, was der Lehrer für seinen Kunstbau braucht**).

Wenn man diese Methode in der Behandlung der lateinischen Syntax zur Anwendung bringen wollte, so müsste man fragen: Wie heisst die Konstruktion, welche nach den verbis sentiendi etc. im Objektssatze eintritt, und bei welcher das Subjekt des Objektsatzes in den Accusativ und das Prädikat in den Infinitiv tritt? oder: Wie heisst der Ablativ, der ohne Präposition gesetzt wird, sobald es sich um eine reine Bestimmung der Zeit handelt? Wer einige Wochen in dieser Weise unterrichten wollte, der würde Früchte ernten, an denen er das Wesen der Methode so erkennt, dass er nie wieder Verlangen trägt, nach ihr zu unterrichten.

Warum das katechetische Verfahren trotzdem so grosse Freunde und warme Verteidiger hat, ist leicht einzusehen. Es erweckt nämlich eine Katechisation bei solchen, denen jede psychologische Bildung und jeder Sinn für Beobachtung der Kindesseele fehlt, den Schein, als ob die Kinder über Dinge nachdenken und urteilen könnten, die in Wahrheit über ihr Urteilen und Denken weit hinausliegen, und als ob sie über sprachliche Wendungen verfügten, die sonst nur dem zu Gebote stehen, dessen Denken gereifter ist. Das ist's, was dem Katecheten schmeichelt und die Katechese besonders bei Examinibus noch lange in Ansehen stehen lassen wird.

Noch einem Einwurf habe ich zu begegnen; man sagt nämlich, die künstliche Katechese komme beim eigentlichen Volksschulunterricht gar nicht vor, sie sei daher unschädlich und man brauche sie nicht zu bekämpfen. Die Tatsache gebe ich gern zu, aber warum wird dann in den Seminaren für zukünftige Pfarrer und Lehrer mit grossem Zeit- und Kraftaufwand eine Kunst gelehrt, die unbrauchbar ist? Warum lehrt man nicht lieber statt dieser elenden Kunststückchen die Seminaristen

---

*) In seinem Leitfaden über den Unterricht in der Katechetik (Plauen 1869) sagt Römpler p. 37 § 3: „Die ganze Kunst der Frage besteht darin, dass man keinen Zweifel darüber lässt, was geantwortet werden soll (bestimmt, zwingend)." Wie freilich dazu und besonders zu den oben angeführten Beispielen die Forderungen von § 14 und 15 passen sollen, kann ich mir nicht zusammenreimen.

**) Kellner sagt l. c.: Das Ganze ist doch nur Spiegelfechterei, ist ein verderbliches Scheinkatechisieren. Das Wesen dieses letzteren besteht darin, dass der Lehrer die Schlussfolgen, welche das Kind finden sollte, bereits in seine Frage aufnimmt, also dem Schüler in den Mund legt.

die Kunst, den kindlichen Geist in seinen Äusserungen und seiner Tätigkeit zu beobachten und den Unterricht darnach psychologisch zu gestalten, warum überlässt man die Methode, nach der der Lehrer nun wirklich draussen im Leben unterrichten soll, dem Zufall, dem ziellosen unbeaufsichtigten Experimentiren des Anfängers?

II. Mitteilungen.

Ostermann gegen Flügel. Herr Direktor Ostermann hat der Redaktion der Päd. Studien eine Entgegnung auf die Recension seines Buches „Die Grundlehren der Päd. Psychologie" im 4. Heft 1880 eingesandt. Die Veröffentlichung derselben muss aus Mangel an Platz auf das nächste Heft verschoben werden.

Präparation zu einer biblischen Geschichte,
durchgenommen in der III. Klasse der vierklassigen Seminarübungsschule zu Löbau in S. Alter der Kinder 8—10 Jahre.*)

Ziel: Wie der Herr Jesus in einem Sturm auf dem See Genezareth seinen verzagenden Jüngern hilft. (Über Aufstellung des Zieles vergleiche Ziller, Vorlesungen über allgem. Pädag. S. 140.)
I. Analyse. Jesus lebte gern und lange Zeit an dem See Genezareth in der Stadt Kapernaum (beides wird, da es bekannte geographische Punkte sind, in die Karte an der Wandtafel eingetragen); dort hat er oft gepredigt, um die Menschen fromm zu machen und zum lieben Gott zu führen; dort hörten ihm die Menschen gern zu, viele kamen zu ihm, so viele, dass er sogar im Freien, am See predigen musste; dort wohnte ja auch ein Jünger Jesu, Simon Petrus, dort war der Königsdiener, welcher zum Herrn kam und ihn bat, seinen Sohn gesund zu machen; dort lebte der fromme Hauptmann, welcher zum Herrn kam, damit derselbe seinen kranken Knecht gesund mache. (Zusammenfassung.) Aber der Herr Jesus wollte auch andern Menschen predigen, daher musste er weiter wandern, so reiste er auch über den See Genezareth (vergleiche die Karte der Wandtafel). Auf einem See kann man aber nicht so wandern, wie auf der Landstrasse, man muss zu Schiffe fahren. Da kann einem leicht ein Unglück zustossen, ein Sturm kann entstehen. Beschreibung eines Sturmes. Der Sturm auf dem Land: er reisst Menschen und Bäume um, deckt die Dächer ab, richtet sonst grossen Schaden an. — Grösser ist das Unglück auf dem Meere. (Da, wo im zweiten Schuljahr Robinson auftrat, wird natürlich das benutzt, was dort über den Sturm zur See bekannt geworden ist.) Das Wasser schlägt hohe Wellen, das Schiff schwankt hin und her, es kann umgeschlagen werden und

---

*) Nachstehende Präparation ist auf ausdrücklichen Wunsch der Redaction vom Verfasser zur Veröffentlichung eingeschickt worden.

untergehen, mit ihm die Menschen, die sich auf demselben befinden. (Zusammenfassung). Wir wissen aber schon, was der Mensch tun muss, wenn er in so grosse Not gerät. Wir müssen uns an Gott wenden, der kann uns helfen und wird uns in keiner Not verlassen. Daher sollen wir auch in der grössten Gefahr auf Gott vertrauen und wir können ruhig sein, denn Gott ist mächtiger als wir alle, mächtiger als jede Gefahr. So zeigt es uns auch Jesus in unserer Geschichte; denn wir werden sehen, wie er in einem Sturm auf dem See Genezareth mit seinem Gottvertrauen seinen verzagenden Jüngern hilft.

II. Synthese. Lesen und Besprechen der biblischen Geschichte in zwei Abschnitten. I. Abschnitt: Matth. 8, 23—25. Und er trat in das Schiff — wir verderben. Lesen des Abschnittes. Erzählen (erstmaliges — siehe Ziller, Vorlesungen über allgemeine Pädagogik § 23 und 24. S. 212 ff.) seitens der Schüler, woran sich die Besprechung knüpft, welche in Form der Unterhaltung geführt wird und zum Zweck hat, den Schüler zu veranlassen, dass er durch eigenes Nachdenken, Urteilen, Zweifeln und Schliessen sich sowol die geschilderten Tatsachen mit völliger Klarheit und Lebendigkeit aneigne, als auch die jenen Tatsachen zu Grunde liegenden ethisch-religiösen Ideen erfasse. — (Ziller, Vorlesung. S. 143 und 150.) Weshalb steigt der Herr in ein Schiff? — Der Herr geht jedoch nicht allein. — Warum nimmt er seine Jünger mit? In welche Not geraten sie mitten auf dem Meere? Was konnte da mit ihnen leicht geschehen? Woraus erkennen wir, dass Sturm und Not sehr gross waren? Was muss man aber in solcher Not tun, wenn man nach Gottes Willen handeln will? Wie ·kann man dann aber in seinem Herzen sein, wenn man also auf Gott vertraut? Wer hatte dies feste Gottvertrauen in dieser Not? Woraus erkennen wir dies? Wie muss also Jesus in seinem Herzen gewesen sein, wenn er mitten in so grosser Not ruhig schlief? Wie hätten sich nun seine Jünger verhalten sollen? Woran hätten sie denken müssen? — Wodurch war es ihnen gerade sehr leicht, in dieser Not ruhig zu bleiben? Womit zeigen sie aber ihre grosse Angst? Woran es ihnen also ganz und gar gefehlt haben? Inwiefern handelten sie aber doch recht? Warum war das richtig, dass sie sich an den Herrn wandten? Zusammenhängende Erzählung im Anschluss an folgende Concentrationsfragen (Ziller, Vorlesungen S. 235.) 1. Der Sturm auf dem Meere. 2. Jesu Gottvertrauen. 3. Der Jünger Angst und Bitte. 2. Abschnitt. Matth. 8, 26. 27. Da sagte er, — gehorsam ist. Lesen des Abschnittes. (Siehe oben.) Erzählung seitens der Schüler. Besprechung der Erzählung. (Siehe oben.) Hilft der Herr sogleich? Welchen Vorwurf macht er seinen Jüngern? Warum nennt er sie Kleingläubige? Wie hätten sie sich vielmehr zeigen sollen? Woran konnten sie aber nicht gedacht haben, wenn sie Furcht hatten? Was hätten sie auch mitten in der grössten Not sicher wissen müssen, wenn sie fest an Gott geglaubt hätten? Weshalb tadelt sie also der Herr? Wie zeigt er ihnen aber, dass Gott in solcher Not hilft? Was geschah nämlich auf sein Wort? Was hatte also Gott wirklich getan? Warum aber half Gott? Was mussten also jetzt die Jünger wiederum von Gott erkennen? Der Herr Jesus hatte ihnen also gar nicht

blos aus leiblicher Not geholfen, sondern —? Aber die Jünger hatten
Sturm und Not und Gottes Hilfe nicht allein erlebt —! Was für einen
Eindruck nun machte Jesu Wort und Gottes Hilfe auf die übrigen Menschen? Was erkennen und sagen sie von dem Herrn? Zusammenhängende Erzählung im Anschluss an folgende Concentrationsfragen:
1. Jesu Tadel. 2. Jesu Hilfe. 3. Der Menschen Staunen. Erzählung
der ganzen Geschichte. (Über Concentrationsfragen, vergl. Ziller,
Vorlesg. S. 135.)

III. Association.

Wir wollen nun sehen, was wir aus unserer Geschichte lernen.
— Erzähle mir noch einmal von der Not, in welche der Herr Jesus und die
Jünger gerieten. — Was tat Jesus in solcher Not? — Wie verhielten
sich die Jünger? Die Vergleichung, welche nun anzustellen ist, hebt
folgende Punkte hervor: Die Not war eine grosse (Nachweis seitens
der Kinder aus dem Material, das ihnen die Besprechung geboten hat).
Jesu Furchtlosigkeit mitten in dieser grossen Not; sie bekundet sich nach
aussen (sein Schlaf), sie ist begründet in dem wahren und unerschütter-
lichen Gottvertrauen Jesu; Jesus weiss und fühlt es so sicher, Gott sei
allezeit mit ihm, dass er jetzt keinen Augenblick zagt. Dieses Gottvertrauen ist also bei dem Herrn stärker als die äussere Not, daher kann
in seinem Herzen gar keine Furcht aufkommen, noch viel weniger kann
diese in ihm herrschen und das Gottvertrauen unterdrücken. Er ist und
bleibt ruhig. — Dagegen seine Jünger. Sie kennen ja auch Gott;
sie wissen auch, dass derselbe mächtig ist und uns immer helfen kann;
wenn sie das nicht schon früher gewusst hätten, von wem hätten sie es
gewis erfahren? Aber wir sehen, dass sie das vergessen haben! Woran
zeigt sich das deutlich? Mächtiger als der Gottesgedanke und das Vertrauen
auf Gott ist bei ihnen der Gedanke an die Not, in der sie sich befinden,
und so sehr vergessen sie Gott, dass sie nichts anderes denken als: wir
gehen in dieser Not unter! Statt dass sie also ruhig sind, wie der Herr,
erfüllt die grösste Angst ihr Herz; statt dass sie festhalten an dem Glauben
an den allmächtigen Gott, sehen sie nur die Wasserwellen, die ihr Schiff
umwerfen und sie selbst verschlingen wollen. Sie erliegen also der Gefahr. Und warum? — Warum aber kann der Herr so ruhig bleiben
(Zusammenfassung des oben Gefundenen)? Wer von beiden hat nun nach
Gottes Willen gehandelt? Denn wie sollen wir uns in jeglicher Not
verhalten? Das lernen wir auch noch aus einer anderen Geschichte, die
wir schon früher kennen gelernt haben; da hörten wir von einem Volke,
das oft in Not verzagte, von einem Manne, der immer an Gott festhielt!
— Erzähle mir von der Not des ausziehenden Volkes Israel; — von
seiner Verzagtheit; von dem festen Glauben Mosis. Vergleichung zwischen
dem Volke und Moses —; Vergleichung zwischen Moses und Jesus,
Vergleichung zwischen dem Volke und den Jüngern. — Dabei ergeben
sich folgende Punkte für die Besprechung: Die Not war auch hier eine
ungemein grosse —; Nachweis aus dem, was die Kinder hierüber wissen
(das Hirtenvolk der Israeliten, bisher ein Sklavenvolk, ungeübt im Kriege,
verfolgt von dem wolgerüsteten, wolgeübten Heer der Egypter. Vor den
Israeliten das Meer, zu beiden Seiten Wüstenland, — hinter ihnen das

zahlreiche feindliche Heer — nach menschlicher Berechnung keine Hilfe und kein Ausweg). — Das Volk sieht nur die äussere Not, es hat keinen Gedanken an Gott, den unsichtbaren Helfer in der Not; Folge davon: Verzagtheit, Murren gegen Gott und gegen den, welchen der liebe Gott ihnen gesandt hatte. — Dagegen Moses! Auch für ihn war die Not gross genug und eine schwere Versuchung lag in ihr. Er hatte keine Waffe, kein Heer, keine Mittel und Wege das feindliche Heer zu vertreiben, die Israeliten zu erretten; — dazu kam noch, dass er das Volk aus Egypten geführt hatte, von ihm verlangte das ganze Volk nun Rettung aus der Gefahr; — das Volk aber war mutlos und verzagt. — Und doch lässt sich Moses von der Verzweiflung des Volkes nicht anstecken — er hält fest am lieben Gott, so fest, dass er die grosse Gefahr, welche allen droht, nicht achtet, er weiss, dass Gott mächtiger ist als alle Könige der Erde, dass er aus jeder Gefahr, auch aus der grössten, den Menschen erretten kann, daher fürchtet er sich nicht und ruft auch dem Volke Israel zu: „fürchtet euch nicht". — Wie hat sich also Moses auch in der schwersten Gefahr verhalten? Wodurch hat er alle Furcht überwunden? — Wer hat nun in dieser Gefahr nach Gottes Willen gehandelt? — Warum? Zusammenstellung: Das Volk Israel und die Jünger Jesu: Sie kennen Gott, haben oft von ihm gehört, wenn aber grosse Not kommt, vergessen sie ihn —, ihr Sinn haftet an der äusseren Not, daher sehen sie nur diese, nicht den, der in aller Not helfen kann; — daher verfallen sie in Angst und Verzweiflung. Moses und Jesus: — die Not kommt auch über sie, — aber mächtiger als die Not ist der Gedanke an Gott in ihrem Herzen, den sie gerade in der grössten Not festhalten; — Gott aber ist stärker als alle Not; daher kann derjenige, welcher sich auf Gott verlässt, auch in der allerschlimmsten Gefahr ruhig und sicher bleiben: aus dem Gottvertrauen kommt rechter Mut in aller Not. Schlussfolgerung: Also sollen wir uns in aller Not, wenn sie auch noch so gross ist, fest auf Gott verlassen — denn so gross auch die Not ist, Gott ist noch mächtiger als diese Not — halten wir ihn fest im Herzen, dann können wir gar nicht verzagen.

2. Teil der Vergleichung.

Aber können wir uns wirklich in aller Not auf Gott verlassen? Das wollen wir jetzt mit einander betrachten. Erzähle mir aus unserer Geschichte Jesu Tadel und Jesu Hilfe. — Warum tadelt der Herr die Jünger? Er verlässt sich aber nicht blos selbst in der Not auf Gott; was fordert er auch von seinen Jüngern? Wodurch beweist er ihnen aber, dass Gott in jeder Not helfen könne? Was geschah nun wirklich? Inwiefern also hatte der Herr Jesus Recht? Wer hatte geholfen? Wie konnte das geschehen? Also mussten die Jünger auch jetzt wieder erkennen, dass Gott mächtiger sei als jede Gefahr. Gerade so war es bei den Israeliten! — Erzähle von der Errettung der Israeliten. Nach menschlicher Berechnung war keine Rettung für die Israeliten zu hoffen. Nachweis. So aber dachten nur die Israeliten, weil sie Gott vergassen. Wodurch beweist ihnen aber Gott, dass er mächtiger als alle Könige, mächtiger als Sturm und Meereswoge ist? Wer hatte also auch dem Volke Israel aus der grössten Not geholfen? Wie nur war das mög-

lich? Was mussten also die Israeliten nach ihrer Errettung von Gott
erkennen? — Zusammenstellung: Törichterweise verzagen die Israeliten
wie die Jünger in grosser Not, Gott aber zeigt ihnen, dass er Macht über
alles hat und die Menschen auch aus der grössten Not erretten kann,
denn die Israeliten rettet er aus Pharaos Hand, die Jünger aus Sturmes-
gefahr und so hatten Moses und Jesus recht, wenn sie sich auch in der
grössten Not auf Gott verliessen, denn Gott kann auch in der ärgsten
Not helfen. —

IV. System.

Was haben wir also aus unserer Geschichte gelernt? 1. Wie hat
sich der Mensch in der Not zu verhalten? Wenn Not und Unglück über
einen Menschen kommt, dann vergisst er leicht den lieben Gott und denkt
nur an die Not, die über ihn hereinbricht; dann aber wird ein Mensch
verzagt und verzweifelt („Herr hilf uns, wir verderben" rufen die Jünger). —
Das ist aber nicht recht. Vielmehr muss auch in der grössten Not der Mensch
an seinem lieben Gott festhalten — dann bleibt er ruhig in seinem Herzen, die Sorge weicht von ihm, er geht mutig der Gefahr entgegen, der
Gedanke an Gott ist mächtiger als die Sorge wegen des Unglücks: so
fordert's auch die Bibel von uns: Befiehl dem Herrn deine Wege und
hoffe auf ihn, er wird's wol machen. Ps. 37, 5. Rufe mich an in der
Not. Ps. 50, 15. Alle Sorge werfet auf ihn, denn er sorget für euch.
1. Petr. 5, 7. So singen und beten wir auch im Lied: Wer nur den
lieben Gott lässt walten etc. 1. Strophe. So lautet auch ein Sprüchwort: Gott hat geholfen, Gott hilft noch, Gott wird weiter helfen. —
2. Wir wissen aber auch, warum wir uns in der Not auf Gott verlassen
können und sollen! Gott ist ja allmächtig, er vermag mehr als alle
Menschen, er lenkt und leitet die ganze Natur. — So sagt's uns auch die
Schrift. Unser Gott ist im Himmel, er kann schaffen was er will. —
Ps. 115, 9. So er spricht, so geschiehts, so er gebeut, so stehts da. —
Ps. 33, 9. — So lautet's auch im Lied: Weg hast du aller Wegen. (Aus
Befiehl du deine Wege, Strophe 4). 3. Wir wissen aber auch aus früheren
Geschichten schon, ob Gott in jeder Not sogleich hilft? Oft lässt er uns
lange warten. Warum? Wozu soll uns also die Not dienen? So lautet
auch das Lied: „Sollt' es gleich bisweilen scheinen" 1. Strophe, oder
das Sprüchwort: Hilft Gott nicht zu jeder Frist, hilft er doch, wenns
nötig ist. Und die Bibel sagt: Denen, die Gott lieben, müssen alle
Dinge zum besten dienen. Röm. 8, 38. — (Bei jedem Spruch, Sprüchwort und Liedervers ist der Inhalt vom Kind mit den eigenen Worten
des Kindes wiederzugeben; aus der Inhaltsangabe und aus den Mängeln
und Fehlern derselben ergibt sich dann von selbst, was etwa noch zu besprechen ist. Jedenfalls darf nicht eine blose Worterklärung verlangt und gegeben werden — etwa so, dass man fragt, was heisst: „Befiehl dem Herrn deine Wege" — vielmehr muss das Verständnis der
Worte von dem Sach-verständnis aus gewonnen werden; die Sache
selbst aber, hier im Religionsunterricht also die ethisch-religiösen Wahrheiten, soll schon durch die voraufgehende Besprechung (Synthese) und
Vergleichung (Association) vom Kinde völlig erfasst worden sein. — Die
Hinzufügung des biblischen Spruches, des Liederverses, des Sprüchwortes

dient dann als Bestätigung der vom Kinde mit eigenem Urteil gewonnenen Wahrheit durch eine über dem Kinde stehende Autorität).

V. Methode. (Anwendung.)

Wir wollen nun sehen, wie wir nach diesen Sprüchen und Lie-
dern handeln und leben sollen. In mancherlei Not können alle Menschen
geraten; auch wir, ihr und ich, auch wir sind vielleicht schon in mancher
Not gewesen und wir wissen nicht, in wie viel Not wir noch geraten
werden. Aber eins wissen wir gewis, wie wir uns nämlich in jeder
Not zu verhalten haben. — Da kommt vielleicht Krankheit über einen
Menschen; die Krankheit ist schmerzhaft, sie verhindert auch den Menschen am Arbeiten, er kann ferner sich nicht mit den anderen freuen;
der Arzt wird geholt, der aber kann nicht immer helfen, so dauert die
Krankheit oft lange Zeit. — Da verzagen die Menschen leicht; oft denken
sie, der liebe Gott habe sie vergessen und verlassen, ja vielleicht denken
sie gar nicht an Gott, sie sehen und fühlen nur die Krankheit, sie
sprechen wol mit den Jüngern und dem Volke Israel: wir verderben!
— Aber so schlimm die Krankheit auch sein mag, man darf doch nicht
so verzweifeln und Gott vergessen, an wem müssen wir uns vielmehr
ein Beispiel nehmen? Wenn wir wirklich an Gott glauben, wenn wir
das nicht blos mit unsern Lippen sprechen „ich glaube an Gott", dann
wissen wir es ja, der liebe Gott ist auch in der grössten Not bei uns,
er kann uns helfen, wenn uns niemand sonst helfen kann. Wir wissen,
dass er uns die Not und Krankheit zu unserer Prüfung schickt, wir sollen
recht geduldig werden, wir sollen lernen uns in Gottes Willen zu fügen;
auch wenn er uns nicht sofort hilft, so sollen wir es nicht vergessen,
dass er uns hilft, wenn's nötig ist und er weiss es ja viel besser als wir,
wenn er helfen muss. So schickt uns der liebe Gott die Not, dass wir
nicht kleingläubig bleiben, sondern immer frömmer werden und immer
fester auf ihn vertrauen. — Kann aber denn der liebe Gott auch in jeder
Not helfen? Wir haben das schon aus unserer Geschichte kennen gelernt. Nachweis: Ihr kennt aber noch viele andere Geschichten, in denen
uns erzählt wird, wie der liebe Gott wirklich frommen Männern auch aus
der grössten Not geholfen hat (Abraham, Joseph, Moses, David u. s. w. —
einzelne Geschichten werden herausgehoben und an ihnen nachgewiesen, wie
der liebe Gott wider Erwarten aus grosser Gefahr half.) — Und nun will
ich euch noch eine Geschichte erzählen, in der wir von Gottes wunder-
barer Hilfe hören — Geschichte von der sonderbaren Mauer. — In der
Winterzeit durchzieht eine Heeresabteilung feindlicher Soldaten das Land,
raubend und plündernd. — Ein einsames Gehöft von ihnen bedroht.
Schon glauben die Bewohner des Gehöftes, dass ihr Ende gekommen, da
setzen sie sich noch zusammen und bitten Gott gemeinschaftlich um Hilfe
— in der Nacht führt ein Schneesturm eine Schneemauer um das Gehöft, der Feind aber konnte das Gehöft nicht sehen und zieht vorüber;
so hatte Gott geholfen. Betrachtung der Gefahr; was war zu tun?
Ohnmacht der Menschen; — Ergebung in Gottes Willen — Gottes sonderbare und unerwartete Hilfe.

Lösung eines Zweifels:

Aber hilft Gott wirklich immer? Viele Menschen werden krank, manche von ihnen wenden sich im Gebet zu Gott; aber gar manche von ihnen sterben trotz des gläubigen Gebetes. Erst kürzlich haben wir gehört, dass in der Überschwemmung (das in nächster Nähe geschehene Unglück der Oberlausitzer Überschwemmung ist gemeint) gar viele Menschen plötzlich umgekommen sind — gewis haben manche von ihnen zu Gott gebetet — sie sind doch gestorben. — Sind diese Menschen fromm gewesen, dann nimmt sie Gott zu sich; er weiss am besten, wie lang ein Mensch leben und wann er sterben soll — wir mögen leben oder sterben, so meint es Gott am besten mit uns. Sind wir fromm, dann dient uns die Not immer zum besten; wir sollen durch dieselbe immer mehr zu Gott kommen, immer frömmer werden. So verwandelt sich für die frommen Menschen auch das grösste Unglück in das grösste Glück. Daher wollen wir, was uns auch treffen mag, immer fest auf Gott vertrauen. Befiehl dem Herrn deine Wege und hoffe auf ihn, er wird's wol machen!

Anmerkung. Die in vorstehender Präparation bearbeitete biblische Geschichte wird allgemein zu den Wundererzählungen gerechnet und vielfach in den Materialienbüchern zum biblischen Geschichtsunterricht gerade das Wunderbare und Unbegreifliche des Vorgangs betont und in den Vordergrund gestellt. Vergl. Ballien, die biblische Geschichte auf der Mittelstufe, 1863. Nr. 21. S. 249. — Sperber, die biblische Geschichte. 5. Aufl. II § 20. S. 82. Nissen, Unterredungen über die biblische Gesch. 1872. S. 172 ff. Wangemann, Handreichung. 1871. S. 282 ff.

Der Verfasser dieser Praeparation gedenkt bei anderer Gelegenheit die Bedeutung und Behandlung der biblischen Wundererzählungen in dem Religionsunterricht zu erörtern. Hier sei nur in aller Kürze auf einige der hauptsächlichsten Punkte hingewiesen. Man mag nun auf einem Standpunkte stehen, auf welchem man wolle, so wird man als die Hauptsache des biblischen Geschichtsunterrichts überhaupt und der Wundererzählung insbesondere doch gewis dies ansehen müssen, dass das Kind an der Hand der biblischen Geschichten die ethisch-religiösen Heilswahrheiten, die sie enthalten und darbieten, erfasse und auf sein eigenes Wollen, Handeln und Leben anzuwenden lerne. — Ist das der Fall, dann bildet nicht die Tatsache des Wunders den Kernpunkt der Besprechung, sondern die ihm zu Grunde liegende ethisch-religiöse Idee. — Zudem schliesst das Wunder, sofern es Wunder ist, eine nähere Betrachtung des tatsächlichen Vorgangs von selbst aus; denn insoweit es Wunder ist, übersteigt es unser Verstehen und Begreifen. Natürlich wäre es schon vom rein pädagogischen Standpunkte aus sehr zu tadeln, wenn man mit den Kindern sich in rein theoretische Betrachtungen über Möglichkeit oder Unmöglichkeit des Wunders einlassen wollte, oder wenn man gar versuchen möchte, in rationalisirender Weise die Tatsache des Wunders aufzulösen, oder wenn man endlich zur Allegorie seine Zuflucht nehmen und in willkürlichen Phantasien alle möglichen Deutungen der Erzählung unterzuschieben versuchte.

Der einfachste und sicher richtigste Weg ist für die biblische Geschichtsbetrachtung doch wol der, dass man Herz und Sinn der Kinder von der vorliegenden Tatsache zu der durch dieselbe offenbarten ethisch-religiösen Wahrheit führt, dass man also die biblische Geschichte auch dann, wenn sie eine Wundererzählung ist, als das Gefäss ansieht, in welchem der kostbare Inhalt der biblischen Heilswahrheiten aufbewahrt und uns dargeboten wird. — Die Betrachtung eines entsprechenden biblischen Bildes (vergl. das betreffende Blatt der Schnorr'schen Bilderbibel) kann an verschiedenen Stellen der Besprechung vorgenommen werden (z. B. am Ende der Synthese, wenn die Kinder die Geschichte erzählen, oder in der Association oder in der Methode) und ist unter Anleitung des Lehrers von den Kindern selbständig auszuführen: Der Lehrer stellt die Concentrationsfragen, ein Kind erzählt, was es auf dem Bilde sieht, ein anderes zeigt das Erzählte auf dem Bilde.

Löbau.   V. II. Günther.

III. Recensionen.

Zusendungen bittet man an die Redaktion der pädagog. Studien, Dr. Rein in Eisenach, zu richten.

I.

Tuiskon Ziller: Allgemeine philosophische Ethik. 1880. VIII u. 508. Langensalza bei H. Beyer & Söhne.

Um den Begriff und Inhalt der Ethik festzustellen, geht der Herr Verfasser von der dreifachen Tatsache aus, dass 1. das Verhalten der Personen beurteilt wird, dass dies 2. durch die contradictorischen Urteile gut und böse geschieht, und 3. dass diese Urteile den Willen und zwar den Einzelwillen der Individuen betreffen. Darauf folgt eine Erörterung der verschiedenen Rücksichten, nach welchen der Wille beurteilt zu werden pflegt; indem der Herr Verfasser alle relativen Wertschätzungen, deren Wesen und Folgen für den Einzelnen und die Gesellschaft erwogen werden, abweist, gewinnt er den Standpunkt der absoluten Beurteilung. Dabei zeigt sich zugleich, wie alle theoretischen Begründungen der Ethik, welche derselben ein anthropologisches oder theologisirendes oder kosmologisches Fundament zu geben versuchen, in den Eudämonismus und also auf relative Wertschätzung hinauslaufen. Indem nun von allen Objecten, auf welche der Wille gerichtet sein kann, zunächst abgesehen wird, bleibt für die absolute Wertschätzung nur die Form derselben übrig, nämlich die Verhältnisse, in welchen ein Wille mit andern stehen kann. Diese absolut wolgefälligen Verhältnisse zu finden und zu zeichnen, ist das augenscheinliche Geschäft der Ethik. Bis hierher die Einleitung S. 118.

Der erste Teil bis S. 261 stellt nun die Musterbilder für das Individuum, der zweite Teil bis S. 390 für die Gesellschaft auf. Natürlich folgt der Herr Verfasser hier dem Vorbild Herbarts und seiner Schule. Aus genauer Erwägung alles dessen, was im Laufe der Zeit für und gegen diese Art der Ethik gesagt ist, gewinnt er diesen Standpunkt, hält ihn fest und weiss das Unzulängliche der gemachten Einwürfe zu entkräften. Nur hinsichtlich der Reihenfolge der Ideen wird eine Veränderung vorgenommen, indem die Idee der Vollkommenheit vorangestellt wird. Dies geschieht, weil er die Reihe der Ideen nach folgenden contradictorischen Gegensätzen bestimmt: quantitativ (Vollkommenheit) — qualitativ; in Formen eingeschlossen (innere Freiheit) — nach aussen hervortretende; blos vorgestellt (Wolwollen) — wirklich; unabsichtlich (Recht) — absichtlich (Vergeltung). Ausserdem dürfte eine Voranstellung der Idee der Vollkommenheit vielleicht insofern im Interesse der Pädagogik liegen, als ja erst die Geisteskräfte vorhanden sein, geweckt und gestärkt werden müssen, ehe von deren Lenkung die Rede sein kann. Dem tatsächlichen Vorhandensein der betreffenden Urteile, welche den Ideen zu Grunde liegen, wird zugleich ein Versuch einer psychologischen Erklärung hinzugefügt. Der dritte Teil enthält die Einleitung in die angewandte Ethik. Nur die Einleitung dazu erachtet der Herr Verfasser als zur allgemeinen Ethik gehörig, weil die angewandte Ethik selbst als Kunstlehre direct in die Specialwissenschaften wie Pädagogik, Jurisprudenz, Socialwissenschaft u. s. führen würde. Hier werden unter bestimmter Berücksichtigung des Lebens selbst Tugend und Sittlichkeit, Pflicht und sittlicher Takt, sittliches Gut und mittelbare Tugend abgehandelt. Es ist aus dieser kurzen Übersicht des Inhalts ersichtlich, wie reichhaltig der hier behandelte Stoff ist. Der Herr Verfasser hat dabei beständig Rücksicht genommen auf die Geschichte der Philosophie, sehr oft auch auf die allgemeine Literatur, hinsichtlich der Ausführungen der Ideen des Rechts und der Vergeltung kommt ihm seine Bekanntschaft mit der Rechtsgeschichte sehr zu statten. Bei der Verwaltungsgesellschaft weist er auf einen

Lösungsversuch der socialen Frage im Sinne von Rodbertus hin.

Endlich ist noch hervorzuheben, dass der Herr Verfasser überall bemüht ist, die religiösen, insbesondere die christ-lich-dogmatischen Begriffe ethisch zu verwerten.

Ein Sachregister über die Hauptbegriffe der allgemeinen Ethik schliesst das Werk. Die äussere Ausstattung ist vorzüglich. O. F.

II.

Dr. H. Hahn, Schulrat, Weltgeschichte für einfache Volksschulen. Nach den Bestimmungen des allgemeinen Lehrplans vom 5. November 1878. Leipzig, Verlag von Julius Klinkhardt 1879.

Vorwort S. III: „Das vorliegende Buch ist bestimmt, dem Geschichtsunterricht in einfachen Volksschulen zu dienen und enthält demgemäss nach Stoff und Form das, was nach den Bestimmungen des allgemeinen Lehrplans (§ 6a) in derselben den Kindern aus dem umfangreichen Gebiete der Geschichte zu geben sein dürfte.

Wo sich in zwei und drei und vierklassigen Schulen eine weitere Kürzung des Stoffes nötig machen sollte, können die §§ 1. 2. 3. 5. 9. 13. 18. 42. 48. 49. und 53 in Wegfall gebracht werden. Dresden, im März 1879."

Titel und Vorrede dieses Buches scheinen in Bezug auf Zweck und Verwendbarkeit desselben keinerlei Zweifel übrig zu lassen. Bietet es doch alles, was in der Volksschule den Kindern „aus dem umfangreichen Gebiet der Geschichte zu geben sein dürfte," genau nach den Bestimmungen des allgemeinen Lehrplans, wie es der Herr Verfasser, der ja selbst Schulrat ist, ausdrücklich versichert, sind doch alsa die Paragraphen genau bezeichnet, die unbeschadet der allgemeinen Bestimmungen in nur zwei- bis vierklassigen Volksschulen wegbleiben können. Wollen wir es den Volksschullehrern des Königreichs Sachsen verdenken, wenn sie spornstreichs zur Buchhandlung eilen, um sich den Talisman zu kaufen, der sie auf Grund der allgemeinen Bestimmungen sicher und mühelos an den Klippen des schulrätlichen Zorns wie an den Riffen des eignen pädagogischen Gewissens vorüber führen wird? Gewis nicht.

Doch wer möchte die Enttäuschung im Antlitz der fröhlich Heimgekehrten

— *beati possidentes!* — beschreiben, die bereits Stunden lang über der 7 Zeilen langen Einleitung ihr Gehirn zermartern, weil sie das in jenen Zeilen Auseinandergesetzte absolut nicht begreifen können? Und auch dies können wir den Enttäuschten nicht verdenken, denn was wir dort lesen, bleibt trotz der sieben Zeilen langen Auseinandersetzung unbegreiflich für den Lehrer, wie viel mehr für — den Schüler. Dort steht nämlich geschrieben: „Die Geschichte hat es mit Geschehenem zu tun. Sie ist die Erzählung wichtiger Begebenheiten und Handlungen der Menschen mit ihren Veranlassungen, ihrem Verlaufe und ihren Folgen; sie ist die Lebensbeschreibung der gesamten Völker."

Schon hier halten wir unwillkürlich inne und fragen: Was meint der Verfasser mit dem Wort „der Menschen"? Sind das „alle Menschen" = das Menschengeschlecht? sind es mehrere Menschen = Nationen? oder sind es einzelne Menschen?

Und was meint er ferner mit den „gesamten Völkern"? Sind dies alle Völker? oder sind es die einzelnen Völker als Gesamtheiten betrachtet?

Nach vergeblichen Versuchen hierüber ins Klare zu kommen, hoffen wir bestimmtere Auskunft im Darauffolgenden zu finden. Wir lesen also weiter: „Für die Weltgeschichte sind solche Begebenheiten wichtig, welche entweder auf einzelne Völker oder die Menschheit einen verderbenden oder beglückenden Einfluss haben." Auch jetzt schütteln wir unwillkürlich den Kopf. Der Satz beginnt mit dem Begriff „Weltgeschichte". War nicht eben erst von „Geschichte" die Rede und wollten wir nicht über den Begriff der Geschichte, die doch offenbar etwas anderes ist als Weltgeschichte, zunächst völlige Klarheit haben?

Da fängt es in uns an zu tagen. Die Einleitung handelt im ersten Teil von Geschichte, im zweiten von Weltgeschichte. Wir haben also zwei Definitionen vor uns. Vielleicht gelingt es uns jetzt, durch aufmerksame Vergleichung beider Definitionen zu erfahren, was der Herr Schulrat unter „Geschichte" versteht. Wir kehren deshalb notgedrungen zum zweiten Satze zurück, der, wie wir annehmen müssen, die Erklärungen des Begriffs Geschichte enthält. Er besteht aus zwei coordinirten Hauptsätzen. Der erste erklärt die Geschichte als die Erzählung wichtiger Begebenheiten der Menschen, der zweite als die Lebensbeschreibung der gesamten Völker. Da beide, wie wir voraussetzen müssen, e i n e Definition bilden, so muss der Inhalt beider Sätze in Einklang stehen. Wir müssen also unter „den Menschen" des ersten Satzes a l l e Menschen und unter den gesamten Völkern des zweiten „alle Völker" verstehen. So ergibt sich uns schliesslich als Sinn dieser Satzverbindung: Die Geschichte ist die Erzählung wichtiger Begebenheiten und Handlungen des Menschengeschlechts und kann deshalb auch die Lebensbeschreibung aller Völker genannt werden.

Nun zur Weltgeschichte. Sie soll solche Begebenheiten enthalten, „welche entweder auf einzelne Völker oder die ganze Menschheit einen verderbenden oder beglückenden Einfluss haben." Sind aber nicht „Begebenheiten, welche einen verderbenden oder beglückenden Einfluss haben", genau dasselbe, wie „wichtige Begebenheiten und Handlungen" in der Definition von Geschichte? Sind nicht „die Menschen" und „die gesamten Völker" der ersten schliesslich genau dasselbe, wie „einzelne Völker oder die ganze Menschheit" der zweiten Definition?

Also Geschichte ist genau dasselbe wie Weltgeschichte? Das kann der Herr Schulrat nicht meinen. Wir sind demnach mit unsern Erklärungsversuchen auf falscher Fährte.

Noch lange habe ich dieselben Worte immer wieder gelesen. Da endlich glaubte ich zu ahnen, was die Worte bedeuten. Wir haben nämlich hier nicht z w e i Definitionen vor uns, wie Ausdrucksweise, Stil und Interpunction vermuten lassen müssen, sondern nur die e i n e: „Geschichte hat es mit Geschehenem zu tun." Hierauf werden 3 Arten der Geschichte charakterisirt, nämlich Biographie, Nationalgeschichte und Weltgeschichte. Die „wichtigen Begebenheiten und Handlungen „der Menschen" sind

also Lebensbeschreibungen e i n z e l n e r Menschen, und die „gesamten Völker" sind „einzelne Völker in ihrer Gesamtheit," nicht alle Völker.

Wir haben jetzt aus den dunklen Worten einen erträglichen Sinn herausgeklaubt. Ob wir damit das Richtige getroffen? Wir wissen es nicht, doch ahnen wir's. .

Ein Buch aber — so habe ich bei mir gedacht, das gleich im Anfang gewöhnlichen Sterblichen solche Nüsse zu knacken gibt, ist entweder ein sehr gutes, denn in harter Schale liegt oft ein süsser Kern, oder ein sehr schlechtes, denn es heisst:

„Vieles gemeinem Verstand Unverständliche
Hat seinen Urquell im Unverstand."

Nach eingehender Lectüre des Buchs habe ich mich für letzteres entschieden und erlaube mir zunächst die Behauptung, dass kaum jemals eine u n v e r s t ä n d l i c h e r e und unklarere, selten eine schlechter stilisirte, wol nie eine überflüssigere Einleitung zu einer „Weltgeschichte" geschrieben worden ist, als die vorliegende. Und was von der Einleitung gilt, das kann getrost auch über das Buch in seinem ganzen Umfang gesagt werden. Der denkende Leser wird es nur mit einem Gefühle, das zwischen Bedauern, Unwillen, Entrüstung und — ungeheurer Heiterkeit umherschwankt, aus der Hand legen, sich aber den Wunsch nicht versagen können: Gott behüte unsere Volksschullehrer und Volksschulen vor solchen Hilfsmitteln, unsere deutsche Muttersprache vor solchem Missbrauch ihres Genius, unsere Weltgeschichte aber vor solchen Geschichtschreibern.

1. Unsere Volksschulen vor solchen Lehrbüchern.

Oder ist es vielleicht zu viel verlangt, wenn wir von einer „Weltgeschichte für Volksschulen" vor allem K l a r h e i t und B e s t i m m t h e i t im A u s d r u c k, d. h. Verständlichkeit fordern? Schon die Einleitung lässt uns vermuten, wie es mit der Verständlichkeit des Buches steht. Und wirklich, das ganze Buch ist voll von Unklarheiten, Unbestimmtheiten im Ausdruck und Unverständlichkeiten. Das Meiste der Art entspringt aus einem unverantwortlich liederlichen Gebrauch der Relativ-, Demonstrativ- und Determinativpronomina. Man überzeuge sich durch folgende Beispiele: S. 3: Ungeheure Schätze bringen die Reichen ihren Götzen dar, welche (Schätze oder Götzen?) die Priester sich aneignen. S. 24: Die ersten (Obstbäume), welche die Römer am Rhein anpflanzten, waren Kirschbäume. Von den Getreidearten bauten sie (er meint die alten Deutschen!) hauptsächlich Hafer und Gerste. S. 40: So waren die Folgen der Kreuzzüge von unendlicher Wichtigkeit, und rief sie (Folgen oder Züge?) auch nur ein frommer Wahn ins Leben .... S. 42: Nur Braunschweig blieb ihm (Heinrich dem Löwen). Die Unsitte des Faustrechts beschränkte er (Friedrich I.) dahin ..... S. 48: Sigismund fürchtete Ziska so sehr, dass er ihm die Statthalterschaft von Böhmen auftrug, doch ehe dessen Entscheidung hierüber bekannt wurde, ereilte ihn (Jeder muss annehmen: Sigismund, gemeint ist natürlich Ziska) der Tod. S. 73: Ihm zur Seite stand Benjamin Franklin (der Erfinder des Blitzableiters). Er (gemeint ist nicht etwa Franklin, sondern der im Vorhergehenden genannte Washington) hat Amerika ausserordentliche Dienste geleistet." Solche Beispiele könnten zu Dutzenden aus der nur 96 Seiten umfassenden „Weltgeschichte" gesammelt werden. Doch sind solche Nachlässigkeiten im Ausdruck im Verhältnis zu den übrigen Mängeln des Buchs wirklich nur Kleinigkeiten. Etwas viel Schlimmeres zeigen folgende Stellen, nämlich die vollständige Unfähigkeit des Verfassers, das auszudrücken, was er sagen will! S. 2: Die Beobachtung der Natur, teils Not, teils Zufall führte schon frühzeitig die Menschen zu Erfindungen. S. 4: Hier regierte ungefähr um Nimrods Zeit Ninus mit einem tapferen Heere den anfangs kleinen Staat und unterwarf um 2200 v. Chr. alle Länder zwischen dem Nil und Indus .... (Womit regierte also Ninus den Staat? Wollte der Verfasser nicht vielmehr sagen: Ninus regierte anfangs einen kleinen Staat, unterwarf aber mit einem tapfern Heere .....?) S. 10: sie (die Obelisken) wurden als Sonnenzeiger benutzt und standen gewöhnlich in der Nähe des Tempels (der Verfasser wollte sagen: der Tempel). S. 12: Alle Spartaner mussten gemeinsam in öffentlichen Gebäuden essen; eine schwarze, nährende, aber nicht eben süss schmeckende Suppe, zu welcher Blut genommen wurde (doch wol: zu deren Bereitung Blut ....) .... S. 19: Duilius erfand die Enterhaken, wodurch sie die feindlichen Schiffe nahe an die ihrigen befestigen konnten (Zum Scherz? im Frieden? zur Gesellschaft?) S. 36 ... denn er (Gregor VII) meinte, wie der Mond unter (sic!) der Sonne stehe, so solle fortan jeder Staat unter dem Oberhaupt der Kirche stehen. S. 40: Am meisten gewann der Papst durch diese Züge, indem er dieselben anordnete, durch seine Vertreter leitete, und sich durch den Zwang gegen die Fürsten, solche zu unternehmen (kann das ein Christenmensch verstehen?) zum Oberherrn über die ganze Christenheit machte. S. 42: Nach Deutschland zurückgekehrt, wurde Heinrich der Löwe in die Reichsacht .... erklärt .... (Wer ahnt, dass dies heissen soll: Als der Kaiser nach Deutschland zurückgekehrt war, ...?) S. 51: Glücklich umsegelte er 1486 die Südspitze Afrika's, die er der grossen Stürme wegen das stürmische Vorgebirge nannte, von Johann aber den Namen „Vorgebirge der guten Hoffnung" erhielt (nach der Ausdrucksweise des Herrn Schulrat erhielt Diaz den Namen „Vorgebirge der guten Hoffnung"). S. 52: Die Dichtkunst blühte unter Petrarka (König oder Papst?) in Italien und unter den Minnesängern in Deutschland. Auch solche Stellen könnten zu Dutzenden aufgeführt werden, doch wir haben es nicht nötig. Es gibt im Buch Sätze genug, in denen der blühende Unsinn seine Orgien feiert. So S. 6: Mit Recht nennt die Bibel dasselbe Land „das Land, wo Milch und Honig fliesst;" denn obgleich ziemlich gebirgig, bot es doch so ausgezeichnete Gegenden zur Viehzucht und zum Ackerbau dar, dass es — (man lese und staune!) fast einzig und allein von Nomaden bewohnt wurde." S. 11: In dem nächst folgenden Jahrhunderte (nach Homer) machte sich aber eine Stadt nach der andern frei (kann nur bedeuten: wurde Republik) und so (man erschrecke nicht über die Folgerung!) würden sich die einzelnen Staaten bald ganz von einander gesondert haben, hätten sie nicht besondere Einrichtungen, wie das Amphiktonengericht und die olympischen Spiele, zusammengehalten. S. 74: An Stelle der Küstenfahrt und Landhandel trat weite Fahrt (er meint: Fahrt im offenen Meere) und Seehandel, dessen Gebiet sich bedeutend erweiterte. Die

Hauptstrasse des Welthandels wurde das atlantische Meer und es lag in der Natur dieser Veränderung, dass jetzt die Länder des westlichen Europa, zunächst Spanien und Portugal, dann Holland, England und Frankreich an demselben Teil nahmen (nun höre man weiter!) auf Kosten der deutschen Hansastädte, welche durch das Streben nach eigenem directem Handel ihren Zwischenhandel wesentlich verloren und (für künftige Geschichtsschreiber des deutschen Hansabundes besonders beherzigenswert!) durch die Sicherheit in Folge des Landfriedens allmälig in Verfall gerieten." S. 75: „Durch Anlegung von Colonien stieg auch der Verbrauch der indischen Erzeugnisse (Colonialwaaren), der bis in die untersten Volksschichten eindrang.."

Doch genug dieses jammererregenden Nonsens. Vielleicht bringen uns die 2 folgenden Stellen auf lustigere Gedanken, wenn wir uns die „Gewehre mit erfrorenen Fingern" und die zwar in Russland verhungerten, aber doch nur halb erfroren in Polen einmarschirenden Ueberreste der grossen Armee recht lebhaft vergegenwärtigen. Es heisst dort S. 84: Viele erfroren die Finger an den Gewehren und ganze Scharen sah man ohne Waffen marschiren. S. 84: Von der grossen Armee kamen etwa 20 000 zerlumpt, halb erfroren und verhungert in Polen an."

Was ist die Ursache dieser Unklarheit, dieser Unverständlichkeit, dieses Unsinns? Wol mögen souveräne Verachtung des Stils, vielleicht auch eine besondere Ungeschicklichkeit im Ausdruck das Ihrige mit dazu beigetragen haben, aber ganz können wir uns des Argwohns nicht entschlagen, dass Jemand, welcher derartigen Unsinn drucken lässt, sich selbst nicht klar über das gewesen ist, was er schreiben wollte. Sonst müsste Goethe bereuen geschrieben zu haben:

„Es trägt Verstand und rechter Sinn
Mit wenig Worten selbst sich vor."

Neben der Verständlichkeit ist die zweite Forderung, die wir an ein für Volksschulen geschriebenes Buch stellen müssen, dass es in gutem Deutsch geschrieben sei.

Wir Deutschen haben aus der Blütezeit unserer Literatur ein herrliches Vermächtnis überkommen, das ist unsre von Lessing zur Klarheit, von Goethe zur Anschaulichkeit und Leichtigkeit, von Schiller zu majestätischer Prachtentfaltung gebildete Muttersprache. Diesen Schatz in seiner Reinheit zu erhalten, muss das heilige Bestreben jedes Deutschen sein, vor allem aber der deutschen Schulen. Und je mehr in unsrer aufs Materielle gerichteten Zeit die Reinheit und der Genius der deutschen Sprache in Gefahr ist, durch die aufgeregte und halbgebildete Tagespresse von einem aufdringlichen, unkeuschen und widerlichen Jargon geschändet zu werden, desto mehr müssen die Gebildeten darauf dringen, dass wenigstens in Schule und Schulbüchern noch ein gutes Deutsch gepflegt werde. Für den Verfasser dieses Buchs scheint eine solche Rücksicht nicht zu existiren. Was er in Bezug auf Auswahl der Worte, Gebrauch der Partikeln, Stellung der Satzteile, Construction und Satzbau für Nachlässigkeiten, Unrichtigkeiten, ja Verstösse sich zu Schulden kommen lässt, ist geradezu haarsträubend. Bezüglich der Wahl der Wörter und Phrasen vergleiche man Folgendes: S. 2: Wir wissen, wie Neid und Hass den Kain so weit hinriss, an dem frommen Abel den Brudermord zu begehen .... Nachdem die Erde nach der Sündflut (Wer schreibt jetzt noch so?) wieder trocken war ... So wurden die Menschen schon in der frühesten Zeit Jäger ... und so entstand das Hirtenleben und die Viehzucht .... und so entstand das Familienleben. S. 3: Am tätigsten waren später die Missionsanstalten von Dänemark, England und Halle. S. 4: Schade, dass die ihr folgenden Fürsten meist träge Menschen waren. S. 5: Sardanapal verbrannte sich in der Verzweiflung in seinem Schlosse. — In Babylon regierten in der ersten Zeit keine ausgezeichneten Könige, bis Nebucadnezar auftrat. S. 6: Sehr alt ist auch die Geschichte der Israeliten. S. 9: Aegypten, das alte Wunderland genannt. S. 16: Diese aber wurde, wie die Sage erzählt, die Gemalin des Kriegsgottes Mars und bekam die Zwillingssöhne Romulus und Remus. S. 24: Man kreuzigte, verbrannte, bratete sie in siedendem Oele .... Feurige Naturerscheinungen, wie Irrlichter etc. waren in dem feuchten Boden zu Hause und führten zu allerlei Aberglauben. S. 28: Aus den Trümmern des Altertums erhob sich das Mittelalter. S. 30: Zwar gewannen diese noch Thüringen, doch kam die königliche Würde nach und nach so herunter, dass . . . S. 32: Ausgezeichnet als Krieger, Christ und Regent fasste er (Karl d. Grosse) . . . . S. 33: Von Pracht war er ein Feind. S. 39: Das Papsttum feierte in dieser Zeit seine höchste Macht, das Rittertum seine Blüte, das Mönchswesen seine weiteste Verbreitung (!), das Bürgertum seine Erhebung. S. 44: Besonders hatte es Rudolf auf die Raubritter abgesehen. — Zunächst erneuerte er (Albrecht I.) seine Ansprüche (soll heissen: erhob auch er) auf Thüringen und Meissen. S. 45: Die beiden durch solche Gräuel beleidigten Schweizer gingen zu einem dritten, Walter Fürst, „und verabredeten an einem bestimmten Tage (!) in der Nacht (!) . . auf dem Rütli . . . zusammenkommen zu wollen. S. 48: Noch ist zu erwähnen, dass Sigismund Schulden halber (!) die Mark Brandenburg verpfändete. S. 49: Eine Folge dieses Krieges wurde der Prinzenraub. S. 53: Die tiefsten Einwirkungen (!) auf die Umgestaltung des ganzen geistigen Lebens der Welt machte die Erfindung der Buchdruckerkunst. Bis jetzt hatte man nur Bücher geschrieben (soll heissen: geschriebene Bücher). S. 62: Albrecht von Wallenstein (Waldstein) stammte aus einer evangelischen Familie, warf sich später den Jesuiten in die Hände (!) . . . S. 74: Von Alters her gab der Bauer dem Ritter für den von diesem ihm überlassenen Grund und Boden natürlichen (soll heissen: an Naturalien!) Zins . . . S. 76: Die neueste Geschichte beginnt mit einer der grössten Begebenheiten (!) der Weltgeschichte — der französischen Revolution. S. 88: Fast allgemein fordert man von den Fürsten Freiheit der Presse, Volksbewaffnung, Abschaffung der stehenden Heere, Einführung (!) eines deutschen Reichstags durch Volksabgeordnete etc. S. 88: Durch das Vorgehen der dänischen Regierung, Schleswig-Holstein mit Dänemark zu vereinigen, veranlasst . . . S. 90: . . . legten auch sie (die Süddeutschen) die Waffen nieder und schlossen nach einem billigen (!) Frieden mit Preussen ein Schutz- und Trutzbündnis.

Folgende Beispiele mögen veranschaulichen, wie es der Verfasser mit dem Gebrauch der Conjunctionen und Adverbien hält. S. 16: Nach langen Streitigkeiten zerfiel das ungeheure Reich unter seinen Feldherrn in mehrere Staaten, von denen Syrien, Aegypten und Mace-

donien die wichtigsten waren. Später kamen jedoch (!) auch diese unter die Herrschaft der Römer. (Das „jedoch auch" ist absolut sinnlos.) S. 10: Sie (die Ägypter) verehrten besonders ihnen nützliche und schädliche Tiere, wie den Apis, Ichneumon, das Krokodil und die Katze. Im Übrigen (!) lebten sie von aller Welt abgeschlossen . . . S. 8: Über 2½ Mill. Menschen waren in der Stadt, und keine Feder vermag die Not und Greuel in derselben zu beschreiben, die auch (!) Christus schon verkündigt hatte. S. 59: Sein Leichnam wurde unter der allgemeinsten Teilnahme nach Wittenberg gebracht und hier in der Schlosskirche beigesetzt, während (!) ihm in neuester Zeit auf dem dortigen Markte ein Denkmal errichtet worden ist. S. 72: Das Ideal, nach welchem er (Josef II.) strebte, war Friedrich der Grosse. Wie Friedrich Kriegslorbeeren zu pflücken, war die Zeiten vorüber; aber umsomehr (!) suchte Josef ihm als Regent nachzueifern.

Solcher Misbrauch der Partikeln ist eine Haupteigentümlichkeit dieses Buches. Man kann behaupten, dass die Wörtchen: nun, so, leider, schade, schon, hier, darüber, bereits, jetzt, natürlich, vorzüglich, endlich, auch — fast sämtlich der Revision hinsichtlich ihres wahren Wertes zu unterwerfen sind, wenn das Buch nur einigermassen lesbar werden, wenn unser logisches Gefühl und unser Zwerchfell beim Lesen desselben nicht fortwährend in krampfhafte Zuckungen versetzt werden sollen. Die Bemerkung aber können wir nicht unterdrücken, dass nur Anfänger im Stil mit solchen Wörtern in dieser Weise umzuspringen pflegen und zwar nur — mittelmässige Anfänger.

Gleiche Ungeschicklichkeit zeigt der Verfasser in Bezug auf angemessene Stellung der Wörter. Dies führt manchmal zu belustigenden Sinnentstellungen. S. 4: Sie lebten im vorderen Teile von Asien an den Flüssen Euphrat und Tigris lange in Ruhe und Frieden mit ihren Heerden . . (Mit wem lebten sie also in Frieden?) S. 20: Als der römische Feldherr Cornelius Scipio sogar mit einem Heere nach Afrika ging . . . (Gingen die Feldherrn vielleicht sonst mit einer Menagerie?) S. 16: Nach langen Streitigkeiten zerfiel das ungeheure Reich unter seinen Feldherrn in mehrere Staaten. S. 19: In Rom angekommen, suchte er es durch begeisternde Reden aber (!) dahin zu bringen. S. 66: Unterdessen hatte Calvins Lehre in Schottland durch Johann Knox Verbreitung gefunden. Als sich daher (!) die Königin Maria Stuart für das Papsttum erklärte, kam es zu einem Aufstand. (Soll heissen: Daher kam es, als sich M. St. . . . .)

Auch an fehlerhaften Constructionen bietet das Buch eine reiche Auswahl. S. 92: „Hier galt es, siegen, ergeben oder sterben." S. 91: Die Spanier hatten ihre sittenlose Königin Isabella verjagt und den (!) Prinzen Leopold von Hohenzollern, einen (!) Verwandten des preussischen Königshauses, die Krone angeboten.

S. 50: Später wurde das genannte Amt in dieser Familie erblich, und sie (!) allein erhielten das Recht, in Deutschland Posten zu errichten. S. 42: . . . und weil es dieselbe (Weinsberg) mit den Welfen gehalten hatte, sollte (!) sie zerstört und alle Männer niedergehauen werden. S. 36: Vor Hunger und Kälte fast erstarrt (!) liess ihn dieser auf Bitten der Gräfin endlich vor sich kommen. S. 26: . . . nur wenige entkamen, die meisten Soldaten wurden getötet, und wer in Gefangenschaft geriet, den Göttern geopfert.

Wie sehr man aber bei der Lectüre dieses Buches in Versuchung geraten muss, dem Verfasser neben dem Verständnis für Sprachrichtigkeit jedes Gefühl für Schönheit des Stils abzusprechen, wird aus folgenden Beispielen erhellen. S. 74: Erst nach vierjährigem Kampfe (1865) gelang es den Nordstaaten, die Südstaaten zu zwingen, die Sclaverei abzuschaffen. S. 88: In einzelnen Residenzstädten, namentlich in Wien und Berlin, kam es zu den blutigsten Aufständen, in Württemberg und Schlesien zu mehrfachen Verwüstungen des Eigentums einzelner Gutsherren, und auch Sachsen wurde gebrandmarkt durch die Zerstörung des Schlosses zu Waldenburg . . . S. 88: Frankreich wurde in eine Republik verwandelt und Ludwig Napoleon zum Präsidenten derselben erwählt, welcher aber bereits 1852 (2. December) zum Kaiser ernannt wurde. S. 33: So gehörten nun alle Länder von dem Ebro bis zur Weichsel und Theiss, von der Tiber bis zur Nordsee zu dem ausgedehnten Reiche, welches 26 000 ☐M. umfasste. Dazu kam, dass ihm (Karl d. Gr.), als er am Weihnachtsfeste im Jahr 800 in Rom

war und in der Peterskirche am Altar sein Gebet verrichtete, der Papst Leo III. die römische Kaiserkrone aufsetzte mit den Worten: „Langes Leben und Sieg dem von Gott gekrönten Kaiser Karl!

Bedarf es noch weiterer Beispiele um darzutun, dass dieses Buch für die Volksschule vollständig unbrauchbar, ungeniessbar für Lehrer und Schüler, eine Versündigung an der deutschen Sprache ist?

Und doch sind es bis jetzt nur sprachliche Rücksichten gewesen, die uns veranlasst haben, ein so hartes Urteil über das Buch zu fällen. Fragen wir jetzt ganz abgesehen von der Sprache nach seinem pädagogischen Wert, so muss das Urteil ebenso ungünstig ausfallen.

Das Buch ist, wie im Vorwort versichert wird, nach den Bestimmungen des allgemeinen Lehrplans bearbeitet! Liegt die Schuld vielleicht am Lehrplan? — Wir greifen zum „Lehrplan für die einfachen Volksschulen des Königreich Sachsen vom 5. November 1878, mit erläuternden Anmerkungen und Sachregister herausgegeben von F. W. Kockel, Geh. Schulrat" und finden dort als Hauptanweisung für den Geschichtsunterricht: „Im Geschichtsunterrichte sollen die Schulkinder durch Vorführung charakteristischer Zeit- und Lebensbilder mit den Grundzügen der Entwicklung des deutschen Volkes bekannt gemacht werden."

Und dieses Buch will nach den Bestimmungen des Lehrplans gearbeitet sein, während es doch kein einziges charakteristisches Zeitbild, kein einziges Lebensbild enthält? Das, wie schon der Titel „Weltgeschichte für einfache Volksschulen" vermuten lässt, weiter nichts ist, als ein dürftiger Auszug aus grösseren Weltgeschichten? Freilich ein sehr mangelhafter, lückenhafter und fehlerhafter Auszug! Ein Buch, welches das biographische Moment so von sich fern hält, dass es nicht einmal die Heldengestalt des Arminius in individuelleren Zügen hervortreten lässt, nichts erzählt von seiner inneren Entwickelung, seinem Gegensatz zur Römischen Partei des Segestes, nichts von seiner edlen Gemalin, seinen vergeblichen Bemühungen, die Stämme der Germanen zu grösserem Zusammenhalten gegen die Römer zu vermögen, einem Streben, das ihm und zwar durch Intrigen seiner eigenen Verwandten den Tod brachte, dieses Buch will nach dem Lehrplan für Sächsische Volksschulen gearbeitet sein, der ausdrücklich die Forderungen enthält: „Beim Geschichtsunterricht soll im ganzen die biographische Methode zur Anwendung kommen?“ Kann ein Buch, welches das schildernde (= abrundende) und culturgeschichtliche Moment so vernachlässigt, dass es beispielsweise im Abschnitt über die Hohenstaufischen Kaiser die Blüte der deutschen Dichtkunst und die Minnesänger nicht einmal erwähnt, im Ernst behaupten, nach einem Lehrplan gearbeitet zu sein, der ausdrücklich die Forderung enthält: „Abgerundete Geschichtsbilder bleiben in der einfachen Volksschule die Hauptsache“ und: „Es kommt überhaupt weniger auf eingehende Darstellung der politischen Verhältnisse und der politischen Persönlichkeiten als auf Schilderung des Lebens unseres Volkes in früheren Zeiten und auf Besprechung der hierfür bedeutungsvollen Männer an?“ Glaubt der Verfasser vielleicht diesem Mangel abgeholfen zu haben, wenn er in einem späteren „Erfindungen im Mittelalter“ überschriebenen Paragraphen (34) das grosse Wort hinwirft: „Die Dichtkunst blühte unter Petrarka in Italien und unter den Minnesängern in Deutschland,“ — zugleich ein herrlicher Beitrag zur Chronologie des Verfassers?

Kann ein Buch Interesse und Teilnahme an Persönlichkeiten erwecken, wenn es in die Charaktereigentümlichkeiten grosser Männer so wenig Einblick gewährt, dass es von Titus nur zu erzählen weiss: „Sein Sohn Titus (79—81), wegen seiner Herzensgüte ‚die Liebe und Wonne des menschlichen Geschlechts‘ genannt, war ein ausgezeichneter Regent. Unter seiner Regierung wurden durch den Ausbruch des Vesuvs die Städte Herculanum und Pompeji verschüttet, mit deren Ausgrabung man 1738 begonnen hat; auch Pest und Hungersnot suchte das Reich heim.“ — Musste nicht vor allem dem Schüler gezeigt werden, worin des Titus Regententüchtigkeit bestand, wobei das bekannte „hunc diem perdidi“ unter keinen Umständen fehlen durfte? Ist es erlaubt, Friedrich des Grossen literarische und philosophische Neigungen mit den ungeschickten Worten zu charakterisiren: „Schade, dass Friedrich eine zu grosse Vorliebe für französische Sprache hatte, weshalb auch der französische Gelehrte Voltaire, ein höchst unchristlicher Mann, an seinen Hof kam,“ ohne dass dies als natürliche Folge seiner Erziehung und der damals herrschenden Zeitströmung dargestellt wird? Soll ein Buch bildend und erziehend wirken, das ohne alle religiöse und patriotische Wärme, ohne alle Begeisterung für menschliche Grösse geschrieben ist? Das bei der Geburt Christi nichts anderes zu sagen weiss, als: „Unter der Regierung des Augustus wurde zu Bethlehem Jesus Christus geboren, mit welchem wichtigen Ereignis wir eine neue Zeitrechnung beginnen?“ Das für die Errichtung und Auflösung des „heiligen Römischen Reichs deutscher Nation“ kein Wort des Stolzes und kein Wort des Bedauerns hat, nur die nackten Tatsachen erzählt. S. 35 „von einer Partei gerufen, ging Otto zweimal nach Italien, stellte dort die Ordnung wieder her, empfing 962 die lombardische Königskrone und wurde in Rom selbst zum römischen Kaiser gekrönt, eine Würde, die auch bis zum Erlöschen des deutschen Reiches (1806) bei den deutschen Kaisern blieb“ und S. 82: „In Folge dessen legte Franz II. den deutschen Kaisertitel nieder und nannte sich Kaiser von Österreich. So endete das heilige deutsche Reich nach einer Dauer von 1006 Jahren, nachdem von Karl dem Grossen (!) bis auf Franz 56 Kaiser über dasselbe regiert hatten.“ — Kann unsrer Schuljugend das Schicksal menschlicher Grösse bezaubernder und zugleich ergreifender entgegen gebracht werden, als in der Geschichte des zerfallenden Ostgotenreiches, wie jenes edle deutsche Volk trotz seiner heldenhaften Tapferkeit, seiner Ehrenhaftigkeit und Tüchtigkeit dem Verhängnis nicht entgehen kann, weil es unter ganz veränderten Existenzbedingungen festhält an altgermanischen Anschauungen, an den Sitten und Idealen der Altvordern? Und von diesem gewaltigen Drama sollen unsre Volksschüler nichts erfahren, als: S. 29 „... Justinian übergab Narses den Oberbefehl, der nun auch die Goten völlig vernichtete.“ — ? Kann ein Buch erziehend wirken, welches die Rücksicht auf die Bildung moralischer Urteile so ausser Acht lässt, dass es die Jugendfreundschaft, spätere Feindschaft und endliche Versöhnung Ludwigs des Bayern und Friedrichs des

Schönen, ja die Namen derselben unerwähnt lässt, da doch gerade diese Episode, so reich an ethischen Momenten und so geeignet ist, rein menschliche Teilnahme zu erwecken? Und bildend und erziehend soll doch der Geschichtsunterricht wirken! Oder meint der Sächsische Lehrplan etwas anderes, wenn er vorschreibt: „Der Geschichtsunterricht soll durch seine Darstellungen das Verständnis der Gegenwart vermitteln, den Patriotismus stärken, die Begeisterung für alles Grosse und Edle wecken und nähren, sowie das Walten Gottes in den Geschicken der Völker zeigen." —?

2. Aber auch unsre Weltgeschichte möge vor solchen Geschichtsschreibern künftighin bewahrt bleiben.

Unsere Schulanstalten zerfallen in Hochschulen, höhere Schulen und Volksschulen. Sollen wir vielleicht daraus den Schluss ziehen, dass den Studenten nur sehr gute, den Gymnasiasten und Realschülern nur gute Lehrbücher dargeboten werden dürfen, während die Volksschüler sich mit schlechteren behelfen können? Wir meinen im Gegenteil, ein schlechtes Geschichtsbuch wird den Schülern höherer Schulen, denen gereifteres Urteil und anderweitige Bildungsquellen zur Seite stehen, weniger schaden, als den Volksschülern. Ein gutes Buch zu schreiben ist aber stets eine schwierige Aufgabe. Denn wer es unternimmt, eine Weltgeschichte für Volksschulen zu schreiben, darf nicht nur oberflächliche Geschichtskenntnis besitzen, sondern muss auch den Anforderungen entsprechen, die man an einen Geschichtsschreiber zu stellen berechtigt ist.

Und man kann wol von einem Geschichtsschreiber verlangen, dass er sich eine Geschichtsauffassung gebildet hat, die seinem Buche „Licht, Farbe und Leben" verleihen und es über das Niveau eines Excerptes oder einer trocknen Aneinanderreihung von Tatsachen und Redensarten erheben kann. Was sollen wir aber von der Geschichtsauffassung eines Mannes halten, der da behauptet, die Einteilung der gesamten Weltgeschichte in 4 Perioden geschehe nur „der bessern Übersicht" wegen? (S. 1.) Sollte die Periodeneinteilung der Geschichte nicht vielmehr im Gang der Ereignisse, in den innern und äussern

Schiksalen der Völker begründet sein und sich von selbst ergeben?

Ferner wird man von einem Geschichtsschreiber verlangen, dass er die treibenden Ideen der verschiedenen Zeiten klar zu erfassen und anschaulich zur Darstellung zu bringen vermag. Denn nur so ist es möglich, die einzelnen Erscheinungen einer Zeit ins rechte Licht zu stellen. Ein Buch aber, das nichts von dem grossartigen Gedanken erwähnt, der das Hohenstaufische Herrschergeschlecht beseelte, das deutsche Wahlreich in eine Erbmonarchie umzuwandeln und ein Hohenstaufisches Weltreich zu gründen, dessen Herz ursprünglich Deutschland, später Italien sein sollte, versteht dies eben nicht. Und doch werden die weittragenden Unternehmungen Friedrichs I., das eigensüchtige und gewalttätige Vorgehen Heinrichs VI. und die Vernachlässigung Deutschlands durch Friedrich II., die ein kühnes Aufstreben der Territorialmächte in Deutschland zur Folge hatte und zum Erlöschen des kaiserlichen Ansehens führte, nur durch diesen Gedanken verständlich. Nicht zum wenigsten aber hat die Grossartigkeit dieser Idee, das universelle, fast internationale Gepräge, welches der Hohenstaufische Hof in Folge dessen erhielt, dazu beigetragen, jenes Geschlecht dem deutschen Volke als ein „herrliches" erscheinen zu lassen. Auch im vorliegenden Buch endet freilich der Abschnitt über die Hohenstaufen (§ 27) mit dem Satze: „So jammervoll endete das herrliche Haus der Hohenstaufen!" Doch bleibt dies eine gegenstandslose und unmotivirte Redensart, da weder aus dem Verlauf der Erzählung hervorgeht, noch mit einer Silbe angedeutet wird, worin die „Herrlichkeit" jenes Geschlechts bestanden hat.

Eine andere treibende Idee, welche allein im Stande ist, den Gang der Ereignisse im 16. u. 17. Jahrhundert verständlich zu machen, ist das Streben der habsburgischen Dynastie nach der Weltherrschaft, welches in der Spielerei Friedrichs III. mit den Vocalen A(lles) E(rdreich) I(st) O(estreich) U(ntertan) seinen naiven Ausdruck fand, unter Karl V. aber zur drohenden Wirklichkeit zu werden schien. Die Bekämpfung des habsburgischen Uebergewichts in Europa wurde fortan ein Hauptziel der französischen Politik. Daher die sonderbare Verbindung des katholischen Frankreich mit dem protestantischen Deutschland. Von allen diesen Dingen ist in unserm Buche nichts zu finden, die Bemerkung S. 65 „Sein Sohn Ludwig XIII. war ein unfähiger König, unter dem Frankreich eigentlich von dem klugen Minister Cardinal Richelieu beherrscht wurde, welcher im dreissigjährigen Kriege die Protestanten mit Geld und Truppen unterstützte" bleibt also dem Volksschüler, der auf dies Buch angewiesen ist, vollständig unerklärlich.

Eine dritte treibende Idee, die einem Deutschen vor allem nahe liegen sollte, ist das Streben und Sehnen der deutschen Nation nach Einheit, für welche die Besten der Nation in Schrift und Wort mannhaft eingetreten sind, bis sie durch die grossen Ereignisse der jüngsten Zeit endlich erreicht worden ist. Ein Buch aber, das von diesem tiefen, gewaltigen Sehnen des deutschen Volkes seit seiner Zerstückelung 1815, noch mehr seit dem verhängnisvollen Jahre 1848, kein Wort zu erzählen weiss, verdient eben nicht den Namen „Weltgeschichte".

Aber auch einige Darstellungsgabe muss ein Geschichtsschreiber besitzen, vor allem soll er den logischen Fortgang der Erzählung nicht vernachlässigen. Ein Geschichtsschreiber aber, welcher den unsterblichen Satz fertig bringt S. 80: „Die wahren Schicksale Muhammeds wissen wir nicht und auch der Koran, die Bibel der Muhammedaner, ist nicht von ihm geschrieben, da er selbst weder lesen noch schreiben konnte" — ein Geschichtsschreiber, der die Verbindung fertig bringt S. 18: „Die römische Geschichte jener Zeit gibt uns Eisenach.

viele Beispiele edler Uneigennützigkeit und Vaterlandsliebe. In Kriegszeiten wurde stets ein Dictator erwählt." — kann keinen Anspruch auf Darstellungsgabe machen.

Auch zuverlässig soll ein Geschichtsschreiber sein. Die Zuverlässigkeit vorliegenden Buches mögen folgende grobe Verstösse charakterisiren:

Ninus lebte um 2200 v. Chr. S. 8. S. 10. Die Pyramiden sollen inwendig hohl sein, Treppen, Säle etc. haben! S. 13: Pythagoras, geb. 582 v. Chr. soll zur Zeit des peloponnesischen Kriegs gelebt haben und wird zugleich mit Demosthenes, Aristoteles und Sokrates als Redner (!) genannt. (Dieser eine Satz würde genügen, das Buch als vollständig unbrauchbar erscheinen zu lassen). S. 14: Darius Sohn des Hystaspes stirbt 486! S. 16: Gordion, wo Alexander den berühmten Knoten löste, soll ein Flecken in Syrien (!) gewesen sein. S. 19: Hannibal soll über die Seealpen (!) nach Italien gegangen sein. S. 21: Cäsar soll, als er in den Senat gehen wollte, angefallen und getötet worden sein. S. 21: Antonius wurde bei Actium in Ägypten (!) besiegt. S. 25: Die alten Deutschen sollen Priester (!) gehabt haben. S. 31: Ulfilas soll nur die Evangelien übersetzt haben.

Zum Schluss möge folgender Satz noch die politische Naivität des Geschichtsschreibers veranschaulichen: S. 85: Als Fürst Schwarzenberg den verbündeten Monarchen Friedrich Wilhelm, Franz (!) und Alexander (!) die Siegeskunde überbrachte, da dankten sie knieend Gott für die endliche Rettung Deutschlands. (!)

Dr. Schläger.

III.

Polack, Fr., Illustrirte Naturgeschichte der drei Reiche in Bildern, Vergleichungen und Skizzen. Lehr- und Lernbuch für Mittelschulen, höhere Bürger- und Töchterschulen, Lehrerbildungsanstalten und andere gehobene Lehranstalten. (Unter Mitwirkung der Mittelschullehrer Bürgel, Machold und Schröder zu Nordhausen.) 2. unveränderte Auflage. Wittenberg, Herrosé, 1879.

Die Polacksche Naturgeschichte ist in einem Teil der pädagogischen Presse überschwänglich gelobt worden. So heisst es in einer durch die Verlagsbuchhandlung verbreiteten Recension des Posener Schulblattes: „Die Anordnung des Unterrichtsstoffes ist meisterhaft. Es ist ein vortreffliches Werk, wie ein derartig zweckmässig angelegtes noch nicht existirt; mustergiltig in der Darstellung und Ausstattung; beispiellos

3*

billig im Preise; ein sicherer Führer beim Unterricht selbst für den Lehrer, der in diesem Fache nicht ausreichend Bescheid weiss." Solche Lobsprüche fordern leicht die strengere Kritik heraus. Wir haben leider keine Ursache gefunden, in dem Buche etwas so Vorzügliches zu erkennen, „wie es noch nicht existire." Polack's Name hat ja bei den Lehrern einen guten Klang, und es ist ganz selbstverständlich, dass ein methodisch gebildeter Mann heutzutage wenigstens etwas Brauchbares liefert. Eine „meisterhafte" Anordnung ist uns aber nicht aufgefallen. Das Buch zerfällt in drei Kurse: I. Repräsentanten oder Vertreter der drei Reiche; II. Vergleichungen von Repräsentanten; III. Skizzen zu einer übersichtlichen Behandlung der Naturgeschichte. Darin ist nichts Neues, jedermann wird sofort die Lüben'sche Grundlage erkennen. Dass wir diese nicht für unanfechtbar halten, haben wir schon mehr als einmal ausgesprochen. Die Vergleichungen einem besondern Cursus zuzuweisen, kann von einer rationellen Methodik nicht gerechtfertigt werden. Oder besteht die „meisterhafte Anordnung" vielleicht in der Disposition der Beschreibungen? (1. Name u. Art. 2. Körperbeschreibung: a) Grösse. b) Bedeckung, c) Kopf, d) Rumpf, e) Gliedmassen. 3. Aufenthalt und Wohnung. 4. Nahrung und deren Erwerb. 5. Nutzen oder Schaden. 6. Charakter

Eisenach.

und besondere Eigentümlichkeiten). Wir meinen die Aufstellung einer solchen Disposition sei nicht schwer. Die consequente Anwendung derselben auf alle Repräsentanten mag bequem sein, sicher wirkt sie aber ermüdend und ist beim Unterricht falsch. Hier ist bei jedem Object besonders zu überlegen, womit einzusetzen ist, um an den Erfahrungskreis des Schülers anzuschliessen und sein Interesse von vornherein zu erregen. — Die Auswahl der Repräsentanten erkennen wir als gut an, ebenso die sprachliche Darstellung, wenngleich auch hier die zweite Auflage nicht eine „unveränderte" zu sein brauchte. Denn wenn vom Haifisch gesagt wird, er sei „vorn so stark wie ein Ochs, hinten wie ein starkes Bein", so wird man das nicht gerade sprachlich schön finden. Sehr nötig hätte es aber die 'zweite „unveränderte" Auflage gehabt, in Bezug auf die sachlichen Fehler eine „sehr verbesserte" Auflage zu sein. So lange noch eine solche Anzahl Fehler in einem Buche sich vorfinden und vom Standpunkt der Verfasser ein teilweise veralteter bleibt, kann man dasselbe wol nicht einen „sichern" Führer nennen. Wir verzichten hier auf Belege durch Beispiele. Wem an solchen liegt (sie lassen sich leicht vermehren) schlage nach: Allgem. Schulzeitung von Dr. Stoy 1879 Nr. 39, oder Pädag. Literaturblatt von Dr. W. Werther 1879 Nr. 22.

E. Scheller.

IV.

Kühn, Recht und Anteil der Frauen am Lehrberuf. Ein Wort des Trostes und der Mahnung an die deutschen Lehrerinnen. Berlin, Berggold 1880. Ein wolmeinendes ansprechendes Schriftchen, welches durch das herbe Urteil der Hamburger Lehrerversammlung über die Lehrerinnenfrage veranlasst ist. Für den Kundigen bedurfte es freilich eines Nachweises der Berechtigung des weiblichen Geschlechts zum Lehrberufe nicht; zum Nutzen und Frommen aber derjenigen Lehrerinnen, welche sich etwa durch jenes Verdict möchten gekränkt oder an ihrem Rechte zweifelhaft werden, entwickelt der Verfasser in klaren warmen Worten, was ausser der Hamburger Versammlung jedermann weiss,

dass die Frauen nicht blos das Recht, sondern auch die Befähigung zum Lehrberufe haben, womit nicht gesagt sein soll, dass es nicht ebensowol unfähige Lehrerinnen gibt, wie unfähige Lehrer. So tröstend und aufrichtend, benutzt Kühn die Gelegenheit, um zugleich den Lehrerinnen manchen schätzbaren Wink zu geben, vornehmlich in Bezug auf die Notwendigkeit steter Fortbildung. Es ist dies alles ganz schön und gut. Auffallend erscheint nur eine Bemerkung auf S. 28. Es heisst da: „In einem Lehrerzimmer, wo sich die Lehrer einer Schule in den Zwischenstunden aufhalten, müssen die Lehrer gewisse Reminiscenzen der Studenten- und Seminarzeit aufgeben und die Anwesenheit einer oder mehrerer Damen fordert unbedingte Rücksichten. Die Lehrer können nicht die Cavaliere der Damen sein, aber gewisse Formen, wie sie auch das kleinbürgerliche Leben für den Umgang mit Frauen hat, können und dürfen nicht umgangen werden. So ist es z. B. eine starke Zumutung für die Lehrerinnen, wenn man die Conferenzen in dem Wirtshause hält; aber dann sollten wenigstens die Cigarren unangezündet bleiben, bis die Geschäfte erledigt sind. Denn

Crefeld.

es ist empörend, wenn die anwesenden wenigen Damen in Rauch gehüllt dasitzen müssen und der Vorsitzende den Schluss auch dann nicht zu finden weiss, wenn das Bier die Zungen löst." Solche patriarchalische Einrichtungen wären freilich ein Beweis von Rücksichtslosigkeit der Lehrer gegen ihre Colleginnen, und von einer Tactlosigkeit des Dirigenten, die beide über alles Mass hinausgehen.

Dr. Buchner.

V.

Kühn, Deutsches Lesebuch für höhere Mädchenschulen. I. Bandes 1.u. 2. Abteilung; II. Bandes 1. u. 2. Abteilung. Zweite, bezw. dritte Auflage. Berlin, Berggold 1880.

Gegenüber einem Werk, welches binnen kurzer Frist eine zweite bezw. dritte Auflage erfahren hat, darf der Berichterstatter kurz sein. Das Kühn'sche Lesebuch für Mädchenschulen erscheint als eine planmässig geordnete

Crefeld.

geschickt ausgewählte Arbeit. Ein Teil des Stoffes unserer Lesebücher hat sich ja bereits dergestalt eingebürgert, dass er überall wiederkehrt; aber auch was etwa in der Sammlung neu erscheint, schliesst sich dem Altbekannten in gefälliger Weise an; Prosa und Poesie wechseln zweckmässig mit einander ab, sich gegenseitig im Inhalt der Lesestücke ergänzend. Das Buch ist recht empfehlenswert.

Dr. Buchner.

VI.

Magnus, Seminarlehrer. Die Wunstorfer Rechenmaschine und die Anweisung über den Gebrauch derselben.*)

Die vielfachen ausgezeichneten Beurteilungen und Empfehlungen der vom Herrn Seminarlehrer Magnus aufgestellten Rechenmaschine veranlassten mich, die Beschaffung dieses Veranschaulichungsmittels für das hiesige Königliche Seminar zu beantragen.

Rein sachliches Interesse ist es, das mir den Mut gibt, hiermit meine von den bisherigen Empfehlungen vielfach abweichende Ansicht darzulegen und zu begründen.

Die Unterbringung des 2 m hohen Apparates in unsern noch provisorischen Räumen machte einiges Kopfzerbrechen. Wie winzig erscheint dagegen unsere gebräuchlichste „Russische Rechenmaschine" oder deren Variante, die „Wille'-

sche"; wie einfach sind diese beiden, vorzüglich die erstere, dieser neuen Erfindung gegenüber! Dort 10 resp. 12 querliegende Drahtstäbe, auf jedem 10 teils ein-, teils zweifarbige Kugeln, die überall von dem Lehrer wie von den Schülern leicht erreichbar sind, hier 13 oder 14 senkrechte Stäbe mit höchst verschiedenfarbigen Kugeln, deren Handhabung trotz des erkennbaren Strebens nach möglichster Einfachheit doch immerhin complicirt bleibt. — Bei der weiteren Vergleichung der drei angeführten Rechenmaschinen tritt uns als Grundprincip der neueren Zeit das Bestreben entgegen, die Veranschaulichung möglichst weit zu führen. Wille bezeichnet schon als einen wesentlichen Vorteil seiner Umänderung der russischen Rechenmaschine die Möglichkeit, über 100 hinaus (bis 120) durch Kugeln zu ver-

*) In Nr. 4 und 5 des diesjährigen Jahrgangs vom Deutschen Schulmann, sonst auch als Beigabe zur Maschine zu haben.

anschaulichen und giebt fernerhin Anweisung, die „Hunderter" in Fächer zu legen, die auf einem Brettchen an der Vorderseite der Maschine gezeichnet sind, so dass eine gewisse Veranschaulichung noch weiter, vielleicht bis 1000 und 10 000 geführt werden kann. Die Wunstorfer Maschine geht hierin noch weiter. Sie giebt in ihren Kugeln (Knöpfen) nicht nur Einer, sondern die Knöpfe an den verschiedenen senkrechten Stäben sind Einheiten der verschiedenen Positionen des Zehnersystems, so dass jede Zahl, von dem Zehntausendstel resp. Tausendstel ab bis zum Tausendmillioner dargestellt werden kann.

Der ganze Apparat ist ein ziemlich complicirter. Beigegeben ist eine Knopftafel, ein Knopfkasten und eine Quotientental.

Die Knopftafel soll für sich allein gebraucht werden. Sie enthält 10 Reihen Drahtstifte, in jeder Reihe 10. Die Kinder sollen durch das Aufstecken von Knöpfen an dieser Tafel die Zahlenbilder körperlich darstellen. Ist dieser Apparat notwendig? Die körperliche Veranschaulichung der Zahlenbilder kann auch durch das Vorschieben von Kugeln auf der russischen Rechenmaschine erfolgen, gewöhnlich aber, und ich halte dies für genügend, werden die Zahlenbilder vom Lehrer an der Wandtafel dargestellt und von den Kindern auf der Schiefertafel nachgeschrieben. Berücksichtigen wir nun noch, wie ungeschickt unsere Kleinen sind, wie viel Zeit erforderlich sein wird, ehe die Knöpfe auf die bestimmten Stifte gesteckt sind, so will es uns scheinen, dass diese Knopftafel ihren Zweck nicht gerade in der einfachsten Weise löst. Dazu kommt, dass sie trotz ihrer 100 Stifte für eine Veranschaulichung der Rechenoperationen nicht geeignet ist. 2 + 3 = 5 ist leichter durch Zusammenschieben der getrennt stehenden Posten auf der russischen Rechenmaschine zu veranschaulichen, als durch Zusammenstecken der Posten auf der Knopftafel.

Der Knopfkasten enthält in seinen einzelnen Fächern Rechenknöpfe, die teils an der Knopftafel, teils an der Quotiententafel aufgesteckt werden sollen. Beim Rechnen soll dieser Kasten aufgeklappt werden. Hierdurch wird die Breite der Maschine bis auf fast 2 m vergrössert, so dass dann in nur einigermassen beschränkten Räumlichkeiten die notwendige freie Bewegung um die Maschine nicht möglich ist.

Die Quotiententafel, welche beim Dividiren an der Maschine befestigt werden soll, zeigt 10 senkrechte Drahtstäbchen, um von den Hunderttausendern bis zu den Zehntausendstel den Quotienten durch aufgesteckte Knöpfe veranschaulichen zu können.

Die eigentliche Maschine, aus einem soliden, 2 m hohen und über 1 m breiten Holzrahmen und 14 Metalldrähten bestehend, zeigt unten noch ein ³/₄ m hohes Schutzbrett und oben eine Tafel zur Veranschaulichung des Decimal- und Positionssystems.

Auf dem Schutzbrett sollen die veranschaulichten Operationen von dem Lehrer oder von den Kindern niedergeschrieben werden. Das Brett hat eine zu geringe Höhe, so dass der anschreibende Lehrer fast niederknieen muss, die ablesenden Kinder aber ohne Erheben von ihren Plätzen kaum etwas sehen können. Eine Höherlegung des betreffenden Brettes lässt sich bei der sehr hohen Maschine kaum noch ausführen.

Die über den Metalldrähten befindliche Tafel giebt ein Schema für unser Zahlensystem, wie es jetzt der Lehrer bei Einführung in die grösseren Zahlenkreis an die Wandtafel schrieb. Unter den Namen für die Collectiveinheiten befinden sich 14 hohlcylindrische Fächer. Mit Hilfe derselben soll das Positionsgesetz veranschaulicht werden. Legt man z. B. 10 Stäbchen in das Einerfach und 1 Stäbchen in das Zehnerfach, so soll daraus folgen: „Ein Platz nach links hat einen 10 ✕ grössern (soll wol heissen 10 ✕ so grossen) Wert, als der vorhergehende." Ich halte diese Art der Veranschaulichung nicht für besonders glücklich gewählt, da im grösseren Zahlenkreise sich das Gesetz sehr leicht aus der schon bekannten Bedeutung der Ziffern in den drei ersten Stellen ableiten lässt (siehe unten) und da gerade bei dieser Maschine, bei der ein Knopf auf der Zehnerreihe einen Zehner bedeutet, sich dies Gesetz an den Knöpfen der Rechenstäbe viel bequemer und leichter entwickeln liesse. Um, wie verlangt wird, 10 ✕ 10 = 100 Stäbchen in die Einerhöhlung zu legen, ist der Platz nicht gross genug.

Auf den Metalldrähten befinden sich die Rechenknöpfe. Mit grosser Sorgfalt ist dafür gesorgt worden, dass die

Knöpfe in verschiedener Höhe festgehalten werden können. „Die Knopfreihen haben verschiedene Farbe; dieselbe entspricht, soweit wie möglich, dem deutschen Münzsystem." Soll nun die Bedeutung der Knopfreihen, oder die Farbe oder der Inhalt der verschiedenen Münzen hieran veranschaulicht und eingeprägt werden? Ungewöhnlich wenigstens klingt es, wenn bei der Aufgabe 11 pag. 11 „100 000—4752" gesagt ist: „Der Ht. wird durch einen seegrünen Rechenkopf, welcher einen Tausendmarkschein repräsentirt, dargestellt werden" und wenn es dann bald weiter heisst: „Für 1 Ht. (1 Tausendmarkschein) werden 10 Zt. (10 Hundertmarkscheine) ... eingewechselt." Welche mnemotechnische Unterstützung! 10 Zehntausender und 10 Hundertmarkscheine! (Vergleiche noch die Farbe von einem Hunderterknopf und die Farbe des Markstückes.) Kann das Bestreben, recht anschaulich zu werden, nicht zur Veranschaulichungssucht ausarten?

Wie wird nun diese Maschine gebraucht?

Während die russische Rechenmaschine und ebenso auch die andern gebräuchlichen Veranschaulichungsmittel nur bis 100 veranschaulichten, geht die Wunstorfer Maschine darin bis 1000 000 000. Doch ist bei der letzteren die Veranschaulichung eine andere, als bei der ersteren. Soll eine Zahl im Zahlenkreis bis 100 dargestellt werden, z. B. 57, so gibt die russische Maschine 57 einzelne Kugeln, geordnet auf sechs Reihen (5 volle Reihen und auf der 6. noch 7 Kugeln), die neue Maschine aber giebt 5 nickelfarbene Zehnerknöpfe und 7 kupferfarbene Einerknöpfe. Wo liegt hier die grössere Veranschaulichung? — Hentschel teilt auf den 1. Stufen: „Auffassen, Benennen, Darstellen und Schreiben." Die Wunstorfer Maschine beginnt ihre Wirksamkeit erst beim Darstellen, ihre Veranschaulichung von 57 ist das Zahlenbild von 57, die Auffassung d. i. das Erkennen des Inhaltes muss wo anders gesucht werden. Etwas anderes ist es, dass die Darstellung auf der Wunstorfer Maschine die Darstellung in Ziffern recht hübsch vorbereitet. — Es kann mir gesagt werden, dass die Knopfreihe der Einer der verlangten Veranschaulichung genügt. Nachdem, wie Herr Magnus diese Einerreihe gebraucht wissen will (cfr. Beschreibung

pag. 8), muss ich dem widersprechen. Dort wird in „Dreiern" bis 37 gezählt. (Die von uns gekaufte Maschine hat aber nur 30 Knöpfe auf der Einerreihe.) Die 37 Knöpfe sollen auf der Einerreihe stehen und sind durch die mit Querbinden versehenen 10. Knöpfe einigermassen geordnet. Trotzdem ist es dem Kinde unmöglich, diese 37 Knöpfe zu überblicken und zu ordnen. Wie ganz anders bei der russischen Maschine, bei der dieselben auf vier Reihen verteilt sind, von denen sich die drei vollen Reihen als volle Zehner darstellen. Wenn bei der Aufgabe 2) 6 in 2 Teile geteilt wird, so geht dies, wenn aber, wie verlangt wird, 32 in 8 oder 16 gleiche Teile geteilt werden soll, so muss wieder die Veranschaulichung vorher gegangen sein, an der Maschine hier wirds ein Probiren. Vergleichen wir das eben Gesagte mit dem, was Herr Magnus auf Seite 10 d) sagt: „78 : 3. L. stellt das Zahlenbild 78 dar, teilt zunächst mittelst drei Holzklemmen 6 Z. in drei gleiche Teile. Kinder: Der 3. Teil von 60 ist 20. L. lässt den restirenden 1 Z. fallen und hebt zu den vorhandenen 8 E. noch 10 E. empor. Kinder: Es bleiben noch 18 E. zu verteilen. L. teilt diese 18 E. mittelst drei Holzklemmen in drei gleiche Teile. Kinder: Der 3. Teil von 18 = 6; 6 zu 20 = 26; also ist 78 : 3 = 26. Nach vorstehender Operation zeigt der Apparat die Zahl 78 in drei gleichen Teilen." — Der Lehrer teilt also, er teilt die 6 Zehner, auch die 18 Einer, den Kinder sprechen nur das vom Lehrer Gefundene aus. Hier fehlt jede Veranschaulichung, jegliches Verständnis über den Inhalt der Zahlen; das Kind schaut das Resultat wol an, spricht dasselbe auch schnell aus, hat aber für seine geistige Entwickelung im Allgemeinen wie für seine Rechenfertigkeit keinen Vorteil.

Die Wunstorfer Maschine soll aber ihrer ganzen Einrichtung nach, sowie auch nach den Begleitworten des Herrn Magnus die 4 Species in ganzen Zahlen im unbegrenzten Zahlengebiete veranschaulichen. (cfr. pag. 10—12.) Diese Veranschaulichung soll vorzüglich dem Tafelrechnen dienen. Vergl. z. B. bei der Addition Aufg. 10: 432 + 4320. 2 E und kein E sind 2 E etc., bei der Multiplication Aufg. 12: 2 × 3482. 2 × 2 E = 4 E etc. Zunächst ist diese Veranschaulichung eine sehr complicirte. Soll der Lehrer mit den Knöpfen operiren und zugleich die gefundenen Resultate, wie verlangt wird, auf dem Schutzbrett aufzeichnen, oder kann er das eine oder andere den Kindern überlassen? Letzteres wird nicht gehen, da die Kinder 1. nicht Übersicht und Geschick genug besitzen, um die Knöpfe schnell und sicher verschieben zu können und da sie 2. das schriftliche Verfahren erst lernen sollen, dasselbe also noch nicht vorführen können. Da nun aber die Verschiebung der Knöpfe, das Abzählen etc. nur erfolgen kann, wenn man hinter der Rechenmaschine steht, die Notirung der Resultate aber auf der Vorderseite geschehen muss, so würde die allseitige Besorgung durch den Lehrer allzu zeitraubend sein.

Abgesehen aber von der schwierigen Ausführung meine ich, dass wir der Veranschaulichung des Tafelrechnens wegen nicht eines solchen voluminösen und teuren Apparates benötigt sind. Ist das Kind durch eine der billigen und einfachen Maschinen oder sonst durch Stäbchen, Klötzchen etc. zum innern Verständnis der Zahlen bis 100 geführt worden, so bietet die Fortführung bis 1000 keine Schwierigkeiten. Aus der nun gewonnenen Anschauung, dass immer 10 Einheiten zu einer neuen Einheit zusammengefasst wurden, ergibt sich das hierher gehörige Grundgesetz unseres dekadischen Zahlensystems, und aus der Anschauung, dass die Zehner vor die Einer, die Hunderter vor die Zehner, die Tausender vor die Hunderter gesetzt wurden, erhellt das Positionsgesetz: „Ein Platz nach links hat einen 10 $\times$ so grossen Wert, als der vorhergehende." Ein leichtes Schema mit einigen Strichen an die Wandtafel geschrieben, genügt, um die Kinder zur vollständigen Klarheit über die Grösse und Bedeutung der Zahlen und zur Sicherheit im Schreiben derselben zu bringen. Der Anschauungskreis unserer Schüler geht höchstens bis 1000. 1000 Einheiten (Soldaten etc.) kann es möglichenfalls einigermassen bewusst sehen, was darüber ist, ist Abstraction. Wie aus zwei oder drei physikalischen Erscheinungen das Gesetz gefolgert und dasselbe hernach auf ähnliche Erscheinungen angewendet wird, so auch hier. Auch durch die Wunstorfer Maschine kommen die Kinder und wir nicht zur Zahlenvorstellung einer Million, die uns bis jetzt gefehlt hat, obgleich wir ganz sicher wussten, wie

viel Hunderttausender, Zehntausender etc. dazu gehörten.

Was nun das eigentliche Rechnen anbelangt, so ist es gleich, ob wir bei der Einführung des schriftlichen Rechnens (des Subtrahirens, z. B.) sagen, wir verwandeln 1 Hunderter in 10 Zehner, oder ob wir uns der Wunstorfer Rechenmaschine bedienen, den weissen Hunderterknopf fallen und dafür 10 nickelfarbige Zehnerknöpfe emporsteigen lassen — beides stellt dieselben Anforderungen an das Verständnis und das Gedächtnis der Kinder, nur ist das erste einfacher als das zweite. — Ebenso, wie es beim Subtrahiren nachgewiesen ist, ist es auch bei den andern Species. Das Verfahren, die sogenannte Veranschaulichung, ist umständlich und zeitraubend, dabei wenig fördernd, da selbst der Vorteil, den es für das schriftliche Rechnen bietet, sich in leichtester Weise durch einfache Mittel an der Wandtafel erreichen lässt. Dazu kommt, dass diese Veranschaulichung sehr beschränkt ist. Die Veranschaulichung würde schon aufhören müssen, wenn bei der Division durch 4 ein Rest von 3 bleibt, da nur an wenigen Stäbchen sich 30 Knöpfe befinden, die für die drei Einheiten der nächst höhern Ordnung eintreten müssten.

Man wird aus dem Vorstehenden mir nicht den Vorwurf machen können, dass ich ein Feind der Veranschaulichung sei. Wenn ich auch nicht ein Schüler von Hentschel wäre, so müsste ich doch seinem von Herrn Magnus angeführten Ausspruche beistimmen: „Der Rechenunterricht kann nur gedeihen, wenn er in seinem rechten Grund und Boden, d. i. in der Anschauung, feste Wurzel schlägt." — Die Anschauung muss aber in der gehörigen Form und in den ihr gesteckten Grenzen bleiben. Sollen wir aber an Rechenknöpfen veranschaulichen, wie viel Zinsen 250 Mark zu 4% in einem Jahre bringen, oder wie 3 M. 10 Pf. in decimaler Form geschrieben wird (cfr. pag. 14, Aufg. 18 und 17), so geht dies über die der Anschauung gesteckten Grenzen hinaus. Der herangebildeten geistigen Kraft des Schülers muss die Aufgabe und die bei der Lösung gewährte Unterstützung (Veranschaulichung) entsprechen, sonst kommt das Kind aus dem geistigen Gängelbande nicht heraus.

Das Kopfrechnen geht dem Tafelrechnen voran. Zum Kopfrechnen gehört klares Verständnis des Zahleninhaltes und Sicherheit in der Anwendung der auf diesem Wege der Anschauung gewonnenen Regeln; Zahlkraft und Zahlgedächtnis müssen geweckt und fortwährend gestärkt werden. Die Wunstorfer Maschine verleitet zum gedankenlosen Ablesen des Resultates und befördert das so weit verbreitete Übel, nicht mit Zahlen, sondern nur mit Ziffern rechnen zu lassen und trotz aller Theorie das Kopfrechnen zu versäumen und das Tafelrechnen auf Kosten des Kopfrechnens auszudehnen. Ist aber das Kopfrechnen in rechter Weise behandelt, so brauchen wir keine Maschine mehr, um die Ansatzformen zum Tafelrechnen einzuführen; dass zu einem Tausender zehn Hunderter gehören, braucht ebenfalls nicht mehr veranschaulicht, resp. körperlich dargestellt zu werden, und welchen Nutzen bringt wohl die „Veranschaulichung" des Quotienten auf der Quotiententafel!

Delitzsch.

Nach meiner Meinung leistet also diese Wunstorfer Rechenmaschine keineswegs das, was die bisherigen Recensionen erwarten liessen. Sie ist sinnreich construirt und gefällig gearbeitet, sie unterstützt in instructiver Weise die Einführung des Numerirens und bietet die Möglichkeit einer vielseitigen Verwendung; doch ist ihre Handhabung eine complicirte, ihre Veranschaulichung zum grössten Teile eine imaginäre und beschränkte, andrerseits aber eine über die gesteckten Grenzen hinausgehende und überflüssige; sie verleitet zum mechanischen Ablesen des Resultats; man möchte sie eine Übertreibung eines sehr richtigen pädagogischen Princips nennen. Sie macht die russische (oder eine andre) Rechenmaschine nicht entbehrlich und wird die altbewährten Hilfsmittel nicht verdrängen, zumal ihr Preis von netto 50 oder 38 Mark von selbst eine weitere Verbreitung verbietet.

Schröter.

VI.

Dr. E. v. Freyhold, Kritische Beiträge zur Reform des naturwissenschaftlichen Unterrichts. 2. Aufl. Leipz. 1880. Siegismund u. Volkening. (34. Heft der pädagog. Sammelmappe.) 104 S. M. 1. 50.

Wenn ich es unternehme, das vorliegende Schriftchen eingehender zu besprechen, als dies gewöhnlich zu geschehen pflegt, so bestimmt mich dazu vor allen Dingen das Interesse, welches ich an demselben um so mehr nehme, als ich selbst seiner Zeit Ausführliches über den naturwissenschaftlichen Unterricht an der höheren Mädchenschule berichtet habe.[*] Eine Verständigung mit dem Verfasser erscheint um so leichter, als er, was die Forderungen und Wünsche in Bezug auf den naturwissenschaftlichen Unterricht der höheren Mädchenschule betrifft, die ich im Folgenden allein im Auge habe, mit mir im Grossen und Ganzen derselben Meinung ist und nur Einzelnes eine Auseinandersetzung fordert.

Zunächst entspricht das Ziel, das v. Freyhold dem naturwissenschaftlichen Unterricht stellt, meiner Auffassung nicht, die ich in dem Capitel: „Ausbildung einer allgemeinen Weltanschauung" a. a. O. dargelegt habe, die etwa in den Worten Alex. v. Humboldts ausgesprochen ist, dass die Erscheinung der körperlichen Dinge in ihrem Zusammenhang und die Natur als ein durch innere Kräfte bewegtes und belebtes Ganzes aufzufassen sei, welche Forderung Rossmässler als Ziel auch für den naturwissenschaftlichen Unterricht der Schule aufstellt. Er will, dass die Erde „als ein in seinen einzelnen Erscheinungen zusammenhängender Organismus" aufgefasst werde und fordert, dass der naturwissenschaftliche Unterricht „das freudige Bewusstsein der irdischen Heimatsangehörigkeit" erzeuge und „in dem

---

[*] Vergl. das Osterprogamm der höheren Mädchenschule zu Darmstadt 1878 und „der naturwiss. Unterricht an der höheren Mädchenschule und sein Einfluss auf die weibliche Erziehung und Bildung. Leipzig, Teubner 1879.

Schüler ein für sein ganzes Leben nachhaltiges Bedürfnis und Verständnis für einen freudenvollen Verkehr mit der Natur begründe."[*]) Dies hohe Ziel des naturwissenschaftlichen Unterrichts müssen wir immer festhalten, wenn wir nicht in den Fehler Lübens verfallen und den naturwissenschaftlichen Unterricht auf die Systematik zuspitzen wollen oder wenn wir nicht wie Leunis im Bestimmen der einzelnen Naturkörper, oder in der einseitigen Bildung der intellectuellen Fähigkeiten die Aufgabe des naturwissenschaftlichen Unterrichts sehen oder aber das Nützlichkeitsprincip in den Vordergrund stellen wollen. Ueber diesen Punkt verdienen Beachtung: Bänitz, der naturwissenschaftliche Unterricht in Bürger-, Mittel- und höheren Töchterschulen. Berlin 1869; Kräpelin in seiner Arbeit über den Unterricht in den beschreibenden Naturwissenschaften (Pädagogische Zeitfragen, herausgegeben von Dr. Pfalz, I., Heft 3., Leipzig, Brandstetter 1876) u. A. Von diesem Standpunkt aus bedürfen die preussischen Verordnungen und Gesetze für das Gymnasium und die Realschule einer ebenso scharfen Kritik, wie sie v. Freyhold in freimütiger Weise dem badischen Lehrplan der höheren Mädchenschule in Bezug auf den naturwissenschaftlichen Unterricht zu Teil werden lässt.

Im Anschluss an diese Kritik sei es mir gestattet, gegen einige Anschauungen Freyholds eine andere Meinung zu äussern. Ich halte es nämlich, entgegen dem Urteil des Verfassers, für richtig und zweckmässig, dass der badische Lehrplan den naturwissenschaftlichen Unterricht schon mit der 7. Klasse der 10classigen höheren Mädchenschule beginnen lässt und stimme von Freyhold nicht bei, wenn er S. 89 die Einrichtung in anderen Mädchenschulen billigt, nach welcher derselbe erst mit Klasse 4 beginnt. Ich bedaure, dass an mehren Stellen seiner Arbeit sich der Verf. geringschätzig über den elementaren naturwissenschaftlichen Unterricht der Unterklassen ausspricht; es lässt sich das nicht mit denjenigen Aeusserungen in Einklang bringen, in denen er mit Recht ein Vertiefen und Erweitern des naturwissenschaftlichen Unterrichts fordert. Wenn er aber sagt,

er vermeide geflissentlich in Beschreibungen alle Angaben über Behaarung der Blätter und Stengel, über Gestalt und Berandung der Blätter „und tausenderlei andere Kleinigkeiten", so verleitet ihn doch wol nur das Streben, den naturwissenschaftlichen Unterricht auf die Oberklassen zu beschränken, zu der eigentümlichen Ansicht, dass diese Dinge überhaupt in Wegfall kommen könnten. Gerade die genaue Untersuchung und Beschreibung der Pflanzen in den unteren Klassen sollte ein Mittel zur Erziehung der sorgfältigen eingehenden Beobachtung und eines eigenen Urteils werden, und man sollte auch in den Mittelklassen, wo diese Dinge allerdings zurücktreten, nicht versäumen, aus ihnen wesentlichere abzuleiten, sollte z. B. nicht verschmähen, auf die verschiedene Bildung der Granne bei den Gräsern, oder auf den Einfluss des Standorts auf die Behaarung der Pflanze aufmerksam zu machen. Das Richtige in der Ausführung des Verfassers liegt darin, dass er 1) die überflüssigen Kunstausdrücke vermieden wissen will, 2) gegen die „wahrhaft einschläfernde Vollständigkeit" zu Felde zieht, welche die Schulbücher in diesen Dingen zeigen. Hierin stimme ich ihm vollständig bei. In den Schulbüchern wird die S. 53 geschilderte Terminologie zu „ledernem, geisttötendem Zeug"; aber im Unterricht ist der Vergleich von ganzrandigen und gesägten Blättern, einer röhren-, trichter- und glockenförmigen Blumenkrone, eines fünfzähnigen und fünfblättrigen Kelchs nichts weniger als ledern. Selbst dass der 5zähnige Kelch einer Lippenblüte 10streifig ist, kann ebenso interessant werden, wie „tausenderlei andere Kleinigkeiten". Etwas Anderes ist es mit den fehlerhaften Ausdrücken der Terminologie, die Verfasser tadelt. Aber selbst manchen von ihnen möchte ich, wie vielen sonderbaren Linné'schen Pflanzennamen, aus Pietät das Wort reden, z. B. dem herzförmigen Blatt, das doch mit der Herzform Nichts zu tun hat, oder den Nebenblättern. Der Name „Scheidenspitzen" für diese ist doch nur eine unglückliche Neuerung, und wenn auch die neue Bezeichnung „Fruchtblätter" richtiger ist, als die alte „Griffel", so fragt sich's immer noch, ob es

---

[*]) A. Rossmässler, der naturwissenschaftl. Unterricht. Gedanken und Vorschläge zu einer Umgestaltung desselben. 1860.

nicht angezeigt ist, den alten Namen beizubehalten und dann auch die gewöhnlichen „Blätter" der Pflanze, die Jedermann unter diesem Namen kennt, die aber nach der neuen Terminologie „Laubblätter" heissen, wie bisher einfach „Blätter" zu nennen. In der Wissenschaft ist es wol Sitte oder Unsitte, dass jeder neue Monograph nicht nur seinen neuen Arten, sondern auch den alten neue Namen gibt; vor ähnlichen Dingen sollten wir uns aber in der Schule hüten. In der Verurteilung der botanischen Terminologie geht Verfasser zu weit. Wir wollen ihm nicht verdenken, dass er als Schüler von Alex. B r a u n und Anhänger von B u c h e n a u auch auf Wissenschaftlichkeit in terminologischen Ausdrücken hält, aber er darf auch nicht Alles wie ein junger Heisssporn über Bord werfen wollen und vor allen Dingen nicht geringschätzig von der Schulmeisterei denken und über Schulmänner, wie Dr. B a e n i t z und Dr. M ü l l e r - L i p p s t a d t, welche grosse Verdienste um die Entwickelung des naturwissenschaftlichen Schulunterrichts haben, auf eine solche Weise urteilen, wie er es in seinem Schriftchen tut.

In diesen Punkten bin ich also mit dem Verfasser nicht einverstanden. Dahingegen stimme ich ihm bei, wenn er am badischen Lehrplan tadelt, dass der naturgeschichtliche Unterricht nicht bis Klasse 1 fortgesetzt wird; ferner, dass in Klasse 6 schon „die innere Bildung der Pflanzen und Tiere" mit in Betracht gezogen werden und in Klasse 4 „das gelegentlich aus der Physiologie und Anatomie Gelernte zu einem Ganzen zusammengefasst" werden soll. Der Verfasser hat vollkommen Recht, wenn er sagt, dass wenn auf den Realschulen 1. Ordnung 13- und 14-jährigen Schülern von diesen Sachen Nichts zugemutet wird, sie in die erste Klasse der Mädchenschule gehören.

Nach meinem Dafürhalten unterschätzt aber v. Freyhold die Wichtigkeit der mikroskopischen Untersuchungen, wenn er ihnen nicht einmal ein Semester einräumen, sondern nur 5—6 Wochen des Sommerhalbjahrs zu einem Cursus in der Anatomie und Physiologie der Pflanzen verwenden und die Morphologie des tierischen Körpers (Anatomie) mit der Systematik vereinen, „d. h. bei Besprechung der einzelnen Tiergruppen gebracht" haben will. (vergl.

S. 44 u. 75). Dann sollte man die mikroskopischen Untersuchungen lieber ganz aufgeben. Ich verlange für die Anatomie und Physiologie der Gewächse in der 1. Klasse ein volles Sommersemester, ebenso ein Winterhalbjahr für die der Tiere und zwar vorzugsweise der niederen, nicht der höheren, wie Verfasser will. Die Anthropologie (eine Stunde im Winterhalbjahr) lege ich, wie es der badische Lehrplan will, in die 3. Klasse, an den Schluss der in der 4. beendeten Systematik die Tiere. Diese kann nämlich in der 4. Klasse recht gut zu Ende kommen, während die Systematik der Pflanzen, aus Gründen, die auch Verf. teilt, es nicht könnte. An die einzelnen Capitel der Anthropologie schliesse ich vergleichsweise die entsprechenden Verhältnisse des Tierkörpers, vorzüglich der höheren Tiere. Die Einrichtung der beiden anatomisch-physiologischen Curse in Klasse 1 habe ich ausfürlich in meiner oben erwähnten Arbeit dargelegt und begründet und will nur noch bemerken, dass die Vergleichung der Tieranatomie mit der Pflanzenmorphologie, welche Verfasser S. 41 vornimmt, keinen Grund abgibt, die Pflanzenanatomie einfach zu ignoriren. Dass die Tieranatomie der allgemeinen Pflanzenmorphologie entspricht, ist richtig; aber daraus folgt nur, dass man unter dem Namen Tieranatomie die Tiermorphologie lehrt, nicht aber, dass Pflanzenanatomie auch in Pflanzenmorphologie aufgehe. Jene Vergleiche geben schon deshalb Anlass zu falschen Schlüssen, weil überhaupt Botanik und Zoologie nicht in entsprechender Weise parallel mit den Klassen fortschreiten, worauf v. Freyhold selbst an einer Stelle seiner Arbeit aufmerksam gemacht hat.

Ich bin schon deshalb nicht mit einer Beschränkung der Anatomie und Physiologie im Sinne Freyholds einverstanden, weil durch sie erst der Bau und das Leben der Organismen zum Verständnis gelangt, so dass man in ihnen gleichsam den Schlussstein des botanischen und zoologischen Unterrichts erblicken kann. Ich stimme darin mit Baenitz überein. Mit Freyhold teile ich die Meinung, dass diese Unterrichtsgegenstände nicht in die 5. und 4., sondern in die 1. Klasse der höheren Mädchenschule gehören; ebenso die Chemie, vielleicht mit Ausnahme eines propädeutischen Curses. Auch bin ich mit dem Verfasser darin einverstanden, dass die Chemie in Bezug auf ihre Wichtigkeit der Physik in der höheren Mädchenschule weit nachsteht und dass sie sich auf die wichtigsten chemischen Erscheinungen und Gesetze beschränken muss, möchte aber doch, dass auch die chemischen Erscheinungen in Haus und Küche Berücksichtigung fänden. Verfasser würde über die „Küchenchemie" nicht so wegwerfend urteilen, wenn er Klencke's Buch: „Die Naturwissenschaft im weiblichen Berufe" gelesen hätte und bedenken wollte, dass die Frau nicht allein wissen soll, „wie Etwas in der Küche geschieht, sondern auch warum es geschieht", oder er müsste auch die Belehrungen über Gesundheitspflege, rationelle Bekleidung und Ernährung, die er S. 96—99 betont, fallen lassen und dürfte auch S. 31 die Wichtigkeit der Botanik für Gartenbau, Landwirtschaft, Industrie und Arzneimittellehre nicht hervorgehoben haben. Wer aber die Mädchenschule zur Mitteilung der Kenntnisse für das praktische weibliche Leben für zu gut hält, irrt ebenso, wie die, welche in diesen Dingen die Hauptgegenstände des Unterrichts erblicken.

Ferner teile ich des Verfassers Ansicht über die Stundeneinteilung für Chemie und Physik, bis auf die Aenderung, dass ich ein plus von einer Stunde im Wintersemester für Chemie und Mineralogie in Klasse 2 ansetze. Ich bin, um eine Einigung anzustreben, erbötig, auf die Chemiestunde im Wintersemester der 3. Klasse zu verzichten und sie der Physik zu überlassen, event. auch die Chemiestunde der 1. Klasse mit der Mineralogiestunde der 2. Klasse zu vertauschen, halte es aber nicht für angemessen, die Krystallographie in den Vordergrund des mineralogischen Unterrichts zu stellen. Ich weiss nicht, ob und wieweit v. Freyhold gesonnen ist, seinen S. 101 mitgeteilten Entwurf eines

Darmstadt.

Lehrplans für den naturwissenschaftlichen Unterricht der höheren Mädchenschule nach dem meinigen (a. a. O. S. 114) umzuändern; ich will an seiner Zusammenstellung nicht mäkeln; es führen mehrere Wege nach Rom; aber es wäre gewis zweckmässig, wenn wenigstens in der Stundenverteilung eine Übereinstimmung erzielt würde und nicht jeder naturwissenschaftliche Lehrer, wie es meist geschieht, für seine Schule einen eignen naturwissenschaftlichen Lehrplan aufstellte.

In Bezug auf einige andere Bedenken erlaube ich mir noch zu bemerken, dass ich nicht für eine Trennung der Stunden für botanische Morphologie und Systematik in derselben Klasse bin; auch möchte ich nicht, dass man die wichtigsten Lehren der Biologie als besonderes Capitel behandelt, sondern dass man sie gelegentlich behandelt und zwar dann, wenn man gerade das für die Erläuterungen passende Pflanzenmaterial vor sich hat.

Im Übrigen stimme ich den Ausführungen des Verfassers über die Unzweckmässigkeit des Linnéschen Systems und über die Zweckmässigkeit der Anlage eines Herbars bei und bin gleich ihm für öftere botanische Excursionen und für Anlage eines Schulgartens, worüber ich in meiner Arbeit ausführlich berichtet und auch die Ausschmückung des naturwissenschaftlichen Lehrsaals mit Blattpflanzen und Bildern und die Anlage eines kleinen Aquariums empfohlen habe. Endlich stimme ich dem Verfasser bei, wenn er es bedauerlich findet, dass eine gedankenlose Tradition den naturwissenschaftlichen Unterricht hindert, die ihm gebürende Stellung in der Reihe der Unterrichtsfächer einzunehmen.

Ich wünsche der fleissigen Arbeit im Interesse des naturwissenschaftlichen Unterrichts zu weiterer Anregung und Besprechung die grösste Verbreitung.

Röll.

Rade, Oberlehrer am K. Seminar zu Zschopau. Lehrgang des Unterrichts in der Geographie von Deutschland. In zwei concentrischen Cursen für niedere und mittlere Volksschulen. Zschopau 1879. 200 Seiten.

Bescheiden betitelt sich das Buch: „In zwei concentrischen Cursen für niedere und mittlere Volksschulen"; gewis zu seinen Ungunsten, denn das Wort „concentrisch" dürfte manchen abschrecken, und doch wäre das schade, da von „Concentricität" in dem Buche wenig zu finden ist. Es ist vielmehr in dem ersten Cursus je ein Minimum des der Volksschule zugedachten Lehrstoffes enthalten, während die Erweiterungen des zweiten Cursus auf günstigere Verhältnisse berechnet sind. Die zweite Hälfte jenes Titels aber dürfte geeignet sein, manchen Lehrer höherer Schulen abzuhalten, das Buch zu kaufen, und doch sind die dargestellten Verhältnisse auch den Zöglingen dieser Anstalten wenn nicht fremd, so doch gewis meist sehr unklar. Denn wir haben in dem „Lehrgang des Unterrichts in der Geographie von Deutschland" ein Buch zu begrüssen, welches die ausgetretenen Spuren des bisherigen Weges für geographische Lehrbücher verlässt. Es ist endlich einmal Ernst gemacht mit der Forderung, dass der Unterricht in der Geographie eine lebendige Darstellung des Wechselverhältnisses der geographischen Objecte untereinander sei. Keins der bekannten Lehrbücher hat bis jetzt in so consequenter Weise die Grundsätze Ritters durchgeführt als das vorliegende. Neben den Schöpfer der neueren Erdkunde stellt der Verfasser den Reformator der Pädagogik „Herbart". Solche Vereinigung müsste Vortreffliches bringen. Um so mehr ist zu beklagen, dass, während Ritters Forderungen durchaus erfüllt sind, die des letzteren fast nur in der Einleitung eine rechte Würdigung erhalten. Nicht von für die Kinder Interessantem geht der Verfasser aus, obgleich er den Wert des Interesses kennt (S. 1), sondern der geographische Stoff — nur etwa vermittelt durch das schwache Band der Heimatskunde — tritt direct an die Kinder heran; und doch braucht man nur kurze Zeit Lehrer der Geographie zu sein, um einzusehen, dass

Berge und Flüsse fremder Länder an und für sich kein Interesse für die Kinder haben. Ebensowenig handelt der Verfasser im Sinne Herbarts, wenn er die fachwissenschaftliche Anordnung überall wahrt. Dass dem so ist, zeigen schon die Ueberschriften der einzelnen Abschnitte: z. B. 1. Umgrenzung; 2. Beschaffenheit im Allgemeinen. Gebirgsgliederung; 3. Beschreibung der Flussgebiete. Städte; 4. Übersicht der Städte. Bewohner. Nun muss ja wol ein Lehrbuch für die Hand der Kinder systematisch geordnet werden — richtige Benutzung durch den Lehrer ist Voraussetzung —, nicht aber darf dies der Fall sein bei einem Buche für die Hand des Lehrers, dem der Stoff auch methodisch zu zergliedern und zu ordnen ist, das Buch nicht nur Stoffsammlung sein.

Nach dem Gesagten erscheinen folgende Ausstellungen berechtigt. Im ersten Teil des Buches sind sehr beherzigenswerte methodische Auseinandersetzungen vorausgeschickt. Nur würde ich für den auf S. 2 aufgestellten 1. Grundsatz: „Gehe so viel als möglich von der Anschauung aus" setzen: Gehe stets von dem Interesse des Kindes aus, d. h.: Suche Anschluss an den im Kinde vorhandenen Gedankenreichtum. Wie schon angedeutet, scheint der Verfasser das Interesse, dessen Bedeutung vorher doch eingehend gewürdigt wurde, bei Aufstellung der Grundsätze für den geographischen Unterricht übersehen zu haben. Für die Heimat ist dasselbe selbstverständlich vorhanden; aber weiter! — Was über dem nächsten Berg liegt, nach Norden, Süden etc. ist dem Kinde an und für sich sehr einerlei. Es ist also der umgekehrte Weg einzuschlagen. Nicht vom Heimatsorte sind Städte und Länder aufzusuchen, sondern diese sind in Beziehung zu setzen zur Heimat. Freilich muss da der leitende Faden gefunden werden, an dessen Hand man im Unterricht jene Orte daran nimmt. Selbstverständlich müssen die Orte, die für wert befunden werden, mit der Heimat in Beziehung zu treten, von grossem Interesse für die Kinder sein. Dieses Interesse aber kann nur die Geschichte (daneben noch die Naturkunde) verleihen. Also:

1. Heimatskunde (mit möglichster

Erweiterung durch Spaziergänge und Reisen);

2. Geographie der durch den Geschichtsunterricht (und die Naturkunde) interessant gewordenen Orte und Herstellung der Beziehungen derselben zur Heimat.

Wie kann hingegen (S. 11 ff.) eins der aufgestellten Grundverhältnisse („die astronomische Lage eines Ortes, der geologische Bau der Erdrinde; die wagerechte Gliederung der Festländer und Weltmeere und die senkrechte Gliederung oder Bodenform der Erdoberfläche") die ein wissenschaftliches Interesse voraussetzen, „zum leitenden Hauptgedanken des gesamten geographischen Unterrichts in der Volksschule" gemacht werden? Etwas anderes, durchaus richtiges ist, dass die Kinder genötigt werden, die geographischen Erscheinungen auf jene Grundverhältnisse zurückzuführen, und das will der Verfasser vielleicht auch nur meinen.

Völlig einverstanden aber müssen wir uns erklären mit dem S. 14 ff Gegebenen, welches in dem Satze gipfelt: das Merken soll nicht mehr ein mechanisches, sondern ein logisches sein. Vielleicht könnte S. 24 das horizontale Legen beim ersten Auftreten der Wandkarte einzufügen sein, ein weiteres Hilfsmittel um „Papiergeographie" zu vermeiden.

Der 2. Teil enthält den „Lehrstoff für den Unterricht in der Geographie von Deutschland" (nach Flussgebieten geordnet, mit einer politischen und statistischen Uebersicht). Hieraus einige Notizen, bei denen meist die wörtliche Anführung eine ausdrückliche Berichtigung unnötig macht. S. 34: „nach Südosten (vom St. Gotthardt) die lepontischen Alpen" — ist zum mindesten ungenau; S. 41: „Tessino" — entweder Tessin oder Ticino; S. 48: Da der Neckar und der Main schiffbar sind, so ist Mannheim ein wichtiger Handelsplatz"; S. 48: „Ziehen wir auf der Karte vom südwestlichen Ende des Schwarzwaldes eine Linie in nordöstlicher Richtung über die rauhe Alp bis ungefähr in die Mitte Deutschlands, so treffen sich beide Linien in ... dem Fichtelgebirge." S. 49: Der Mainlauf wäre sicher besser durch die Ausdrücke „Dreieck", „Viereck" charakterisirt, als durch „Biegung nach Süden, Westen und Norden" etc.; S. 60: Nicht am Eingang in das Moseltal liegt Trier, sondern am Eingang in das untere Moseltal; S. 68: Die Lippe wird als ein „linkseitiger" Nebenfluss aufgeführt.

S. 72: Der alte Fehler, dass Werra und Fulda zusammen die Weser bilden; S. 79: Anstatt „bayrische Hochebene" ist auch für den 1. Cursus entschieden besser und bezeichnender schwäbisch-bayrische Hochebene. Dieselbe befindet sich jedoch nicht nördlich von den Ostalpen, die bekanntlich erst mit dem Brenner beginnen. Hier sind Isar und Inn genannt; der in der Geschichte so bedeutsame Lech nicht. Gewis wird der Volksschule viel zugemutet mit: ötztaler Alpen; Greinerwald (S. 82); Sagawa, Beraunka (S. 96); Klodnitz (S. 112); Berninapass (S. 84); Bernhardinpass, Julierpass, Zihl (S. 42); S. 84: „Östlich von den rhätischen Alpen liegt die Gebirgsgruppe des Orteles" (soll wol heissen Ortles) — höchstens östlich von der Berninagruppe; „Der Semmering südöstlich von den steirischen Alpen" — nein nordöstl. S. 92: Die Eger fliesst „westlich am Erzgebirge hin" S. 91 ff.: In Böhmen von einem nördlichen „Tiefland" zu reden, scheint doch zu gewagt; S. 95: „Die Einsenkung östlich vom Riesengebirge heisst der glatzer Gebirgskessel"; S. 100: „Nördlich von Erfurt liegt das Fürstentum Schwarzburg-Sondershausen"; S. 103: Die Elbe tritt an der sächsischen Grenze nicht in das „Ober-", sondern in das Mittelelbgebiet; S. 130: Von einem „uralisch-baltischen Landrücken" zu sprechen, hat man wol aufgegeben; S. 109: Für „das Mittelelbgebiet hat eine Stadt" etc. — das Unterelbgebiet; S. 154: Bei Angabe der Grenze zwischen Baiern und Württemberg muss es statt „Lech" Iller heissen.

Die Trennung des politischen Teils von dem Vorhergehenden muss ich für eine unglückliche halten. Man hat — abgesehen von den bei solcher Trennung unvermeidlichen, störenden Wiederholungen — bei dem Durchlesen das Gefühl, als ob etwas ganz neues auftrete, etwas von dem Vorausgehenden ganz verschiedenes. Ich habe die Ansicht, dass das politische und statistische Material zum grössten Teil aus den physischen Verhältnissen sich ergibt. Es lässt sich das auf jeder Seite der politischen Übersicht erkennen; was etwa noch fehlen würde, liesse sich leicht anfügen. Ans dem Gesagten folgt, dass der politische Stoff in einzelnen zweckmässig geordneten Abschnitten dem physischen Teil einzuverleiben ist, (spätere politische Zusammenstellungen würden sich dann von selbst ergeben). Dann würde auch noch mehr Gelegenheit geboten zu dem so wichtigen Bilden von längeren Reihen, was der Verfasser gänzlich ausser Acht lässt. Ein Beispiel möge genügen: S. 66 werden die Erz- und Steinkohlenlager im Gebiet der Sieg, Wupper und Ruhr erwähnt, die zum Bergbau und Hüttenbetrieb locken; S. 67 dasselbe noch einmal, im Anschluss daran: Essen; S. 69 (Cursus II) dasselbe mit einigen Erweiterungen: Dortmund, Iserlohn, Remscheid, Solingen etc.; S. 70: „Die Städte dieses Gebietes verdanken ihre Bedeutung teils dem kohlen- und erzreichen Boden" etc.; S. 150: „Kohlen- und Erzlager im Süden" (Westfalens), „Dortmund (Eisen und Kohlen), Hamm (Eisenhütten), Iserlohn (Metallwaarenfabrikation)", dann (Rheinprovinz) „Reich an Erz- und Steinkohlen. . . . Essen (Krupp, Gussstahl und Kanonen)"; S. 152: „Bergbau: Steinkohlen in Westfalen . . . Eisen in Westfalen . . . Industrie: . . . Eisen und Metallwaaren Rheinland, Westfalen"; S. 153: (I. Cursus) Industrie: . . . Eisen, Blech und Draht: Remscheid, Hagen; Gussstahl, Kanonen, Geschosse, Achsen: Essen; Messer, Klingen, Werkzeuge: Solingen, Remscheid . . . Nähnadeln: Aachen, Iserlohn"; S. 154: „Ausfuhr: Industrieerzeugnisse"; S. 182: Tonschiefer (niederrheinisches Schiefergebirge): „Auch diese Gesteine sind häufig reich an Erzen." — Sollte es nicht einfacher, übersichtlicher, meinetwegen auch anschaulicher sein, diese zahlreichen, verstreuten, sich wiederholenden Notizen zusammenzufassen, dieselben in einer

Eisenach.

Reihe auftreten zu lassen? Diese Reihe dürfte ungefähr folgende sein:
Sieg, Wupper, Ruhr: Wasserkraft.
Niederrheinisches Schiefergebirge;
Thonschiefer;
Reich an Erz, Eisen;
Bergbau;
Hüttenbetrieb; Steinkohlen;
Eisenwaren: Messer, Werkzeuge (Solingen), Blech, Draht (Remscheid, Hagen), Nadeln (Iserlohn), Stahl, Gussstahl, Kanonen (Essen, Krupp);
Städte: Dortmund, Hamm und die genannten;
Handel: Ausfuhr der Eisenwaren und Steinkohlen.
Nach Aufstellung solcher und ähnlicher Reihen müssen Zusammenstellungen, wie sie der Verfasser in reichem Masse gibt (S. 152 f; 157 etc) folgen.

Sehr willkommen wird jedem Leser der Geographie der Anhang sein, der in übersichtlicher Weise die geologischen und klimatischen Verhältnisse Deutschlands und die von ihnen abhängende Vegetation behandelt.

Der angefügten Höhenschichtenkarte geht eine Anleitung zur Benutzung voraus. Principiell gegen alle Unterlagen, welche das Kartenzeichnen den Kindern erleichtern sollen — denn in Wahrheit beeinträchtigen solche Hilfen die Selbsttätigkeit und damit den Nutzen des Zeichnens —, würde ich einen Atlas für die Hand der Kinder, der in der Rade'schen Manier ausgeführt wäre (natürlich mit ausgeschriebenen Namen), mit Freuden begrüssen. Derselbe würde sehr bald bei einiger Genauigkeit — nur Solingen links von der Wupper ist mir bei der vorliegenden Karte aufgefallen — die Stössner'schen Arbeiten verdrängen.

Dr. Göpfert.

Neuer Verlag von **Heinrich Pfeil** in Leipzig.

Pädagogische Studien.
Neue Folge.
Herausgegeben von Seminar-Director Dr. W. Rein.

Die „Pädagogischen Studien" erscheinen von 1880 ab als Vierteljahresschrift. Der Jahrgang 1880 liegt vollständig vor und kostet 4 M. Die ersten drei Hefte werden auch einzeln zu dem Preise von je 1 M abgegeben.

Inhalt des ersten Heftes. Dr. E. von Sallwürk, Oberschulrat, Rousseau's Stellung in der Pädagogik und in der Geschichte der Pädagogik. — Mittheilungen: Der fünfte deutsche Seminarlehrertag. Gründe für das dreiklassige Seminar. Die deutsche Schulkartographie. Naturkunde, Präparation. — Rezensionen.

Inhalt des zweiten Heftes. Dr. Richard Staude, Seminarlehrer in Eisenach, Die kulturhistorischen Stufen im Unterrichte der Volksschule. — Mittheilungen: Stimmen über Herbart. Zur Orthographiereform.

Inhalt des dritten Heftes. G. A. Israel, Oberlehrer am königl. Lehrerinnen-Seminar in Dresden, Dörpfeld und die Klassenzahlfrage. — Mittheilungen: Präparation. Biblische Geschichte. III. Schuljahr. Deutsch in der Oberklasse. Goethe gegen den didaktischen Materialismus und für die Apperception. Thesen vom Unterricht in der Heimatskunde. Der Herbartverein zu Eisenach. — Rezensionen.

Inhalt des vierten Heftes. Dr. Karl S. Just in Dresden, Die Psychologie im Lehrer-Seminar. Ein Beitrag zur Ausbildung der Schulwissenschaften. — Mittheilungen: Bemerkungen zum Zeichenunterricht. Präparation. Deutsch. — Rezensionen.

Stimmen der Presse über die „Pädagogischen Studien" 1880.

Wir haben die „Pädagogischen Studien" wiederholt angelegentlich empfohlen. Das Unternehmen verdient die weiteste Verbreitung. (Allgem. deutsche Lehrer-Zeitung.)

Die günstige Meinung, welche Direktor Rein für seine Befähigung zur Leitung und Belebung einer pädagogischen Rundschau durch die frühere Reihe seiner „Päd. St." erweckt hat, findet durch den Eindruck, den dieses (erste) Heft der neuen Folge macht, Verstärkung; man kann diese Zeitschrift allen Freunden gesunder Didaktik empfehlen. (Zeitschrift für Realschulwesen.)

Möge diese Zeitschrift in der deutschen Lehrerwelt reichlich Eingang finden! (Schlesische Schulzeitung.)

Der gediegene Inhalt berechtigt zu der Annahme, daß die „Pädagogischen Studien" sich auch in ihrer neuen Gestalt recht bald einen weiten Leserkreis verschaffen werden. (Deutsche Blätter f. erziehenden Unterricht.)

Die Hefte seien der allgemeinen Beachtung bestens empfohlen. (Haus und Schule.)

Die Essays verdienen Beachtung! (Deutsches Schulmuseum.)

Wir wünschen den „Päd. Studien" die vom Herausgeber erhoffte freundliche Aufnahme in der deutschen Lehrerwelt — sie sind derselben werth. (Neue deutsche Schulzeitung.)

Eine der hervorragendsten Zeitschriften auf pädagog. Gebiete, die wir jedem Lehrer, jedem Lehrerkreis zu eingehendem Studium empfehlen möchten! (Schweiz. Schularchiv.)

Die Grundlehren der Schulorganisation
nach den Forderungen der pädagogischen Wissenschaft und der Erfahrung
für Lehrer, Schulbeamte, Schulkommissionen und Schulfreunde.
Eine gekrönte Preisschrift von Dr. Gustav Fröhlich.
Preis 1 M 20 Pf.

Stimmen der Presse.

Der Werth der vorliegenden Arbeit ist unbestreitbar, da das Feld der Schulorganisation noch wenig angebaut ist und auf demselben sich noch manche einander widerstreitende Ansichten begegnen. Sicherlich wird die vorliegende durch gründliche Wissenschaftlichkeit ausgezeichnete Schrift ein Erhebliches zur Klärung der bezogenen Frage beitragen. (Pädagog. Reform.)

Referent muß gestehen, daß ihm diese Schrift große Freude machte und wünscht er ihr die weiteste Verbreitung. Nach eingehendem Studium kann ich diese Schrift bestens empfehlen. (Bayer. Lehrerzeitung.)

Diese Schrift gehört zweifelsohne mit zu den besten Erscheinungen der pädag. Literatur und eignet sich sehr gut zu den Beratungen von Lehrerkonferenzen und zum Studium für Lehrer, wie für die Schulpraxis. (Päd. Repertorium.)

Goethe als Pädagog.
Vortrag, gehalten im Brünner Lehrerverein am 22. März 1880
von
Wilh. C. Schram, Lehrer d. klassischen Philologie.
Preis 75 Pf.

Ein recht dankenswerthes Schriftchen, wohl geeignet, den Blick auf die in den Werken unseres großen Dichters niedergelegten pädagogischen Schätze zu lenken. (Preuß. Schulblatt.)

Die kleinen Musikanten
Oder: Wo ist die Großmutter?
Spiel mit 24 Kärtchen für die lesende Kinderwelt.

Herausgegeben von **Veronika Schweizer.**
Preis 1 M.

Ein einfaches, sehr leicht ausführbares, auf pädagogischen Grundsätzen beruhendes Spiel, das als sinniges Festgeschenk empfohlen werden kann.

Über die metaphysische Grundlage der Psychologie Herbarts.

Von O. Flügel in Schochwitz.

Die metaphysische Seite der Psychologie Herbart's ist von Anfang an bis auf heute trotz mancherlei Verdeutlichungen nicht geringen Misverständnissen ausgesetzt gewesen; dieselben betreffen zumeist das Verhältnis der inneren Zustände, nämlich der Vorstellungen zu der ursprünglichen Qualität der Seele und bekommen dadurch einen gewissen Schein von Triftigkeit, daß die betreffenden metaphysischen Gedanken nicht ihrem vollen Zusammenhange nach erwogen werden.

Bekanntlich kann eine denkende Betrachtung der gegebenen Natur nicht bei den blosen Erscheinungen als solchen stehen bleiben, sondern wird zu einer Erklärung derselben, d. h. zur Annahme von Ursachen fortgetrieben, welche die Erscheinungen bedingen. Darum sagt auch Lotze: „Gewiß hatte Herbart Recht, Unbedingtes zu dem Wechsel des Bedingten hinzuzusuchen.“[*) Hinsichtlich dieses Unbedingten, welches die Erscheinungen bedingen, oder die Erklärung für die Natur abgeben soll, stehen sich nun zwei einander völlig ausschliessende Systeme gegenüber: der Monismus und der Pluralismus. Der erstere, nämlich die Annahme nur Eines Realen, zeigt sich indes gar bald als völlig untauglich, die gegebenen Erscheinungen in Hinsicht auf ihre Mannigfaltigkeit und Veränderung zu erklären, denn, sagt auch Lotze a. a. O. S. 443: „aus einem einzigen gleichartigen Prinzip kann man Verschiedenes nicht ableiten, ohne eine hinlängliche Anzahl zweiter Prämissen, die jenes Eine nötigen hier a, dort b oder c zu entwickeln.“ Was hier speziell bei der Detailforschung gesagt wird, muß natürlich auch von dem Einen Absoluten gelten; dieses, als Eins gedacht, kann für sich allein und aus sich selbst heraus niemals Grund der Mannigfaltigkeit in der Natur sein. Darum wird man notwendig zu der andern Annahme, nämlich zu dem Pluralismus getrieben.

So gelangt die Forschung zur Voraussetzung einer Mehrheit von realen Wesen, als der Bedingung der Naturerscheinungen. Allein in der Vielheit als solcher kann noch kein Grund liegen, daß die vielen als existirend anzunehmenden Wesen auch auf einander wirken. Vielmehr muß zu dem Zwecke noch eine qualitative Verschiedenheit, und zwar ein qualitativer Gegensatz unter den letzten realen Wesen

---

[*) Lotze, Metaphysik. Leipzig. 1879. S. 152.

statuirt werden. Denn liegt in der durchweg gleichen Qualität eines Wesens kein Grund zu wirken, so können auch zwei oder mehrere qualitativ einander ganz gleiche Wesen nicht den Grund zur Wirksamkeit bieten oder enthalten. Zu diesen auf Grund der Erfahrung und Logik gemachten Voraussetzungen, welche die Vielheit und den qualitativen Gegensatz der letzten realen Wesen betreffen, gesellt sich noch die Forderung einer anderen Bedingung, um das Wirken und damit die gegebenen Veränderungen zu erklären, denn wenn Ein Wesen an sich, welche Qualität ihm auch eigen sein möge, nie ein Prinzip der Veränderung enthält, so auch nicht viele, wenn schon unter einander verschiedene, falls nämlich jedes isolirt für sich gedacht wird. Die verschiedenen Qualitäten müssen vielmehr einander zugänglich, auf eine bestimmte Weise für einander sein. Die äussere formale Bedingung nun, unter welcher die verschiedenen Wesen einander ihre Verschiedenheit oder ihren Gegensatz darbieten können, besteht darin, dass eben da, wo die eine Qualität ist, auch zugleich die entgegengesetzte sich befindet; d. h. hinsichtlich unserer räumlichen Auffassungsweise, dass die betreffenden Wesen zusammen (ineinander) sind oder sich ganz oder teilweise durchdringen.

Demnach hat man die Qualität nicht als eine ursprüngliche oder ursachlose Kraft anzusehen, denn dies hiesse ja ein Werden ohne Ursache zulassen, oder bei etwas stehen bleiben, welches wie alles Erscheinende zur Annahme noch weiterer, letzter Bedingungen aufforderte. Vielmehr verlangt der Gedankenzusammenhang notwendig die Annahme, dass die Kraft oder Wirksamkeit erst im Kontakt qualitativ entgegengesetzter Wesen entspringt. Wie nun die Wesen einander auf Grund des Gegensatzes ihrer Qualitäten zur Wirksamkeit bestimmen, ist natürlich nicht weiter zu erkennen, da die ursprünglichen Qualitäten als solche von uns niemals erkannt werden können; aber dass die gegebenen Erscheinungen der Natur ihre Ursache in einem gegenseitigen, tätigen Eingreifen der letzten realen Wesen vermöge ihres qualitativen Gegensatzes haben müssen, diesem Gedanken ist nicht auszuweichen, weil alle andern zu diesem Zwecke versuchten Annahmen zu Widersprüchen führen, also unmöglich sind. Wo zwei oder mehrere Wesen, deren Qualitäten einander entgegengesetzt sind, sich durchdringen, da können diese Wesen unmöglich einander völlig gleichgiltig bleiben; vielmehr wird jeder Unbefangene hier bei näherer Erwägung den Punkt sehen, wo ein Konflikt der Qualitäten und somit Wirkung und Gegenwirkung statthaben muss. Es ist aber ganz natürlich, dass für das, was an sich nicht näher erkennbar ist, auch ein Wort fehlt, welches in jeder Beziehung diesen Vorgang völlig unzweideutig bezeichnet. Das ist auch von Seiten der Herbartischen Metaphysik von Anfang an hervorgehoben. „Es fehlt an bezeichnenden Wörtern für den spekulativen Begriff des wirklichen Geschehens: denn Akt, Geschehen, Erfolg, Druck und Gegendruck, Störung und Selbsterhaltung oder dergleichen, sind dem Wechsel der Erscheinungen nachgebildete Worte und tragen die Negation in sich."*) Am Worte ist auch nichts gelegen, nur soviel muss festgehalten werden, dass hier ein Akt vorliegt, welcher erstens

---

*) Taute: Religionsphilosophie. 1840. I. 519.

die ursprüngliche Qualität als solche unverändert lässt, zum andern aber doch ein wirklicher Akt ist, und der drittens — was sich unmittelbar daraus ergibt — ganz und gar von den Qualitäten der in Wechselwirkung begriffenen Wesen bestimmt wird.

Der erste Punkt, nämlich die Unveränderlichkeit des Wesens, d. h. seiner ursprünglichen Qualität, erweist sich auf synthetischem und analytischem Wege als notwendig. In ersterer Beziehung würde Umwandlung der Qualität einer Identität von Sein und Nicht-Sein bedeuten, mag nun die Veränderung die Qualität ganz oder nur teilweise betreffen, immer schliesst der Begriff einer qualitativen Umwandlung einen Widerspruch in sich, dass nämlich die Qualität ist und zugleich nicht ist, dass sie ist, was sie ist, und zugleich das, was sie nicht ist. Jede derartige Veränderung verbietet sich also schon a priori. Zum andern aber führt die tatsächlich gegebene, der modernen Physik als Axiom feststehende Unzerstörbarkeit des Stoffes, sowie die Konstanz der Gesetzlichkeit notwendig zu dem Gedanken, dass die letzten Elemente, welche die gegebene Natur bilden und die konstante Gesetzlichkeit derselben bedingen, an sich unveränderlich und unzerstörbar sind. Und wenn Lotze oben bemerkte, dass ein Unbedingtes zu dem Wechsel als Bedingten hinzuzusuchen sei, worin anders kann das Motiv dazu liegen, als in der Erkenntnis, dass das Wechselnde als solches eben nicht das Letzte sein könne? und wodurch sollte sich auch das gesuchte Unbedingte von dem Bedingten unterscheiden, wenn nicht eben dadurch, dass jenes keinem Wechsel oder keiner Veränderung unterworfen ist?

Verdeutlichen wir uns dies noch im Speziellen in Hinsicht auf die Seele. Auch diese ist als ein intensiv einfaches, qualitativ bestimmtes Wesen anzusehen und darum jeder qualitativen Veränderung unzugänglich. Angenommen indes, es hätte eine derartige Veränderung bei der Erzeugung von Vorstellungen oder überhaupt von inneren Zuständen statt, wie einige Gegner der Psychologie Herbart's meinen, so käme man alsbald sowol mit der Logik als mit den Tatsachen in Widerspruch. Die Qualität der Seele sei S. Ein Sinnesreiz R bewirke in der Seele einen innern Zustand a, so möge damit eine Veränderung in der Qualität der Seele vorgegangen sein, sie sei nicht mehr S, sondern S^1. Nun trete abermals derselbe Reiz R an die Seele heran, jetzt findet dieser Reiz nicht mehr S, wie vorher, sondern S^1 vor. Soll hier nun das Zusammenwirken von S^1 und R dasselbe Resultat haben, nämlich a? das ist ganz unmöglich, wenn eine wirklich qualitative Veränderung der Seele stattgefunden hat, also S nicht mehr S^1 ist. Verschiedene Bedingungen können nie dieselbe Wirkung erzeugen. Tatsächlich aber bringt derselbe Reiz unter sonst gleichen Umständen auch immer dieselbe Empfindung hervor. Will man dieser Erfahrung Rechnung tragen, so ist nur möglich anzunehmen, dass $S = S^1$ sei, dass also keine Veränderung stattgefunden habe, oder aber, dass S überhaupt $= 0$ sei; letzteres würde heissen, dass bei Erzeugung der Empfindungen die Tätigkeit der Seele gar nicht in Betracht kommt, vielmehr der Reiz selbst schon die Empfindung sei, oder — was ganz dasselbe sein würde — dass die Seele eben nur ein völlig leeres Gefäss sei, in welches der Reiz, ganz

wie er ist, hineingeht. Oder soll man annehmen, sobald S in Folge von
R in S^1 verwandelt ist und R in Wegfall kommt, stelle sich ganz von
selbst S wieder her? Aber soll eine Ursache nötig sein, damit S in
S^1 und keine Ursache, dass S^1 in S übergeht? Und was wäre dann im
letztern Falle das Subjekt, w e l c h e s s i c h wiederherstellt? Ist S etwa
doch S geblieben, während es zu S^1 wurde und schüttelte es etwa diese
durch R aufgenötigte Natur S^1 von selbst wieder ab? Das würde
heissen, dass gar keine wesentliche Veränderung stattgefunden, dass S
als S beharrte, während es in Reaktion gegen R begriffen war. Vielleicht
meint man indes, eine gewisse Identität in allem Wechsel festhalten zu
können, wenn man die Qualität der Seele nicht schlechthin einfach annimmt, also statt S eine Einheit von ABC setzt. Allein hier stellen sich
ganz dieselben Unzuträglichkeiten ein. ABC gewinne in Folge der Einwirkung von R den Zustand a, damit sei in ABC eine Veränderung vor
sich gegangen, welche aber doch nicht das ganze Seelenwesen betrifft,
es sei also ABC in ABD übergegangen. Wenn nun R wiederum wirkt,
soll es mit ABD dasselbe Resultat, nämlich a, ergeben, als vorher mit
ABC? Das hiesse brechen mit jeder gesunden Logik und den Forschungs-
maximen der gesamten Naturwissenschaft; oder aber es müsste ABD =
ABC sein, es dürfte also keine eigentliche Veränderung stattgefunden
haben.

Es würden sich indes bei Annahme einer w i r k l i c h e n Veränderung des Seelenwesens noch weitere Unzuträglichkeiten herausstellen.
Gesetzt S sei in Folge von R zu S^1 geworden und habe dadurch a als
einen Zustand gewonnen. Durch einen z w e i t e n Reiz werde aus S^1 jetzt
S^2 und die Seele gewinne so die Empfindung b u. s. w. Wie soll dann
eine innere Reproduktion des a möglich sein, wobei doch von dem
äussern Reize ganz abgesehen wird? Ohne Zweifel ist a durch den
Übergang von S in S^1 bedingt gewesen oder ist auch der Übergang
selbst. Wenn nun aber in Folge weiterer Reize S^1 zu S^2 geworden,
und dies eine wirkliche Umwandlung der Qualität bedeutet, so ist jetzt
S und S^1 n i c h t mehr vorhanden, sondern nur noch S^2. Damit ist auch
a vollkommen verschwunden. Wie soll hier die tatsächlich gegebene
Reproduktion des a möglich sein, wenn von demselben nicht das Geringste zurückgeblieben ist? Überhaupt würde die erfahrungsmässig gegebene Kontinuität des geistigen Lebens bei den gemachten Voraussetzungen völlig unmöglich; noch abgesehen von den Widersprüchen,
welche im Begriff einer qualitativen Veränderung liegen.

Es ist ersichtlich, die Erfahrung wie das widerspruchsfreie Denken
verlangen die Annahme 'der Unveränderlichkeit der Qualität der Seele;
daneben aber die Veränderlichkeit in Bezug auf das, was sie unter verschiedenen Bedingungen tut.

Denkt man sich zwei qualitativ entgegengesetzte Wesen A und B
im Zusammen, so beharrt jedes derselben in seiner ursprünglichen Qualität,
aber indem A in B und B in A etwas vorfindet, was ihm kontradiktorisch
entgegengesetzt ist, können sie beide nicht gleichgiltig gegeneinander ver-
harren, sondern ein jedes muss sich in einem Zustande der Tätigkeit
und Abwehr, der Aktion und Reaktion gegen das andre befinden. Da

nun jedes dieser Wesen ein intensives Eins ist, so kommt bei dieser Reaktion in jedem Wesen die ganze Qualität zum Ausdruck. Hier hat man den Unterschied des absoluten und des relativen Sein; ersteres bezieht sich auf das, was das Wesen an und für sich unter allen Umständen ist und bleibt, auf die ursprüngliche Qualität, wohingegen das relative Sein das betrifft, was ein Wesen unter besondern Umständen oder Bedingungen tut. Dieses Tun oder der Thätigkeitszustand muss natürlich so vielfach verschieden sein, als die Bedingungen, die ihn erzeugen, verschieden sind. Es wird also A anders gegen B und anders gegen C reagiren, vorausgesetzt, dass A, B, C untereinander qualitativ entgegengesetzt sind.

Die Gegner der Herbart'schen Metaphysik haben hier oft einen Widerspruch bemerken wollen, weil ein intensiv einfaches Wesen sich auch nur in Einem Zustande befinden könne. Allein dieser scheinbare Widerspruch liegt mehr in den Worten als in der Sache und beruht auf der Verwechselung von absolutem und relativem Sein oder von Qualität und Zustand derselben. Wäre der Zustand oder die Tätigkeitsweise selbst schon die Qualität des Wesens, mit andern Worten, wären die Wesen ursprüngliche Kraftwesen, also dass ihr Sein eben in dem Tun aufginge, dann könnte man denken, jedes dieser Wesen werde die ihm von Haus aus eigentümliche Kraft gegen jedes andere, von welcher Beschaffenheit es auch sein möchte, genau in derselben Weise geltend machen, es würde also unter allen Umständen immer in dem nämlichen Tätigkeitszustand begriffen sein. Allein mit der Annahme von spontanen Kraftwesen ist man völlig von den Voraussetzungen der Metaphysik abgewichen, die doch eben widerlegt werden soll. Diese lehrt, dass die Kraft erst in Folge des Zusammens von Wesen verschiedener Qualität entsteht, vorher also nicht vorhanden war und ohne die Bedingungen nie hervorgetreten sein würde. B findet in A nicht schon eine Kraft vor, die ihm wie jedem andern Wesen in gleicher Weise begegnet, sondern B bestimmt vermöge seiner besondern Qualität das Wesen A zur Kraft oder Tätigkeit; der so in A erzeugte Zustand ist ebenso von B wie von A abhängig. Natürlich kann nun unter verschiedenen Bedingungen nicht dasselbe Resultat erfolgen, d. h. in A muss ein anderer Zustand entstehn, wenn es etwa mit C in Wechselwirkung begriffen ist. Träte hier ganz derselbe Zustand hervor, wie im ersten Falle, wo A mit B zusammen war, dann wäre der Widerspruch vorhanden, dass unter verschiedenen Bedingungen dasselbe Resultat erfolgen sollte.[*] Darum ist es auch ganz im Sinne unserer Metaphysik, wenn Lotze a. a. O. 369 sagt: „Mit der Einheit eines Wesens A kann ich das gleichzeitige Bestehen verschiedener Zustände α, β, γ nicht unverträglich finden, die dem A durch die Einwirkung verschiedener Bedingungen in demselben Augenblick aufgenötigt werden, nur dies würde ich behaupten, dass sowohl α als β sogleich Zustände des ganzen A sind." Das letztere versteht sich nach den obigen Auseinandersetzungen von selbst und muss

---

[*] Vgl. dazu auch das Jahrbuch des Vereins für wissenschaftliche Pädagogik von Ziller. IX. 231 ff.

stets festgehalten werden, denn das A ist ja ein intensives Eins und wird
ganz wie es ist in den betreffenden Konflikt verflochten, ist also ganz
und gar in Tätigkeit begriffen.

Darum ist auch zur Erzeugung einer Mehrheit von innern Zuständen
in Einem qualitativ einfachen Wesen durchaus nicht nötig, eine Mehrheit
von innern Anlagen dazu anzunehmen. Die Vertreter dieser Meinung
beziehen sich gegenwärtig oft auf Lotze, bei dem es a. a. O. 535 heisst:
Dass wenn die Seele Ätherwellen als Farben empfinde und Luftwellen
als Schall wahrnehme u. s w., dann müssen auch ebenso viele auf einander gar nicht zurückführbare Urvermögen der Seele statuirt werden,
als sie einzelne von einander verschiedene Empfindungen besitzt. Allein
die Annahme solcher Urvermögen ist völlig überflüssig, wenn wie oben
zugegeben wurde, Ein qualitativ bestimmtes Wesen gleichzeitig oder
sukzessiv unter verschiedenen Bedingungen in verschiedene Zustände
geraten muss, oder, wie Lotze sich ausdrückt, dass die verschiedenen
Bedingungen dem Wesen auch verschiedene Zustände „aufnötigen".
Wozu also noch besondere dem Wesen ursprünglich innewohnende, präformirte Anlagen? Entweder ist die Einwirkung der Bedingungen oder
sind die innern Anlagen überflüssig, oder doch der Wirksamkeit nach
gleich Null. Findet das Vorhandensein qualitativ verschiedener Zustände
in Einem Wesen seine Erklärung in dem Vorhandensein verschiedener
Bedingungen, dann bedarf es nicht noch einer zweiten Erklärung, her-
genommen von der Verschiedenheit der ursprünglichen Anlagen. Oder
aber das Wort Anlage bedeutet hier weiter nichts, als die ursprüngliche
Qualität des Wesens, welche ja die Möglichkeit darbietet, in verschiedener Weise auf verschiedene Einwirkungen zu reagiren; aber die
blose Möglichkeit oder Fähigkeit ist noch keine positiv präformirte Anlage, die man sich ja doch immer nur als einen innern Zustand oder
vielmehr als ein System von Zuständen denken kann. Natürlich sind es
die Einwirkungen nicht allein, was die innern Zustände bestimmt, sondern
ebensosehr hängen diese nach Beschaffenheit und Stärke von der ursprünglichen Qualität des Wesens ab, welches jenen Einwirkungen ausgesetzt ist: wäre dieses nicht, was es ist, so würde es auch nicht tun,
was es tut.

Fassen wir nun das Verhältnis eines realen Wesens, z. B. der Seele,
zu den eignen innern Zuständen oder Vorstellungen ins Auge, so kann
es kein gröberes Misverständnis geben, als letztere für irgend etwas anzusehen, was in irgend einem Sinne Existenz oder reale Bedeutung haben
könnte ohne die Seele, oder als sei letztere nur der Schauplatz für die
Tätigkeit ihrer innern Zustände, oder das leere Gefäss, welches dieselben umschliesst. Wer den obigen Erörterungen über die Entstehung der
innern Zustände nur mit einigem Verständnis gefolgt ist, für den versteht
es sich von selbst, dass ja in allem ihrem Tun die Seele selbst nach
ihrer ganzen Qualität es ist, welche wirksam ist. Was Leibniz von
den Monaden sagte, sie haben keine Fenster, durch welche sie ihre Zustände entlassen oder andere in sich aufnehmen könnten, und was sich
Lotze a. a. O. S. 113 aus der alten Metaphysik aneignet: attributa a
substantiis non separantur, das gilt im allerstrengsten Sinne von Herbart's

einfachen realen Wesen. Das Wirken, in welchem diese begriffen sind, ist ihr eignes Wirken, ist nur ein Sich-geltend-machen der eigenen ursprünglichen Qualität unter besondern Bedingungen. Es hiesse den Begriff des absoluten Seins aufgeben, wollte man annehmen, es könnte sich von einem realen Wesen irgend etwas, eine Kraft oder ein Zustand loslösen, ein selbständiges Dasein führen oder auf ein anderes Wesen übergehen.

Aus dieser genauen Zusammengehörigkeit von Wesen und Zustand folgt zunächst, dass der Zustand eben so unaufhebbar ist wie das Wesen selbst. Hat einmal ein besonderes inneres Geschehen stattgefunden, so kann es nicht wieder vergehen, wenn auch die äussern Bedingungen, unter welchen es entstand, aufhören. Das innere Geschehen kann nicht ungeschehen gemacht werden. Dass dies so ist, zeigen zuvörderst die Tatsachen des Beharrens der innern Zustände bei der Reproduktion der unter längst verschwundenen Bedingungen erzeugten Vorstellungen. Mindestens müsste also das Beharren der innern Zustände als Hypothese angenommen werden. Aber auch die ganze Theorie führt ohne weiteres darauf. Es ist durchaus nicht richtig, wenn zuweilen mit Berufung auf Lotze gesagt wird, die Annahme des Beharrens der innern Zustände beruhe auf einer falschen Übertragung des Trägheitsgesetzes. Das Trägheitsgesetz kann aus verschiedenen Gründen nicht ohne weiteres auf das Verhalten und die Bewegungen der Vorstellungen bezogen werden. Nur als Analogie kann es in der Psychologie Verwendung finden, sofern nämlich die innern Zustände ihrer Qualität und Quantität nach beharren. Letzteres wird aber nicht in Folge einer Übertragung des Trägheitsgesetzes festgehalten, vielmehr ergibt es sich aus dem allgemeinen Kausalgesetz, welches verbietet, dass das erzeugte innere Geschehen ohne Ursache sollte verschwinden können. Man kann das Beharren der innern Zustände dem Gesetz von der Erhaltung der Kraft subsumiren. Dieses trifft nicht allein die sogenannte lebendige Kraft, die sich auf Bewegung bezieht, sondern auch die primären Kräfte, welche in den innern Tätigkeitszuständen der letzten Elemente wurzeln.

Eine weitere Folge des Verhältnisses der inneren Zustände zu der Seelensubstanz ist die Wechselwirkung der Vorstellungen untereinander. Zunächst werde noch einmal eingeschärft, dass die innern Zustände ganz und gar Tätigkeiten des ganzen unteilbaren Wesens der Seele sind. Lotze sagt darum a. a. O. 369 ganz richtig: „In einer Einheit des Wesens kann es nicht Teile geben mit Zuständen, in denen andere Teile sich nicht befinden; jeder Eindruck, welcher dem einen Punkt a eines solchen einheitlichen Volumens A zukäme, müsste sofort auch Zustand oder Eindruck des ganzen A sein, ohne dass ein Vorgang der Übertragung nötig wäre, durch welchen er von a an b oder andere Punkte des Volumens mitgeteilt würde. Ich sehe wenigstens nicht ein, worin denn, wenn eine solche Verschiedenheit übertragbarer Zustände von Teil zu Teil stattfände, der Anspruch des A noch bestehen könnte, eine wesentliche Einheit zu sein und sich von einem zusammengesetzten System diskreter Teile zu unterscheiden." Eben weil es sich so verhält, weil die Seele als ein intensives Eins anzusehen ist, hat es keinen Sinn noch eine Synthese oder besondere Kraft oder eine Anlage zu fordern, welche die Vorstellungen untereinander in Wechselwirkung versetzt, als befänden sich diese ohne Synthese neben einander in der einfachen Seele. Die wesentliche Einheit der letztern bietet hier die zureichende Erklärung; weil jeder Zustand ein ungeteilter Akt der Einen einfachen Seele ist, darum können mehrere Zustände derselben nicht ohne Beziehung zu einander bleiben. Vollständig qualitativ gleiche Zustände müssen zusammenfallen, ja vollständig gleiche Zustände kann es überhaupt in der Seele nicht in der Mehrzahl geben, sondern jeder Zustand kann nur einmal vorhanden sein; denn kehren dieselben Bedingungen wieder, unter welchen er zuerst entstand, so veranlassen diese auch die sich gleich gebliebene Seelensubstanz zu ganz genau derselben Tätigkeit; es entsteht also nicht ein neuer Zustand, sondern genau derselbe, als zuvor unter den nämlichen Bedingungen. Ist aber die Seele genötigt, zwei oder mehrere qualitativ einander entgegengesetzte Zustände zu erzeugen, so werden diese kraft ihres Gegensatzes und als Tätigkeiten eines und desselben Wesens der Vereinigung, welche die Einheit der Seele verlangt, widerstehen. Gleichwol muss das Hindernis, das der Vereinigung entgegensteht, überwunden werden, weil die Vorstellungen gleichzeitige Tätigkeiten eines unteilbaren einfachen Wesens sind. Man ist nun hier und da geneigt anzunehmen, dass die entgegengesetzten Vorstellungen in einen mittlern Zustand übergehen und sich dann vereinigen. Allein das verbietet die Erfahrung und auch die Überlegung, dass ein innerer Zustand seine qualitative Beschaffenheit und Stärke nicht verändern kann, weil beides von äussern Bedingungen, nämlich den sinnlichen Reizen abhängt, und diese Bedingungen, so lange sie unverändert bleiben, ein qualitativ und quantitativ bestimmtes Geschehen mit sich führen, das nicht rückgängig gemacht werden kann. Die Modifikation, welche nun die Einheit der Seele hinsichtlich der beiden einander entgegengesetzten Vorstellungen fordert, kann also nicht deren Qualität noch deren Quantität betreffen, sondern nur den Klarheitsgrad derselben. Jede Vorstellung bleibt genau dieselbe, nur der Effekt des Vorstellens wird hinsichtlich des Bewusstseins vermindert*). Die Veränderung, welche hier stattfindet, betrifft also nicht die ursprüngliche, an sich unveränderliche Qualität der Seele, sondern sie bezieht sich allein auf das relative Sein, nämlich auf das von bestimmten Bedingungen abhängige Tun; aber auch in dieser Beziehung darf nicht an eine qualitative Umwandlung der betreffenden Zustände gedacht werden, sondern nur an eine Bindung ihrer freien Wirksamkeit und demgemäss an einen Wechsel der Klarheitsgrade. Bezeichnet man freilich dies Tun als die Qualität der Seele, wie Lotze a. a. O. 486 dazu geneigt scheint, und nennt man den Wechsel der Vorstellungen eine Veränderung, dann kann man allerdings von einer Veränderung der Seele reden, darf sich aber nicht verhehlen, dass man sich dabei in willkürlichen und in sich widersprechenden Begriffen bewegt.

---

*) Eine möglichst verkehrte Darstellung findet dieser Vorgang z. B. bei Rissmann und in der Allgemeinen deutschen Lehrerzeitung, herausgegeben von Berthelt 1880. Nr. 39. S. 334.

Es versteht sich hiernach ganz von selbst, dass wie die innern Zustände als solche, noch abgesehen von ihrer Wechselwirkung untereinander, ganz und gar Tätigkeiten der Seele sind, so auch die Tätigkeit, welche sich in deren Wechselwirkung ausspricht. Die Resultate dieser Wechselwirkung sind nichts als Modifikationen der Seelentätigkeit selbst. Es ist darum ein totales Misverständnis der Elemente der Metaphysik und der Psychologie Herbarts, wie überhaupt ein Widerspruch handgreiflichster Art, von Zuständen der Seele und deren Wirksamkeit ohne Zutun der Seele selbst zu reden.

Eine derartige Ansicht, welche die Seelensubstanz von ihren Zuständen trennt, ergibt sich vielmehr aus Lotze's Anschauung, auf dessen Autorität hin Herbart dieser Vorwurf meist gemacht wird. Bei Lotze heisst es a. a. O. 535: „Gegen die Reize, die von aussen kommen, hat die Seele durch Erzeugung der einfachen Empfindungen sich behauptet, aber von da an ist sie (nach Herbart) passiv geworden, und lässt ihre innern Zustände sich tatlos über den Kopf wachsen. Alles, was weiter geschieht, sind mechanische Resultate der Gegenwirkungen jener einmal erregten primären Selbsterhaltungen." Hier liegt das Misverständnis offen zu Tage, als seien die Wirkungen und Gegenwirkungen der Vorstellungen nicht zugleich Tätigkeiten der Seele, ein Misverständnis, das gar sehr absticht gegen die oben mitgeteilten Worte, in welchen auseinander gesetzt wird, wie in einem intensiv einfachen Wesen alle Thätigkeiten oder Zustände eben Zustände des ganzen Wesens sein müssen. Eine Selbsterhaltung ist ein bleibender Akt der Seele, ein Zustand, in welchem sich die Seele unausgesetzt befindet, der, ob gehemmt oder ungehemmt keine eigentliche Abänderung noch Schwächung erfährt, denn die Hemmung betrifft nur die Verminderung des Effekts für das Bewusstsein. Eben weil die Seele an sich völlig unverändert beharrt, darum ist auch an eine Erschöpfung der Seelentätigkeit nicht zu denken, oder gar an ein Passivwerden ihren eignen Tätigkeiten gegenüber. Lotze fährt a. a. O. 537 fort: „ausser den Reizen erster Ordnung, d. h. den leiblichen Reizen, welche die Sinnesempfindungen erzeugen, gibt es noch Reize zweiter Ordnung. Die verschiedenen Verhältnisse sowol der gleichzeitigen Mannigfaltigkeit, als der zeitlichen Sukzession, die zwischen den Empfindungen oder den von ihnen nachgebliebenen Erinnerungsbildern stattfinden, finden nicht blos statt, sondern sie bilden neue Reize, auf welche die Seele mit neuen Rückwirkungen verschiedener Art antwortet entsprechend der Verschiedenheit dieser Anregungen und nicht aus ihnen selbst, sondern nur aus der unerschöpften Natur der Seele erklärbar, welcher diese zweiten Reize Veranlassung zu früher nicht motivirten Äusserungen geben." Hier wird offenbar eine Scheidung der Substanz von deren innern Zuständen gemacht. Unter den Reizen zweiter Ordnung werden die Resultate der Wechselwirkungen der Empfindungen verstanden. Diese Reize werden ganz auf gleiche Linie mit den Sinnesreizen gestellt, letztere gehören nun bekanntlich in keinerlei Weise zum Wesen der Seele selbst, sind dieser vielmehr etwas ganz Fremdes, von aussen an sie Herankommendes. Soll dies auch von den Reizen zweiter Ordnung gelten? Wenn dies einigermassen streng genommen wird, dann sind auch die Empfindungen selbst mit den Ergebnissen ihrer Wechselwirkung unter einander der Seele durchaus etwas Fremdes. Oder sollten die Empfindungen Zustände der Seele sein, aber die unmittelbaren Folgen dieser Zustände resp. Tätigkeiten, nämlich die durch Wechselwirkung herbeigeführten Modifikationen eben dieser Empfindungen oder Vorstellungen nicht? Wenn es nötig ist, dass die Seele auf diese Reize zweiter Ordnung erst noch antwortet, dann sind sie ihr offenbar noch nicht zugehörig. Was hier Reiz zweiter Ordnung genannt wird, das ist nach Herbarts Psychologie sozusagen schon die Antwort der Seele auf die Gleichheit oder Verschiedenheit der betreffenden Zustände. Man darf sich den Vorgang nicht so vorstellen, als geschehe erst die Wechselwirkung unter den verschiedenen Vorstellungen, und dabei sehe die Seele passiv zu, dann aber, wenn die Wechselwirkung zu gewissen Resultaten gekommen sei, setze sich die Seele in Bewegung und benutze diese Resultat als neue Reize. Nein die letztern sind eben die den Konflikt unter den Vorstellungen abschliessenden Tätigkeiten oder Zustände der Seele selbst.

Um auf diese Reize zweiter Ordnung zu antworten, bedarf nun nach Lotze die Seele wiederum der Ausrüstung mit besondern ursprünglichen Vermögen wie schon zur Reaktion auf die Sinnesreize. Solche Vermögen sind z. B. die Raumanschauung und das Gefühlsvermögen. Allein sowenig ein besonderes Vermögen als präformirte Anlage nötig ist, damit in der Seele auf Grund gewisser Sinnesreize bestimmte Empfindungen ausgelöst werden, ebensowenig und noch weniger sind derartige Anlagen erforderlich, damit die Seele die Resultate der Wechselwirkung unter ihren eignen Tätigkeiten auch als ihrer eignen Zustände innewerde.

Ueberdies würde mit der Annahme von ursprünglichen Seelenvermögen — abgesehen von dem Widerspruch, der in dem Gedanken eines ursachlosen Vermögens liegt, — gar nichts zur Erklärung des Tatsächlichen gewonnen sein, denn dieselben müssten doch, wenn überhaupt ein klarer Begriff damit verbunden werden soll, als Zustände oder Systeme von Zuständen in der Seele gedacht werden. Dann aber wird man notwendig wieder dahin geführt, die höhern geistigen Gebilde auf eine Wechselwirkung von Zuständen der Seele zurückzuführen. Denn das Antworten der Seele vermöge besonderer Anlagen (d. h. ursprünglicher Zustände) auf die Reize zweiter Ordnung bedeutet doch eben weiter nichts als eine Wechselwirkung, eine Art Apperzeption der letztern durch erstere. Wenn z. B. Lotze sagt, kein noch so fein abgestuftes System von innern Zuständen könnte die Seele zur Raumanschauung bestimmen, wenn diese nicht von Haus aus ein Vermögen hätte, räumlich vorzustellen, so lässt sich doch unter dem letztern auch nur ein mehr oder weniger fein abgestuftes System rein intensiver Zustände verstehen, und das räumliche Anschauen muss also immer wieder aus der Wechselwirkung rein innerer Zustände erklärt werden.*) Oder sollten die Resultate der Wechselwirkung zwischen den Reizen zweiter Ordnung und den ursprünglichen Zuständen der Seele, genannt Vermögen, der Seele wieder etwas Fremdes

---

*) Vgl. C. S. Cornelius: Die Theorie des Sehens und des räumlichen Vorstellens u. s. w. Halle 1861. S. 591.

sein und abermals neue, noch tiefer liegende Vermögen zu ihrer Anreizung bedürfen? Das würde ins Unendliche fortgehen.

Weil also doch alle höhern geistigen Gebilde des Seelenlebens, wie z. B. das Fühlen, auch nach Lotze nur aus einer Wechselwirkung verschiedener Tätigkeiten oder innerer Zustände der Seele erklärt werden können, so darf man in dieser Beziehung sagen, der Unterschied zwischen Herbart und Lotze ist kleiner als es zunächst den Anschein hat; ja des letztern Theorie bekommt überhaupt erst rechten Zusammenhang, wenn sie im Sinne Herbart's verstanden wird, nämlich als eine Art Apperzeption. Was von den Anhängern der Vermögenstheorie als ursprüngliche Vermögen der Seele gedacht wird und in nichts als einem, wenn schon nicht erworbenen Complex innerer Zustände bestehen kann, das haben wir als apperzipirende Vorstellungsmassen anzusehen. Man kann auch, namentlich wenn man sich populär ausdrückt, unbedenklich sagen, dass das eigentliche Wesen des Menschen in seinen apperzipirenden Vorstellungen besteht. Wirkt nun eine Perzeption, ein sogenannter Reiz zweiter Ordnung auf die apperzipirenden Vorstellungs - Gruppen und Reihen, so können sich mancherlei neue Vorgänge, Gruppirungen, Gefühle, Begehrungen u. s. w. ereignen, und diese letztern Ereignisse darf man dann ansehen als die Antworten, welche das eigentliche Wesen des Menschen, nämlich dessen apperzipirende Vorstellungsmassen, auf jene Reize gibt. Man kann sich demnach vom Herbartschen Standpunkt ohne weiteres die Worte Lotze's aneignen: „warum sollte die Seele nicht sukzessiv in verschiedenen Perioden ihrer Entwicklung verschieden handeln, warum sollten nicht ihre eigenen inneren Zustände durch ihre zunehmende Mannigfaltigkeit ihr neue Rückwirkungen abgewinnen, zu denen die einfachen Gestaltungen derselben noch keine Veranlassung gaben?"

Weiter wird gegen die Theorie Herbart's geltend gemacht, dass nach ihr ein Zustand wieder in Zustände geraten könne, z. B. bei den Gefühlen, dass also der Zustand nicht streng als Zustand, sondern als reales Wesen gedacht werde, denn nur reale Wesen könnten sich in innern Zuständen befinden.

Hier kann höchstens die Sprache ein Vorwurf treffen, welche gewisse Modifikationen, mögen diese nun ein reales Wesen oder einen innern Zustand betreffen, mit dem Worte Zustand bezeichnet. In dieser Beziehung wird keine Psychologie umhin können, sich dem allgemeinen Sprachgebrauche anzuschliessen. Man wird immer von Vorstellungen, die ja selbst nur Zustände der Seele sind, reden, die sich bald im Zustand des Bewusstseins, bald im latenten Zustande, des Kommens, des Gehens, des Steigens oder Sinkens u. s. w. befinden. Nicht anders verhält es sich im Wesentlichen, wenn man sagt, die Gefühle beständen in gewissen Zuständen der Vorstellungen. Da man es in der Seele mit einer überaus grossen Mannigfaltigkeit von innern Zuständen (Vorstellungen) zu tun hat, welche in Folge verschiedener Reize wechseln, so ist von vornherein zu erwarten, dass die Vorstellungen unter einander in die mannigfaltigste Wechselwirkung geraten müssen und dass die Art und Weise dieser Wechselwirkung unter verschiedenen Bedingungen gar sehr verschieden sind. Diese Art und Weise der Wechselwirkung bezeichnet nun die Sprache als

Zustand und zunächst als Zustand der betreffenden Vorstellungen oder innern Zustände, welche sich aber in verschiedenen Zuständen befinden, je nachdem sie unangefochten in der Seele bestehen, oder auf verschiedene Weise von andern innern Zuständen in Anspruch genommen werden. Was man nun Zustand der Vorstellung nennt, ist natürlich zugleich Zustand der Seele selbst; diese selbst ist es ja, welcher die Vorstellung als eigne Tätigkeit zugehört, ihr widerfährt also, was dieser widerfährt. Es bedarf nicht eines besondern Überganges des Zustandes der Vorstellung auf die Seele selbst, denn sonst wäre ja die Vorstellung nicht ein Zustand der Seele. Man darf sich eben die Seele nicht denken als stände sie hinter den Vorstellungen und müsste sich erst entschliessen, jene Zustände, welche die Vorstellungen betreffen, sich anzueignen oder sich zu Herzen zu nehmen.

Nun werfe man aber einen Blick auf die Psychologie, welche wieder zur Seelenvermögentheorie zurückkehrt, und achte darauf, wie oft diese einen Zustand in verschiedene Zustände geraten lässt. Das einheitliche Seelenwesen ist ausgestattet mit verschiedenen Vermögen A, B, C, etwa Denken, Fühlen, Wollen. Diese letztern sind schon Zustände des Seelenwesens, man hat also hier gleich von vornherein eine Einheit mit mehreren verschiedenen Zuständen und zwar diese als ursprünglich oder ursachlos inhärirend. Nun muss A offenbar in einem andern Zustand sein, wenn es wirkt, als wenn es nicht wirkt, und in einem andern, wenn es so oder anders wirkt, d. h. dieses oder jenes vorstellt. Dazu kommen noch weitere Modifikationen, ob nämlich eine konkrete Vorstellung, welche ein Zustand des Zustandes, nämlich des Vorstellungsvermögens ist, im Zustand der Freiheit oder Gebundenheit, des Steigens oder Sinkens begriffen ist. Ferner kann bekanntermassen jede Vorstellung Anlass zu Gefühlen geben oder in den Zustand des Begehrens geraten; die verschiedenen Zustände von A müssen also mit den verschiedenen Zuständen von B und C des Gefühls- und Begehrungsvermögens in den mannigfaltigsten Graden der Innigkeit combinirt gedacht werden. Hier ist also die Komplikation von Zuständen, sodass einer im Genitiv des andern steht, noch weit grösser; wie denn auch nirgends der Gedanke vermieden werden kann, dass etwas Einheitliches sich in gleichzeitig mehreren verschiedenen Zuständen befindet. Denn wenn auch die Seele selbst nicht ein streng intensives Eins sein soll, sondern ein einheitlicher Komplex von Vermögen oder Zuständen, so muss doch jedes Vermögen wieder unter verschiedenen Bedingungen in mancherlei verschiedener Tätigkeit gedacht werden. Und sollte jedes Vermögen abermals wieder aus einer Mehrheit bestehen, so müsste jedes Element dieser Vielheit auch verschiedenen Modifikationen zugänglich sein, wenn wirklich das Vermögen als Grund der konkreten Vorstellungen gedacht wird.

Die hier besprochenen Einwendungen gegen die metaphysische Grundlage der Psychologie Herbart's sind schon häufig gemacht und, wie der Kundige wissen wird, eben so oft auch widerlegt. Über die Einwürfe von Langenbeck, Harms, Quaebicker, A. Lange, J. B. Mayer s. die Zeitschrift für exakte Philosophie. VIII. 150; IX. 324; IX. 390; VI. 323; IX. 276.

Zuweilen wird jetzt von den Gegnern der Psychologie Herbart's gesagt, sie sei weit weniger als die Lotze's für pädagogische Zwecke geeignet. Wenn von Psychologie als einer Hilfswissenschaft der Pädagogik die Rede ist, so wird jeder zunächst an eine empirische Psychologie denken, welche das unzweifelhaft Gegebene auf dem Gebiete des Seelenlebens sammelt, analysirt, gruppirt und pädagogischen Zwecken dienstbar macht. Bei diesem Geschäfte kommt die spekulative oder rationale Psychologie, die der metaphysischen Grundlage nicht entraten kann, und auf welche sich die oben besprochenen Misverständnisse beziehen, gar nicht in Betracht. Nur über die letztere ist Streit und nur über diese kann Streit sein. Denn was fraglos sicher als Gegebenes feststeht, das muss jede Psychologie darbieten, von welchem Standpunkte sie auch theoretisch entworfen sein mag. Insofern kann natürlich eine Psychologie im Sinne Lotze's die Pädagogik nicht mehr fördern, als jede andere streng empirisch gehaltene; allein gerade in Hinsicht auf das Empirische wird man tatsächlich für den Pädagogen brauchbare Hand- und Lehrbücher nur aus der Schule Herbart's finden; nur auf diesem Boden sind in neuerer Zeit psychologische Arbeiten entstanden, welche Anspruch auf den Titel empirisch machen können. Allerdings ist auch das, was zur Erklärung des Gegebenen verwendet wird, für die Pädagogik nicht gleichgiltig, namentlich nicht die Frage nach der Existenz eines selbständigen Seelenwesens. Aber in diesem Punkte steht ja bekanntlich Lotze ganz auf dem Boden Herbart'scher Psychologie, sowie auch zum grossen Teil hinsichtlich der Erklärung der Wechselwirkung der Vorstellungen untereinander, wie oben gezeigt ist. Die Differenzen sind, verglichen mit dem Gemeinsamen viel zu subtil, als dass die praktische Pädagogik gewinnen oder verlieren könnte, wenn sie der einen oder der andern Erklärungsweise folgt. Übrigens mag es wol so sein, wie zuweilen von den Gegnern der Psychologie Herbart's gesagt wird, dass nämlich „unsere gesamte pädagogische Psychologie, auch wenn sie den Namen des Philosophen grundsätzlich vermeidet, auf Herbart's Grundanschauung basirt!"

Wir gehen nun zu einer kurzen Besprechung einiger Misverständnisse über, welche die nachstehende Erwiderung des Herrn Ostermann enthält; es sind Misverständnisse, die sich allerdings leicht bei solchen einzustellen pflegen, welche nicht tiefer in die Psychologie Herbart's eingedrungen sind.

Was zunächst die Tatsache betrifft, dass die Empfindungen weiss und schwarz sich nicht mehr hemmen, als die weniger einander entgegengesetzten etwa rot und violett, so kann darauf nur erwidert werden, was gegen ganz den nämlichen Gedanken schon anderwärts*) gesagt ist. Es handelt sich hier um eine doppelte Verwechslung, einmal nämlich ist das Gesetz, welches für Vorstellungen lediglich als Zustände der Seele, also abgesehen von den sinnlichen Reizen gilt, ohne weiteres auf Empfindungen bei Anwesenheit des sinnlichen Reizes übertragen, und sodann ist übersehen, dass man es hier noch mit einem besonderen phy-

---

*) S. Jahrbuch des Vereins wissenschaftlicher Pädagogik herausg. v. Ziller XI. 287.

siologischen Vorgange zu tun hat, nämlich mit dem sukzessiven Kontrast, wonach u. a. gerade schwarz und weiss sich gegenseitig im Bewusstsein verstärken. Ausserdem ist nicht beachtet, dass die Ausbildung des räumlichen Vorstellens eine gewisse Modifikation der Hemmungsverhältnisse, welche sonst für die einfachen Vorstellungen gelten, mit sich führt. Freilich ist es eine sehr gewöhnliche Erscheinung, dass Anfänger in der Psychologie das, was für Vorstellungen unter den allerein fachsten Voraussetzungen gilt, sofort zur Erklärung sehr komplizirter Vorgänge verwenden wollen.

Ein anderes Beispiel, welches Herr Ostermann anführt, betrifft eine Begehrung. Ein Kind begehrt ein Spielzeug. Was hier begehrt wird, ist nicht blos das Ansehen oder Betasten dieses Gegenstandes, sodass die Begierde etwa befriedigt wäre, wenn dem Kinde das Spielzeug in die Hand gegeben würde. Vielmehr handelt es sich um den ganzen Komplex von Vorstellungen, welcher sich auf das Spielen mit diesem Gegenstande bezieht. Dieser Komplex wird durch den Anblick des Spielzeugs emporgehoben, jedoch im Betreff seiner einzelnen Glieder zunächst noch im Zustand der Involution erhalten. Gibt man dem Kinde das Spielzeug in die Hand, dann wird der in Rede stehende Komplex sich zu evolviren beginnen. Indem nun bald das eine bald das andre Glied dieses Vorstellungsgewebes in's Bewusstsein tritt, wird auch teilweise eine Befriedigung eintreten. Zur vollen Entwicklung gelangt der ganze Komplex erst, wenn hinreichend Zeit und freie Disposition über das Objekt eingeräumt wird. Die Zeit, die hierzu erforderlich ist, hängt ab von der Beschaffenheit des Spielzeugs und dem bereits erworbenen Vorstellungskreise des Kindes. Es kann Tage, Wochen, sogar Jahre dauern, bis der Vorstellungskomplex, welcher sich auf das Spielen mit dem betreffenden Gegenstand bezieht, in der Weise sich evolvirt hat, dass alle seine Glieder vollständig auf ganz die nämliche Linie anderer gleichgiltiger Objekte getreten sind und also allen Reiz, den das freie Phantasiren in Anbetracht des Gegenstandes mit sich führt, verloren haben. Nimmt man aber dem Kind den Gegenstand weg, wenn eben erst das Spielen damit oder die Evolution jenes Komplexes begonnen hat, dann hört nicht allein das Gefühl der teilweisen Befriedigung auf, sondern es machen sich auch die alten Begierden, nur noch verstärkt, von neuem geltend. Kann sich dann Herr Ostermann wundern, wenn das Kind sehr unzufrieden nach Hause geht?

Überhaupt muss man sich hüten, die Definition der Begehrung zu abstrakt zu fassen, wenn gesagt wird, sie sei ein Aufstreben einer Vorstellung gegen Hindernisse, und in der Entfernung der letztern, also in einem relativ vollendeten Vorstellen, bestehe die Befriedigung. Wenn z. B. der Durstige Wasser begehrt, so kann die Vorstellung des letztern sehr klar im Bewusstsein gegenwärtig sein, ja weit klarer als sonst. Aber dasjenige, worauf die Begehrung gerichtet ist, ist hier nicht das Wasser als solches, etwa die Gesichtsvorstellung desselben. Vornehmlich ist hier das durch körperliche Zustände bedingte unangenehme Gefühl des Durstes im Bewusstsein vorhanden und mit ihm zugleich aber grösstenteils gehemmt das demselben entgegengesetzte angenehme Gefühl der Stillung des Durstes. Darauf kommt es nun an, dass das erstere vollständig hinweg geräumt und das letztere ungehemmt in's Bewusstsein gehoben werde. Das schon vorhandene Gefühl des Durstes ist ein Zustand der Verabscheuung, das andere gegen die Hemmung ankämpfende Gefühl der Stillung befindet sich im Zustande der Begehrung. Dies letztere Gefühl kann nun — abgesehen von Halluzinationen — nicht anders in den ungehemmten Zustand übergehen, als durch wirkliches Geniessen des Trankes. Hierbei kann sich ausser dem Gefühl der Befriedigung durch Wegfall der Hemmung noch ein Gefühl des Angenehmen im engern Sinne einstellen, falls nämlich das Getränk ausser der Stillung des Durstes noch eine angenehme Geschmacksempfindung verursacht.

Die Psychologie Herbart's unterscheidet bekanntlich — abgesehen hier von den ästhetischen Gefühlen — zwischen den Gefühlen des Angenehmen und Unangenehmen im engern Sinne, wie z. B. süss und sauer, und den Gefühlen der Lust und Unlust. Letztere beruhen, um es kurz zu sagen, auf besonderen Lagenverhältnissen der Vorstellungen, namentlich gewissen Spannungen derselben und ihrer Lösung. Die erstgenannten Gefühle wurzeln ohne Zweifel gleichfalls in einer bestimmten Wechselwirkung verschiedener innerer Zustände, und zwar in einer Wechselwirkung verschiedener einfacher Empfindungen, die lediglich in körperlichen Zuständen ihren Grund haben, und in Betreff irgend eines Angenehmen oder Unangenehmen nicht als Partialempfindungen, sondern immer nur in inniger Verschmelzung mit einander als Komplex in's Bewusstsein treten. Weil diese Gefühle an den Inhalt des Vorgestellten bez. Empfundenen geknüpft sind, werden sie auch inhaltliche oder qualitative genannt, woran Herr Ostermann Anstoss zu nehmen scheint. Die sogenannten formalen Gefühle hängen zum grossen Teil mit den Begehrungen und deren Befriedigung zusammen. Bei der Begehrung hat man es bekanntlich mit drei Vorstellungskomplexen zu tun. Der eine a ist in einem bestimmten Grade der Klarheit gegeben, der zweite b wird durch a in den Zustand der Hemmung versetzt, zugleich aber durch einen dritten c emporgehoben, so jedoch, dass dieses Streben nicht ohne weiteres Erfolg hat. Hier ist b im Zustande der Begehrung und a in dem der Verabscheuung. Es ist also nicht so, wie Herr Ostermann zu glauben scheint, dass jede steigende Vorstellung begehrt wird, sondern wesentlich ist hierbei das Sichemporarbeiten gegen Hindernisse. Wenn nun nach Herrn Ostermann's Beispiel in mir die Vorstellung meines Elends aufsteigt, so handelt es sich hier um einen mehr oder weniger weit verzweigten Komplex verschiedener Vorstellungen, zwischen welchen mancherlei Spannungsverhältnisse bestehen, sodass mit diesem Komplex auch die darin eingeschlossenen Gefühle der Beklemmung und Unlust in's Bewusstsein treten. Diese Gefühle sind eben in jenen Spannungsverhältnissen und der gestörten Evolution gewisser Vorstellungsreihen, welche die individuelle Lebenslage und das eigne Ich betreffen, begründet. Von einer mit dem Aufsteigen des besagten Komplexes verknüpften Begierde und einem nachfolgenden Gefühl der Befriedigung kann gar nicht die Rede sein; schon deshalb nicht, weil die Vorstellung des Elends, wenn dieses einigermassen intensiv ist, ohnehin eine sehr merkliche Höhe im Bewusstsein erreicht haben muss. Vielmehr lässt sich hier von einer Verabscheuung und einem damit verbundenen Unlustgefühl reden, indem nämlich der Zustand, welcher dem Nicht-Vorhandensein des bezeichneten Komplexes entspricht, begehrt wird.

Andere Verhältnisse können sich bei einem Individuum geltend machen, das nach überstandenen Leiden sein früheres Elend sich in der Erinnerung vergegenwärtigt, indem es etwa anderen Personen gegenüber davon erzählt. Kann hierbei die eine oder andere Partialvorstellung, die dem auf das Elend bezüglichen Vorstellungskomplex angehört, wegen der obwaltenden Hemmungsverhältnisse nicht sofort mit der erforderlichen Klarheit emporsteigen, so befindet sich diese Vorstellung allerdings im Zustande des Begehrens, und es wird auch ein Gefühl der Befriedigung nicht ausbleiben, wenn die betreffende Vorstellung nach Beseitigung der Hemmung mit einer gewissen Klarheit in's Bewusstsein tritt.

Auf der andern Seite kann freilich auch das in einer Beziehung Verabscheute zugleich in sonstiger Hinsicht begehrt werden, wenn nämlich das Verabscheute durch eine andere Vorstellungsmasse in's Bewusstsein gehoben oder darin trotz der dagegen ankämpfenden andern Vorstellungen gehalten wird. So kann es geschehen, dass auch „abschreckende Zerrbilder" nach Herrn Ostermann's Beispiel unter Umständen als Gegenstand der Neugier in den Zustand der Begehrung geraten, überhaupt dass Unangenehmes im engern Sinne begehrt und, wenn erreicht, mit einem gewissen Lustgefühl verknüpft ist.

Freilich unterscheidet Herr Ostermann nicht zwischen angenehm im engern Sinne und dem Lustbringenden, wie ja wol im gewöhnlichen Leben bei ungenauer Ausdrucksweise auch das um irgend eines Zweckes willen Gewünschte als angenehm bezeichnet wird. Dehnt man den Ausdruck des Angenehmen und Unangenehmen soweit aus, dann kann allerdings gesagt werden, es werde alles um eines angenehmen Gefühles willen begehrt, der Kranke empfinde z. B. die unangenehm schmeckende Arznei als etwas Angenehmes, nämlich im Hinblick auf die Herstellung der Gesundheit. Allein das würde auf einen blosen Wortstreit hinauslaufen. Jedoch erwartet man in einem Lehrbuch der Psychologie, wenn auch noch so populärer Art, eine etwas sorgsamere Distinktion dessen, was der gemeine Sprachgebrauch nicht unterscheidet. Weiteres über das Verhältnis der Gefühle zu den Begehrungen, sowie darüber, ob auch eine sinkende Vorstellung, und ob nur das sub specie boni Vorgestellte begehrt wird, s. b. Volkmann: Lehrbuch der Psychologie 1875. II. 410 ff.

Soviel zur Aufhellung der Sache. Auf das Gebiet des Persönlichen, wohin der Verfasser der nachstehenden Erwiderung die Angelegenheit zu ziehen geneigt scheint, gedenke ich ihm nicht zu folgen. Der unbefangene Leser mag entscheiden, wie weit ich Grund hatte, von Misverständnissen der Herbart'schen Psychologie zu reden, und ob man berechtigt ist, ein Verfahren „blind" zu nennen, wobei „der blose Name (eines Gelehrten) als hinlängliche Gewähr für die Wahrheit" ausdrücklich angesehen wird.

II. Mitteilungen.

I. Ostermann gegen Flügel.

Herr O. Flügel hat in den „Pädagogischen Studien" (1880. IV. Heft) mein kürzlich erschienenes Schriftchen „Grundlehren der pädagogischen Psychologie" einer so derben Kritik unterworfen, dass ich im Interesse der Sache, die ich vertrete, sowie im persönlichen Interesse nicht umhin kann, mich gegen die Angriffe des Rezensenten öffentlich zu verteidigen.

Indem ich die Ausstellungen Herrn Flügel's der Reihe nach durchmustere, bin ich in der seltsamen Lage, keine einzige derselben als berechtigt anerkennen zu können. Der erste Tadel, dass ich alles weit vollständiger und präziser hätte darstellen können, ist in dieser unbewiesenen Allgemeinheit ohne Bedeutung. Zur Widerlegung der folgenden Ausstellung, dass einzelne Lehren der Psychologie, wie die vom Ich, vom Zeitlichen und Räumlichen, gar nicht berücksichtigt seien, dürfte ein Hinweis auf den Zweck meines Büchleins genügen (man vgl. die Vorrede desselben). Was Rezensent dann gegen die von mir vertretene Annahme ursprünglicher Seelenanlagen vorbringt, ist teils wieder so allgemein gehalten, dass eine Erwiderung darauf überflüssig erscheinen muss, teils ist es irrig. Dass der Leser, wie Herr Flügel meint, sich unter den Seelenanlagen meines Lehrbuchs nur „Gattungsbegriffe zur besseren Übersicht und Ordnung der geistigen Erscheinungen" denken werde, muss ich entschieden bestreiten. Es ist von mir wiederholt (S. 33 ff., S. 50 ff. S. 95) auf das bündigste behauptet, dass der Grund für die eigentümliche Form gewisser seelischer Vorgänge, sofern dieselbe anderweitig (aus den äusseren Eindrücken und der Wechselwirkung der Vorstellungen) nicht erklärt werden könne, in der ursprünglichen Natur der Seele zu suchen sei, d. h. eben, dass die Seele dafür beanlagt sein müsse. Wie ein verständiger Leser dazu kommen sollte, dies im Sinne des Herrn Flügel auszudeuten, ist schwer zu begreifen. — Rezensent fährt fort: „Freilich verdirbt sich Verf. doch einmal dadurch (durch die Seelenvermögenstheorie) auch die Empirie: er leitet nämlich 67 ff. das Begehren aus dem Gefühl ab und scheint zu glauben, es werde etwas nur begehrt, weil es für angenehm gilt. Dass man unter Umständen auch das dem Gefühl Unangenehme begehrt, erwähnt er darum gar nicht."

Ich habe hierauf zunächst zu erwidern, dass die Behauptung, es werde das Begehren durch Gefühle veranlasst, mit der Annahme ursprünglicher Seelenanlagen in gar keinem notwendigen Zusammenhange steht, dass es sonach sinnlos ist, aus der letzteren jenen vermeintlichen Verstoss gegen die Empirie herleiten zu wollen. Befindet man sich aber wirklich in Widerspruch mit der Erfahrung, wenn man behauptet, es werde immer nur das Angenehme (im weitesten Sinne des Worts) bezw. die Beseitigung des Unangenehmen begehrt? Zwar begehrt der Kranke die bittere Arznei, der Brodlose die saure Arbeit, der Lebensmüde sogar den Tod, also jeder etwas Unangenehmes; aber wird hier und in allen ähnlichen Fällen das Unangenehme um seiner selbst willen begehrt, oder wird es begehrt, um dadurch eines Gutes teilhaftig, bezw. ein Übel los zu werden? Die Frage beantwortet sich von selbst. Das begehrte Endziel ist tatsächlich nie etwas Unangenehmes. Sofern das Unangenehme begehrt wird, kommt es immer nur als unvermeidliches Mittel zu gedachtem Endzweck in Betracht.

Herr Flügel kommt dann auf die in dem Schlusskapitel meines Lehrbuches enthaltenen Angriffe gegen die Herbart'sche Psychologie zu sprechen und behauptet zunächst, dass eine derartige Polemik für ein Lehrbuch sehr unpassend sei. Ich gebe zu, dass Lehrbücher sich im allgemeinen von Polemik möglichst freihalten müssen; es können aber dennoch Fälle eintreten, wo die polemische Auseinandersetzung mit einer abweichenden Lehre wünschenswert erscheinen muss, und ein solcher Fall liegt m. E. hier vor. Die gesamte Pädagogik unsrer Tage ist so sehr mit Herbart'scher Psychologie durchwoben, in pädagogischen Büchern und Zeitschriften, ja auch schon in der pädagogischen Praxis wird — mit und ohne Verständnis, bewusst und unbewusst — so vielfach auf dieselbe Bezug genommen und so manches daraus gefolgert, dass dem angehenden Lehrer, der doch auch einmal in jenem Strome schwimmen soll, über Wert und Bedeutung jener Lehre wenigstens einige Klarheit verschafft werden muss, und dass ihm eine entgegengesetzte psychologische Lehre nicht vorgetragen werden darf, ohne dieselbe der ersteren gegenüber ausdrücklich zu rechtfertigen. Und wenn nur eine solche Auseinandersetzung rein sachlich gehalten ist, wenn sie die Grösse des Gegners nicht in den Staub zieht, — so sind nachteilige Folgen nicht zu befürchten.

Indem ich mir über des Rezensenten auffallende Bemerkung, dass ich mich blind auf Lotze's Autorität berufe, ein passendes Schlusswort der Erwiderung vorbehalte, wende ich mich sodann zur Widerlegung des Vorwurfs, dass ich in groben Misverständnissen der Herbart'schen Psychologie befangen sei. Es handelt sich da zunächst um die Frage, ob nach Herbart's Darstellung die Vorstellungen als blose Zustände der Seele, oder als selbständige Wesenheiten anzusehen sind. Ich habe mich in meinem Lehrbuche (S. 97 ff.) in dem letzteren Sinne ausgesprochen, und Herrn Flügel's Einwendungen können mich zu einer Änderung meiner Ansicht nicht bestimmen. Dass Herbart die Vorstellungen tatsächlich selbständig operiren lässt, dass er sie als Subjekte darstellt, „denen Gefühle und Begehrungen als Zustände anhaften", „deren Streben sogar im Zustande des Unbewusstseins fortdauert", „die durch ihr eigenes Streben wieder ins Bewusstsein hervortreten" etc. (vgl. Herb. S. W. Bd. V. S. 16, 18, 29. Bd. VI. S. 78 u. a. St.), wird dem Leser genugsam bekannt sein. Indem aber Herbart die Vorstellungen selber Zustände erleben, selbst etwas tun und erleiden lässt, erhebt er sie offenbar über das Niveau blosser Zustände hinaus und verselbständigt sie. Man räume dies ehrlich ein; im anderen Falle gestehe man wenigstens zu, dass Herbart's Ausdrucksweise eine ganz verfehlte ist.

Wenn Herr Flügel einwendet, dass ja nach Herbart alles, was die Vorstellungen tun und leiden, die Seele selber tue und leide (S. 41), so dürfte er damit Herbart's wirkliche Meinung schwerlich getroffen haben. Eben deshalb verlegt Herbart den Wechsel des geistigen Geschehens in die

Vorstellungen, um die Seele selbst vor diesem Wechsel zu bewahren und dadurch ihre Unveränderlichkeit zu retten. So versteht es u. a. auch Thilo, ein Schüler Herbart's, wenn er in seiner Gesch. d. Philos. II. S. 375 sagt: „Kann die Qualität des absolut Seienden selbst (jede Seele ist nach Herbart bekanntlich ein absolut Seiendes) nicht als veränderlich gedacht werden, so kann alles Geschehen und dessen Wechsel nur in Zuständen der Qualitäten bestehen."

Aber selbst zugegeben, Herr Flügel hätte Herbart recht verstanden, so würde er damit für die in Rede stehende Frage doch gar nichts gewinnen. Sind die Vorstellungen überhaupt jemals im Stande, etwas zu erleben, zu tun und zu leiden, so sind sie keine blose Zustände mehr, sondern selbständige Wesen, und es ist hierfür ganz gleichgiltig, wie die Seele selbst sich dabei benimmt, ob sie blos die Rolle eines müssigen Zuschauers spielt, oder ob sie das Tun und Leiden der Vorstellungen in sich selbst noch einmal wiederholt. Wenn Rezensent sich hierüber klar gewesen wäre, so würde er sich auch nicht in einen so groben Widerspruch mit sich selbst haben verwickeln können, wie er es S. 40 f. tut, wo er eine verselbständigte Vorstellung zuerst ganz recht als einen unvollziehbaren Gedanken bezeichnet, da ja die Vorstellungen nur Zustände der Seele seien, — dies dann aber doch unmittelbar darauf wieder zurücknimmt, indem er neben der Seele doch auch den Vorstellungen die Fähigkeit, etwas zu tun und zu leiden, zuschreibt („die Seele tut und leidet alles, was die Vorstellungen tun und leiden"). — Schliesslich möchte ich Herrn Flügel darauf aufmerksam machen, dass von bedeutenderen Schülern Herbart's der in Rede stehende Mangel der Herbart'schen Psychologie als solcher bereits erkannt und eingeräumt ist. Herr Professor Strümpell z. B., auf dessen Autorität Rezensent sich selbst einmal beruft, gibt in seiner „psychologischen Pädagogik" S. 110 ausdrücklich zu, „Herbart gehe zu weit, wenn er Gefühle und Begehrungen als solche für Umstimmungen oder Zustände der Vorstellungen selbst ausgebe," und er spricht demgegenüber seine eigene Ansicht dahin aus, „die Vorstellung sei kein Gegenstand für sich, sondern existire nur als ein lebendiger Zustand der Seele, als ein bewusster Bestand ihres Wesens."

Auch daraus macht Herr Flügel mir einen Vorwurf, dass ich an der von Herbart behaupteten Unveränderlichkeit der Seele Anstoss nehme, und er glaubt mich auch hier wieder auf einem Misverständnis zu ertappen. Was in meinem Lehrbuche über diesen Punkt gesagt wird, ist kurzgefasst Folgendes: Wenn die Seele eine Einwirkung erleidet, ändert sie sich. Herbart, der dies ausdrücklich (V, S. 110) zugibt, stellt deshalb in Abrede, dass die Seele Einwirkungen von aussen wirklich erfahre. Es drohen der Seele wol Einwirkungen, aber sie lässt es zu einer wirklichen Störung ihres Wesens durch dieselben nicht kommen, indem sie ihnen durch einen Akt der abwehrenden Selbsterhaltung Widerstand leistet. — Dass hierin ein Widersinn liegt und dass durch diesen Kunstgriff die beabsichtigte Unveränderlichkeit der Seele keineswegs gewahrt wird, ist von scharfsinnigen Köpfen längst erkannt. Soll nämlich die Seele sich veranlasst fühlen, einer drohenden Störung zu widerstehen, so muss sie doch von deren Vorhandensein irgend etwas merken. Dies ist aber nicht möglich ohne eine wirkliche Einwirkung (vgl. Lange Gesch. des Materialismus II, S. 379 f., Lotze Mikrokosmos I, S. 207).

Und wie werde ich nun widerlegt? Es werden aus meinem Lehrbuche (S. 94) die Worte zitirt: „So oft die Seele empfindend eine Einwirkung erfährt, so oft sie aus einem Zustand in einen anderen übergeht, ändert sie· sich“ — und dazu bemerkt: „Freilich, wenn Verf. einen Wechsel in dem, was die Seele tut, eine Veränderung der Seele selbst nennt, dann kann niemand an derselben zweifeln, und dann hat sie auch noch niemand geleugnet.“ — Aber, frage ich Herrn Flügel, warum diese willkürliche Vertauschung der Begriffe? Soll der Begriff „des Tuns“, welcher plötzlich eingeschoben wird, identisch sein mit den anderen „Einwirkungen erleiden“, „wechselnde Zustände haben?“ Oder gestattete sich Rezensent diesen Wechsel der Begriffe deshalb, weil er nur so eine Möglichkeit fand, mir ein Misverständnis Herbart's aufzubürden? Denn dass dieser von jeder wirklichen Einwirkung tatsächlich eine Veränderung der Seele befürchtet und dass er, um diese zu vermeiden, jene leugnet, konnte Rezensent mir nicht bestreiten, da Herbart's eigene Worte hierüber deutlich genug entscheiden. Für meine eigene Auffassung der Sache freilich macht jene Begriffs-Vertauschung wenig aus. Meiner Ansicht nach bedingt jeder Wechsel geistigen Geschehens, also auch jeder Wechsel in dem, was die Seele tut, eine wirkliche Veränderung derselben. Und wenn Herr Flügel diese Auffassung nicht gelten lassen will, weil sie nicht metaphysisch sei, so hat das in Hinblick darauf, dass es für Herrn Flügel nur eine Herbart'sche Metaphysik gibt, recht wenig zu bedeuten. Wie u. a. Lotze zu der bezüglichen Frage steht, ersehe man aus dessen Mikrokosmos I, S. 206 ff.

Auch das Herbart'sche Wort „Selbsterhaltung“ soll ich nicht in seiner metaphysischen Bedeutung erfasst haben, und ich soll aus diesem Worte den falschen Schluss ziehen, „nach Herbart erzeuge die Seele die Empfindungen nicht auf Grund einer Wechselwirkung mit der Aussenwelt, sondern rein aus sich heraus.“ Wunderliche Kritik! Wo habe ich denn das Wort „Selbsterhaltung“ in einem von der Herbart'schen Lehre abweichenden Sinne ausgelegt? und wo habe ich aus· diesem Worte überall etwas gefolgert? Nur den Widersinn wollte ich nachweisen, den Herbart begeht, wenn er die Selbsterhaltungen der Seele von aussen her veranlasst denkt und doch eine wirkliche Störung und Veränderung der Seele durch die äusseren Einwirkungen in Abrede stellt. Dass hierin in der Tat ein Widerspruch liegt, ist eben zur Genüge erwiesen. — In der Sache freilich, fährt Rezensent fort (um mich eines Wortstreits zu überführen?), sei ich ja ganz in Übereinstimmung mit Herbart, sofern auch ich (S. 4 ff.) die Empfindung nicht als das fertige Produkt des Nervenvorgangs betrachte, sondern als eine Schöpfung der Seele, veranlasst zwar, aber nicht erzeugt durch den voraufgehenden Nervenreiz. — Unstreitig liegt hierin eine Übereinstimmung der Herbart'schen Lehre mit der von mir vertretenen; aber trotz dieser Gemeinsamkeit bleibt leider der wesentliche Unterschied bestehen, dass nach der letzteren Ansicht die Seele von den die Empfindnng veranlassenden Nervenreizen wirklich etwas erleidet und infolgedessen eine Veränderung erfährt, während dies nach der ersteren nicht der Fall sein soll. Gerade auf diesen Unterschied aber kam es hier an.

Die ärgste Misdeutung aber widerfährt mir zum Schluss. „Ein anderes Wort", heisst es hier, „an dem Verf. Anstoss nimmt, (wo denn??) ist Anlage. Er will S. 97 zeigen, dass Herbart doch ursprüngliche Anlagen in der Seele statuiren müsse, weil doch „die Seele nicht immer ein und dieselbe Art der Empfindung erzeugt, sondern sehr verschiedene und mannigfaltige. Worin anders aber können diese Verschiedenheiten begründet sein, als in der Natur der Seele?" Also das nennt er Anlagen, dass ein Wesen gegen qualitativ verschiedene Wesen in verschiedener Weise tätig ist, dass unter verschiedenen Bedingungen auch die Wirkung verschieden ist? Es ist ersichtlich, Verf. verwechselt durchgängig die populäre Redeweise mit der metaphysischen Bedeutung der Worte."

Ich frage Herrn Flügel zunächst, weshalb er aus der angezogenen Stelle meines Lehrbuchs den Zusatz getilgt hat „zumal unter der Voraussetzung, dass die Seele von den die Empfindung veranlassenden äusseren Reizen eine wirkliche Einwirkung nicht erleidet." Erkannte Herr Flügel, dass es unter dieser Voraussetzung allerdings ganz unvermeidlich ist, den Grund für die Unterschiede der einfachen Empfindungen in der ursprünglichen Natur der Seele zu suchen? Übrigens vermag ich meine Behauptung auch ohne jene Klausel aufrecht zu erhalten, — wodurch natürlich des Rezensenten Willkür nicht gerechtfertigt werden soll. Auch wenn die Seele Einwirkungen von aussen wirklich erleidet, kann deren Verschiedenheit dennoch nicht als der zureichende Grund für die Unterschiede der einfachen Empfindungen angesehen werden, muss eine ergänzende Bedingung dennoch in der Natur der Seele gesucht werden, — vorausgesetzt natürlich, dass der Nervenreiz der Seele nicht schon eine fertige Empfindung übermittelt, was weder Herbart's noch meine Meinung ist. Lotze sagt hierüber in seiner Metaphysik S. 535 ff: „Die blose Vielheit jener Seelenvermögen, selbst ihr blos tatsächliches Nebeneinandersein, ohne dass ihr Zusammengehören begreiflich war, konnte für sich allein Herbart nicht berechtigen, im Gegensatz hierzu die geistige Entwicklung auf eine einzige Art des Geschehens und seine Konsequenzen zu gründen. Denn er wusste auch und sprach es aus, dass eben jene einfachen Empfindungen genau gleich unabhängig neben einander stehen; dass keine Konsequenz erdenkbar ist, nach welcher eine Seele, sobald sie Ätherwellen als Farben empfindet, Luftwellen als Schall wahrnehmen müsse; dass es also eben soviele auf einander gar nicht zurückführbare Urvermögen der Seele gibt, als sie einzelne von einander verschiedene Empfindungen besitzt."

Aus dem Gesagten dürfte auch schon zur Genüge erhellen, was ich — in Übereinstimmung mit Lotze — unter seelischen Anlagen verstehe; nichts anderes nämlich als dies, dass für die eigenartige Form gewisser geistiger Vorgänge, sofern sich dieselbe aus den äusseren Einwirkungen oder dem Verlaufe der Vorstellungen allein nicht erklärt, eine ergänzende Bedingung in der ursprünglichen Natur der Seele vorausgesetzt werden müsse. Wie Herr Flügel dazu kommen konnte, mich anders zu verstehen, ist mir um so unbegreiflicher, als ich mich gerade hierüber wiederholt

(S. 33 ff. S. 50 ff., S. 95) auf das deutlichste ausgesprochen habe. Wahrscheinlich hat Herr Flügel mein Lehrbuch sehr flüchtig gelesen; daraus mag sich auch die ungerechte Anschuldigung erklären, ich wisse gegen die Herbart'sche Herleitung der Gefühle und Begehrungen aus der Wechselwirkung der Vorstellungen nur dies einzuwenden. „dass ich eben anderer Meinung sei, dass ich mich gedeckt wisse von manchen Autoritäten und an den alten hergebrachten Seelenvermögen festhalte". (S. 41). Man vgl. dem gegenüber z. B. S. 50 ff., S. 68, S. 98 meines Lehrbuchs. Seinerseits hat Rezensent freilich zur Verteidigung Herbart's tatsächlich nichts anderes vorgebracht, als den Hinweis auf eine Autorität, noch dazu eine solche, welche das Unzureichende der Herbart'schen Lehre gerade in diesem Punkte ausdrücklich einräumt: Strümpell psychol. Pädagogik S. 113 ff. (Ähnliche Zugeständnisse auch bei Ballauf Psychologie S. 50 ff.).

Zum Schlusse gestatte ich mir noch eine bescheidene Mitteilung aus meinem Leben, welche des Rezensenten grobe Anschuldigung, dass ich mich blind auf Autoritäten berufe, gründlich zu widerlegen geeignet sein dürfte.

Als ich mein Lehramt antrat, war ich selbst — wie das ja unter den bestehenden Verhältnissen kaum anders sein konnte — ein Anhänger der Herbart'schen Lehre. Als ich daher am Seminar in der Pädagogik zu unterrichten begann, bemühte ich mich, auch meine Schüler in die Elemente der Herbart'schen Psychologie einzuführen; ich legte deshalb meinem Unterrichte das bekannte, vielgebrauchte Lehrbuch von Dr. Schumann zu Grunde, welches sich in seinem psychologischen Teile fast durchweg an Herbart anlehnt, wenn es im übrigen auch in den verschiedensten Farben schillert. Gerade durch den Unterricht aber, welcher mich nötigte, die psychologischen Lehren weit mehr, als ich bis dahin getan, auf die Erfahrung zurückzuführen, überzeugte ich mich mehr und mehr von der Unbrauchbarkeit der Herbartschen Psychologie. Ihre Lehren hielten selten Stich, indem sie an Beispielen der Erfahrung geprüft wurden; ja die Widersprüche lagen nicht selten so offen da, dass sie selbst besseren Schülern nicht entgingen. Es sollte z. B. der — für den Herbartschen Vorstellungs-Mechanismus fundamentale — Lehrsatz, „dass die Grösse der Vorstellungs-Hemmung durch die Stärke der Vorstellungen und den Grad des zwischen ihnen stattfindenden Gegensatzes bedingt sei" (cf. Schumann II. S. 16.) durch Beispiele belegt werden. Aber der Versuch misglückte. Dass es mehr Schwierigkeiten mache, einen schwarzen und weissen Gegenstand deutlich nebeneinander zu sehen oder vorzustellen, als einen roten und violetten, dass man die Töne d und a weniger deutlich zusammen hören oder vorstellen könne, als die Töne f und g, bestätigte kein Experiment. Eine wechselnde Stärke aber konnte nur bei den Empfindungen, nicht bei den Vorstellungen unterschieden werden.

Das Kapitel von den Gefühlen beginnt Dr. Schumann S. 30 mit der bekannten Herbartschen Definition, wonach das Gefühl das Bewusstwerden der Hemmung oder Förderung unter den eben im Bewusstsein vorhandenen Vorstellungen sein soll, und zwar das Bewusstwerden einer

Hemmung ein Unlustgefühl, das Bewusstwerden der Förderung ein Lustgefühl. Auch hierfür wurden Beispiele der Erfahrung herbeigeholt; aber
leider bestätigten dieselben zum grossen Teil das gerade Gegenteil. Dass
ich kein Lustgefühl, sondern ein Unlustgefühl empfinde, wenn die Vorstellung meines Elends ins Bewusstsein gehoben wird, und umgekehrt
kein Unlustgefühl, sondern ein Lustgefühl, wenn sie daraus verdrängt
wird, — dass es mir keineswegs unangenehm ist, wenn der Anblick eines
abschreckenden Zerrbildes verdunkelt, und nicht angenehm, wenn er
deutlicher wird, sondern das gerade Gegenteil, liegt klar genug zu Tage.
Die Herbartsche Definition passt eben nicht auf jene grosse Masse von
Gefühlen, welche lediglich in dem Bewusstwerden des eigentümlichen Vor-
stellungsinhalts ihre Veranlassung finden. — Hinterher teilt man dann
freilich die so definirten Gefühle ein in 1) formale, die blos von der
Form des Vorstellungslaufes (Hemmung und Förderung) abhängen, und
2) qualitative, welche in dem Vorstellungsinhalt begründet sind
(Schumann II. S. 31 f.). Statt dessen aber könnte es gerade so gut heissen
1) solche Gefühle, auf welche die Definition passt 2) solche, auf welche
sie nicht passt. — Das Begehren definirt Dr. Schumann wieder ganz
nach Herbart als „das Emporstreben einer Vorstellung zu ungehemmter
Klarheit". „Die Befriedigung tritt als Lösung der Spannung ein, wenn
die Vorstellung zu ungehemmter Klarheit gekommen ist." (S. 41 f.). —
Beispiel dazu: Mein Kind begehrt nach einem Spielzeuge, welches es
in einem Schauladen erblickt hat. Um sein Verlangen zu stillen, gehe
ich mit ihm in den Laden hinein, lasse es das Spielzeug nach allen seinen
Teilen und Merkmalen genau betrachten, meinetwegen auch eine Zeitlang
damit experimentiren, bis es eine ganz klare Vorstellung davon erhalten
hat. Nun ist sein Begehren befriedigt; ich stelle deshalb das Spielzeug
wieder an seinen Platz, und mein Kind geht zufrieden auch ohne dasselbe
nach Hause.

Doch genug des Unsinns! Der unparteiische Leser wird mir Beifall
spenden, dass ich einer Lehre den Rücken gekehrt habe, von deren Un-
vereinbarkeit mit den Tatsachen der Erfahrung ich mich selbst genugsam
überzeugte, — und wenn ich einer anderen Lehre den Vorzug gab,
weil dieselbe den Anforderungen der Wirklichkeit in ungleich höherem
Masse Rechnung trägt, so wird das kein Unbefangener mehr als blinden
Autoritätenglauben bezeichnen wollen.

Herr Flügel freilich wird sich auch hier wieder mit einem metaphysischen Achselzucken zu helfen suchen, womit man sich bekanntlich
sehr leicht über empirische Klötze hinweg setzen kann. Dennoch möchte
ich ihm den wolgemeinten Rat geben, sich etwas mehr mit dieser ganz
gemeinen Wirklichkeit zu beschäftigen und nicht zu sehr der Metaphysik
zu vertrauen, noch dazu einer solchen, die in wesentlichen Punkten von
der Kritik längst verurteilt ist. (Man vgl. z. B. Lotze's Kritik über
Herbart's bodenlose Theorie von den zufälligen Ansichten in Fichte's
Zeitschr. für Philos. und phil. Kritik Bd. XI.). Das ist Herbarts Fehler,
— dessen eminente Bedeutung trotzdem niemand in Abrede stellen wird, —
und das ist vor allem der Fehler seiner Nachbeter, dass sie sich mit der
grössten Nonchalance über die Tatsachen der Erfahrung hinwegsetzen,

blind vertrauend auf die Verlässlichkeit einer zweifelhaften Metaphysik, die selbst da zum Ausgangspunkt wissenschaftlicher Untersuchung gewählt werden soll, wo nur die Erfahrung entscheiden sollte. Es verdient diese Art wissenschaftlichen Verfahrens allerdings eine so scharfe Kritik, wie Lange sie in seiner Gesch. des Materialismus II. S. 380 mit den Worten übt: „Der Metaphysiker widerlegt mit einem enormen Aufwand von Scharfsinn alle möglichen anderen Ansichten und wo er seine eigene Meinung entwickelt, schiesst er einen logischen Purzelbaum von der gewöhnlichsten Sorte. Jeder andere sieht, dass eine Disposition zu einem Zustande auch ein Zustand ist (gegen Waitz), dass Selbsterhaltung gegen eine drohende Einwirkung nicht ohne eine, wenn auch noch so feine wirkliche Einwirkung denkbar ist (gegen Herbart). Der Metaphysiker sieht dies nicht Er hat sich mit seiner Dialektik an den Rand des Abgrundes getrieben, alle Begriffe hundert Mal herumgewendet, hervorgezogen, weggeworfen, und endlich muss durchaus und durchaus etwas gewusst werden. Also die Augen zugedrückt und den Salto mortale herzhaft gemacht von den Höhen der schärfsten Kritik hinab in die allergewöhnlichste Verwechselung von Wort und Begriff! Ist dies gelungen, dann geht es munter weiter. Je mehr Widersprechendes in die erste Grundlegung aufgenommen wird, desto freier lässt sich schliessen, wie man denn bekanntlich aus mathematischen Sätzen, welche den Faktor Null in versteckter Weise enthalten, oft die merkwürdigsten Dinge ableiten kann."

Endlich habe ich an Herrn Flügels Kritik noch zweierlei auszusetzen: 1) Wollte Rezensent mir Misverständnisse der Herbartschen Lehre nachweisen, so war es seine Aufgabe, mich mit Herbart's eigenen Waffen zu schlagen. Wie Herr Flügel Herbart's Lehre auffasst und deutet, musste mir wie jedem unparteiischen Leser ganz gleichgiltig sein. 2) Die ganze Haltung und der ganze Ton seiner Kritik entbehrt der nötigen Noblesse. Derartige willkürliche Entstellungen, unbewiesene Anschuldigungen und beissende Ausfälle, wie Herr Flügel sie sich gestattet (ich soll mich blind auf Autorität berufen, soll um Worte streiten, soll nichts von Metaphysik verstehen und mich in meinem Denken nie über die ganz populäre, unzureichende Weise der Gedanken- und Wortverknüpfung erheben) machen ja allemal den unzweideutigen Eindruck parteilicher Gereiztheit und Voreingenommenheit. Zu solchen Waffen pflegt die Kritik nur dann zu greifen, wenn sie sich schwach fühlt und nichts Sachliches vorzubringen weiss.

Oldenburg.   Dr. Ostermann.

2. Der Minister v. Puttkamer und der preussische Volksschullehrerstand.

Bekanntlich wurden am 11. Febr. v. J. im preuss. Abgeordnetenhause vom Ministertische aus sehr gravierende Urteile über einen Teil des Lehrerstandes und der Schulblätter und in Verbindung damit Ansichten über das Schulamt und die Schulaufsicht ausgesprochen, welche auch den un-getadelten Teil des Lehrerstandes in hohem Grade beunruhigen mussten.

Die Stimmen aus dem Lehrerstande, welche in den Schulblättern und Zeitungen dawider laut wurden, richteten sich fast ausschliesslich gegen die Kritik, welche das Lehrerpersonal und die Lehrerpresse erfahren hatte. Man suchte in der ministeriellen Rede Widersprüche, Irrtümer und Übertreibungen nachzuweisen, um damit dem Publikum und event. auch dem Minister eine günstigere Meinung vom Lehrerstande beizubringen.

Welchen Erfolg diese Bemühungen an der wichtigsten Stelle gehabt haben, zeigten die späteren Verhandlungen im Abgeordnetenhause über denselben Gegenstand. Am 9. Dez. v. J. kam in Folge einer Interpel-lation des Abgeordneten Seyffarth (Liegnitz) jene ministerielle Kritik wieder zur Sprache. Die Fürsprecher der Lehrer aus der national-liberalen und· aus der Fortschrittspartei (Seyffarth, Knörcke und Rickert) operirten dabei gerade wie die vorgenannten Stimmen in den Schul-blättern, d. h., sie richteten sich fast ausschliesslich gegen die graviren-den Urteile, welche der Minister über einen Teil des Lehrerpersonals und der Lehrerpresse ausgesprochen hatte, um denselben zu bitten und zu nötigen, seinen Tadel zu moderiren. Als sie nun meinten am Ziele zu sein, und der Abgeordnete Rickert in höflichen Worten diesen Wunsch kund gab, da fertigte sie der Minister mit der Erklärung ab: es falle ihm gar nicht ein, von seinem Tadel auch nur ein Wort zurückzunehmen.

So hatte also diese Verhandlung nichts erreicht, als dass der Lehrer-stand schliesslich noch schlimmer daran war, denn am Anfange. Es ist aber ebenso klar, dass seine Verteidiger, weil sie jenen Stimmen in den Schulblättern gefolgt waren, ihre Aufgabe verkehrt angegriffen hatten.

Die nachfolgenden Zeilen möchten darauf aufmerksam machen, dass der preussische Lehrerstand auch einen Vertreter gefunden hat, der seine Aufgabe wesentlich anders auffasst und wie ich glaube besser gewachsen zu sein scheint. Es ist der bekannte Rektor Dörpfeld.

Derselbe geht davon aus, dass der Schwerpunkt der ministeriellen Rede nicht liege in dem, was dieselbe an einzelnen Lehrern oder einzelnen Schulblättern tadelt, sondern in dem, was den g a n z e n Stand angeht, nämlich in den dort ausgesprochenen Ansichten vom S c h u l a m t e und von der S c h u l a u f s i c h t. Von diesen Ansichten eben schreibt sich alles her, was in der Rede des Ministers den Lehrerstand mit Recht verletzt und beunruhigt habe. Er sieht in dieser Rede nicht ein zufälliges, isolirtes Vorkommnis, sondern eine G e s a m t - A n s c h a u u n g von Pä-dagogik, Schulamt und Schulregiment, die mehr oder weniger in allen politischen Parteien ihre Vertreter habe, wenn auch vorwiegend in der konservativen.

Diese letztere Annahme hat allerdings in der jüngsten Verhandlung der Sache am 9. Dez. bereits ihre Bestätigung erhalten, da von der kon-servativen Seite Niemand für den Lehrerstand eintrat und seine Verteidiger von der liberalen Seite so unzulänglich gerüstet waren. Daraus geht dann aber auch weiter hervor, dass die Lage des Volksschullehrer-standes — und zwar nicht blos in Preussen — eine viel üblere ist, als seine meisten Glieder bisher gewusst haben. Die Lehrer haben deshalb alle Ursache sich zu freuen, dass sich endlich Einer gefunden hat, der die Übelstände dieser Lage einmal in ihrer ganzen Ausdehnung offen zur Sprache bringt.

Herr Rektor Dörpfeld ist mit der ganzen Unverdrossenheit und Energie, die man an ihm kennt, an die Arbeit gegangen. Er hat in seinem Ev. Schulblatte der Bekämpfung des in der ministeriellen Rede zu Tage tretenden Schulverwaltungssystems eine Reihe von Aufsätzen gewidmet (Ev. Schulblatt 1880, Nr. 5 u. 6, 13, 14 u. 15, 17 u. 18, — 1881, Nr. 1, 2 u. 3). Obwol die abschliessenden Aufsätze noch rückständig sind, so lässt sich doch jetzt schon deutlich erkennen, dass wir einen planmässigen literarischen Feldzug vor uns haben.

Zuerst erschienen (in Nr. 5, 1880) „Vorläufige Bemerkungen", aus denen schon klar wurde, dass in dieser Angelegenheit ein paar abwehrende Artikelchen nichts nützen könnten — aus dem schon oben angegebenen Grunde —, und dass das entgegenstehende System sich nur durch eine Reihe systematischer Untersuchungen deutlich ans Licht ziehen und bekämpfen lasse. Mit der Widerlegung dieses Systems würde dagegen die ministerielle Rede nach ihrem verletzenden und beunruhigenden Inhalte schon von selbst widerlegt sein.

Nach dieser Klärung des Gesichtsfeldes setzte nun (in Nr. 13, 1880) der „Erste Artikel" ein. Einleitend gibt der Verf. eine objektive aber sehr geschickt vorbereitende Analyse der ministeriellen Rede, und entwickelt dann in Kürze die Hauptgrundsätze aus der Theorie der Schulverfassung, an deren Hand die Kritik der hergebrachten Schulaufsichtsordnung (und der Rede ihres hohen Fürsprechers) vorgenommen werden soll.

Der „Zweite Artikel" (in Nr. 14 u. s. w.) bringt darauf eine eingehende Besprechung der Schulaufsicht in den unteren Instanzen, und zwar einerseits eine gründliche Kritik des traditionellen Aufsichts-Systems und andererseits die Grundzüge einer pädagogisch und moralisch gesunden Aufsichtsordnung.

Der noch rückständige „Dritte Artikel" soll sich auf Grund der voraufgegangenen Untersuchungen mit der Beleuchtung der ministeriellen Rede direkt beschäftigen.

Aus diesen wenigen Andeutungen über die Disposition dieser Arbeit wird dem Leser schon klar sein, dass ihre schwierigste, aber auch entscheidende Partie in dem „Zweiten Artikel", speziell in der Kritik der althergebrachten Aufsichtsordnung, liegt. Äusserlich gibt sich dies auch darin kund, dass dieser „Zweite Artikel" dem Umfange nach aus vier Aufsätzen besteht, von denen drei fast ganz jener Kritik gewidmet sind. Es werden dort an der herkömmlichen Schulinspektionsordnung sieben grosse Übelstände nachgewiesen und in sieben Thesen bestimmt formulirt. Wie man an Herrn D. gewohnt ist, schreitet die Untersuchung besonnen und gemessen vor, alles bei Seite schiebend, was die Klarheit des Blickes trüben könnte. Die Personen bleiben aus dem Spiele, nur die Institution als solche wird ins Auge gefasst. Da trifft man in der Erörterung weder Übereilung, noch Erschleichung, viel weniger irgend eine Modephrase. Der Leser soll selbst sehen, selbst urteilen — und zwar auf Grund

notorischer Tatsachen und an der Hand unanfechtbarer Argumentation.
Der Verf. tut nicht einen Schritt vorwärts, bis er gewiss ist, dass derselbe nicht zurückgetan zu werden braucht. Dazu tritt die sichere, prä-
zise, packende Ausdrucksweise. Schon allein in formeller Beziehung
— nach Objektivität, Logik, Dialektik und sprachlicher Darstellung —
ist die Arbeit eine Leistung seltener Art. Und nun erst die dort zur
Verhandlung kommenden Sachen! Wol mag allen Lehrern, besonders
denjenigen, welche ihren Beruf mit ganzem Ernst auffassen, längst fühl-
bar geworden sein, dass in der hergebrachten Schulaufsichtsordnung viel
Verkehrtes und Hemmendes steckte; aber wenige werden sich klar gemacht haben, wie umfangreich diese Übelstände sind, und wie sie ur-
sächlich zusammenhängen. Das sehen sie jetzt in der Arbeit des Herrn
D. alles klar vor Augen. Hier haben wir in der Tat die erste mono-
graphische Kritik unsrer bisherigen Schulaufsicht, welche die pädagogische
Literatur besitzt. Referent war mit den früheren Schriften des Herrn D.
über die Schulverfassung nicht unbekannt, allein er wurde doch mehr
als überrascht, fast bestürzt, als er sah, was alles Einem vor den Blick
tritt, wenn von diesem Standpunkte aus eine einzelne Frage konzentrirt
beleuchtet wird. Hat man die ganze Reihe von Mängeln vor Augen,
die an dieser Stelle ans Licht gezogen werden mussten, dann begreift man,
warum eine ganze Reihe von Aufsätzen dazu erforderlich war, und warum
der Verfasser so sorgfältige Vorbereitungen für diese „Pönitenzarbeit",
wie er sie nennt, traf.

Wo im „Zweiten Artikel" die Erörterung der sieben Thesen beginnt,
da erhebt sich eine Anklage nach der andern wider die alte Aufsichtsordnung, und diese Anklagen werden von These zu These schwerer
und schwerer. Nach der Lektüre fragt man sich verwundert, wie es
doch möglich gewesen sei, dass ein solches Schulinspektionssystem so
lange Zeit habe bestehen dürfen, und wie es Leute geben könne, die
dasselbe auch jetzt noch befürworten wollen.

Obwol der Herr Verf. im Ersten und Zweiten Artikel noch gar
nicht wider die ministerielle Rede direkt polemisirt, so kann doch keinem
Leser entgehen, dass dieselbe schon jetzt (ohne den abschliessenden
Dritten Artikel) so schlagend beantwortet ist, wie es selten in einer
Kontroverse geschehen sein mag. Der Minister hatte bekanntlich seine
herbe Kritik an einem Bruchteile des Lehrerstandes und der Lehrerpresse so dirigirt, dass dadurch die volle Rückkehr zur traditionellen Aufsichtsordnung (zur Beaufsichtigung durch die „natürlichen Autoritäten") als unerlässlich bewiesen sein sollte, wenn
der Lehrerstand nicht moralisch verkommen solle. Dieser Spitze der
ministeriellen Rede stellt nun die Untersuchung unseres Verfassers die
folgenden, klar bewiesenen sieben Thesen wider die herkömmliche Aufsichtsordnung gegenüber.

1. Die Schulverwaltung besitzt nicht die nötige Fühlung mit dem
   Lehrerstande — und darum auch nicht den wünschenswerten
   Einfluss auf denselben.
2. Die Lehrer sind der Gefahr ausgesetzt, in verkehrte Lehrwege
   gedrängt und in ihrer Arbeit ungerecht beurteilt zu werden.

3. Schule und Lehrerstand entbehren der wünschenswerten Vertretung ihrer Interessen.
4. Das Schulamt erleidet eine schwere Erniedrigung.
5. Speziell durch die Lokal-Schulinspektion erleiden die Lehrer ausserdem noch eine besondere Zurücksetzung (— besitzen nicht die volle Amtswürde).
6. Die Lokal-Schulinspektion beeinträchtigt die Avancementsrechte des Lehrerstandes.
7. Die hergebrachte Aufsichtsordnung schädigt die Berufsbildung und obendrein das sittlich-religiöse Leben im Lehrerstande.

Wie man sieht, sind in diesem Prozesse die Rollen des Klägers und des Angeklagten bereits vollständig vertauscht. Die Verkläger des Lehrerstandes sehen sich als Fürsprecher der alten Aufsichtsordnung selber mit einer Reihe der schwersten Anklagen belastet, von denen jede einzelne unwiderleglich bewiesen ist. Im Grunde würde der Verf. gar nicht nötig haben, in einem dritten Artikel sich noch mit der Rede des Ministers direkt zu beschäftigen. Wie derselbe klingen wird, kann man sich aus dem Voraufgegangenen schon ziemlich vorstellen. Die Leser des Ev. Schulblattes freilich, welche schon bisher jedem folgenden Aufsatz des Verf. mit Spannung entgegensahen, warten natürlich mit grossem Verlangen jetzt auch auf den Schluss. Hoffentlich wird er bald erscheinen.

Diejenigen Kollegen, welche die vorhin skizzirten Abhandlungen des Herrn Dörpfeld gelesen haben, werden mir Recht geben, dass hier der Lehrerstand wider die gegen ihn erhobenen Anschuldigungen eine Verantwortung gefunden hat, über die hinaus eigentlich kein Wort weiter zu sagen ist. Um so mehr werden sie freilich auch mit mir bedauern, dass eine solche Verantwortung im preussischen Landtage (und in andern deutschen Landtagen) nicht zu Gehör gebracht werden kann.

Ohne Zweifel werden die Leser d. Bl. wünschen, dass ich auch den Herrn Dörpfeld selbst zu Worte kommen lassen möchte. Ich lasse deshalb ein Bruchstück folgen, welches auch ausser dem Zusammenhange verständlich ist. Es ist ein Abschnitt aus der dritten These (Ev. Schulblatt 1880, Heft 14 u. 15, S. 392 ff.):

„3. Schule und Lehrerstand entbehren der wünschenswerten Vertretung ihrer Interessen."

„Die Offiziere, die Juristen, die Geistlichen an höheren Schulen, die Postbeamten u. s. w. haben als technische Vorgesetzte von unten bis oben nur Standesgenossen. Das hat für diese Beamte viel zu bedeuten. Nicht blos dies, dass sie in ihren Vorgesetzten wirkliche Fachkenner sehen, und dieselben darum auch als technische Autoritäten respektiren — wovon oben bereits die Rede war; vielmehr erstreckt sich die Bedeutung dieses Verhältnisses über ihre ganze Lebenslage, über alle ihre Amts- und Standesinteressen. Erstlich: diese Vorgesetzten haben selber in der betreffenden praktischen Arbeit gestanden; sie kennen dieselben auch nach ihren Mühen, Beschwerden und Hemmnissen aus eigener Erfahrung, und können somit die Lage ihrer Untergebenen vollkommen verstehen. Aber noch mehr: sie sehen in ihren Untergebenen ihres Gleichen, ihr eigenes Fleisch und Blut; sie verstehen daher nicht blos deren Lage, sondern empfinden sie mit, und wachen mit eifersüchtiger Liebe darüber, dass die Standesrechte, die Standesehre und die Standesgefühle dieser ihrer Genossen nicht verletzt werden. Wie sind in dieser Beziehung die Volksschullehrer gestellt?

Nach hergebrachter Ordnung haben sie als Vorgesetzte von unten nach oben nur Männer aus andern Ständen. Die Lokalschulinspektoren, die Kreisinspektoren (samt den revidirenden Seminardirektoren), die Regierungs-Schulräte und die Ministerial-Schulräte sind grösstenteils Theologen; von der Kreisinstanz aufwärts kommen zuweilen auch Lehrer aus dem höhern Schuldienst vor, die aber in der Regel dem Volksschullehrer noch fremder gegenüberstehen als die Theologen. Nicht genug: in äussern Angelegenheiten hat die Volksschule mit ihren Lehrern noch eine zweite Reihe von Vorgesetzten, von der zweiten Instanz an fast lauter Juristen: Bürgermeister, Landrat, Regierungspräsidium (nebst den betreffenden Räten), Oberpräsidium und Kultusministerium, — wobei nicht zu übersehen ist, dass die obern Instanzen auch in allen innern Angelegenheiten mit dem ganzen Gewicht ihres Amtes entscheiden. Selbst die untern — Bürgermeister und Landrat — sind bekanntlich nicht ohne Einfluss auf die innern Angelegenheiten.

Was hat dies für die Lage des Volksschullehrerstandes zu bedeuten?

Dies, dass er auf alle Vorteile verzichten muss, welche den obengenannten Beamten dadurch zufallen, dass ihre technischen Vorgesetzten Standesgenossen sind. Es verlohnt sich daher für die Lehrer, dass sie sich diese Nachteile ihrer Lage bestimmt merken. Tun wir das.

Haben die technischen (und andern) Vorgesetzten der Lehrer selber in der Volksschularbeit gestanden? Nein.

Sind denselben die Bedingungen und Hemmnisse, die Mühen und Beschwerden dieser Arbeit aus eigener Erfahrung bekannt? Nein.

Können sie daher die Lage der Lehrer ganz verstehen, sich ganz in dieselbe hineindenken? Nein.

Weiter: Sehen sie in den Lehrern ihre Standesgenossen, ihres Gleichen, ihr eigenes Fleisch und Blut? Nein.

Können sie das Hemmende und Drückende in der Lage der Lehrer, falls sie es kennen, so mitempfinden, wie es bei Standesgenossen empfunden wird? Nein.

Lässt sich daher erwarten, dass sie für die Standesbedürfnisse, die Standesrechte und die Standesehre der Lehrer mit eifersüchtiger Liebe eintreten, wie es bei Standesgenossen geschieht? Nein.

Ist das alles klar und wahr? Ja.

Fassen wir das kurz zusammen, so haben wir eben unsere Überschrifts-These: Bei der hergebrachten Aufsichtsordnung entbehren Schule und Lehrer die wünschenswerte Vertretung ihrer Interessen.

Es könnte jemand fragen wollen, ob denn hier, wo es sich um die Lokalaufsicht handelt, auch von den höhern Instanzen geredet werden dürfte. Das dürfte nicht blos, sondern es müsste geschehen. Erst wenn man überblickt, wie viel der Lehrerstand im ganzen einbüsst dadurch, dass seine Vorgesetzten andern Ständen angehören, erst dann lässt sich fühlen nach dem ganzen Gewicht, was es zu bedeuten hat, dass er auch nicht in einer einzigen, nicht einmal in der untersten Instanz durch Standesgenossen vertreten ist."

Nachdem dann der Herr Verf. das Misverständnis abgewehrt hat, dass die obige These auch nur irgendwie der Gesinnung der Schulobern zu nahe trete, und weiter eine Übersicht der verschiedenartigen Schul- und Standesinteressen, welche durch den beklagten Misstand beeinträchtigt werden, gegeben hat, führt er mehrere Illustrationsbeispiele vor. Von diesen möge eins hier folgen.

„Das erste Beispiel bezieht sich auf die äussern, die finanziellen Bedürfnisse der Schule. Ich wähle eins, das bereits gedruckt vorliegt. (S. Ziller, Jahrbuch des Vereins für wissenschaftliche Pädagogik, Bd. VI, S. 93 ff.) In einem ländlichen Kirchspiele sollte eine grosse Gemeindeweide unter die Berechtigten verteilt werden. Bisher hatten auch der Geistliche und der Lehrer einen Genuss davon gehabt; man hatte ihnen vergönnt, ihr Vieh ebenfalls auf diese Weide gehen zu lassen. Bei der Verteilung wusste der Geistliche unter der Hand dahin zu wirken, dass ein Teil des Gemeindelandes der Pfarrstelle geschenkt wurde; der Lehrer aber, der sich stille gehalten hatte, ging leer aus, obwohl die Dotation der Schulstelle sehr knapp war. Den Bauern war es eben nicht von selber eingefallen, dass auch die Schule etwas gebrauchen konnte; und der Pfarrer hatte sie nicht darauf aufmerksam gemacht. — Unleugbar liegt hier ein Verhalten des Pfarrers gegen den Lehrer vor, das nicht zu loben ist, — das um so unnobler erscheint, weil die geistlichen Schulinspektoren die Vormünder und Fürsprecher der Schule sein sollen. Wie lässt sich ein solches Verhalten erklären? Ein persönliches Übelwollen konnte nicht im Spiele sein, da Pfarrer und Lehrer im besten Einvernehmen standen. Und wie gut dieses Verhältnis auf Seiten des Lehrers fundirt war, geht daraus hervor, dass er sich durch das Vorgefallene nicht hat verstimmen lassen, die freundschaftliche Beziehung zu dem Pfarrer ist nach wie vor dieselbe geblieben. Mir erklärt sich dies Vorkommnis einmal daraus, dass die Geistlichen nicht dem Lehrerstande angehören, und sodann aus ihrer Doppelstellung, wonach sie einerseits für die Kirche und andrerseits für die Schule einstehen sollen, doch aber so, dass das eine ihr Hauptamt, das andere ihr Nebenamt ist. Da kann es nicht anders sein, als dass der Geistliche sich seinem Hauptamte enger verbunden fühlt. Ob im vorliegenden Falle dem Pfarrer deutlich zum Bewusstsein gekommen ist, dass er das Schulinteresse vernachlässigt habe, weiss ich nicht; sollte es doch geschen sein, so wird sich sein Gewissen beruhigt haben durch den Gedanken, dass die Kirche ihm näher stehe als die Schule."

Höfler.

3. Über das „Lehrplansystem".

Eine Entgegnung von Dr. **Staude**, Seminarlehrer in Eisenach.

Auf meine Arbeit über die „kulturhistorischen Stufen" im Unterrichte der Volksschule (Pädag. Studien, 1880, zweites Heft), mit der ich ausgesprochenermassen weiter nichts bezweckte als in den Kern des „Lehrplansystems" einzudringen, um „in und mit der Kritik des bedeutendsten Versuches einer Theorie des Stoffes selbst Stellung zu der grossen Frage zu gewinnen" (a. a. O. S. 11) hat Herr Professor Z i l l e r im neuesten Jahrbuche (S. 116—124) in teils aufklärender teils polemisirender Weise Bezug genommen. Ich hatte eine Antwort seinerseits um so mehr gewünscht, ja erwartet, als meine Abhandlung gerade in den Hauptpunkten einer grossen Frage an Ziller glich (S. 12. 15. 18) und auch in Nebendingen öfters zu keiner vollen Klarheit über die eigentlichen Ansichten und Absichten Ziller's gelangen konnte. Die gehoffte Klärung ist erfolgt, und ich sehe mich nun veranlasst, meine dadurch einigermassen geänderte Stellung zur Ziller'schen Stofftheorie kurz darzulegen.

Über die erste Behauptung Zillers (a. a. O. S. 116), wonach „ein Gebrauch des Wortes M e t h o d e , der die Art der Darbietung des Stoffes von der Auswahl, der Stellung und dem inneren Zusammenhang des Stoffes abtrennt, ein falscher Gebrauch ist", will ich mich nicht verbreiten, da mir das Ganze auf eine Wortstreiterei hinauszulaufen scheint. Wol mag der ein pädagogisches System bauende Theoretiker den Begriff Methode in jener weiteren Bedeutung nehmen — und ich gebe sogar zu, mit mehr Recht als der Sprachgebrauch, der die engere Bedeutung beliebt hat — ebenso gut darf aber auch der praktische zu Seinesgleichen redende Pädagog, schon um die fortwährend nötige Einschaltung zu ersparen: Ich verstehe aber das Wort ganz anders wie Ihr Alle, dem nun einmal faktisch herrschenden Sprachgebrauche folgen.

In Bezug auf die K o n z e n t r a t i o n dagegen gebe ich gerne zu, dass ich eines Besseren belehrt worden bin und dass ich eine andere Konzentration im Auge gehabt und angegriffen habe als die von Ziller gemeinte. Ich hatte mir nämlich auf Grund der Seite 50 meiner Arbeit angeführten und mancher anderen Stellen die Ansicht gebildet, dass mit der Ziller'schen Konzentration die völlige Determination der Stoffe der Nebenfächer durch den „Gesinnungsstoff" nach Anordnung, Inhalt und Umfang gemeint sei, und hatte von ihrer strikten Durchführung die Vernachlässigung des erweiterungsbedürftigen „Erfahrungskreises und der Apperzeptionsstufe des Zöglings" (S. 54) und die Verarmung (S. 53) der Nebenfächer befürchtet. Wenn aber nun Ziller sagt (a. a. O. S. 121) „Was an Individualität und Heimat sich anschliesst, was dem Zögling von den praktischen Lebensverhältnissen zugänglich ist, liegt der Konzentration des Unterrichtes immer nahe", wenn er betont, „dass der Konzentrationsstoff als Leitfaden für alles ausserhalb der Gesinnungssphäre liegende nur s o v i e l a l s m ö g l i c h Weisungen, Richtpunkte für die Auswahl aus dem reichen und bunten Material von Erfahrung und Umgang darbieten müsse, damit der Unterricht sich nicht ins unbestimmte verliere", wenn Ziller ferner durch die Beispiele (S. 122 u. 123) zu erkennen gibt, dass sowol der Konzentrationsstoff als auch Umgang und Erfahrung des Zöglings (wozu auch das Schulleben gehört) Anregungen zum Übergang auf einzelne Unterrichtsobjekte und auf ganze Stoffgruppen zu geben habe, die dann selbständig innerhalb gewisser Schranken bis zur nächsten Weisung von der einen oder der anderen Seite fortzuführen seien, so finde ich in dieser milden (im Vergleich zu der von mir früher vorausgesezten Rigorosität) Auffassungsweise meine eigne Ansicht über Konzentration und kann daher nur mein völliges Einverständnis mit der Ziller'schen Konzentration im Prinzip (und zwar für alle Schuljahre, wenn auch nicht in allen Punkten der vorliegenden und noch zu erwartenden speziellen Ausführung) erklären.

Auf Grund dieser Erklärung muss ich die Bezeichnung meiner Vorstellungen über die Konzentration als „allersonderbarster und geradezu abenteuerlichster" als unzutreffend zurückweisen, weil ich meinem frühern Standpunkt gemäss die Konzentration eben wegen ihrer Sonderbarkeit und Abenteuerlichkeit zu verwerfen müssen glaubte.

Noch viel weniger aber kann ich den Vorwurf gelten lassen, dass ich meine frühere Auffassung der Konzentration „zum Teil durch die seltsamste Sophistik" „glücklich herausgebracht hätte", denn das soll doch wol heissen, dass ich jene dem Angriff so bequeme Auffassung habe herausbringen wollen und mit Hilfe von spitzfindigen und trügerischen Schlüssen herausgebracht habe. Soll mir hiermit Schuld gegeben werden, dass ich bei meiner Fixirung und Kritik der Ziller'schen Ansicht ein anderes Interesse verfolgt habe als das des Findens der Wahrheit, so weise ich diesen Vorwurf mit Entrüstung zurück.

Ferner kann ich die Ursache, warum ich die Ziller'sche Konzentration irrig aufgefasst habe, nicht in mir allein suchen, sondern zum Teil auch in der Ziller'schen Darstellung, d. h. einmal in der allzugrossen Allgemeinheit der betreffenden (a. a. O. S. 50) Stellen in der „Grundlegung" und „allgemeinen Pädagogik", die für den ferner Stehenden mancherlei Deutung und praktische Ausführung zulassen, und dann in der idealen Konfusion des im Leipziger Seminarbuche vorliegenden Ausführungsversuches. Wem in diesem Labyrinth nicht der Ariadnefaden der betreffenden Seminarpraxis zu Händen ist, der entgeht nur durch ein Wunder dem Schicksale der Verirrung, und es ist deshalb meine feste Überzeugung, dass ausser mir noch gar mancher andere Freund der Herbart'schen Pädagogik in den gleichen Unklarheiten resp. Irrtümern in Betreff der Ziller'schen Ansicht sich befand oder noch befindet.

Was nun aber die Hauptsache, die „kulturhistorischen Stufen" betrifft, so habe ich wol etwas von der Klarheit, zu der ich in meiner Arbeit strebte, durch die Antwort Ziller's erhalten, aber sie ist für mich keine erfreuliche, d. h. ich weiss nun ziemlich sicher, was Ziller will und warum er es will, kann mich aber von meinem Standpunkte aus nun erst recht nicht damit befreunden.

Schon an verschiedenen Stellen meiner Abhandlung (S. 40—43) habe

ich Bedenken darüber geäussert, dass Ziller in der a. t. Geschichte doch
unverhältnismässig viel Gewicht auf den politisch-sozialen Fortschritt von
der patriarchalischen zur Richter- und Königsverfassung lege, und es
schien mir, als ob er überhaupt die Abgrenzung und Aufeinanderfolge
seiner Stufen mehr als billig von der Entfaltung des gesellschaftlichen
Lebens bestimmen liesse. Und nun ersehe ich aus der Erwiderung
(S. 17), dass Ziller nicht blos die Entwickelungstufen im Völkerleben,
sondern auch die ihnen angeblich entsprechenden im Einzelleben ausschliesslich (wenigstens ist von einer andern Begründung nicht die
Rede) von dem Gesichtspunkt des sozialen Fortschrittes aus abgrenzt
und aneinander reiht.

Zu diesem Zweck konstruirt Ziller für die Entwicklung des Zöglings
von der Zeit des dritten Schuljahres an sechs Stufen, mit deren Durchmachen dieser „in das rechte Verhältnis zu einer grössern Gemeinschaft
treten" soll, und behauptet dann, dass „dieser Entwickelung des einzelnen
in seinen Beziehungen zu einem grösseren Gemeinwesen . . . die folgenden (S. 118) kulturgeschichtlichen Stufen der allgemeinen sozialen Entwicklung in der Tat zu entsprechen scheinen" (NB.! Grundleg. S.
428 heisst es „müssen"). Diese sich gegenseitig entsprechenden Stufen
der persönlichen und allgemeinen Fortschritte, welche im Unterricht erreicht werden sollen durch die Behandlung der Patriarchen-, Richter-
und Königszeit, des Lebens Jesu, der Apostelgeschichte und der Reformation, werden (a. a. O. S. 117 u. 118) in ihren charakteristischen Merkmalen kurz beschrieben. Ich will hier ganz von der Frage absehen, ob
die ausgewählten historischen Stufen wirklich dem sozialen Fortschritt in
der jüdisch-christlich-germanischen Kulturentwicklung in den Haupt-
zügen richtig wiedergeben, ja ich könnte sogar ihre absolute Richtigkeit
zugestehen, ohne doch von schweren Zweifeln in Betreff der Beweiskraft
der Ziller'schen Argumentation befreit zu werden.

Ich bezweifle vor Allem die Berechtigung der alleinigen Rücksichtnahme auf den sozialen Fortschritt bei der Auswahl der Gesinnung bildenden Stoffe. Wo bleibt bei diesem Übergewicht des sozialen Interesses
(das doch dann auch konsequenter Weise in die Stoffbehandlung hineingetragen werden muss) das religiöse und sympathetische Interesse, die
doch ebenso gut wie jene ihre Entwicklungsstufen im Einzel- und
Gesamtleben haben, und die ihrer erziehenden Macht nach doch zum
mindesten dieselbe Berücksichtigung verlangen dürfen? Ja, es ist meine
Überzeugung, dass die jeweilige Entwicklungsstufe des religiösen Verhältnisses des Menschen zu Gott und die des ethischen Verhältnisses zu
seinem Nebenmenschen als Individuum sowol in der Gesamt- als in der
Einzelentwicklung der wichtigste Faktor und der sicherste Massstab der
Bildung sind und dass sie geradezu die Entwicklungshöhe des sozialen
Verhältnisses des Einzelnen zur Gesellschaft nach sich bestimmen, man
denke nur an die Umwälzung, die der religiös-ethische Gedanke von der
Gotteskindschaft des Menschen als solchen in den sozialen Zuständen der
antiken und germanischen Welt hervorgebracht hat. Und dann möchte ich
das Machtverhältnis, in welchem jenen drei Hauptinteressen Einfluss auf
die Bestimmung und die unterrichtliche Verwertung der Gesinnungsstoffe

eingeräumt wird, geradezu umkehren und in erster Linie das religiöse und sympathetische, in zweiter das soziale Interesse berücksichtigt wissen, so dass ich also im direkten Gegensatz zu Ziller's Worten (S. 117) die Entwicklung des einzelnen als solchen (d. h. in religiös-ethischer Hinsicht), n e b e n der die Entwicklung des einzelnen in seinen Beziehunhungen zu einem grössern Gemeinwesen fortschreiten soll, als Hauptgesichtspunkt für die Untersuchung hinstellen muss.

Ferner würde ich, auch wenn ich die einseitige Betonung des sozialen Interesses im Einzelleben und des sozialen Fortschreitens im Gesamtleben rechtfertigen könnte, doch nimmermehr die Berechtigung der einfachen Übertragung der Stufen des allgemeinen sozialen Fortschrittes auf die des individuellen n a t u r g e m ä s s e n Fortschrittes zugeben. Unter naturgemässem Fortschritt verstehe ich aber einen solchen (und hier bin ich meiner Übereinstimmung mit Ziller noch immer nicht ganz sicher), der rein nach den Entwicklungsgesetzen des geistigen Lebens blos auf Veranlassung der in Form von Umgang und Erfahrung auf den wachsenden Geist eindringenden Kultur und also ohne künstliche d. h. planmässige, unterrichtliche Beeinflussung in allen normalen Kindern erzeugt würde.

Welche Stufen in der Erfassung und Realisirung des rechten Verhältnisses zur Gesellschaft würde nun ein solcher nicht unterrichtlich geleiteter Kindergeist durchmachen?

Ziller glaubt sechs Stufen annehmen zu müssen. Hier befremdet zunächst die Menge der Stufen, wenigstens denjenigen, der wie ich der Ansicht ist, dass für gewöhnlich ein soziales, bis zur Tat bewusster Hingabe an die Gemeinschaft sich steigerndes Interesse bei Knaben erst spät, bei Mädchen noch später und selten in gebührender Stärke, bei zahlreichen beschränkten und eingeengten Individuen kaum jemals sich regt, stets aber erst mit der berufsmässigen Wirksamkeit und der wachsenden Lebenserfahrung zum gemütlichen Bedürfnis und zur geistigen Macht sich erhebt. Und in dieser quantitativ geringen und qualitativ (d. h. ihrer psychologischen Form und ihrem Fortbildungsprozess nach) fast unerforschlichen sozialen Vorstellungsgruppe sollen nun innerhalb der Zeit vom 9—14. Lebensjahr ihrer Träger (doch wird vielleicht Z i l l e r wie wir an die gesamte, durch den Unterricht nur abgekürzte jugendliche Entwicklungszeit denken) sechs von einander abgrenzbare und in bestimmter Reihenfolge sich ablösende Stufen unterscheidbar sein, die bei jedem normalen Kind seiner geistigen Natur gemäss eintreten müssen. Das geht, offen gestanden, über unsere pädagogische Erfahrung und über das, was wir der psychologischen Erfahrung — wenigstens nach dem gegenwärtigen Stand der Wissenschaft — als erreichbar zugestehen können, völlig hinaus. Woher will man z. B. wissen, dass der sich in der Gemeinschaft entwickelnde Geist n u r (oder auch blos vorzugsweise) auf der ersten Stufe „wenn auch ohne alle Reflexion in reinem kindlichem Vertrauen" einer Autorität sich unterwirft? Wird er das nicht wie vorher, so auch nachher noch oft genug auf sehr vielen Gebieten des geistigen Lebens tun?

Woher weiss man, dass das Kind nur in seiner zweiten Entwicklungsphase „im Umkreis dessen, was durch die Autorität beherrscht wird, seine eignen Gedanken frei regt, selbst auf die Gefahr hin, dass sie sich

zeitweise verirren"? Tut der Mensch das nicht schon früher und auch
später und soll er es nicht stets tun?

Warum soll sich der kindliche Geist gerade auf der dritten Stufe
der „Autorität... durch freien Entschluss unterordnen"? Ist das ein
Entschluss, der in jener kindlichen Entwicklungszeit ein und für allemal
gefasst wird, ist das nicht vielmehr eine psychologische Apperzeption, die
der Mensch von Fall zu Fall, von Tat zu Tat schöpferisch erneuern
muss? Und warum soll weiterhin das Kind gerade auf der vierten Stufe
„die höchste Autorität selbst kennen und lieben lernen"? Kann das
Kennen- und Lieben-lernen dessen, was Gott durch Christus von uns will,
je früh genug anfangen und darf es jemals aufhören? Und wie kann
man das Kennen- und Liebenlernen dieser höchsten Autorität von der
dadurch bezweckten und schon auf dieser Stufe anzustrebenden Durch-
dringung des Kindergeistes in der Weise abtrennen, dass man diese Aufgabe erst den zwei nächsten Stufen zuweist?

Und so könnte ich noch weiter fragen, doch das Gesagte genügt,
um meine Verwunderung darüber zu motiviren, wie man durch psychologische Analyse der natürlichen kindlichen Geistesentwicklung mit solcher Bestimmtheit jene sechs Stufen fixiren und so viele und scharfe Ein-
schnitte in den stets flüssigen und fast unmerklich steigenden psychischen
Entwicklungsprozess machen kann.

Wenigstens wird mir die Einsicht in die zu diesem Resultate füh-
renden Erwägungen so lange verschlossen bleiben, bis Ziller nicht mehr
blos mit knappen Behauptungen (die für ihn und seine Mitarbeiter wol
inhaltschwere Verdichtungen sein mögen, für andere Leute aber mehr
oder weniger leere Abstraktionen sind) sondern mit der Fülle wissenschaftlicher Forschungen und psychologischen Details für diese Art der Begründung seiner kulturhistorischen Stufen ins Feld ziehen wird.

Wenn man vielleicht, auf meine Behauptung eingehend, dass das soziale Interesse sich verhältnismässig spät und langsam entwickle, mir
entgegenhalten sollte: Eben deswegen muss man — um des gleichschwe-
benden Interesses willen — diese schwache Regung durch den Unterricht
kräftigen und fördern, so sage ich: Gut, aber dann rede man nicht mehr
von naturgemäss im Zögling vorhandenen, zur Apperzeption des entsprechenden sozial-geschichtlichen Stoffes disponirten Stufen des sozialen
Interesses, sondern nur von künstlich gemachten Stufen, die der
Pädagog — bewogen von guten Gründen und erfüllt von dem hohen
Ziele des sozialen Wohles — im Zögling durch seine unterrichtliche Einwirkung nach und nach entstehen und auf einander folgen lässt, und
zwar so, dass der Zögling, dem ja dadurch nicht gerade Gewalt ange-
tan wird, sich eben den Fortschritt gefallen lässt.

Und auf diese Vermutung, dass nämlich im „Lehrplansystem" die
verschiedenen Stufen der Zöglingsbildung als ausschliesslich durch die
unterrichtliche Bearbeitung des jedesmaligen Kulturstoffes — und demnach
ohne alle Hilfe einer angeblichen der Apperzeption zu Grunde liegenden
individuellen Naturstufe — zu Stande gekommen gedacht werden, könnte
man leicht kommen, wenn man von den Ziller'schen Schriften weiter nichts
berücksichtigte als eben die vorliegende Entgegnung.

Denn wol steht auch hier wie in der schönen und überzeugenden Begründung der Märchenstufe (Jahrbuch I) die kurze Charakteristik der individuellen Entwicklungsstufen voran, dann folgt die Charakteristik der allgemeinen (sozialen) Entwicklungsstufen, und es ergibt sich die schönste Kongruenz beider Reihen; aber der wirkliche Entstehungsprozess dieser Begründungsweise scheint mir in umgekehrter Ordnung erfolgt zu sein.

Erst standen, wie ich glaube, dem Schöpfer des „Lehrplansystems" nach Adoptirung des Satzes von der Kongruenz der allgemeinen und der individuellen Entwicklung die historischen Stufen des socialen Fortschrittes fest (soweit sie für die Bildung des Volksschülers von Wert sein konnten), dann wurde weiter argumentirt: dieser allgemeinen Entwicklung muss kraft jenes Kongruenzgedankens (der nach meiner Ansicht im Allgemeinen zwar nicht zu bezweifeln ist, in der speziellen Ausführung aber gar sehr des Beweises bedarf und zwar gerade von Seite der Einzelentwicklung her) muss die individuelle Entwicklung parallel sein; also macht das Kind naturgemäss dieselben Stufen durch, also muss die Erziehung diese machtvollen von der Natur gegebenen Apperzeptionsstufen durch Verarbeitung der entsprechenden sechs kulturhistorischen Stufen in möglichst ergiebiger Weise verwerten. Ganz prächtig! das wäre ein geradezu ideales Prinzip für die Auswahl der historischen Hauptstoffe. wenn nur erst jene individuellen naturgemässen Entwicklungsstufen nach Zahl und Eigentümlichkeit unanfechtbar feststänten. Denn die eminent wichtige, ja grundlegende Tatsache einer bestimmten Qualität und Aufeinanderfolge dieser psychologischen Individualstufen darf nicht so leichthin aus jenem allgemeinen Kongruenzsatz erschlossen werden, sondern sie muss als die Basis des Lehrplansystems mittelst der extensivsten und intensivsten phychologischen Forschungen und Erfahrungen erst für sich als Tatsache festgestellt werden, um dann für die Beleuchtung und Auswahl der unleugbar vorhandenen allgemein geschichtlichen Stufen angewendet zu werden. So lange aber dies noch nicht geschehen ist, so lange darf man nicht von feststehenden naturgemässen Stufen der Einzelentwicklung (besonders in rein sozialer Hinsicht) reden, sondern nur von solchen Stufen, die wesentlich durch den Unterricht bewirkt werden, nicht von solchen Stufen, die der sich frei innerhalb unserer Kulturwelt entwickelnde Geist nach immanenten Gesetzen durchmacht, sondern nur von solchen, deren Durchgemachtwerden von Seiten des Zöglings ein Pädagog für gut hält. Und darum glaubte ich oben sagen zu dürfen, Ziller habe diese Stufen konstruirt, weil ich der Meinung bin, dass nicht die Natur des geistigen Lebens dieselben angelegt hat, und wenn sich Ziller nirgends weiter, als in vorliegender Erwiderung über die Stufen ausgesprochen hätte, so könnte es scheinen, als ob er auch gar nicht den Anspruch erhebe, dass die Natur als Stifterin jener 6 Stufen die Verarbeitung der entsprechenden 6 Stoffe gebiete, sondern als ob er blos meine: weil ich aus guten und mir genügenden Gründen zu der Überzeugung gekommen bin, dass der kindliche Geist am besten in bestimmter Stufenfolge die Höhe des sozialen Interesses erreiche, so muss der Zögling 1) sich einer Autorität unterwerfen, 2) seine eignen Gedanken frei regen u. s. w. Und dann würde auch dieses „muss" im Sinne Ziller's nicht so zu fassen sein: er muss, weil er nach der Natur des innerhalb unserer Kulturwelt sich entwickelnden Geistes gar nicht anders kann, auch wenn ihn die Erziehung vielleicht anders führen wollte, sondern: er muss, weil ich es aus wolerwogenen Gründen will, von der Schule diesen Weg geführt werden.

Freilich, wenn wir die in der „Grundlegung" und „Allgemeinen Pädagogik" enthaltenen Sätze (a. a. O. S. 12—14 zitirt) diesen Sätzen der Erwiderung zugesellen, so müssen wir zu dem: er muss, weil ich es will, im Sinne Ziller's den wichtigen Zusatz hinzufügen: ich will es aber darum, weil meiner Überzeugung nach die Natur der geistigen Entwicklung dasselbe will; sie fordert meine 6 Stoffe, und ich fördere sie durch deren Verarbeitung (a. a. O. S. 15).

Aber dafür ist eben Ziller den zwingenden Beweis noch schuldig, er hat ihn meines Erachtens weder in seinen pädagogischen Hauptschriften, noch in dieser Erwiderung geführt.

Trotzdem bleibt mir der Grundgedanke des „Lehrplansystems", dass es innerhalb der jugendlichen Entwicklungszeit eine aufsteigende Reihe notwendiger Apperzeptionsstufen (und zwar in inhaltlicher und rein formaler Beziehung) für eine gleichfalls aufsteigende Reihe gewisser Kulturstufen gebe, ausserordentlich sympathisch, und ich glaube fest an seine Wahrheit; dieser Gedanke allein ist — die richtige Ausführung vorausgesetzt — meiner Überzeugung nach im Stande, von der Ungewissheit und Verlegenheit bei Auswahl der Gesinnung bildenden historischen Stoffe zu erlösen und zugleich dem erziehenden Unterricht die denkbar mächtigste Handhabe für die richtige Bewegung und Gestaltung des Schülergeistes zu gewähren.

Darum ist die Lösung des vorliegenden Problems eine hohe Aufgabe der wissenschaftlichen Pädagogik, und die Lösung kann und muss gefunden werden; sie ist aber meines Erachtens durch die Ziller'schen Bestrebungen nur angebahnt; nicht vollendet. Diese Ansicht würde bestätigt werden, wenn, wie ein Schüler Ziller's auf der Generalversammlung zu Eisenach versicherte, der Meister wirklich jene Kulturstoffe nicht auf Grund erschöpfender wissenschaftlicher Erwägungen, sondern mehr geleitet von pädagogischem Takt, aus dem Chaos der Stoffe herausgegriffen hätte, um sie in gründlicher theoretischer und praktisch-schulischer Verarbeitung zu erproben und dann erst wissenschaftlich zu rechtfertigen. Leider liegt von dieser Rechtfertigung herzlich wenig vor. Soweit aber Ziller's Beweisführung bis jetzt vorliegt, scheint sie mir — um nunmehr meine Meinung zusammenzufassen — erstens einseitig zu sein, weil sie in beiden Entwicklungsreihen überwiegend auf die Entfaltung des sozialen Interesses achtet, sie scheint mir zweitens in allzu grossem Vertrauen auf die feststehende Wahrheit des Kongruenzgedankens von den leicht bestimmbaren allgemeinen historischen Stufen aus die schwer fassbaren und abgrenzbaren individuellen Stufen zu fixiren, statt — wie dies allein richtig ist — umgekehrt zu verfahren, und sie ist drittens viel zu knapp und in Folge dessen mehr dogmatisch als wissenschaftlich.

Hiermit habe ich zugleich den Weg angedeutet, den meiner Ansicht nach die wissenschaftliche Beweisführung in dieser Frage gehen muss, einen Weg, den bis ans Ziel zu gehen ich mich freilich nicht vermesse, auf dem ich aber in meiner Arbeit ein paar Schritte — so zu sagen — mit den Füssen, eine grössere Strecke nur mit den Augen zurückgelegt habe.

Ich meine demnach, dass man bei Fixirung der in Frage stehenden Stufen — die Zahl derselben steht natürlich vor der Untersuchung nicht fest — in erster Linie die Entwicklungsstufen des religiösen und sympathetischen Interesses der Kinder und der diesen Stufen entsprechen sollenden allgemeinen Stufen und in zweiter Linie erst die Stufen des von jenen abhängigen sozialen Interesses zu untersuchen habe, wie ich das bei meiner Besprechung der a. t. und der n. t. Stufe freilich in dürftiger Weise versuchte (a. a. O. S. 42); ich meine ferner, dass stets die Erforschung der individuellen naturgemässen Entwicklungsstufe nach ihrem Vorstellungsinhalt sowol als nach dessen psychologischer Form voranzugehen habe, und dass allein nach dem hierbei gewonnenen Resultate die Wahl der entsprechenden allgemeinen Entwicklungsstufe sich zu richten habe, und ich meine drittens, dass in dieser Untersuchung nur eine grosse Fülle wissenschaftlich gewonnenen, wol geordneten und in sich harmonirenden psychologischen und pädagogischen Erfahrungsmaterials den Ausschlag geben dürfte.

Erst wenn auf diese rein wissenschaftliche Weise die individuellen und die ihnen entsprechenden allgemeinen Stufen festgestellt sind, darf man an die wirklichen Schulverhältnisse herantreten und die Zahl der gefundenen Stufen, (die wahrscheinlich unter der Achtzahl bleiben wird, welche von Ziller gewis mehr in Rücksicht auf die achtjährige Schulpflicht als auf die Natur des Geistes angenommen wurde) in Harmonie mit den acht Schuljahren unserer Volksschule bringen, eventuell in der Weise, dass mehrere Schuljahre einer einzigen Stufe gewidmet werden. Dies in der Praxis zu realisiren, wird für den psychologisch gebildeten Methodiker keine allzu schwere Aufgabe sein. Ferner ist noch zu sagen: es würde zwar jene psychologische Untersuchung des naturgemässen individuellen Entwicklungsgangs, die ja ohne alle Rücksichtnahme auf schulische Bildung erfolgt, gewis nicht blos auf die Zeit bis zum 14. Lebensjahr zu beschränken, sondern auf die gesamte jugendliche Bildungszeit auszudehnen sein (also etwa bis zum 20. Jahr), aber trotzdem würden die beiden Zeitreihen der ausserschulischen und schulischen Entwicklung sich so ziemlich decken, weil die unterrichtliche Verarbeitung des von jeder Stufe geforderten Kulturstoffes den Naturprozess ausserordentlich fördern und die Aneignung des notwendigen Kulturgutes in hohem Grade beschleunigen muss.

Wenn man mir nun noch entgegenhalten würde, dass ich auch auf meinem Wege im Grunde zu denselben Hauptstoffen gelangt sei wie Ziller, und dass ich daher nach dem vulgären Grundsatze, wonach ein doppelter Strick besser hält als ein einfacher, die Ziller'sche Beweisführung als eine die meinige unterstützende begrüssen müsse, so erwidere ich, dass meine Resultate für mich nur cinstweilen giltig sind, dass ich meine faktische Beweisführung für ebenso ungenügend halte als die Ziller'sche, und endlich dass ich ja nur 4 Hauptstufen zu unterscheiden wagte, von denen nur die zwei letzten den Ziller'schen 6 entsprechen, und von denen die beiden ersten je 1, die dritte 2, die vierte 4 Schuljahre für sich beanspruchen.

In der Begründung der Märchenstufe bin ich ganz mit Ziller einverstanden, dessen gelungene Beweisführung (Jahrbuch I) ja ganz meinen obigen Anforderungen an eine solche entspricht. Den Robinsonstoff akzeptirte ich (a. a. O. S. 32—36), weil er, abgesehen von seiner Fähigkeit, das religiös-ethische Interesse der Märchenstufe weiter zu bilden, einer der phantasiemässigen Auffassung der Welt im normalen Kinde folgenden Stufe zu entsprechen scheint, auf welcher das Kind in mehr spekulativer Geistestätigkeit die ersten Anläufe zu einer mehr objektiven Erfassung und Bewältigung der Aussendinge nimmt. Hierbei habe ich aber ausdrücklich hervorgehoben, dass ich mir diese Stufe ebensowenig wie die Märchenstufe auf das betreffende Jahr beschränkt denke, dass sie aber beide unterrichtlich rascher durchgemacht werden können als in der ausserschulischen Wirklichkeit, und dass sie nur vorbereitende Stufen sein sollen für das höchste und beste Kulturgut, das wir dem erziehenden deutschen Volksschulunterricht zuweisen können, für die christliche Kulturstufe, die wiederum noch erfolgreicher als durch jene (im individuellen religiös-sittlichen Leben eines normalen Kindes und auch in der Kulturgeschichte) durch die alt-testamentliche Stufe vorbereitet werde, so dass schliesslich jede Stufe ein $\pi\alpha\iota\delta\alpha\gamma\omega\gamma\grave{o}\varsigma$ $\pi\rho\grave{o}\varsigma$ $X\rho\iota\sigma\tau\acute{o}\nu$ sei.

Ob nun die wissenschaftliche Stofftheorie der Zukunft jene beiden ersten Stufen, die ich nach Zillers Vorgang annehme, akzeptiren wird, ob sie die alt-testamentliche Periode, wenn sie dieselbe annimmt, wie ich als eine, aus vorwiegend methodischen Gründen (doch cf. a. a. O. 42, 44) auf zwei Schuljahre zu verteilende Stufe, oder wie Ziller als drei von individuellen Entwicklungsepochen geforderte Stufen ansehen wird, und ob sie schliesslich auch die christliche Stufe wie ich als eine, in vier — mehr nach methodischen Erwägungen geordneten — Jahreskursen zu apperzipirende Stufe, oder wie Ziller als drei, wiederum auf individuelle Entwicklungsphasen gegründete Stufen betrachten, oder sie nach ganz andern Gesichtspunkten auffassen und behandeln wird, das lässt sich natürlich nicht voraussagen; aber eines kann ich sagen: Wir können mit der unterrichtlichen Verarbeitung gesinnungbildender Stoffe ebensowenig auf die vollkommene Stofftheorie als auf die vollkommene Methode resp. Psychologie warten — auf die wird ja wol auch in Ewigkeit gewartet werden — und haben daher die Pflicht, nach den uns gegenwärtig zu Gebote stehenden Mitteln unsere theoretische Ansicht zu bilden und unsere praktische Ausführung zu gestalten. Das habe ich in meiner Arbeit im Anschluss an die zur Zeit bedeutendste Leistung auf dem betreffenden Gebiete versucht; ich habe vieles davon mit Dank akzipirt und mit innerem Gewinn apperzipirt; wenn ich mir nicht alles aneignen konnte, so kann ich die Ursache hiervon nicht — wie vielleicht ein unbedingter Anhänger des „Lehrplansystems" dies tun wird — in der Einseitigkeit und Mangelhaftigkeit meiner apperzipirenden pädagogischen Vorstellungsmassen, sondern nur in der Einseitigkeit und Mangelhaftigkeit der derzeitig öffentlich vorliegenden Beweisführung erblicken. Ich werde aber jeder Zeit bereit sein, in dieser hochwichtigen Sache mich eines Besseren belehren zu lassen, ich werde nichts Einschlagendes für „undiskutirbar" halten, es möge sein was es wolle, und kommen woher es wolle, kurz ich werde wie seither nichts weiter suchen als die Wahrheit in dieser Frage, deren möglichst richtige Lösung unserer deutschen (evangelischen) Volksschule sicherlich zu grossem Segen gereichen wird.

---

4. Berichtigung.

In Nr. 1 der „Pädagogischen Studien" 1880 ist in der „Übersicht über die heutige Schulkartographie" der Amthor-Issleib'sche Volksatlas unter der Rubrik „schlecht" mit aufgeführt. Dieses Urteil bezieht sich auf die 25. Auflage, von welcher uns damals ein Exemplar zur Beurteilung vorlag. Seit jener Zeit ist aber die Redaktion des Atlas in andere Hände übergegangen, und da auch die Besitzer der Verlagsfirma gewechselt haben, so ist für Verbesserung und zeitgemässe Umgestaltung jenes weitverbreiteten Lehrmittels erheblich viel geschehen. Eine Anzahl neuer und für die Schule zweckmässiger Karten ist an die Stelle anderer getreten, so dass die 27. Auflage, von welcher uns ein Exemplar vorliegt, ein wesentlich günstigeres Aussehen hat. Wir nehmen auf Reklamation des Herrn Verlegers gern Veranlassung, dies zu konstatiren und stehen nicht an hierdurch zu erklären, dass der Atlas, wenn an seiner Neubearbeitung so fortgefahren wird, sich bald wieder die Anerkennung und Beliebtheit verschaffen wird, die wir ihm von ganzem Herzen wünschen.

Halberstadt.   Keil.

---

5. Für die Stigmographie.

Bekanntlich soll der „Stuhlmann'sche Gang" in den preussischen Volksschulen eingeführt werden. Dagegen hat sich H. Gräber in Bremen im Namen des Vereins deutscher Zeichenlehrer erhoben und eine Schrift veröffentlicht: „Urteile von Augenärzten über das Liniennetz-, Punktnetz- und Stickmusterzeichnen." Herr Dr. Stuhlmann in Hamburg weist diesen Angriff zurück in einer Broschüre: „Beleuchtung der Schrift: Urteile von Augenärzten etc. Hamburg 1880." Mit Recht. So lange die Augenärzte Urteile abgeben, die sich vielfach vollständig widersprechen, so lange braucht die Pädagogik keine Rücksicht auf sie zu nehmen. Die Stigmographie aber bleibt von derartigen Angriffen durchaus unberührt. Wir würden die ersten sein, welche diese Art des Zeichnens aufgäben, wenn gründlich und überzeugend nachgewiesen würde, dass das Punktzeichnen den Augen schädlich sei. So lange dies aber nicht geschieht, halten wir dasselbe als Vorstufe zum Freihandzeichnen aufrecht.

Rein.

6. Erklärung.

Wie wir hören, ist im Königreich Sachsen das Gerücht verbreitet, dass der Rezensent des Hahn'schen Geschichtsbüchleins, Herr Dr. Schläger, gar nicht existire, dass der Name fingirt und untergeschoben sei. Wir bitten nun alle diejenigen, welche von dem in mehrfacher Beziehung höchst sonderbaren Gerücht Kenntnis genommen haben, folgende Erklärung in ihren Kreisen zu verbreiten: Der Rezensent des Hahn'schen Geschichtsbuches, Herr Dr. Schläger, existirt wirklich und leibhaftig. Er ist an dem Gymnasium zu Eisenach angestellt, wie aus den Programmen dieser Anstalt leicht ersichtlich ist, hat auch in den „Pädagogischen Studien" bereits kritisirend gearbeitet. Wir erinnern nur an die Rezension des Geschichtswerkes von Schumann und Heinze.

Die Redaction.

7. Das Herbartkränzchen zu Eisenach

hielt im Winter 1880/81 sechs Versammlungen unter dem Vorsitz des Herrn Direktor Kögler. Es kamen folgende Gegenstände zur Verhandlung: Der grammatische Unterricht in der Volksschule — Direktor Kögler; Versuch einer Konzentration des literaturkundlichen Unterrichts auf dem Seminar — Dr. Bliedner; Referat über Eberhardt's „Poesie in der Volksschule", Lotz' „Thesen über Heimatskunde", Göpfert's Leitfaden für die Heimatskunde (Anschluss der Geographie an die Heimatskunde) — Dr. Rein; über die Verteilung des Geschichtsstoffes — Dr. Göpfert; über Thrändorf's Kunstkatechese — Direktor Ackermann; über Günther's Präparation — Herr Pickel; ein geographischer Streitpunkt (Behandlung der Flüsse vor den Gebirgen oder umgekehrt) — Dr. Göpfert.

III. Recensionen.

Zusendungen bittet man an die Redaktion der pädagog. Studien, Dr. Rein in Eisenach, zu richten.

l.

Nonnig: Kleine deutsche Sprachlehre für Volks-, Bürger- und Mittelschulen und die entsprechenden Klassen höherer Lehranstalten u. s w., 20. vermehrte und verbesserte Auflage, Berlin, Berggold 1880. 108 Seiten, Preis 1 M.

Wenn das Büchlein auch weiter keinen Vorzug hätte, so müsste ihm doch einer zugesprochen werden, das ist die übersichtliche Anordnung und Verteilung des Stoffes. Da es seinem Titel gemäss so ziemlich in allen Lehranstalten Verwendung finden will, sind sämtliche Abschnitte so eingerichtet, dass bei jedem immer erst das für einklassige Volksschulen, dann das für mehrklassige Volks- und für Bürgerschulen, endlich das für Mittelschulen und die entsprechenden Klassen höherer Lehranstalten für geeignet Befundene behandelt wird. Natürlich ist in den Stoffen jeder höheren Stufe das der niederen mit inbegriffen, ohne dass es noch einmal wiederholt wird. Das Ganze zerfällt in Satz-, Wort- und Redelehre. Dass die Satzlehre voransteht, ist selbstverständlich, in einer Schulgrammatik kann unmöglich mit der Wortlehre begonnen werden. Aber es bleibt bei einem Gegenstande, wie die deutsche Grammatik, immer eine sehr schwierige Sache, wie viel davon für die Schule auszuwählen ist. Zwar ein bloses Lehrbuch kann sich die Sache sehr bequem machen, es braucht blos recht gewissenhaft zu definiren, zu rubriziren und zu systematisiren. Damit ist es aber in der Praxis durchaus nicht abgetan, hier ist die Hauptsache die Gewinnung einer Definition, und da wird jeder Lehrer der deutschen Grammatik bereits die Erfahrung gemacht haben, dass das auf analytischem Wege gewonnene Resultat in manchen Fällen gar nicht mit dem betreffenden Satze des Lehrbuches übereinstimmt. Der Grund ist der, dass auf keinem Gebiete so, wie auf dem der Sprache, „alles in einander fliesst und feste Grenzen kaum

aufgestellt werden dürften" (Gelbe). Wer sich nur ein wenig in die deutsche Grammatik vertieft, wird sich bald von der Wahrheit dieses Satzes überzeugen. Auch unsere Klassiker weichen oft bei den gewöhnlichsten grammatischen Erscheinungen sehr von einander ab. Wenn man nun bedenkt, dass in einem Lesebuch Proben der allerverschiedensten Autoren vorzukommen pflegen, und der Lehrer doch aus diesem Lesebuche die Grammatik entwickeln lassen muss, so lässt sich ermessen, was da bisweilen zu stande kommen mag. Will man nicht Regeln aufdringen, so ist man genötigt, ins Einzelne zu gehen, und gerät da leicht in Spitzfindigkeiten und Düfteleien. Man ist fast vor die Alternative gestellt: Entweder gar keine Grammatik, oder eine eingehende, wissenschaftliche. Wir würden auch diese Alternative unbedingt stellen, wenn nicht in den niederen Schulen die Rücksicht auf den praktischen und durch nichts Anderes zu ersetzenden Nutzen grammatischer Schulung dieses verböte. So bleibt also dem Lehrer der Grammatik schliesslich doch nichts Anderes übrig, als sich eines Leitfadens, wie der in Frage stehende ist, zu bedienen.

Unser Verfasser hat das überall deutlich hervortretende Bestreben, möglichste Kürze mit Klarheit und Anschaulichkeit zu vereinigen. Aber dass doch im Einzelnen vieles Bedenken erregt, soll im Folgenden nachzuweisen versucht werden. Dass die Einleitung mit der alten Vermögenstheorie beginnt, daraus wollen wir dem Verfasser keinen Vorwurf machen, das hat er mit tausend anderen gemein. Auch ist das von keinem Einflusse auf die übrige Gestaltung des Buches. Es folgt nun die Einteilung der Sätze, und zwar 1. „nach der Form, das heisst nach der Art und Weise, wie wir einen Gedanken in Worten ausgedrückt haben; 2. nach dem Inhalte, das heisst nach der Menge der Vorstellungen, die in einem Satze vorhanden sind."

Dass diese Einteilung fraglich ist, scheint sich daraus zu ergeben, dass der Verfasser nicht alle Sätze unter den angeführten zwei Kategorieen unterbringt; denn die Abschnitte über die verkürzten, zusammengezogenen und verstümmelten Sätze laufen nebenher. Wenn ferner (S. 2) als Unterschied zwischen dem Behauptungssatz einerseits und dem Frage-, Wunsch- und Befehlsatz andrerseits angegeben wird, dass ersterer einen in sich fertigen Gedanken, letztere zur Vollendung des Gedankens entweder der Antwort oder der Tat eines andern bedürfen. so muss dem entgegen gehalten werden, dass man bei dem Wunschsatze: „O, dass ich tausend Zungen hätte!" doch unmöglich sagen kann, der Gedanke sei unvollendet. Der Satz hat ja Subjekt, Prädikat und Objekt, was soll ihm denn noch fehlen? Man könnte nur sagen: Es ist ein Nebensatz, dem der Hauptsatz fehlt; aber die Realisirung oder Nichtrealisirung des Wunsches hat doch mit der Vollendung des Gedankens nichts zu tun.

Eine Crux der Grammatiker bildet gewöhnlich die Kopula oder das Satzband. Das zeigt sich auch bei unserem Verfasser, denn wenn es Seite 5 heisst: „Das Satzband wird gebildet a) durch die Hilfszeitwörter der Zeit und der Aussageweise, b) die Biegung des Zeitwortes" und S. 11: „Sie (die Nebensätze) unterscheiden sich von den Hauptsätzen darin, dass das Satzband zwischen Subjekt und Prädikat bei den Nebensätzen stets nach dem Prädikat steht", so muss doch aus dem letzteren geschlossen werden, dass bei Hauptsätzen das Satzband nicht nach dem Prädikat stehe. Diese Folgerung ist auch richtig, wenn nämlich das Satzband ein Hilfszeitwort ist. Ist es aber die Biegung eines Zeitwortes, dann steht es auch beim Hauptsatze nach dem Prädikat. Der Verfasser hat also mit seiner Behauptung, dass bei Nebensätzen das Satzband immer nach dem Prädikat stehe, nichts Falsches gesagt. aber es ist damit kein striktes Unterscheidungszeichen zwischen Haupt- und Nebensatz gegeben.

Ob der Name „ausgebildeter einfacher Satz" wirklich besser ist, als „erweiterter einfacher Satz", dürfte sehr fraglich sein. Dem Satz „das Feuer brennt" fehlt zu seiner „Ausbildung" nichts mehr, aber einer Erweiterung ist. er fähig.

S. 7 ist von den näheren Bestimmungen des Prädikats die Rede. Dabei heisst es aber immer: „Das Prädikat, wenn es ein Zeit- oder Eigenschaftswort ist." Warum fehlt hier die dritte Art des Prädikates, wenn es nämlich ein Substantiv ist? Dann ist die nähere Bestimmung freilich ein Attribut, aber deshalb bleibt es doch immer auch Prädikatserweiterung. Wenn sämtliche nähere Bestimmungen des Prädikats aufgezählt werden sollen, so darf doch das Attribut nicht fehlen.

Über die Interpunktion bei der Satzverbindung wird als Regel aufgestellt (S. 11): „Hauptsätze werden, besonders wenn sie aus erweiterten Sätzen bestehen, von einander getrennt durch ein Semikolon, wobei es gleich ist, ob sie mit oder ohne Bindewort verknüpft sind; nur vor den Bindewörtern und und oder, in zusammengezogenen Sätzen und vor den eng verknüpften Doppelbindewörtern steht ein Komma." Wenn aber kurz vorher interpunktirt wird: „Täglich neu ist Gottes Treu, auch dein Dank sei täglich neu" und „Wohlzutun und mitzuteilen vergesset nicht, denn solche Opfer gefallen Gott wol", so ist doch die Regel über den Haufen gestossen. Das zuletzt angeführte Beispiel ist um so auffälliger, als gleich daneben steht: „Bis Abend glänzt kein Morgenrot; drum spare bei Zeiten für Alter und Not." Entweder darf die Regel nicht aufgestellt, oder sie muss wenigstens vom Verfasser selbst beobachtet werden.

Dass die Lehre vom „Satzausdruck", bei welcher von der Betonung der Wörter und Sätze und von der Gliederung der Rede gesprochen und an letztere die Interpunktionslehre angeschlossen wird, einen besonderen Abschnitt bildet, ist jedenfalls zu billigen. Über die Betonung erfährt man in vielen Grammatiken nichts. Die „Zeichen" teilt der Verfasser in Satzteil-, Satzton- und Hilfszeichen. Mit Recht wird der Punkt sowol als Satzteil-, wie als Hilfszeichen (letzteres ist er „nach abgekürzten Wörtern und Ziffern, die einen Abschnitt bezeichnen") angeführt. Aber es heisst nicht Paranthese, sondern Parenthese (S. 29).

S. 38 heisst es vom Positiv: „Die erste ist die vergleichungslose Stufe". Das ist nicht richtig. Ich kann doch sagen: „Dieses Haus ist ebenso hoch, wie das des Nachbars." Hier wird ebenfalls eine Vergleichung angestellt. Andere Grammatiker nennen deshalb mit Recht den Positiv auch den Gleichungsgrad.

In dem Abschnitte über das Zeitwort (S. 39 ff.) wollen wir zwar nicht anfechten, dass die Bedingungsform als besonderes Aussageverhältnis neben die Möglichkeitsform gestellt wird. (Der jetzige deutsche Sprachgebrauch scheint das zu rechtfertigen). Wenn aber S. 42 von einer Verwechselung der Zeiten gesprochen wird, S. 43 von einfachen Zeiten, andern Zeiten, zusammengesetzten Zeiten, so muss das überall heissen Zeitformen, denn es gibt nur 3 Zeiten, wol aber 6 Zeitformen. Weshalb das Zeitwort „sollen" nach der gemischten Biegung gehen soll, sieht man nicht ein, denn es heisst S. 43, dass die nach dieser Biegung gehenden Zeitwörter den Grundlaut verändern, aber die Endung der schwachen Biegung beibehalten. Sollen hat ja aber nirgends eine Veränderung des Grundlautes. (Der wahre Grund, weshalb sollen, wie auch mögen, können etc. der gemischten Konjugation zuzuweisen ist, ist der, dass es ein sogenanntes Präteritopräsens ist, d. h. ein solches Verb, in welchem die ehemalige starke Präteritalform zum Präsens und zu letzterem ein schwaches Präteritum gebildet wurde).

Bei den Fürwörtern hat der Verfasser nur 4 Klassen unterschieden, nämlich persönliche, hinweisende, fragende und unbestimmte. Die besitzanzeigenden hat er den persönlichen, die bezüglichen den fragenden untergeordnet. Wir wollen zwar das Streben nach Ver-Eisenach.

einfachung anerkennen, aber das ist doch sicher, dass das besitzanzeigende Fürwort sehr oft gebraucht wird, wo von keiner Person die Rede ist; und vollends das bezügliche hat mit dem fragenden nur das gemein, dass mehrere Formen in beiden gleichlauten.

Die Abschnitte über die Umstands- und Verhältniswörter sind sehr knapp und anschaulich. Bei letzteren fehlen die bekannten Memorirverse nicht.

Die Rechtschreiblehre ist nach der preussischen Verordnung vom 21. Januar vorigen Jahrs bearbeitet worden, doch kann diese Bearbeitung schwerlich das im Auftrage des preussischen Ministeriums herausgegebene Büchlein „Regeln und Wörterverzeichnis für die deutsche Rechtschreibung" überflüssig machen.

Über den 3. Teil „die Redelehre" (Stilistik, Metrik und Poetik) können wir uns kurz fassen. Auch hier ist im ganzen Übersichtlichkeit und Klarheit vorhanden; aber ausgesprochen muss doch werden, dass dergleichen Abrisse bei den Schülern oft mehr Unheil als Segen stiften, weil sie vorgenommen werden, ehe genügendes Material gesammelt worden ist. Namentlich wird vieles von dem, was die Poetik enthält, in den Klassen, für welche das Buch bestimmt ist, unmöglich mit Erfolg durchgearbeitet werden können. Unter den Beispielen für die Assonanz hätten „Hülle und Fülle" sowie „Brot und Not" wegbleiben oder durch andere ersetzt sein sollen deshalb, weil in ihnen zugleich Silbenreim vorhanden ist.

Dr. A. Bliedner.

II.

C. Kehr, Seminardirektor in Halberstadt, Praktische Geometrie für Volks- und Fortbildungsschulen, sowie für Seminarvorbereitungsanstalten. In anschaulicher Darstellung, entwickelnder Lehrform und praktischer Anwendbarkeit. Sechste Auflage. Gotha, Thienemann, 1880.

Ein Buch, wie das vorstehende Kehrsche, das in den weitesten Kreisen als ein bewährtes Lehrmittel bekannt ist und geschätzt wird, bedarf bei neuen Auflagen nicht mehr der neuen Empfehlung. Es hat sich längst schon selbst

auf das beste empfohlen. Auch uns geht es nicht bei, die überflüssige Arbeit einer neuen Empfehlung zu übernehmen. Wol aber gestatten wir uns, der Anzeige der neuen (6.) Auflage des stattlichen Buches ein paar Bemerkungen beizufügen, um dem Interesse, welches wir an dem Buche nehmen, Ausdruck zu geben.

Es kann nur gut geheissen werden, dass auch in der neuen Auflage die Vorrede zur 2. Auflage wieder zum Abdruck gekommen ist. Dieselbe enthält die methodischen Grundzüge für den geometrischen Unterricht in der Volks- und Fortbildungsschule und kann mehr als integrirender Teil des ganzen Werkes als eine einfache Vorrede zu demselben angesehen werden. Aber dieselbe will nicht nur wieder abgedruckt, sie will auch gelesen sein, wiederholt gelesen sein, was nicht mit jeder Vorrede wirklich geschieht. Die Kehr'sche Vorrede verdient der Beachtung.

Für Bürgerschulen, Fortbildungsschulen, Präparandenanstalten, niedere Gewerbeschulen und dergleichen Anstalten ist das Buch in hohem Grade geeignet. Für die einfache Volksschule wird sich eine Auswahl nötig machen. Für den geometrischen Fachunterricht im Seminar ist es nicht geschrieben, und nicht ausreichend. Hier ist eine Erweiterung des Stoffes einerseits, und nach der vorausgegangenen anschaulichen Auffassung, eine mehr wissenschaftliche Vertiefung in den Stoff andererseits geboten. Dagegen kann das Buch wieder in dem methodischen Unterrichte des Seminars mit vielem Nutzen gebraucht werden.

An einzelnen Stellen wäre noch etwas grössere Bestimmtheit des Ausdrucks wünschenswert. Wenn es z. B. S. 88 heisst: „Jedes Vieleck, das durch Diagonalen in Dreiecke zerteilt worden ist, hat so viel Dreiecke, als die Figur Seiten hat, weniger 2", so ist das nur unter der Voraussetzung richtig, dass sich die Diagonalen nicht schneiden, was aber nicht gesagt worden ist. Wenn S. 88 gefragt wird: „wie vielmal so klein ist der Durchmesser als der Umfang?" so ist auch dieser Ausdruck nicht gut zu heisen. Er besagt nicht, was er besagen soll; denn: $d = 3\frac{1}{7}$ mal so klein als der Umfang p würde in Wahrheit nichts anderes bedeuten als $d = 3\frac{1}{7}$ mal p, was er doch selbstverständlich nicht bedeuten soll. — Die Schlussfolgerung in § 28, S. 68 und 69, die Flächenberechnung des Dreiecks betreffend, tritt etwas zu rasch auf. Weil man ein Parallelogramm durch eine Diagonale in 2 kongruente Dreiecke zerlegen kann, von denen jedes mit dem Parallelogramm gleiche Grundlinie und gleiche Höhe hat, deswegen soll ein Dreieck seinem Inhalte nach der Hälfte eines Parallelogramms gleich sein, welches mit dem Dreiecke gleiche Grundlinie und gleiche Höhe hat. Jedenfalls ist aber die Allgemeingiltigkeit dieses Satzes dadurch noch nicht in ausreichender Weise dargetan. Es müsste umgekehrt noch anschaulich nachgewiesen werden, dass

man aus je 2 kongruenten Dreiecken ein Parallelogramm bilden kann, welches mit den Dreiecken gleiche Grundlinie und gleiche Höhe hat, woraus in überzeugenderer Weise folgt, dass jedes Dreieck die Hälfte seines Parallelogramms ist.

Darstellungen wie die im Anfange des § 39 (S. 123): „Um den Flächeninhalt eines Kreises berechnen zu können, muss man vor allem das Verhältnis zwischen Durchmesser und Peripherie kennen, d. h. man muss wissen, wie viel mal so gross die Peripherie ist, als der Durchmesser, oder umgekehrt: wie viel mal so gross (soll heissen: so klein), der Durchmesser als die Peripherie" etc. entsprechen nicht der „entwickelnden Lehrform" und verleiten den angehenden Lehrer leicht zu einem dogmatischen Unterrichtsverfahren. Erst muss dem Schüler durch die Veranstaltungen des Unterrichts die Notwendigkeit der Ermittelung des Kreisverhältnisses nahe getreten sein; erst muss er sich selbst in dem Auffinden dieses Verhältnisses versucht haben, ehe ihm die genauere Kreisverhältniszahl übermittelt wird. Nach der Ansicht des Schreibers dieser Zeilen dürfte die Entwicklung zweckmässiger folgenden Gang nehmen: 1. Ein regelmässiges Vieleck ist inhaltsgleich einem Dreieck, welches den Umfang des Vielecks zur Grundlinie und den Radius des eingeschriebenen Kreises zur Höhe hat. 2. Da nun der Kreis als ein Vieleck von unendlichen vielen Seiten angesehen werden kann, so ist die Kreisfläche gleich einem Dreieck, weches den Umfang des Kreises zur Grundlinie und den Radius des Kreises zur Höhe hat. 3. Ja, wenn man wüsste, wie gross der Umfang wäre? Mit dem Massstabe lässt er sich nicht messen. Wie gross mag er sein? So viel lehrt der Augenschein, grösser als der Durchmesser ist der Umfang; aber wie vielmal so gross als der Durchmesser? Wenn man das ermitteln könnte, so wäre es dann ein Leichtes, aus dem Durchmesser den Umfang zu berechnen. Wolan, versuchen wir es! Wer macht einen Vorschlag? Versucht nach demselben den Umfang aus dem Durchmesser zu bestimmen! Wer hat einen andern Weg in Vorschlag zu bringen? etc. — Die Angabe der Ludolph'schen Zahl bis auf 112 Dezimalstellen (S. 124) dürfte in einem Buche für Volks- und Fortbildungsschulen als entbehrlicher Luxus anzusehen sein. Desgleichen könnte jedenfalls auch auf die S. 87 mitgeteilte Tabelle verzichtet werden, da ihre Entstehung den Schülern der betreffenden Schulen nicht klar gemacht werden kann, und ein Rechnen nach derselben ohne Einsicht in die Sache dem Interesse nicht günstig ist. Die Schüler merken, dass sie hier im Dunkeln wandeln, was immer ein gewisses Unbehagen, das durch den Unterricht nicht gehoben werden kann, zur Folge hat. Zuweilen (vergl. S. 69) tritt die rein katechetische Frageweise, statt der heuristischen Unterrichtsform, etwas scharf auf, die aber in jedem Falle den Schüler ruckweise mehr in der Bahn zum Ziele schiebt, als dass sie ihn anregt, aus freien Stücken und eigenem

Eisenach.

innern Antriebe selbständig dem Ziele zuzustreben. —

Wir wiederholen: die vorstehenden paar Bemerkungen wollen nicht im Entferntesten den Wert des stattlichen Buches, des bewährten Lehrmittels bemängeln. Sie sind nicht von Belang; sie kommen gegenüber der Güte des Ganzen nicht in Betracht, und man kann rücksichtlich der meisten ohnehin geteilter Ansicht sein. Wir haben sie nur ausgesprochen, weil wir das Buch in hohem Grade schätzen.

Zum Schlusse wollen wir nicht unerwähnt lassen, dass auch die zu dem Buche gehörigen Geometrischen Rechenaufgaben in demselben Verlage ebenfalls in 6. Auflage erschienen sind.

Pickel.

IV. Anzeigen.

I.

Dr. A. Wiemann, Rektor der höheren Bürgerschule zu Eilenburg, gibt schon seit längerer Zeit eine englische Schülerbibliothek heraus, deren V. Bändchen eine Auswahl aus Sir Walter Scott's Tales of a Grandfather enthält. Die 6 Kapitel sind passend gewählt und können ohne weiteren Kommentar als die das Bändchen schliessenden Redensarten von einem Leser, der einige Fortschritte in der englischen Sprache gemacht hat, verstanden werden. Der Herausgeber hat nur die Absicht, den Schülern leichte Stoffe in die Hand zu

Eisenach.

geben, durch deren Lektüre sie ihren Wortschatz und den Sinn für den englischen Ausdruck erweitern, er will nicht Grammatik, Synonyma und Stil lehren. Vielleicht hätte er nach Anweisung von S. 10 „it will do no harm to look at the map" eine Karte beigeben können. Bei den Redensarten könnten manche fehlen.

Wir können dieses Büchlein und die anderen bis jetzt erschienenen Bändchen für die Anschaffung in Schülerbibliotheken höherer Lehranstalten jeder Art empfehlen.

Dr. Balzer.

II.

Burbach, O., Physikalische Aufgaben zur elementar-mathematischen Behandlung. Für den Schulgebrauch. Gotha, Thienemann, 1880. 4. Auflage.

Im elementaren physikalischen Unterricht wird man zwar so viel als möglich die Gesetze aus Experimenten oder Naturerscheinungen ableiten und nur selten den deduktiven Weg betreten, doch

gehen nach unserer Ansicht die Methodiker zu weit, die alle Mathematik aus dem Elementarunterricht verbannen möchten. Wo die nötigen mathematischen Kenntnisse vorhanden sind, sollen vielmehr die Gesetze möglichst so gefasst werden, dass sie in eine mathematische Formel umgesetzt werden können. Denn nur dann ist der Schüler im Stande, durch Lösung von Aufgaben sein Wissen zum Können auszubilden. Wird dies versäumt, so artet der physikalische Unterricht leicht in Spielerei oder „angenehme Unterhaltung" aus, von der der Schüler jedenfalls sehr wenig Nutzen hat. Unsere Rechenbuchschreiber für höhere und niedere Schulen könnten sich einmal ein wirkliches Verdienst erwerben, wenn sie den Satz in die Praxis überführten, „dass die Mathematik die formale Seite der Naturkunde ist". Sie würden der Konzentration des Unterrichts dadurch einen bessern Dienst leisten und dem Interesse der Schüler mehr entgegen kommen als durch ihre ewigen Zinsberechnungen. Solange die Rechenbücher noch diese Lücke zeigen, sind Aufgaben im physikalischen Lehrbuch (wie das z. B. Reiss, Reichert, Müller u. a. tun) oder besondere Aufgabensammlungen nötig. Zu den verbreitetsten gehören wol die von Fliedner und Burbach. Letztere setzen sehr mässige mathematische Kenntnisse voraus und sind zum grössten Teil recht praktisch. Wir haben dieselben seit mehreren Jahren benutzt und dabei gefunden, dass die strebsamen Schüler gern an die Lösung gehen. Viele Kapitel der Physik sind reichlich bedacht. Nur in der so wichtigen Wärmetheorie wünschten wir etwas mehr. Auch die chemischen Aufgaben dürften noch eine Vermehrung ertragen. Die nötigen Tabellen sind der Sammlung beigegeben. Auflösungen zu den rechnenden Aufgaben können besonders bezogen werden. Wir empfehlen die Sammlung selbst der Volksschule. Wenn der Lehrer sie dort auch nicht unmittelbar verwerten kann, so wird er doch sehr viele Aufgaben mit Leichtigkeit für seine Verhältnisse einrichten können.

III.

Gaea, Natur und Leben. Zeitschrift zur Verbreitung naturwissenschaftlicher und geographischer Kenntnisse, sowie der Fortschritte auf dem Gebiete der gesamten Naturwissenschaften. Unter Mitwirkung von Fachmännern herausgegeben von Dr. H. J. Klein. XVII. Jahrg. (Jährlich 12 Hefte à 1 M.) Köln und Leipzig, J. H. Mayer.

In naturwissenschaftlichen Kreisen ist vorgenannte Zeitschrift seit Jahren bekannt und geachtet. Sie ist aber auch viel weitern Kreisen, besonders allen Lehrern, die naturkundlichen und geographischen Unterricht erteilen, zu empfehlen. Dass sie sich „auf dem Laufenden" zu erhalten suchen, kann gewiss von ihnen verlangt werden. Ihr Unterricht wird sonst sehr bald nicht mehr „zeitgemäss" sein. In der Gaea finden sie allgemein verständliche, aber auf wissenschaftlicher Basis ruhende, abgerundete Artikel aus dem Gebiete der gesamten Naturwissenschaft (mit Einschluss der Geographie).

Die neuern Forschungen und Entdeckungen bilden ein stehendes Kapitel in jedem Hefte. — Wir werden in diesen Blättern auf die bedeutendern Artikel aufmerksam machen, so bald uns die Hefte zugegangen sind.

Heft 1 enthält: Das Erdbeben von Agram, seine Verbreitung und Ursachen. (Prof. Dr. Hörnes.) Die Fluterscheinungen des Meeres bei Erdbeben. (Dr. Berg.) Anlage von Blitzableitern. Neuere meteorologische Instrumente. Die Findlinge der norddeutschen Tiefebene. Die physische Beschaffenheit der Mondoberfläche. (Dr. H. J. Klein.) Neue Untersuchungen über die physiologischen Funktionen des Gehirns. (Dr. J. H. Thomassen.) Die feinsten Giftproben. (Prof. M. J. Rossbach.) Astronomischer Kalender für den Monat Mai. Neue naturwissenschaftliche Beobachtungen und Entdeckungen. Programmabhandlungen naturwissenschaftlichen Inhalts aus dem Jahre 1880. (Prof Dr. H. Emsmann.) Literaturbericht. Aus dem 2. Heft heben wir hervor: Der grosse Arkansas- und Clear Creak-Canyon in Colorado. (R. v. Schlagintweit.) Neue Untersuchungen über die Ursache der Phosphoreszenz der organischen und unorganisirten Körper. Dr Tanners vierzigtägiges Fasten. Nordasiens Flora und Fauna. (Dr. O. W. Thomé.) Das Regenband im Sonnenspektrum. (Dr. H. J. Klein.) Astronomischer Kalender etc.

IV.

Siegmund, F. Aus der Werkstätte
des menschlichen und tierischen Organismus. Eine populäre Physiologie für gebildete
Leser aller Stände. Nach dem neuesten
Standpunkte der Wissenschaft bearbeitet. Mit 500 Abbildungen. In 20
Lieferungen à 0,60 Mark. Wien,
A. Hartleben. (Heft 1—6).

Ferdinand Siegmund ist auf
dem Gebiete der Naturwissenschaften ein
sehr fruchtbarer Schriftsteller. Er hat
bereits erscheinen lassen: Illustrirte
Naturgeschichte der drei Reiche. Die
Wunder der Physik und Chemie. Unter-
gegangene Welten. Durch die Sternen-
welt. — Dass ein Mann in allen diesen
Wissenschaften heutzutage nicht selbständiger Forscher sein kann, wird sich
jeder sagen, der von der jetzigen Ausdehnung der Naturwissenschaft eine
Ahnung hat. Mit dem vorliegenden Werke
betritt Siegmund eines der interessantesten, aber auch schwierigsten und teilweise noch recht dunkeln Gebiete, was
deshalb auch noch am wenigsten „popu-
larisirt" worden ist. Wenn genannter
Schriftsteller auch hier wieder nicht als
Fachmann erscheint, so wird ihm doch
niemand eine bedeutende populäre Darstellungsgabe (im guten Sinne) und eine
grosse Belesenheit absprechen dürfen.
Seine Arbeiten auf den andern Gebieten
der Naturwissenschaften kommen ihm
dabei trefflich zu statten, so dass er
unschwer den Leser in die nötigen chemischen und physikalischen Kenntnisse
einführt und denselben Vorgang in verschiedenen Tierklassen verfolgen kann.
Das Buch beginnt mit den Lebensfunk-
tionen der tierischen Zelle (Gestalt, Entstehung, Umbildung, Physik und Chemie
der Zelle). Die zweite Abteilung enthält die Lehre vom Stoffwechsel. (Ernährung und Verdauung, Kreislauf des
Blutes, Verrichtungen des Herzens, der
Leber und Nieren). Das Mitgeteilte
basirt zunächst auf die Forschungen der
Wiener Schule; doch sind auch die Arbeiten berühmter fremder Forscher berücksichtigt worden. — Soweit wir die Sache
beurteilen können, ist der neueste Standpunkt der Wissenschaft überall gewahrt.
Auch ist derselbe nicht — wie es manchmal popularisirende Unart tut — vor-
eilig verlassen worden; wo ein Vorgang
noch nicht erklärt werden kann, ist das
nicht verschwiegen.

Zahlreiche Abbildungen unterstützen
den Text; die Portraits berühmter Männer der Wissenschaft werden gewis als
angenehme Zugabe anerkannt werden.

Eisenach.　　　　　Scheller.

V.

Ziller, Jahrbuch des Vereins für wissenschaftliche Pädagogik. XIII. Jahrgang Langensalza 1881. 8 M. 50 Pf.

Inhalt: Vogt, der Verbalismus.
Flügel, Bemerkungen zu Franz Karl Lott's
Metaphysik etc. Just, zu Vogt's Betrachtungen über Herbart's Allg. Pädagogik etc. Thrändorf, Ueber die unterrichtliche Behandlung von Schillers Wilhelm Tell. Ruppert, Zur Anwendung
der Pestalozzischen Methode im mathematischen Unterricht. Ballauf, Bemerkungen zu den Abhandlungen des Herrn
Ruppert. Ziller, Das Material für den
ersten lateinischen Unterricht. Schneider,
Zur Methodik des Gesangunterrichts in
der Volksschule. Ziller, Zur Kritik von
Herbart und seine Jünger, von einer
Abhandlung Ackermanns und einer Schrift
Staudes. Schneider, Zwei Proben aus
Hartungs methodischen Richtlinien für
einen schönen Vortrag. Keferstein, Histo-
risches Wissen und historische Bildung.
Zillig, Briefliche Mitteilungen über die
vorstehende Abhandlung von Keferstein.
Günther, Der Lateinunterricht am Seminar. von Sallwürk, Der fremdsprach-
liche Unterricht auf Anschauung gegründet. Zillig, Ueber den pädagogischen
Dilettantismus in der Staatsschulverwal-
tung und über die Praktiker. Ziller,
Dr. Wagners Hilfsbuch für den Unterricht in der Geschichte. Ziller, Dar-
stellende Formen von geschichtlichen
Stoffen in pädagogischem Sinne.

I.

Die Musterschule in Brüssel.

(Vom pädagogischen Kongress 1880.)

Von Dr. E. v. Sallwürk, Oberschulrat in Karlsruhe.

De wereld is groot; onze taak is groot,
Wij strijden tegen domheid en nood;
Wij zullen de wereld verlichten.
Em. Hiel, Onderwijzerslied.

Am 29. August verliessen wir in später Stunde das herrliche, gastliche
Brüssel. Sieben Tage hatte der internationale pädagogische Kongress uns dort festgehalten, ohne uns zu ermüden, sieben Tage hatten
wir, bald in der freiesten internationalen Vereinigung, bald im kleineren
Kreise der Landsleute, Erziehungs- und Unterrichtsfragen besprochen, Land
und Leute kennen gelernt, an Natur und Kunst, gewerblichem und wissen-
schaftlichem Leben in Belgien uns erfreut, und nun wandten wir uns wieder
der Heimat zu mit dem bestimmten Eindrucke, einem der denkwürdigsten
Ereignisse in der Geschichte des Erziehungs- und Schulwesens beigewohnt
zu haben. Ein Berichterstatter des Journal des Débats (Lundi 30
Août) beklagt sich darüber, dass der Kongress keine Resolutionen gefasst
habe. Es lag in dem wohldurchdachten Programm der Ligne de l'Enseignement, nicht zu votieren, jeder Meinung freien Weg zu lassen und
nur eine Art commission d'enquête zu veranstalten, den Beteiligten
es überlassend, welche Frucht und welche Erfahrungen sie für ihre Verhältnisse aus den Debatten ziehen würden. Das war zunächst ein Entschluss der Klugheit. Nun entwickelte sich aber bald in allen Sektionen
ein so freier Verkehr zwischen den Nationen, das Interesse für die Sache
überwog die Verschiedenheiten nationaler und politischer Standpunkte so
vollständig, dass man einer wirklichen Ausgleichung der Ansichten manchmal sehr nahe kam. Hätte es sich da nicht gelohnt, noch den einen
Schritt weiter zu gehen und das als wahr oder notwendig Erkannte in
einem Satze als Forderung an alle diejenigen zusammenzufassen, welchen
die Sorge um die Erziehung der Jugend in erster Linie anvertraut ist?
Wir verneinen das aufs bestimmteste. Wir waren ja nur Schulmänner:
ich nenne auch so die trefflichen Bürger, die im Dienste ihrer Gemeinden

über die Schulen zu wachen haben und auf diesem Kongresse eine nicht unbedeutende Rolle spielten. Wir waren ja alle mit der Sache, um die es sich handelte, mehr oder weniger vertraut, vertraut aber auch mit den vielen kleinen und zufälligen Schwierigkeiten, die allüberall den wertvollsten Neuerungen Schwierigkeiten in den Weg legen. Hätten wir diese Dinge, die wir gerne zu Hause liessen, auch diesem internationalen Kongress vorlegen sollen? War es nicht besser, wenn jeder das Gute und Vollkommenere, was der andere ihm bot, möglichst eingehend kennen lernte, um es später in seinen eigenen Kreisen fruchtbar zu machen? War es nicht viel wichtiger zu erfahren, was man überall erstrebenswert gefunden und wie man in der Praxis der verschiedenen Länder dem näher gekommen war? Mussten nicht gerade wir Deutsche manchmal hören: ihr habt Recht, aber man kann das bei uns nicht durchführen? Nein, wir haben Alle lernen können und haben Vieles gelernt, darunter besonders Eines und vielleicht das Wertvollste: **dass es über all den Hader politischer und religiöser Parteiung hinweg Eines giebt, worin die Besten aller Nationen Hand in Hand gehen, nämlich die Sorge um die Erziehung der künftigen Geschlechter.** Dass dieser Eindruck ein allgemeiner war, konnte Niemanden von uns entgehen, der mit Russen und Franzosen, Engländern und Spaniern, Nordamerikanern und Chilenen in der angenehmen, zwanglosen und mehr als kollegialischen, ich möchte sagen freundschaftlichen Weise verkehren durfte, die, durch das glückliche Talent unserer belgischen Wirte begünstigt, vom ersten Tage an in den Verhandlungen und im täglichen Verkehr in Übung gekommen war. Lassen Sie mich für heute auch bei den Belgiern, ihrer Ligue de l'Enseignement, welche den Kongress veranstaltet hat, und bei der bedeutendsten Schöpfung dieses Vereins, der École modèle, stehen bleiben.

Der Unterrichtsverein zu Brüssel (Ligue de l'Enseignement—Onderrichtsbond), der im Jahre 1864 gegründet worden ist, verfolgt ausgesprochener Maßen politische Zwecke im edelsten Sinne des Wortes. Die belgische Schule war bis vor Kurzem ganz in den Händen des Klerus, der dem Staate gegenüber eine fast selbständige Stellung einnahm. Für einen Staat, der in allen Dingen von der Initiative seiner bedeutendsten Bürger abhängig ist, lag in diesen Verhältnissen eine ernste Gefahr. Es war jedenfalls nicht zu erwarten, dass die von einem solchen Klerus gebildete Jugend den Geist aufgeklärter Unabhängigkeit und freiwilligen Gehorsams gegen Recht und Gesetz in sich entwickeln würde, auf den ein Staatswesen wie das belgische vor allem rechnen muss. Es lag die patriotische Pflicht vor, die Wohlthat der Unterrichtsfreiheit, wenn sie eine solche ist, nicht dem Klerus allein zu überlassen, sondern mit ihm, offen und mit voller Thatkraft, den Kampf um die Erziehung der Jugend aufzunehmen. Dies ist das Ziel dieser liberalen Vereinigung, welche den Kongress berufen hat. Die Ligue de l'Enseignement findet aber nicht bloss in der Richtung, sondern auch in der Art des klerikalen Unterrichts die bedenklichsten Gefahren: „hartnäckigen Widerstand gegen jeden Versuch einer Reform, ein fortwährendes Hindernis für jede moralische Selbständigmachung des Volkes, Mangel jedes wissenschaftlichen Unterrichts, gänzliche Verwerfung alles dessen, was zur Entwickelung der Beobachtungsfähigkeit beitragen kann, eine ausschliessliche Sorge für die Befestigung der ultramontanen Lehren".

Der Verein fasste bald Boden; der ausgesprochene nationale und politische Zweck desselben führte ihm eine Menge einflussreicher, im öffentlichen Leben bewährter, in Kunst und Wissenschaft bedeutender Männer zu. Im Anfang beschränkte sich seine Thätigkeit auf Vorträge, welche auf die Wichtigkeit vernunftgemässer und nationaler Erziehung hinwiesen, auf die Gründung von Bibliotheken, auf die Unterstützung von Laienschulen u. dergl. Bald aber beschäftigte sich der Verein mit der Frage der Erziehung selbst. Seine Studien führten ihn vor das unabweisbare Bedürfnis, die Theorie ins Werk zu setzen, dem Worte das Beispiel folgen zu lassen: im Jahre 1875 entstand die Musterschule des Vereins (École modèle—Modelschool).

Am 25. August, am dritten Tage der Kongressverhandlungen, hatten wir Gelegenheit, die Schule zu besuchen und in Thätigkeit zu sehen. Der Verein hatte zu gleicher Zeit die Geschichte, die Lehrpläne, die Statuten u. s. w. der Schule in einem Band von ca. 260 Seiten darstellen und wiedergeben lassen. Dieser Schulbesuch und dieses Buch gehören zu den wertvollsten Erinnerungen, die ich von Brüssel mitgenommen habe. Ich entlehne dem letzteren Alles, was ich an Daten über den Verein und seine Schöpfungen hier mitzuteilen habe.*)

Die pädagogischen Grundsätze der Schule. — Der klericalen Erziehung sollte nicht eine antiklericale, der ultramontanen Richtung nicht eine ausschliesslich nationale entgegengesetzt werden. Das bisherige System erschien in seinen Zwecken und Mitteln unpädagogisch: die neue Schule sollte auf den Grundsätzen einer vernünftigen Pädagogik aufgebaut werden. Man schloss sich nicht an ein bestimmtes System an. Die Schule musste noch erproben und erprobt werden. Aber das stand von vornherein fest, dass es sich hier nur um die naturgemässe Ausbildung der geistigen und sittlichen Kraft, um die Einführung des Kindes in die Welt der Kultur und Gesittung handeln konnte. Der Unterricht sollte zunächst von den Kreisen ausgehen, in denen das Kind bisher gelebt hat. Die Anschauung legt den Grund zu jeder weiteren Bildung. Genaue Beobachtung, richtig geleitete Vergleichung, verbunden mit fortwährenden Übungen in korrekter, alles Überflüssige verbannender Darstellung geben der intellektuellen Entwickelung des Kindes den ersten Anstoss. Die Einordnung des Zöglings in eine Gemeinschaft, welche von strengen Gesetzen geleitet wird, geben ihm den ersten Begriff von gesetzlicher Ordnung und gewöhnen ihn nach und nach an die rechtlichen und gesetzlichen Formen des menschlichen und bürgerlichen Lebens.

Es lässt sich denken, dass die sogenannten exakten Wissenschaften und die Naturbeschreibung in dieser Schule einen breiten Raum einnehmen werden. Auch dem Zeichnen wird nach diesen Grundsätzen früh eine sorgfältige Pflege zugewendet werden müssen. Wir werden darauf später zurückkommen und die Bedenklichkeiten, die daran sich knüpfen, nicht

---

*) Das Buch ist unter dem Titel Ligue de l'Enseignement. L'École modèle in Brüssel bei G. Mayolez, 13 rue de l'Impératrice, erschienen.

zurückhalten. Auffällig für uns und pädagogisch nicht ganz unanfechtbar ist auch die Einrichtung, dass die Schulstatuten (die Disziplinordnung) als „Grundgesetz" der Schule den Schulbehörden, den Lehrern, Schülern und selbst den Besuchern immer gegenwärtig gehalten werden. Welches der Inhalt dieser Schulgesetze ist, kann ich zwar nicht genau angeben; aber wenn darunter auch nur das règlement des élèves gemeint ist, welches unsere Quelle auf S. 41 f. mitteilt, so würde es nach unserer Ansicht über das, was den Schülern in dieser Beziehung zweckmäßiger Weise mitzuteilen ist, da und dort hinausgehen. Für den Schüler entspringt alles Recht und alle Strafe zunächst aus der ohne Weiteres anzuerkennenden Auctorität der Eltern oder ihrer Stellvertreter.*) Erst später, wenn die Begriffe des formellen Rechtes, einer auch ausserhalb des Individuums und seines unmittelbaren Erkennens bestehenden Gerechtigkeit durch den Unterricht im Schüler gebildet worden sind, kann es zweckmäßig oder nötig werden, auch die Schule vom Standpunkte einer rechtlichen Gemeinschaft zu betrachten. Indessen handelte es sich in unserem Falle um den Ausdruck und die Durchführung einer dem bisherigen Verfahren entgegengesetzten Richtung. Das Anciferungs- und Abschreckungssystem der Jesuitenschule sollte bestimmt und ein für alle Male abgeschafft werden. Die Disziplinmittel der Musterschule bestehen nun in Folgendem:

a. Tadel; b. mauvais points (Eintrag einer schlechten Note); c. eigentliche Strafen, die sich auf die folgenden Maßnahmen beschränken und dann verhängt werden, wenn der Schüler in einer Woche drei schlechte Noten erhalten hat:

1. Der Name des Schülers wird in der Liste gestrichen (natürlich nur eine symbolische Bestrafung; Schülerlisten sind an den Eingängen zu den einzelnen Klassen aufgehängt);

2. Während der Erholungspausen wird er auf Anordnung des Direktors in abgesonderter Abteilung beschäftigt;

3. Der Lehrer kann ihn von den Schulausflügen ausschliessen.

Wenn ein Schüler drei Wochen hinter einander gestraft worden ist, wird er dem Direktor gemeldet, der sich dann mit den Eltern ins Einvernehmen setzt. Ein Schüler kann in diesem Falle auch von der Schule ausgeschlossen werden, bis der Aufsichtsrat (le Comité scolaire) über ihn beschliesst. Dieser kann den Fall den versammelten Schülern mitteilen und die Eltern vor die Konferenz laden. Die Eltern, welche nicht erscheinen, geben damit zu erkennen, dass sie ihre Kinder von der Schule zurücknehmen.

Wir finden in diesen Veranstaltungen zu viele Formalität, zu wenig direkte Behandlung des Falles; nur dass die Beteiligung der Eltern an der Schulerziehung in bestimmte Formen gebracht ist, dürfte vielleicht Beherzigung verdienen. Aber bei allem ist mit dieser Disziplinordnung doch ein ungeheurer Fortschritt erzielt, und man versichert uns (S. XII), dass die Musterschule nun fünf Jahre besteht ohne körperliche Strafen, ohne Arreststunden, ohne Strafarbeiten, ohne Preisverteilungen

---

*) Das sagt an einer Stelle auch die Instruktion für die Musterschule (S. 58 a. a. O.): La promptitude de la soumission doit provenir de la persuasion que le maître a raison.

und dass die Schüler die Schultage den Vakanztagen vorziehen, weil sie
die Stunden, welche sie in der Schule zubringen, für die glück-
lichsten halten.

Die Schule will sich auch nicht ein ganz festgestelltes Programm geben;
sie will, soweit es geschehen kann ohne Schädigung ihrer Zwecke, eine
Versuchsschule sein, und sie sieht daher zu jeder Zeit Besucher gern,
und ladet sie zu einer Besprechung und Kritik ihrer Einrichtungen ein.
Man vergesse dabei nicht, dass wir uns in einem Lande der Unterrichtsfreiheit befinden, das keine Regulative braucht. Nur in einem Punkte ist
auf diesem Gebiete die Diskussion geschlossen, in der Frage über den
wissenschaftlichen oder methodischen Wert der Schulfächer. Die
Schule lehrt keine Wissenschaft um ihrer selbst willen, sie will eine streng
pädagogische Schule sein; sie will kein enseignement ex professo,
sondern sie „zieht, nach einem glücklichen Worte, aus den Wissenschaften
leur suc primaire", ihren Geist und ihr Wesen.*)

Mit den pädagogischen Grundsätzen des Vereins sowohl als mit den
eigentümlichen Sprachverhältnissen Belgiens hängt es zusammen, dass nicht
das Französische die ausschliessliche Unterrichtssprache dieser Schule ist.
Das Vlämische wird in ebenso vielen Stunden gelehrt wie das Französische.
Aber man verspricht sich davon auch eine moralische Wirkung. Die Sprache
des (vlämischen) Volkes soll veredelt, sein Gesichtskreis erweitert werden;
dagegen hofft man zugleich dem französischen Wesen, das den National-
charakter verdorben hat, mit Erfolg entgegen zu arbeiten, ohne das schätz-
bare Gut der französischen Bildung damit zu verlieren.

Schulorganisation. — Die Ligue de l'Enseignement hält folgende
Gliederung der Volksschule für die richtigste und zweckentsprechendste.
Die Unterrichtsschule beginnt mit dem siebenten Lebensjahre. Ihr geht
der Kindergarten voran.**) Diesem folgt zunächst eine Zwischenschule
oder Vorschule (école intermédiaire) für das siebente und achte Lebensjahr. Daran reiht sich die eigentliche Primärschule für Kinder von neun
bis zwölf Jahren. Darauf kommt die Halbtagsschule (école du demi-
temps) für Lehrlinge u. drgl. Der Volksunterricht schliesst mit der Fortbildungsschule (école d'adultes). Der Verein beabsichtigt, für jede dieser
Stufen mit der Zeit und wenn die Mittel sich finden, eine Musterschule zu
errichten. Vorerst hat er mit der Primärschule begonnen, welcher indess
eine solche Einrichtung gegeben ist, dass Kinder von sieben Jahren oder
noch jüngere bis zu dreizehnjährigen darin Unterkunft finden können. Die
Schule soll später der Gemeinde übergeben werden.

Die Anstalt ist in drei Stufen gegliedert, wovon die beiden ersten

---

*) Bemerkenswert ist dazu die Äusserung des Vorsitzenden des Aufsichtsrates
in seiner Eröffnungsrede (a. a. O. S. 22): Nous qui repoussons les matières
d'enseignement en tant qu'elles seraient utiles en elles-mêmes et qui
ne les admettons qu'on tant qu'elles nous fournissent un exercice
d'intuition, nous nous sommes trouvés devant une telle abondance
de notions scientifiques à employer, que notre programme ressemble,
au premier aspect, à un programme d'école scientifique supérieure.

**) Die Stadt Brüssel zählt acht Kindergärten, jeden für etwa 200 Kinder ein-
gerichtet. Diese Schulen erheben wie der grösste Teil der Brüsseler Schulen kein
Schulgeld.

zwei, die dritte zwei oder drei Jahrgänge umfasst. Das Aufsteigen von einer Stufe in die andere ist abhängig von der vollständig befriedigenden Absolvierung der vorhergehenden. Der Unterricht fällt in die Zeit von 8—12 Uhr (vom 1. Okt. bis 1. April 8 ½—12 Uhr) und 1 ½—4 ½ Uhr. Jede Lektion dauert drei Viertelstunden: zwischen den Lektionen findet entweder eine Spielpause von einer Viertelstunde unter Aufsicht von Lehrern statt oder es wird (jeden Tag einmal) eine halbe Stunde Ordnungs- oder Gesangübung eingeschoben (récréation réglée). Der Donnerstag-Nachmittag ist frei. Hausaufgaben werden nicht gegeben. Die Schüler gehören der Familie, wenn sie zu Hause sind. Nur für besondere Arbeiten kann ausnahmsweise eine Abendstunde in Anspruch genommen werden. Zurückgebliebene Schüler erhalten vom Klassenlehrer besondere Nachhilfestunden, die aber nur den Charakter freundlichen Beistandes, nicht der Strafe annehmen dürfen. Über die häuslichen Leseübungen sprechen wir unten.

Die Klassen dürfen nicht mehr als dreiunddreissig Schüler zählen. — Das Schulgeld beträgt vierteljährlich 50 Fr., eine verhältnissmässig sehr hohe Summe in einer Stadt, wo die meisten Schulen kein Schulgeld erheben.

Der Lehrplan.*) — Religion ist kein Unterrichtsgegenstand in dieser Schule. — Wie gering man auch den moralischen Einfluss anschlagen möge, den der Religionsunterricht in unseren Schulen haben kann, man muss dennoch bedauern, dass die Dinge in Belgien sich so gestaltet haben, dass man von Religion fast nicht reden kann, ohne einen konfessionellen Standpunkt einzunehmen oder zu bekämpfen. Beides lehnt die Musterschule ab. Die Gründer derselben wollen die Verantwortlichkeit für die Ausbildung der konfessionellen Ansichten der Familie überlassen; sie sind aber der Meinung, dass „die Atmosphäre einer Schule heilig sei für alle, wenn sie von gesundem und rechtlichem Sinne durchweht ist. Dieser gesunde Sinn wird freilich unsere Zöglinge nicht zu Gläubigen von Lourdes und la Salette machen; aber unser Unterricht wird jenes reine und hohe religiöse Gefühl nie beeinträchtigen, welches den Geist in die Regionen des Unendlichen und Ewigen einführt." Der Unterricht in der Geschichte wird dagegen vielfache Gelegenheit bieten, auf die verhängnisvollen Wirkungen der Intoleranz und des Aberglaubens hinzuweisen.

Aber die Schule will auch keinen gesonderten Unterricht in der Sittenlehre geben. Sie hält an dem Grundsatze fest, dass die Moral kein Gegenstand dogmatischer Unterweisung sein kann, sondern dass sie aus dem Geiste des Unterrichtes und der Gewöhnung der Schüler von selbst hervorgehen muss. Zu diesem Zwecke schreibt sie den Lehrern vor: strenge Gewöhnung an Ordnung und Zucht, selbst beim Spiel, selbst in den Äusserlichkeiten der Kleidung u. s. w., öftere Hinweisung auf die ihren Anordnungen zu Grunde liegenden sittlichen oder gesetzlichen Forderungen, unablässige Beobachtung der Schüler hinsichtlich ihrer Aufrichtigkeit, strenge Bestrafung

---

*) Was wir hier vom Lehrplan der Anstalt mitteilen, ist vielleicht nicht vollständig genug. Uns kam es aber nur darauf an, für deutsche Leser den Geist, der in der Behandlung der einzelnen Disziplinen sich ausspricht, bemerklich zu machen.

jeder Lüge, Erklärung und Einprägung der Schulgesetze (s. oben), lebendige Darstellung tugendhafter Handlungen. Belehrungen über das Wesen derselben und die Mittel, sich zu ähnlichem Thun zu befähigen. Hinweis auf die Arbeit als Quelle alles Guten, auf planmässiges, geordnetes Handeln als Bedingungen einer erfolgreichen Arbeit, Nachweis der Fortschritte der menschlichen Kultur und Begründung dieser Fortschritte durch eine aufgeklärte und selbstbewusste Sittlichkeit (in den oberen Klassen), Pflege des ästhetischen Sinnes in allen Lehrfächern, Erweckung der Liebe zum Vaterland.

Wissenschaften. — Da die Musterschule die Wissenschaften nur betrachtet als das Ergebnis der natürlichen Bewegung des menschlichen Geistes und sie demgemäss nur als das Mittel zu ähnlicher Bewegung und Entfaltung des kindlichen Geistes in ihren Lehrplan aufnimmt, bleibt die hauptsächlichste Sorge die, dass jede Einseitigkeit der Entwickelung vermieden werde; denn jede ausschliessliche oder übermässige Ausbildung eines Gliedes führt zur Verbildung oder Missbildung. Die einseitige Pflege der Sprachen und der Litteratur führt zur Überschätzung der Form und macht gleichgiltig und stumpf für die Erkenntniss der Sachen. Vorwiegende Betonung geschichtlicher Studien verführt zu oberflächlichem Kritisieren und einer gewissen Schwächlichkeit fremden Meinungen gegenüber. In beiden Fällen aber wird der Geist der Beobachtung, das gesunde, richtige Urteil vernachlässigt. Die Realien vermeiden diesen Fehler; aber sie lenken den Geist vom moralischen und sozialen Menschen ab und haben zu wenig Wirksamkeit für die Bildung des Charakters. Es handelt sich also darum, den ganzen Kreis geistiger Entwickelung, soweit er der kindlichen Kraft angemessen ist, gleichmässig zu überschauen und ausserdem fortwährend darauf zu achten, dass auch der Grad der geistigen Regsamkeit, welcher von dem Zögling verlangt wird, seiner individuellen leiblichen und geistigen Entwickelung entspreche. Die Übermüdung des Gehirns ist eine konstatirte Gefahr unserer heutigen Schulen; sie muss in einer nur nach pädagogischen Rücksichten unterrichtenden Schule ganz und gar vermieden werden.*)

Nach diesen Grundsätzen ist der wissenschaftliche Lehrplan der Schule eingerichtet. Sie gipfeln in der bekannten Formel von der „harmonischen Ausbildung aller geistigen Anlagen". Der Verein hat sich aber mit der banalen Phrase nicht begnügen wollen; er bemüht sich im Gegenteil, durch sein Programm zu beweisen, dass ein auf die natürlichen Bedingungen und Bedürfnisse des Zöglings aufgebauter Unterricht in demselben die wirkliche Entwickelung der Bildung und der Wissenschaft wiederholt. Der Grundsatz der Herbartschen Pädagogik erscheint hier von einem anderen Standpunkte aus gefunden. Herbart sagt: In jedem einzelnen Zögling muss die Kulturentwickelung der Menschheit nachgebildet werden, damit er selbst auf die Höhe der sich selbst erziehenden Menschheit emporgetragen werde. Die Belgier sagen: Das Kind muss auf eine seinen geistigen Bedürfnissen angemessene Weise beschäftigt werden; dieses Bedürfniss ver-

---

*) Die Überbürdungsfrage ist in Belgien brennender als bei uns. Man bedenke nur, dass selbst jeder belgischen Primärschule doppelter Sprachunterricht zugewiesen werden muss (Französisch und Vlämisch).

langt nach der nämlichen Befriedigung, welche das ganze menschliche Geschlecht erstrebt hat, indem es Wissenschaften und Künste erfand, d. h. sich bildete. Herbart erzieht in dem einzelnen Menschen das zur Vollkommenheit geschaffene, zur Vollkommenheit strebende menschliche Geschlecht; der belgische Unterrichtsverein lässt sich von den natürlichen Tendenzen des zu erziehenden Menschen leiten und findet, dass er dabei von selbst auf die Bahn der allgemein menschlichen Kulturentwickelung geführt wurde. Die Art, wie dies in den Einzelheiten des Programms der école modèle ausgeführt wird, ist nicht ohne Interesse.*) So wird von Anfang an die formale Ausbildung mit der materiellen in Verbindung gesetzt. Der Zögling lernt Thiere, Pflanzen, Körper von allerlei Stoff und Form kennen, aber nur der allgemeinen Erscheinung und dem Namen nach: er soll den Gegenstand nur wiedererkennen nach seiner äusseren Erscheinung: „das Kind lernt Substantive". Man geht zu den einzelnen Teilen des Gegenstandes über: „das Kind lernt fernere Substantive". Dann kommen die sinnenfälligen Eigenschaften: „das Kind lernt Adjektive". Hierauf wird die Wirksamkeit oder Aeusserung jedes Gegenstandes begreiflich gemacht: „das Kind lernt das Verbum". Es besitzt nun die drei Bestandtheile des Satzes. Nun vergleicht man, man beschreibt, man verknüpft Ursache und Wirkung, soweit sie sinnlich bemerkbar oder doch leicht erkennbar sind: „das Kind drückt einen Gedanken aus, es bildet Sätze". Dabei sind zwei Dinge unerlässlich: 1. dass der Lehrer das freie Interesse (la spontanéité darf wohl so wiedergegeben werden) der Schüler immer zu erhalten wisse; 2. dass er die Gegenstände der Anschauung sorgfältig und mit Methode auswähle. Dazu genügt der gewöhnliche Anschauungsunterricht (die leçons de choses) nicht;**) die Schule hat eine reichhaltige Sammlung (musée scolaire) für solche und andere Zwecke nach den Angaben der Lehrer zu unterhalten. Letztere werden aber regelmässige Ausflüge mit den Klassen veranstalten, deren Zweck den Schülern genau bekannt und im Unterrichtsgang begründet sein muss. Davon später.

Wir gehen nun zu den einzelnen Disziplinen über, indem wir hinsichtlich der Anordnung derselben dem Lehrplan für 1879—80 folgen.

1. Übung der Sinne. Farben, Klänge, Wärme- und Härteerscheinungen, Geschmäcke und Gerüche sollen an einzelnen Gegenständen erkannt, verglichen, unter Umständen gemessen werden. Dieser Unterricht bildet kein abgesondertes Fach: er berührt sich da und dort mit dem Zeichen-, dem Gesangs-, dem Mathematik- und dem naturwissenschaftlichen Unterricht, soll aber durch alle Klassen hindurch fortgeführt werden. Ein Buch und ein Apparat von Delhez wird dem Unterricht zu Grunde gelegt.

2. Botanik. 1. Stufe. Betrachtung typischer Repräsentanten. Unter-

---

*) Die allgemeinen Grundsätze dieses Programms sind in den trefflich redigierten Instructions générales aux instituteurs (1877) enthalten. Sie sind unterzeichnet von dem Vorsitzenden des Vereins, Herrn Auditeur Tempels.
**) Wie diese in französischen Schulen beschaffen sind, zeigen die Schüler- und Seminaristenarbeiten aus Frankreich, die auf der Pariser Ausstellung 1878 gesammelt waren. Man zeigt ein Bild und spricht dann in loser Folge von allen möglichen Dingen, auf welche man von dem abgebildeten Gegenstande aus kommen kann.

scheidung der Organe. Die Nutzpflanzen und ihre Verwendung. Praxis: Umrisszeichnungen, Einlegen, Sammlungen von Längs- und Querschnitten von Baumhölzern, von Rinden u. s. w.*) — 2. Stufe. Kurze Beschreibung ganzer Pflanzen. Anfänge des Systems. Hinweis auf die fortschreitende Vervollkommnung der Organe u. s. w. Praxis: Botanisieren mit Rücksicht auf die Familientypen, von welchen je ein Vertreter beschrieben und eingelegt wird. Der Lehrer legt ein Musterherbarium an. — 3. Stufe. Bestimmung der Pflanzen nach Genus und Species (analyse dichotomique). Klassifizierung der einzelnen Organe. Das Leben der Pflanze. Nachweis der Differenzierung der Arten, des allmäligen Verschwindens der unterscheidenden Merkmale in den niederen Klassen. Das natürliche System. Praxis: Verfolgung der Keimung u. drgl., Klassifikation des Herbariums.

3. Zoologie. 1. Stufe. Der menschliche Leib und seine Teile; die analogen Organe der Tiere. Betonung der symmetrischen Bildung derselben. Die Umbildung der Organe. Anschauliche und populäre Geschichte der Tiere. — 2. Stufe. Das Skelett des Menschen und der Tiere. Ernährung und Verdauung und die Organe derselben (vom Infusorium bis zu den höchst entwickelten Tieren). Praxis: Zeichnen der einzelnen beobachteten Teile und Organe. Übungen mit dem homme elastique („zerlegbarer Mensch") von Auzoux oder ähnlichen Apparaten. — 3. Stufe. Blutlauf, Ausscheidungen, Athmung. Vergleichung des menschlichen Leibes mit Tierleibern. Die bekanntesten Säugetiere, Vögel, Kriecher, Fische. Praxis: Zeichnen (des Blutlaufs u. drgl.), Demonstrationen und Übungen am homme elastique. In der Oberklasse der 3. Stufe: Nervensystem. Mollusken und Kerbtiere. Natürliches System. Geschichte des Menschen; die Civilisationsstufen. Überall hygienische Bemerkungen an passender Stelle. Praxis wie oben; Klassifikation der ohne Ordnung aus dem Kabinet entnommenen Exemplare. (Neben den Präparaten die Abbildung, womöglich aber Beobachtung am lebenden Individuum.)

4. Mineralogie. Chemie. Geologie. 1. Stufe. Betrachtung der gebräuchlichsten Metalle und Steine u. s. w. Praxis: Sammlungen, Lösungen und Mischungen. Die Übung der Sinne findet hier vorzüglichen Spielraum. 2. Stufe. Einige Säuren, Basen und neutrale Substanzen. Einfache und zusammengesetzte Körper. Hinweisung auf die geologische Schichtung der Gesteine. Praxis: Versuche mit Papier und Lackmus. Bereitung von Stickstoff, Wasserstoff, Sauerstoff u. s. w. Betrachtung der geologischen Verhältnisse der nächsten Umgebung: Alluvium bis zur Tertiärformation. Sammlung von Gesteinen und Versteinerungen, Anordnung derselben in einer geologischen Schichtungskarte. (Keinerlei Theorie oder System!) 3. Stufe. Vorführung fernerer mineralischer Stoffe. Zusammenfassung. Die Unzerstörbarkeit des Stoffes (auf Grund von Versuchen). Atomenlehre. Praxis: Fortsetzung der einschlägigen Versuche. Samm-

---

*) Das musée pédagogique, das der Staat eingerichtet und das während unserer Anwesenheit in Brüssel feierlich eingeweiht worden ist, enthält von solchen und anderen (besonders technologischen) Dingen eine wahrhaft mustergiltige Sammlung. Am schwächsten waren hier und in der Industrieausstellung in Brüssel die Schulmöbel. Das musée pédagogique ist einstweilen in der rue ducale neben dem interessanten Luesshuis untergebracht in sieben grossen Räumen.

lungen. Krystallisierungen. Excursionen in Steinbrüche und Bergwerke. Betrachtung der Sekundär- und Primärformation. Geologische Karten.

5. **Technologie.** — 1. Stufe. Die Gewebstoffe und ihre Herkunft. Holz. Backstein. Alles ohne ausführliche Beschreibung der Erzeugnisse; dieselben sollen nur erkannt und mit Hilfe der unmittelbaren sinnlichen Wahrnehmung beobachtet werden. Praxis: Anlagen von Mustersammlungen. Exkursionen. 2. Stufe. Töpferei. Glasbereitung, Leuchtgas, Kalk. Praxis wie oben. 3. Stufe. Spinnen und Weben, Brauerei, Gerberei, Zuckerbereitung. Metallgiesserei. Im Oberkurs: Metallindustrie, Druckerei u. s. w. Photographie. Praxis: Sammlungen. Besuche in gewerblichen Etablissements; Abbildungen nur nach der Betrachtung der Originale und Originaleinrichtungen.

6. **Physik.** — 1. Stufe. Die festen, flüssigen und gasförmigen Körper. Leuchtende, durchsichtige, durchscheinende Körper. Einfachste Erscheinungen des Lichts der Elektrizität, des Magnetismus und der Wärme. Alles durch Demonstration ohne wissenschaftliche Definitionen. 2. Stufe. Luftdruck, die Ausdehnung der Körper durch die Wärme. Der Schall, die Lichtbrechungen, die Reibungselektrizität. Die elementarsten Anschauungen aus der Meteorologie — wieder nur durch Demonstration. 3. Stufe. Ableitung und Formulierung der physikalischen Grundgesetze auf Grund von Versuchen und Beobachtungen. Gesetz und Phänomen. — Auf allen Stufen werden die einfacheren Apparate wenigstens gezeichnet. Praxis in den immer zu Grunde zu legenden Versuchen.

7. **Mechanik.** — 1. Stufe. Die einfachsten Werkzeuge und Bewegungsmittel. Die bewegende Kraft und deren Richtung ist aufzufinden und klar zu machen. 2. Stufe. Hebel. Stabiles und labiles Gleichgewicht. 3. Stufe. Experimentelle Untersuchung der beim Hebel wirkenden Kräfte. Die einfachen Maschinen, die Zahnräder. Dampfmaschine. Schwere; Pendel; Uhr. In der Oberklasse: Die Erhaltung der Kraft. Analysen von Maschinen bei Besuchen und Exkursionen. Praxis. Skizzen der behandelten Maschinen u. drgl. Für die unter 2—7 unter dem Namen Sciences zusammengefasste Gruppe sind in jeder Klasse sechs Wochenstunden angesetzt.

8. **Geometrie.** — 1. Stufe. Nennen, Erkennen und Beschreiben der regelmässigen Körper und der an ihnen wahrzunehmenden Flächen, Linien, Winkel. Das Längenmaß. Praxis: Messen (auch nach dem Augenmaß) und Zeichnen; geometrische Diktate (davon später). Dann: die runden Körper, entstanden betrachtet aus der Drehung einer ebenen Figur um ihre Achse. Die Schnitte durch die Körper. Quadrat- und Kubikmaß. Winkelmessen. Praxis: Anfertigung von Quadrat- und Kubikmaßen, Messen mit denselben, geometrische Diktate. 2. Stufe. Die Kongruenz der Figuren: der Flächeninhalt derselben. Einfachstes Planzeichnen und Messen. Der Kreis. Die Ähnlichkeit der Figuren, die Proportion. Messen von Körpern. Praxis: Anfertigung von Körpernetzen. Messen etc. wie oben angegeben. 3. Stufe. Wissenschaftliche Begründung und systematische Zusammenstellung des bisher Erlernten. Definitionen. Praxis: Messen, Anfertigung von Modellen, Planzeichnen. Nivellieren.

9. Arithmetik. — 1. Stufe. Numerieren bis 100. Kopfrechnen: die vier Spezies im Zahlenraum 1—20. Die Brüche $\frac{1}{2}$, $\frac{1}{3}$, $\frac{2}{3}$, $\frac{1}{4}$, $\frac{3}{4}$, $\frac{3}{4}$, $\frac{1}{5}$. $\frac{1}{10}$ werden durch Anschauung klar gemacht. Das metrische System: Meter, Dezimeter, Zentimeter, Millimeter, Dekameter. Numerieren bis 1000. Das Quadratmafs. Die Raummafse, das Gewicht, das Münzsystem. — Im Tafelrechnen werden die Ergebnisse der Operationen unter der Form der Gleichung dargestellt. Der Begriff der Zahl 1000 wird gewonnen durch die Anschauung eines Kubikdezimeters, der in Schichten u. s. w. eingeteilt und zerlegt wird. Das Kopfrechnen bildet die Grundlage aller Übungen. Im Übrigen tritt der Lehrplan dieses Faches in vielfache Beziehungen zu dem der Geometrie. 2. Stufe. Numerieren bis zu den höheren Ordnungen. Die Dezimalzahlen. Fernere Anschauungsübungen im Gebiete der gemeinen Brüche. Metrisches System: Ar, Hektar, Centiar. Rechenvorteile im Kopfrechnen. Teilbarkeit der Zahlen. Zusammenfassende Darstellung der Rechenoperationen. Die Million wird am Kubikmeter veranschaulicht. Das vierte Schuljahr ist für die Einübung der Brüche, die sich jedoch aus dem Kreise der praktischen Rechnung nicht entfernen soll, gewidmet. 3. Stufe. Angewandtes Rechnen auf analytischem Wege, mit Gleichungen und Proportionen. Der grösste gemeinsame Divisor und dgl. Primzahlen. Hier tritt die abstrakte Seite der Arithmetik in den Vordergrund.

Geometrie und Arithmetik zusammen (les mathématiques) nehmen sechs Wochenstunden in Anspruch in der Weise, dass immer an einem Tage Geometrie, am andern Arithmetik gelehrt wird.

10. Zeichnen. — 1. Stufe. Der Unterricht ist Klassenunterricht. Man zeichnet zuerst auf quadrierte Tafeln und quadriertes Papier, nachher ohne Hilfslinien, bald mit Lineal, bald freihändig, nach einiger Zeit auch aus dem Gedächtnis, zuerst Ornamente, dann häufig gesehene einfache Gegenstände der täglichen Umgebung. Im zweiten Jahr wird auf die nämliche Art das geometrische Zeichnen geübt, dazu die Lichtstufen in der Schraffierung (la hâchure) gezeigt. — 2. Stufe. Das Pflanzenornament: zuerst werden die Pflanzenteile gezeigt und gezeichnet, dann die Stilisierung derselben in gegebener geometrischer Umgrenzung geübt. Das geometrische Zeichnen geht bis zur Projektionslehre. Tuschen. — 3. Stufe. Grundriss- und Aufriss. Perspektive. Zeichnen nach Gips und nach der Natur (einfache Objekte).

Dem Zeichnen sind vier Wochenstunden zugewiesen.

11. Geographie:*) — 1. Stufe. Orientierung, Heimatskunde. Letztere geht vom Schulhause aus. Weltstellung der Erde, Plan- und Kartenlesen und -zeichnen. Exkursionen. — 2. Stufe. Bewegung der Erde. Land- und Wassergestaltung auf derselben. Übersicht über die Weltteile. Fortsetzung der Heimatskunde. Zeichnen und Exkursionen wie oben. — 3. Stufe. Das Weltsystem. Die Vertikalgestaltung der Erde

---

*) Dafür liegt von dem Direktor der Schule, Herrn Professor A. Sluys eine sehr empfehlenswerte Schrift vor: Exercices préparatoires de géographie intuitive. (Motto: Les choses avec les mots, les mots avec les choses. Comenius.) 3. éd. — Bruxelles 1880. Muquardt. 152 S. und 3 Tafeln.

mit besonderer Berücksichtigung Europas. Verteilung der Menschenracen, der Tier- und Pflanzengattungen. Die Heimat, auch in Bezug auf die staatlichen Einteilungen.

12. Geschichte. — Man beabsichtigt nicht eine umfassende Kenntnis der äusseren Geschichte der Völker, sondern Einsicht in den Gang der allgemeinen Kulturentwickelung. Die erste Stufe führt durch Veranschaulichung verschiedener Kulturtypen bis zur Verbreitung der Juden über die Erde und bis zur Entdeckung Amerikas. Die zweite Stufe behandelt Europa, die Griechen, Römer und die barbarischen Völker, welche zu ihrer Zeit Europa noch bewohnten, hauptsächlich in ethnographischer Beziehung und unter Veranschaulichung des Anteils derselben an der allgemeinen Kultur. Die dritte Stufe erst tritt in die eigentliche Geschichte ein, indem sie von dem Schüler einzelne ihn näher berührende historische Ereignisse darstellen lässt: seine Biographie und die Geschichte seiner Familie, die Geschichte der Schule, eines neueren Ereignisses, das er erlebt oder von dem er viel sprechen gehört hat u. dergl. Zeitrechnung, Aera, Quellen der geschichtlichen Erkenntnis.

Für Geographie und Geschichte sind je zwei Stunden in der Woche angesetzt.

13. Französische Sprache. — Jede Fachstunde ist zugleich eine Sprechstunde. Der besondere Sprachunterricht tritt also nur ergänzend ein: seine Hauptaufgabe ist in den ersten Jahren das Lesen und Schreiben, später die Bildung des Ausdrucks.

Die Schule hat den Schreibleseunterricht (méthode d'écriture-lecture simultanées) eingeführt; demselben liegt die von Dierckx, ehemaligem Professor, nun Bureanchef im Kriegsministerium, aufgestellte Schrift zu Grunde.*) Dieselbe hat wesentliche hygienische und methodische Vorteile, welche die Aufmerksamkeit auch der deutschen Schulwelt in hohem Grade verdienen. Der Duktus derselben steht in der Mitte zwischen Ronde- und englischer Schrift und fordert eine Handhaltung, welche vom Standpunkt der Schulgesundheitspflege aus der, welche unsere Schulschriften voraussetzen, weit vorzuziehen ist. Der Schüler sitzt mit geraden Schultern, den Kopf leicht nach vorn geneigt, den rechten Arm fest bis zum Ellbogen auf der Tischplatte, die Hand gerade vor der Brust und auf dem Seitenrand der Mittelhand so aufliegend, dass die Hand nach links offen und die Finger frei sind, die Feder in der Verlängerung der Linie des Zeigefingers, sodass das Auge jede Linie verfolgen, die Feder den Buchstaben, den sie schreibt, nicht verdecken kann, vor dem schief gelegten Blatt; die Buchstaben, die er schreibt, stehen nicht so schief wie die der englischen Schrift, aber auch nicht ganz aufrecht, der Druck (Schatten) fällt nur auf die geschwungenen Linien, die Züge sind gross, deutlich, im Worte gut lesbar und der gedruckten Schrift so nahestehend in der Form, dass der Übergang zur Druckschrift ohne Schwierigkeit vollzogen wird. Man versichert, dass die Schrift an Form und Leichtigkeit der Ausführung im

---

*) Schulbuch dafür J. Dierckx méthode d'écriture-lecture simultanées, adoptée pour l'Ecole modèle de Bruxelles. Namur 1876, Wesmael-Charlier (2 Hefte Vorschriften und Texte, 2 Hefte Lineatur).

kursiven Schreiben nicht verliere. Wir haben davon und von manchen anderen Dingen, welche eine gute Schreibschrift zu leisten hat, uns durch keinen Versuch in der Schule zu überzeugen Gelegenheit gehabt; dass aber für die Körperhaltung, für Auge und Brust durch dieselben unendlich viel gewonnen wird, scheint uns unzweifelhaft zu sein. Die Lehrer der Musterschule haben die Schrift selbst alle angenommen; sie glaubten ausserdem, von der Ansetzung besonderer Kalligraphiestunden ganz absehen zu können, und in der That waren die Schriftproben, welche wir zu sehen bekamen, vollständig zufriedenstellend auch in dieser Beziehung.

. Das Lesen für sich (abgesehen vom mechanischen) geschieht nach Diktaten, die sorgfältig korrigiert werden. Als Stoffe werden im zweiten Schuljahr die contes vraisemblables von Em. Leclercq*) benützt, später ein Lesebuch. Ausdrucksvolles Lesen soll schon von der ersten Lektion an erstrebt werden. Inhalt und Zusammenhang muss vollkommen klar gestellt und nach der Lektüre eine kurze Inhaltsangabe verlangt werden. Die Schule glaubt indessen der formellen Aufgabe des Leseunterrichts ohne Hilfe des Hauses nicht ganz nachkommen zu können; eine Klasse von 34 Schülern würde dazu täglich die ganze Schulzeit und mehr erfordern (8½ Stunde). Deshalb erlässt die Schule ein Zirkular an die Eltern, welches diese verpflichtet, das Kind täglich eine Viertelstunde unter ihrer Aufsicht laut lesen zu lassen, und dazu die nötigen Vorschriften erteilt, welche in erster Linie die Stärkung der Lungen und der Stimmen bezwecken. Im Anfang wird den Kindern aus der für diesen Zweck durch den Lehrer zusammenzustellenden Klassenbibliothek, die höchstens zehn kleine Werke enthalten soll, eines bezeichnet, später wählen sie den Lehrstoff selbst; der Lehrer hat aber Wahl und Erfolg zu beobachten und zu leiten. Die Orthographieübungen sind mit den Leseübungen verbunden. Man legt ein Buch von F. F. Gallet zu Grunde: méthode intuitive d'orthographe et de lecture, das mir nicht bekannt geworden ist.

Die Grammatik tritt schon im ersten Schuljahr auf, aber in ganz untergeordneter Weise. Das Erkennen der Wortarten und die Beobachtung und Bedeutung der an ihnen sich vollziehenden Flexionsveränderungen ist Aufgabe der ersten Stufe. Auf der zweiten treten erst Regeln und synthetische Übungen ein. Man befolgt dabei die Grundsätze, welche in den Büchern von Ley (de l'enseignement de la grammaire und exercices préparatoires à l'enseignement grammatical) dargelegt sind und nach der flüchtigen Bekanntschaft, die ich gelegentlich mit ihnen gemacht habe, beachtenswert erscheinen. Auf der obersten Stufe, die aber auch noch orthographische Übungen zu machen hat, tritt erst die Grammatik in systematischer Form auf, aber auch hier nur in ihren Hauptteilen. Zu bemerken ist, dass Konjugationsübungen nur so geschehen dürfen, dass jede Verbalform in einem ganzen Satze erscheint, oder in Form von Frage und Antwort zwischen Lehrer und Schüler.

---

*) Es sind diese längere Erzählungen „aus dem Knabenleben", in sprachlicher Beziehung vortrefflich gehalten, für die Beobachtung von Charakteren sehr gut, den Anforderungen eines konzentrierenden Lesestoffes nach den Grundsätzen des erziehenden Unterrichts aber nicht entsprechend.

Jeden Monat wird eine bestimmte Anzahl Linien oder Verse eines ausgewählten und vorher sorgfältig erklärten Lesestückes (im ersten Schuljahr 10 Linien, im letzten 30, bald Prosa, bald Poesie, im dritten Schuljahr u. a. Lafontainesche Fabeln) auswendig gelernt und laut in der Klasse oder im bedeckten Hofe vorgetragen.

Der Übung des schriftlichen Ausdrucks dienen besonders die Schulausflüge, über welche die Schüler im ersten Schuljahre mündlich berichten. Im zweiten Schuljahre folgt diesem Berichte eine Zusammenstellung der Gegenstände und Erscheinungen, welche bei dieser Gelegenheit die Schüler neu kennen gelernt haben. Danach wird ein Aufsatz gefertigt, welcher über jeden der aufgezeichneten Gegenstände einen Satz enthält. Dazu treten auch schon Arbeiten über gegebene Themata. Mit der Zeit lehrt man die Schüler auf diese Weise ihre Gedanken oder Beobachtungen disponieren. Die fertige Arbeit wird strenger Revision unterworfen, die sich die Schüler selbst nach und nach zum Gesetze machen müssen. Auf der obersten Stufe machen sie die Aufzeichnungen selbst während der Ausflüge. Hauptzweck dieser Übungen bleibt aber, alles Phrasieren und alle Künstelei abzuschneiden; die Schüler sollen nur das Wichtigste, Bedeutsamste aufzeichnen und ihre Bemerkungen in die klarste, knappste Form bringen.

Bei all diesen Übungen ist auf den mündlichen Ausdruck, auf Sprechreinheit und richtige, deutliche Aussprache unausgesetzte Sorgfalt zu verwenden.

14. **Vlämisch.** Über die Zwecke dieses Unterrichtes haben wir schon zu sprechen Gelegenheit gehabt. Die Einführung der Muttersprache der unteren Volksklassen Brüssels in die Volksschule war ein Wagnis, dessen Erfolg der Ligue de l'Enseignement die höchste Anerkennung sichert. Es galt erst zu beweisen, dass der Elementarunterricht in vlämischer Sprache möglich sei. Heute ist die Frage gelöst; man erkennt den Wert dieser ausdrucksvollen Sprache auch im Unterricht an. Für unseren gegenwärtigen Zweck genüge die Bemerkung, dass die école modèle eine Vlamländer-Klasse gebildet hat, in welcher aller Unterricht anfangs nur in vlämischer Sprache erteilt wurde; im dritten Schuljahr konnte dieselbe mit der französisch redenden Parallelklasse vereinigt werden.*) Der Unterricht befolgt eine durchaus analytische Methode.

Der Stundenplan giebt der vlämischen, sowie der französischen Sprache täglich je eine Lektion.

15. **Musik.** — Auch in diesem Fache folgt die Musterschule einem ausgeführten Lehrplan, dem die Methode Dessirier zu Grunde liegt, von der wir wenig zu sagen wissen. Eigen sind ihr die sieben „Tonformeln", einfache und kurze Melodien auf jeden der sieben Töne der Skala, und die

*) Auf dem Kongress wurde wohl nie vlämisch gesprochen: bei dem Fest, das die Stadt am 25. August gab, war aber die Festkantate vlämisch: Onderwijs en Arbeid, poëzie van Th. Coopman; getoondicht door K. Miry. Das Fahnenlied, das die Schüler der école modèle singen, ist französisch, Text von Hrn. Tempels, dem Präsidenten des Aufsichtsrates, Musik von Hrn. Landa, einem Musiklehrer der Anstalt.

sie symbolisch andeutenden und vergegenwärtigenden „mnemonischen Zeichen", die mit der Hand in der Luft gezogen werden. Französische und vlämische Lieder werden in jeder Lektion 15—20 Minuten hindurch geübt.

Wöchentlich werden drei Gesangstunden erteilt.

16. Turnen. — Nach jeder Lektion verlassen die Schüler auf 15 Minuten das Klassenzimmer zur récréation libre, um 3 Uhr Nachmittags ist aber eine halbe Stunde récréation réglée. Ausserdem hat jede Klasse wöchentlich dreimal eine volle Turnlektion von ¾ Stunde. Der Anstaltsarzt schreibt für einzelne Schüler, bei denen es notwendig oder nützlich sein könnte, besondere Übungen vor oder verbietet andere. Eine Viertelstunde ist für Freiübungen bestimmt, eine halbe für Geräte; mit und an den letzteren darf nur unter Aufsicht geturnt werden. Manchmal werden die Übungen mit Gesang begleitet. Zur Repetition und Einübung von Ordnungsübungen und Gesängen dient die récréation réglée. Auch das Schwimmen ist in den Turnplan einbegriffen. Auf die Einzelheiten desselben können wir hier nicht eingehen.

Die Schulausflüge. — Wir haben diese Ausflüge wohl auch an den meisten unserer Schulen. In der Ausdehnung, Einrichtung und Verwertung, welche die école modèle ihnen gegeben hat, werden sie wohl kaum irgendwo existieren. Sie finden für jede Klasse zweimal monatlich statt. Der Zweck derselben muss im Lehrgange der Klasse begründet sein. Der Lehrer trägt zunächst die Gegenstände, welche er seinen Schülern auf dem Ausfluge vorführen will, genau in ein besonderes Buch ein. Dann wird die Zeit bestimmt und die Anordnungen getroffen. Die Klasse geht im Turnschritt und in turnerischer Ordnung, benutzt auch die Eisenbahn bei weiteren Ausflügen; wir hören, dass die Schüler der école modèle in Ostende das Meer, in Antwerpen die Schelde mit den Hafenanlagen gesehen, das andere Mal Museen u. dgl. in Brüssel selbst besucht haben. Während der Ausflüge werden nach Anleitung der Lehrer Notizen gemacht. In der Klasse wird das Beobachtete durchgesprochen. Der Lehrer arbeitet einen ausführlichen Bericht aus, die Schüler kurze oder längere Aufsätze in der Art, wie wir sie oben schon besprochen haben. Die Schule hat eine Anzahl solcher Aufsätze und Lehrerberichte abdrucken lassen, welche von der pädagogischen Wirksamkeit der Einrichtung ein schönes Zeugnis geben. Es ist der Sach- und Anschauungsunterricht in seiner weitesten Entwickelung.

Der Lehrkörper. — „Die Lehrer haben ihre ganze Zeit der Schule zur Verfügung zu stellen. Es ist ihnen untersagt, irgend ein Amt ausserhalb der Schule anzunehmen oder Privatstunden zu geben." So lautet der erste Paragraph des règlement des professeurs. Man sieht, dass die Schule mit ganzer Kraft arbeiten will. Dazu kommt, dass sie im Grundsatze keine Schulbücher für die wissenschaftlichen Fächer zulässt. Die Lehrer sollen genügend vorgebildet sein, entschlossen, sich wissenschaftlich weiterzubilden und der Methode ihres Faches ein unausgesetztes Studium zu widmen. Der Verein bezahlt sie etwas besser, als die Lehrer anderer Schulen bezahlt sind, und bietet ihnen alle Förderung für weitere Studien.

Das Schulhaus stösst mit seiner schmalen Front an das grosse Boulevard, das Brüssel von Norden nach Süden durchzieht und an dieser

Stelle Boulevard du Hainaut heisst. Die beiden Langseiten, an welchen die Schulzimmer liegen, sind von Höfen begrenzt, an deren einem die Turnhalle (gymnase) liegt. Wenn man den Eingang des Hauses, zu dessen beiden Seiten Nebenräume liegen, durchschritten hat, kommt man in die 14 Meter breite und 27 Meter lange glasbedeckte Halle — den préau couvert, der unseren Schulen fehlt, in Frankreich ganz gewöhnlich ist. Sie reicht durch die beiden Stockwerke des Gebäudes hinauf und ist in der Höhe des zweiten mit einer 2,60 Meter breiten Galerie umzogen, von welcher aus der Zutritt in die Zimmer des zweiten Stockwerks gewonnen wird, während man unten aus der Halle unmittelbar in die Zimmer tritt. In diesem Raume bringen die Schüler die Zwischenpausen zu; hier sah ich auch singen und turnen (Ordnungsübungen). Auch eine geographische Lektion wurde hier abgehalten, als wir die Schule besuchten. Es handelte sich da um Orientierungsübungen und das erste Planlesen. Die Schüler, achtjährige Knaben, wurden durch ein Kommando in Staffeln auseinandergezogen. Jeder hatte seine Boussole in der Hand und legte sie vor sich nieder. Der Lehrer verlangte von einem Schüler die Angabe der Himmelsgegenden. Der Schüler zeigt nach seiner Boussole Nord und richtet sich selbst danach ein, ebenso die anderen Schüler; hierauf kommandiert er (der Schüler) der Klasse: Filez à droite („rechts um!"), die Schüler führen die Wendung aus, zeigen mit ausgestrecktem Arme die nun angenommene Richtung und der erste Schüler benennt sie u. s. f. So auch die Zwischenpunkte der Windrose. Hierauf wird ein Schüler an den Eingang der Halle gestellt. Er soll nun eine Reise machen: er durchkreuzt die Halle in verschiedenen Richtungen, verschwindet in einem Zimmer, tritt aus einem anderen wieder heraus, steigt die Treppe zur Galerie hinauf, geht auch dort in Zimmer und Gänge und kommt endlich wieder zur Klasse zurück. Hier hat ein anderer Schüler seinen Weg verfolgt und zeigt ihn nun auf den grossen Grundrissen der beiden Stockwerke und an dem Aufriss des Schulgebäudes.

Die Schulzimmer erhalten reichliches Licht, aber nur von links. Die Schüler sitzen in Einzelbänken von ziemlich guter Konstruktion. Rings um die Wände (auch unter den Fenstern weg, was natürlich sehr störend ist) läuft über dem Wandgetäfel etwa einen Meter hoch ein Streifen Wandtafel, der in Abteilungen geteilt ist nach der Anzahl der Schüler. Wenn nun bei uns die Schüler auf die kleine Schiefertafel vor sich oder auch ins Heft schreiben, treten hier die Zöglinge an die Wand heraus, wo jeder Kreide, Schwamm und Zirkel an seiner Abteilung der Wandtafel findet. Ich habe einer geometrischen Lektion beigewohnt (dictée géométrique), wo der Lehrer mit einem Blick die Zeichnungen aller Schüler übersah und leitete — überhaupt eine vortreffliche Stunde (Lehrer G. Claeys, Alter der Schüler 10—11 Jahre). Die Zimmer haben abgerundete Ecken, damit die Infektionsherde in der Wand vermieden werden: sie gestatten jedem Schüler, deren nicht mehr als 33 in einer Klasse sein dürfen, 1 m 68 Quadrat- und 9 m 110 Kubikraum. Rings an den Wänden hängen Karten und Abbildungen; aber auch Blumentöpfe stehen an den Fenstern. Die Heizung geschieht vom préau couvert aus durch beide Stockwerke hindurch. In einem der Höfe befindet sich ein kleiner Schulgarten.

Das ganze Haus ist licht und freundlich. Die Halle, die den Mittelraum des Hauses einnimmt, ist nicht so prunkvoll, aber hübscher, als in unseren Schulen die Aula zu sein pflegt.

Wenn Besucher kommen, welche während des Unterrichts über diesen oder jenen Punkt Aufklärung wünschen, so ruft der Lehrer einen Schüler heraus, der dem Gaste Auskunft geben soll. Man will die Schüler an den anständigen, aber ungezwungenen Verkehr mit Fremden gewöhnen; doch war bei dieser Einrichtung wohl auch der Gedanke leitend, dass die Schüler selbst sich als thätige Mitglieder einer Art von Gemeinwesen fühlen sollen. Ich fand die Schüler durchaus freudig angeregt und frisch; auch die Anwesenheit der vielen Besucher, mit denen ich dem Unterricht beigewohnt und die bald treppauf treppab giengen, bald in Gruppen laute Unterhaltung führten, lenkte die Aufmerksamkeit der Schüler nur wenig von dem Gegenstand des Unterrichtes ab. Die Ligue de l'Enseignement gestattet aber nicht bloss die Besuche der Schulfreunde, sie bittet sie, Fragen des Unterrichts und der Erziehung, deren Lösung sie versucht, mit den Lehrern der Schule zu besprechen und auch kritische Bemerkungen nicht vorzuenthalten. Wir fühlen auch unsrerseits der edlen Gastlichkeit des Vereins und den vielen, nachhaltigen Anregungen gegenüber, die er uns geboten hat, das Bedürfnis und die Pflicht, mit einem kritischen Worte diesen Bericht abzuschliessen.

Es kann dem aufmerksamen Beobachter nicht entgehen, dass die Gründer der école modèle sich an keine Auctorität binden wollten, sondern entschlossen waren, das ihnen gut Scheinende aus jeder Hand zu nehmen, die es ihnen bot. Doch verfuhren sie auch nicht rein eklektisch, sondern unterwarfen übernommene Einrichtungen einer strengen Prüfung, passten sie den gegebenen Verhältnissen an und bildeten sie auch da und dort weiter aus. Die Schule ist auf diese Weise eine Versuchsschule im besten Sinne des Wortes geworden, für uns deutsche Schulmänner, die wir seit langer Zeit in getretenen Geleisen uns bewegen und oft durch Rücksichten auf praktische Ziele, auf lokale Verhältnisse, auf bestimmte zufällige Bedürfnisse gehemmt sind, ausserordentlich lehrreich. Vor Allem muss der Schule zugestanden werden, dass sie in didaktischer Beziehung eine seltene Vollendung erreicht hat. Was irgendwie in der Methodik eines Faches erreicht worden ist, hat sie benutzt; in mancher Beziehung ist es ihr möglich gewesen, den Unterricht noch wirksamer und fruchtbarer zu gestalten, als er sich bisher in den Händen der besten Methodiker erwiesen hatte. Zudem ist die Organisation des Lehrkörpers und des Lehrplans zu einer höchst glücklichen Einheitlichkeit gediehen, welche die Erfolge des Unterrichts und der Schulerziehung wesentlich erhöhen muss. Aber freilich ersetzt der einheitlichst gestaltete Lehrkörper und die grösste Konformität der einzelnen Teile eines Lehrplanes noch lange nicht den für jede Schule unentbehrlichen Trieb, der aus der Wurzel aufsteigend alle Äste und Zweige mit dem gleichen frischen Saft beleben und nähren muss. Hat die école modèle einen einheitlichen pädagogischen Grundgedanken? Hat sie die Ziele aller Erziehung tief genug erfasst, um in den Zöglingen diejenige ruhige und kräftige Stimmung zu erzeugen, die der Wahrheit unter allen Umständen treu bleiben, das Gute trotz aller Hindernisse erfassen will?

2

Die école modèle gesteht den Wissenschaften keinen selbständigen Wert in der Erziehung zu, sie zieht aus ihnen nur „leur suc primaire" und vertraut darauf, dass die Menschheit, welche zu Wissenschaft und Kunst sich entwickelt hat, in Wissenschaft und Kunst fortwährend auch die Quellen der Fortbildung und Forterziehung finden werde. Wir haben schon oben darauf hingedeutet, wie nahe diese Grundsätze an die **Herbart**sche **Pädagogik** anstreifen.*) Aber **Herbart** geht von einem anderen Punkte aus, und das ändert die Sache doch bedeutend.

Entwickelung bringt Entfaltung, Wachstum bringt Mannigfaltigkeit. So hat auch die fortschreitende Bildung des Menschengeschlechtes zu einer solchen Menge einzelner Richtungen ihrer Bethätigung geführt, dass die einzelnen einander kaum mehr zu kennen scheinen, oft sogar einander entgegenarbeiten. Wenn wir auch Kunst und Wissenschaften als Äste eines und desselben Stammes ansehen, so weist doch oft die Kunst die Wissenschaft ab, und noch öfters streitet eine Wissenschaft gegen die andere. Noch mehr ist dies der Fall, wenn wir das Gebiet der menschlichen Gesittung in seinem weiteren Raume überschauen und Wissenschaft und Moral in ihren gegenseitigen Beziehungen untersuchen. Lange vor Rousseau und oft nach ihm hat man zu dem verzweifelten Grundsatz seine Zuflucht genommen, Tugend und Wissen müsse von einander getrennt und die Entscheidung für das eine oder das andere getroffen werden. Die Pädagogik hat sich nun zwar, ihrem Wesen und ihrer Bestimmung gemäss, von diesem pessimistischen Gedanken nie lange befangen lassen; aber sie muss doch zugeben, dass das Wissen, das mit den Dingen sich beschäftigt, welche den Menschen in unzählbaren Erscheinungsformen umgeben, und das Wollen, welches eine den inneren Menschen unmittelbar erfassende Kraft voraussetzt, auf ganz verschiedenen Gebieten sich bethätigen und dass eine Einwirkung des einen auf das andere nicht ohne Weiteres gegeben ist. Man darf selbst annehmen, dass bei wenig kultivierten Völkern das Herkommen, die in wenige einfache Worte gekleidete Sittenregel mehr Gewalt auf die Entschliessung der Einzelnen ausgeübt habe als die tiefste moralische Meditation auf den Menschen unserer Tage. Es gilt also, den Weg aus der Wissenschaft zum sittlichen Wollen zurückzufinden, und hier liegt eben die grösste Aufgabe der Erziehung. Wir können und wollen uns hier auf weitere Erörterungen nach dieser Richtung nicht einlassen. Die Pädagogik unserer Tage hat sich auch nach und nach daran gewöhnt, das viel misbrauchte Wort der Konzentration hauptsächlich auf diese pädagogische Forderung anzuwenden. Während der Unterricht, der nur Wissen und Können zum Ziel hat, den Zögling vom Einfachsten in das immer Verwickeltere, immer Mannigfaltigere führt, muss die moralische Erziehung darauf ausgehen, die rasche Wahl des einzigen, allein Richtigen zu sichern und der Bequemlichkeit oder moralischen Feigheit keine Ausflucht mehr übrig zu lassen, die der egoistisch berechnende Verstand sich etwa erdenken möchte; denn das Gute will mit „geradem, aller abspringenden

---

*) Vergl. Einleitung zur allgem. Päd.: „Die Menschheit selbst erzieht sich fortdauernd durch den Gedankenkreis, den sie erzeugt."

Scheu entwöhntem Blicke" *) erfasst sein. Wenn demnach das Wissen auf das Wollen einwirken und der Unterricht sittliche Stärke und Leichtigkeit der sittlichen Wahl bereiten kann — und mit dem Glauben an diese Möglichkeit steht und fällt ja alles, was man Pädagogik heissen darf — dann muss es, das Wissen, wie eine „gewichtvolle, in sich zusammenhängende Masse" von „der Mitte des Gemüthes" aus seine Wirkung äussern.**)

Ist nun für die in diesem Sinne aufgefasste Konzentration das Notwendige geschehen in der Einrichtung der Brüsseler école modèle?

Der Lehrplan derselben setzt die einzelnen Fächer vielfach in Verbindung mit einander, er behandelt die Form nur in Gegenwart der Sache, welcher sie Ausdruck giebt, und der Unterricht, der die Sachen immer gegenwärtig hält, wird überhaupt mehr Einheit haben, da die Sachen selbst einander näher stehen als die Wissenschaften, welche von denselben handeln. Insofern ist eine gewisse Konzentration allerdings erreicht. Die wichtigere und eigentlich erzieherische Konzentration wird aber erst erreicht durch die ununterbrochene Beziehung aller Wissensobjekte auf das zu erziehende Individuum selbst. Es giebt einen Sachunterricht nicht bloss in wissenschaftlichen Dingen; auch die sittliche Entwickelung des Zöglings muss der Lehrer mit ihm wirklich durchleben. Das Gefühl der Abhängigkeit von älteren, mächtigeren, verständigeren, erfahreneren Menschen, das Gefühl der Anhänglichkeit an diejenigen, welche mit ihrer grösseren Einsicht und Erfahrung den Unerfahrenen leiten und schützen, die Wertschätzung der gesellschaftlichen Ordnung, in welcher der Zögling lebt, die Erkenntnis der eigenen Kraft, des eigenen Könnens, mit dem er in das Ganze der menschlichen Gesellschaft selbst eingreifen kann, aber auch das Bewusstwerden der menschlichen Schranken in allem dem, das Verlangen und Suchen nach einem höheren, bleibenden Grunde für alles Irdische und Zeitliche, das alles darf nicht bloss mit Worten gelehrt, es muss erlebt, es muss an wirklichen inneren, unter Umständen auch äusseren Erlebnissen erfahren werden. Nach diesem Zentrum hin arbeitet die école modèle allerdings mit einem Teile ihrer Einrichtungen, wenn sie die Schule selbst zu einer Art Gemeinschaft macht, deren Gesetze sie gleich verbindlich hinstellt für Schüler und Lehrer. Allein der Schüler kann dieses Abbild der grösseren Gesellschaft noch nicht würdigen; er kann sich nicht davon überzeugen, dass diese Gesetze, denen er unterworfen wird, nicht subjektives Belieben oder Erfindungen einer Zweckmäßigkeit sind, die für ihn keine ist. Nein, die Schule wendet sich mit viel grösserem Nachdruck nach aussen, sie thut viel mehr für das Wissen, sie huldigt einem gewissen Materialismus, den ich freilich an sich durchaus nicht tadeln möchte. Man betrete nur diese schönen und trefflich ausgestatteten Schulsäle und sehe, wie alle Wände mit Abbildungen von Naturobjekten oder menschlichen Erfindungen überdeckt sind. Man fürchtet augenscheinlich die Zerstreuung der kindlichen Aufmerksamkeit nicht, die in denjenigen unserer Schulen, in

---

*) Herbart, allg. Päd., 3. Buch, 2. Kap., II. —
**) Vgl. ebend. 3. Buch, 3. Kap., V. —

denen man mit den Demonstrationsmitteln alle Wände ausstattet, fast regelmässig eintritt. Aber warum schmückt man nicht lieber die Wände mit
ästhetischen Dingen, an denen der Schüler augenblicklich nichts lernt, die
er aber ohne Gefahr der Zerstreuung immer wieder betrachten dürfte, bis
ihm das Bewusstsein erwachte von dem wunderbaren geistigen Leben, das
in diesen scheinbar regellosen Formen sich offenbart! —

Der Geschichtsunterricht würde hier seine Dienste zunächst anbieten;
aber gerade dieser ist in der Brüsseler Musterschule zu einer wohl kaum
gedeihlichen Skizze des Kulturganges der Menschheit gemacht worden,
während er konkrete, anschauliche Bilder des menschlichen Lebens darstellen
musste, an denen der moralische Takt des Zöglings sich bilden könnte.
Wir wenden uns zum Unterricht in der Muttersprache; aber dieser, sei er
nun französisch oder vlämisch, ist ein vorzugsweise formaler Unterricht:
le cours spécial de français a pour but de fournir les notions
relatives à la langue qui ne peuvent être données dans les autres
cours etc. (programme des cours). Von allen anderen Fächern kann
keines leisten, was wir hier verlangen.

Es bleibt nur Eines übrig, aber freilich - das Wertvollste, was die
Anstalt besitzt: ein Verein edler, aufopferungsfähiger, aufgeklärter Männer,
welche die Schule ins Leben gerufen und mit Aufbietung aller geistigen
und materiellen Mittel, welche für diesen Zweck ihnen zu Gebote stehen,
sie leiten und erhalten, und eine Lehrerschaft, die auf glänzendere und
mühelosere Stellungen verzichtet hat, um sich dahin zu stellen, wo ein
reines, edles Ziel mit den reinsten, edelsten Mitteln· erstrebt wird. Aber
wir vermissen unter diesen Mitteln eines der wirksamsten, wir vermissen
diejenige Wärme, welche auch der begeistertste Lehrer nicht aus sich erwecken, die er nur aus Kinderherzen entfachen kann. Man stelle der Jugend
gut gezeichnete Menschen- und Lebensbilder, nicht historische meine ich,
sondern nach ethischen Zielen entworfene, vor Augen, Bilder, in denen sich
das Kind wiederfinden kann, um sich aber doch sofort höher hinaufgezogen,
zu kräftigerem Handeln und Wollen aufgefordert zu fühlen, und die Wärme,
welche den kalten Sinn der Selbstsucht verscheucht und alle besseren
Regungen bald zur Entfaltung und Bethätigung bringt, wird nicht ausbleiben.
Möge es den trefflichen Männern der Ligue de l'Enseignement und den
Lehrern der école modèle gefallen, diesem Punkte, der in ihrem Programm
zu fehlen scheint, ihre Aufmerksamkeit zuzuwenden.

II. Mitteilungen.

1. Thesen über die allgemeine Bildung und die Berufsbildung der Volksschullehrer.*)

(Von Rektor Dörpfeld, Rektor Horn, Vorsteher der Präparandenanstalt in Orsoy, und Seminardirektor Dr. Rein in Eisenach.)

Vorbemerkung: Es ist wichtiger, darüber sich zu verständigen, was zur Gesundheit der Lehrerbildung gehört, als ihr Vollmaß genau zu treffen.

Darum war uns vor allem daran gelegen, die Wahrheit zu fixieren, dass streng unterschieden werden muss zwischen der allgemeinen Bildung und der Berufsbildung (Einleitungsthesen) — um so mehr, da die Mängel, an denen die Lehrerbildung früher gelitten hat und zum Teil noch leidet, zumeist aus der Verkennung dieser Wahrheit herrühren.

Dem entsprechend handelt es sich sodann darum, Begriff und Maß einerseits der allgemeinen Bildung (I) und andererseits der Berufsbildung (II) zu ermitteln.

Erst wenn das alles feststeht, kann die Frage (III) an die Reihe kommen, in welchem Verhältnis die beiden Kurse hinsichtlich der anstaltlichen Einrichtungen und der Leitung zu einander stehen sollen.

Einleitung.

These 1.

Bei dem Bildungsgange der Lehrer muss — wie es auch bei allen anderen Berufsklassen geschieht — strenge unterschieden werden zwischen der grundlegenden allgemeinen Bildung und der Berufsbildung.

Gründe:

a) Natur des Unterrichts: die allgemeine Bildung hat es mit vielerlei Lehrgegenständen zu thun; die Berufsbildung konzentriert sich mehr und mehr auf die Berufsfächer (die pädagog. Hilfswissenschaften, Theorie und Geschichte der Pädagogik, praktische Übungen).

b) Natur des Geistes: in den jüngeren Jahren findet der Geist sich leichter in die Vielheit der Lehrgegenstände als später, wo er nach Vertiefung und demgemäß nach Konzentrierung verlangt; in den jüngeren Jahren leistet der Geist mehr im rezeptiven Lernen (wie es

---

*) Die diesjährige deutsche Seminarlehrer-Versammlung, welche zu Michaelis in Berlin stattfinden soll, hat ebenfalls dieses Thema auf die Tagesordnung gesetzt, und ist der Seminardirektor Dr. Rein in Eisenach vom Vorstande aufgefordert worden, das Referat zu übernehmen

mit der Vielheit der Lehrgegenstände und ihrer Einübung notwendig zusammenhängt) als später, wo er mehr zur Reflexion hinneigt; in den spätern Jahren verlangt der Geist immer lebhafter nach einer Anwendung des Gelernten — nach praktischer Thätigkeit.

c) erziehliche Gesichtspunkte: die disziplinarische und erziehliche Behandlung muss in den jüngeren Jahren eine wesentlich andere sein, als in den reiferen.

d) Analogie: in allen andern Berufsklassen ist die strenge Unterscheidung zwischen allgemeiner Bildung und Berufsbildung längst in bewährter Übung. (Vergl. die akad. gebildeten Stände, die höhern Gewerbe etc.)

These 2.

Die allgemeine Bildung und die Berufsbildung sind beide notwendig; doch ist jener Kursus als der grundlegende der wichtigere.

Gründe:

a) Was an der allgemeinen Bildung gebricht (qualitativ oder quantitativ), schädigt auch die Berufsbildung — nach der theoretischen und nach der praktischen Seite.

b) Je gründlicher und solider die allgemeine Bildung ist, desto gediegener kann die Berufsbildung werden — theoretisch vertiefter, praktisch geschickter.

c) Wenn eine tüchtige allgemeine Bildung gewonnen ist, so kann auf solcher Grundlage — im Notfalle — die Berufsbildung auf autodidaktischem Wege erworben werden. (Eine Handreichung für den umgekehrten Fall vermag die Berufsbildung nicht zu bieten.)

d) Mit Recht bemisst sich daher der soziale Rang eines Standes vornehmlich nach seiner obligatorischen allgemeinen Bildung.

I. Die allgemeine Bildung

(Präparandenschule, Proseminar).

These 3.

Dieser Kursus sei vierjährig, die Zeit vom 14.—18. Jahre umfassend (bei zweijährigem Seminarkursus) — resp. dreijährig, falls der Seminarkursus dreijährig ist.*)

---

*) Wenn hier gleichsam eine doppelte Form des Präparandenkursus (und des Seminarkursus) konzediert ist, so will das nicht sagen, dass uns zweifelhaft wäre, welche Form als die richtige angesehen werden muss. Wie es nur Eine Art von Linien giebt, welche den kürzesten Weg zwischen zwei Punkten darstellt, so kann auch nur Eine Form des Präparandenkursus die normale sein, und das ist der vierjährige (bei zweijährigem Seminarkursus). Wo jedoch, wie z. B. in Preussen, die anstaltlichen Einrichtungen der Seminare (Gebäude etc.) für einen dreijährigen Kursus berechnet sind, da muss man sich einstweilen mit einem bloss dreijährigen Präparandenkursus behelfen — wenigstens so lange, bis eine bequeme Überleitung in die normale Bahn gefunden ist.

These 4.

Er schliesst sich im allgemeinen an die Volksschule an; — (doch ist zu wünschen, dass in einer fremden Sprache und in der Musik bereits ein guter Anfang gemacht sei).

These 5.

Lehrgegenstände: im wesentlichen gelte zunächst der Lehrplan für Mittelschulen unter entsprechender Erweiterung auf den oberen Stufen; der Religionsunterricht muss jedoch stärker auftreten als in der Mittelschule; überdies ist der Lehrplan so einzurichten, dass für Musik die nötige Zeit gewonnen wird.

II. Die Berufsbildung
(pädag. Seminar).

These 6.

Der Kursus ist zweijährig (vom 18.—20. Jahre) — resp. dreijährig, wo der Präparandenkursus nur dreijährig ist.

These 7.

Lehrplan im ersten Jahre (resp. in den ersten beiden Jahren bei dreijährigem Kursus):

a) der allgemeine Bildungsunterricht (Religion, Geschichte und Geographie, Naturkunde, — deutsche und fremde Sprache, — Mathematik, Zeichnen), wird mit Einschränkung fortgesetzt; ebenso

b) der Musikunterricht — jedoch teilweise nur fakultativ.

   Diese beiden Partien des Unterrichts müssen aber soweit eingeschränkt werden, dass

c) die folgenden Berufsfächer: Logik, Psychologie und Ethik — allgemeine Pädagogik und allgemeine Methodik, Geschichte der Pädagogik — wöchentlich mit 12 Stunden auftreten können. Dazu im zweiten Semester praktische Übungen.

These 8.

Lehrplan — im letzten Jahre:

a) Hier prävalieren die Berufsfächer: Psychologie, Volksschulpädagogik spezielle Regierungs-, Unterrichts- und Erziehungslehre), Geschichte des Volksschulwesens und praktische Übungen.

b) Aus dem allgemeinen Bildungsunterrichte werden mit je zwei Stunden fortgeführt: Religion (biblische Exegese), deutsche Litteratur, fremde Sprachen. — Dazu die Musik (fakultativ) und Zeichnen an der Wandtafel.

c) Die obligatorischen Lehr- und Lernstunden müssen so weit eingeschränkt werden, dass auch noch Zeit zu freien Studien bleibt.

These 9.

So lange das Seminar in der bisherigen Weise auch noch einen bedeutenden Teil des allgemeinen Bildungsunterrichts zu übernehmen hat, ist eine Teilung der Abgangsprüfung — in eine allgemeine und eine berufliche — absolut notwendig. Sie geschehe in folgender Weise:

a) am Schlusse des ersten Seminarjahres (resp. des zweiten bei dreijährigem Kursus) finde die Abiturientenprüfung in den allgemeinen Bildungsfächern statt (nicht in der Musik). [In den vorgekommenen Berufsfächern wird gleichfalls examiniert, aber ohne Zensur im Zeugnis.]

b) am Schlusse des ganzen Seminarkursus finde die eigentliche Lehrerprüfung statt — wobei ausschliesslich in den Berufsfächern und in der Musik examiniert wird.

Gründe:

Es ist dringend zu wünschen, dass die Seminaristen im letzten Jahre sich unbeschwert dem Studium ihrer Berufsfächer widmen können. — Wenn bisher den Schulamtsaspiranten zugemutet wurde, neben den Lernleistungen in der Musik und in den Berufsfächern ihren gewiss nicht leichten „Schulsack" bis an das Ende des ganzen Seminarkursus mitzuschleppen: so war das nichts anderes als eine Menschenquälerei. Warum unter allen Ständen gerade der Volksschullehrerstand in seinem Bildungsgange eine solche abnorme Behandlung ertragen soll, ist vom Standpunkte der Vernunft unverständlich und höchstens aus seiner traurigen Geschichte, die ohnehin so viele abnorme Belastungen zeigt, einigermafsen erklärlich.

III. Verhältnis der beiden Anstalten zu einander hinsichtlich der Einrichtung und der Leitung.

These 10.

Beide Anstalten müssen streng geschieden sein — räumlich und in der Leitung, womöglich auch örtlich.

(Dass der Lehrplan der Präparandenschule auf den später folgenden Seminarunterricht berechnet sein muss, versteht sich von selbst. Es ist Sache der Aufsichtsbehörde, für diesen Anschluss Sorge zu tragen.)

Gründe:

a) Die oben bezeichneten tiefgreifenden Unterschiede beider Anstalten — hinsichtlich des Lehrstoffes, der Lehr- und Lernweise, und der disziplinarisch-erziehlichen Behandlung der Zöglinge — machen auch eine äussere Scheidung wünschenswert.

b) In einem kleinen Schul-Organismus ist es leichter, die erforderliche Übereinstimmung in der pädagogischen Ansicht und in der gemeinsamen Arbeit herzustellen, als in einem doppelt so grossen.

c) In einem kleinern Schulsystem können Lehrer und Schüler in eine innigere Beziehung zu einander treten, als in einem grössern.

d) Die Direktionsaufgaben sind schon bei jeder dieser Anstalten zu umfassend und schwierig, als dass es rätlich sein könnte, dieselben in Eine Hand zu legen. Zwei freie selbständige Kräfte leisten mehr als eine, welche für zwei Mann arbeiten soll.

e) Der Schulwechsel, wie er durch die Trennung der beiden Anstalten

hervorgerufen wird, übt auf die Schüler einen viel stärkeren Anregungsimpuls aus, als das blosse Vorrücken von einer Klasse zur andern
innerhalb eines sechsklassigen Organismus. (Der Bildungsgang durch
eine vielklassige Anstalt hat wegen seiner Monotonie für die Schüler
etwas so langweiliges — wie eine geradlinige Chaussee-Aussicht.)

f) Die grosse Klassenzahl verleitet leicht dazu, dem Fachlehrer-System
   auch auf den unteren Stufen mehr Raum zu gönnen, als nötig und
   pädagogisch wünschenswert ist.

g) Die Verschiedenheit der disziplinarisch-erziehlichen Behandlung der
   Zöglinge in beiden Anstalten ist zwar oben (bei a) schon erwähnt.
   Ein Punkt daraus verdient aber noch besonders markiert zu werden.
   Die Vereinigung von Präparandenschule und Seminar hindert, dem
   Bedürfnisse der Seminaristen nach einem grössern Mafs der Freiheit
   gerecht zu werden.

h) Der unterrichtliche Nachteil, welcher bei der Trennung der beiden
   Anstalten möglicherweise dadurch entsteht, dass der Lehrplan der
   Präparandenschule nicht bis aufs Püuktchen genau an den des Seminars
   anschliesst, ist von verschwindender Bedeutung gegen die vorgenannten zahlreichen und wichtigen Vorteile der Trennung. — Es
   ist sogar geradezu wünschenswert, dass den Präparandenschulen innerhalb der Schranken, welche die unitas in necessariis fordert, ein
   billiges Mafs von libertas gegönnt werde, — wie es andrerseits
   ebenfalls wünschenswert ist, dass die Seminarien eines grössern Landes
   nicht bis aufs einzelnste nach einer Schablone zugeschnitten sind.

i) Endlich weist auch die ausnahmslose Analogie darauf hin, dass
   allein die Trennung beider Anstalten das richtige ist: da bei allen
   andern Ständen die allgemeine Bildungsanstalt und die Berufsschule
   völlig gesondert sind (Gymnasium — Universität; Realschule — Polytechnikum).

These 11.

Eine solche Verbindung von Präparandenschule und Seminar, wobei
die erstere bloss als Anhängsel figuriert, oder als eine Nebeneinnahme-
Quelle für die Seminarlehrer dienen soll, ist ohnehin absolut zu verwerfen.

Soll ausnahmsweise aus lokalen oder andern zufälligen Gründen die
Verbindung beider Anstalten gut geheissen werden, dann müssen die
Präparandenklassen gerade so gut versorgt sein wie die Seminarklassen
— also etwa so, wie es in den sechsklassigen sächsischen Seminarien der
Fall ist. Nur bleibt auch dann noch wünschenswert, dass die beiden Anstalten räumlich gesondert sind, und an der Spitze der Präparandenklassen
ein Konrektor stehe.

These 12.

Die Inspektion der selbständigen Präparandenschule kann einem
Seminardirektor übertragen werden, — vorausgesetzt, dass beide Anstalten
unter derselben Provinzialbehörde stehen. (Anderufalls, wenn nämlich die
Präparandenanstalten unter der Bezirks-Regierung stehen, würde die Aufsicht der Gefahr ausgesetzt sein, zwiespältig zu werden.`

These 13.

Die Aufnahmeprüfung der Seminarien wird nicht ganz wegfallen können, aber sie kann und muss eingeschränkt werden.

Diese Einschränkung lässt sich in folgender Weise herstellen: Diejenigen Präparandenschulen, welche einen vierjährigen (resp. dreijährigen) Kursus haben und überhaupt vollständig ausgerüstet sind, erhalten das Recht der Abiturientenprüfung. Dieselbe wird geleitet durch einen Kommissarius der Schulbehörde, unter Assistenz des aufsichtführenden Seminardirektors. Bei dieser Prüfung erhalten diejenigen Abiturienten, welche nachgewiesenermaßen für den Seminarkursus unzweifelhaft reif sind, auch sofort die Berechtigung zum Eintritt in ein provinz. Seminar, was in ihrem Zeugnis ausdrücklich vermerkt wird. Die Aspiranten dieser Qualität aus den verschiedenen Präparandenschulen der Provinz werden dann von der Provinzial-Schulbehörde unter die Seminarien der Provinz verteilt — mit Berücksichtigung der Heimat der Aspiranten. Die übrigen Abiturienten wie diejenigen, welche ein Seminar ausserhalb der betreffenden Provinz besuchen wollen, bleiben der Seminar-Aufnahmeprüfung unterworfen.

Gegründete Bedenken wider eine Abiturientenprüfung in dieser Form und mit dieser genau bestimmten Gerechtsame bei den bezeichneten Anstalten giebt es nicht — weder von Seiten der Schulbehörde, noch von Seiten der Seminare. — Wird nun solchen Präparanden, welche zum Eintritt ins Seminar unzweifelhaft befähigt sind, doch zugemutet, die Seminar-Aufnahmeprüfung mitzumachen: so ist das für diese jungen Leute nichts anderes als eine pure Belästigung und eine unnötige Beschwerung mit Unkosten.

II. Bemerkungen zu Günther's Präparation.
(Studien 1881, 1. Heft, pag. 19.)

Das „Ziel" dient nach der von Günther angeführten Stelle aus Zillers Vorlesungen der Willensbildung. Der Wille soll zur Erstrebung eines Zieles angeregt werden, folglich darf das Ziel nichts darbieten, was der Schüler sich erst durch eigenes Streben erarbeiten soll, sonst vollbringt der Lehrer etwas, was der Schüler leisten kann und soll, und das ist gegen unsre Grundsätze.*) G. giebt nun in seinem Ziel fast den ganzen Inhalt der Geschichte im Exzerpt, er sagt den Schülern, dass die Jünger verzagen, er sagt, dass der Herr ihnen hilft, und lässt nur den einen Punkt, das Wie, unentschieden. Damit ist nicht nur die Spannung, mit der der Schüler dem Neuen entgegensehen soll, zum Teil verloren gegangen, sondern es unterbleiben auch sehr wichtige Gedankenoperationen, weil die Veranlassung dazu wegfällt. Ich würde das Ziel so stellen: Jesus und seine Jünger im Seesturm. Dann schliessen sich von selbst ohne viel Zuthun des Lehrers die Fragen an, die den Gang der Analyse bestimmen. Wenn die Schüler sich nicht schon von selbst melden, was in methodisch geschulten Klassen geschehen wird, so sagt der Lehrer, indem er gleichsam die Themen der

---

*) Ziller, Vorl. über allg. Pädagogik. S. 141.

gemeinsamen Besprechung angiebt: Wir können nun schon vermuten, wo und bei welcher Gelegenheit sich unsere Geschichte zutrug und wie es den Beteiligten dabei zu Mute war.

Damit bin ich schon zur Kritik der Analyse übergegangen. Diese hat bekanntlich den Zweck, diejenigen Vorstellungen im Bewusstsein hochzuheben, die durch ihre Verwandtschaft mit dem Neuen geeignet sind, apperzipierend zu wirken. Die Analyse wird diesen Zweck verfehlen und ausserdem den raschen Fortschritt im Unterricht ganz unnötig hemmen, wenn sie dieses und jenes herbei zieht, was zum Ziel in keiner direkten Beziehung steht. Die Aufmerksamkeit, die sich konzentrieren soll, wird abgelenkt, und das Material, an welches das Neue angeknüpft werden soll, tritt nicht bestimmt genug hervor. Damit soll nun nicht gesagt sein, dass der Lehrer abschweifende Gedanken der Schüler einfach barsch abweist, sondern es soll bloss verhindert werden, dass er selbst zu solchen Abschweifungen die Veranlassung giebt. Ergo: Königsdiener, römischer Hauptmann etc. etc. gehören nicht in eine Analyse über Jesus im Seesturm. — Die Bemerkung, dass man auf dem Wasser nicht wandern kann, scheint mir für Schüler, mit denen man das Leben Jesu behandeln kann, höchst überflüssig. Für ganz verfehlt halte ich den Schluss der Analyse, der eigentlich das letzte Bisschen Spannung für das Neue noch vollends wegnimmt. Wenn auch am Schluss der Analyse die bestimmte Erwartung ausgesprochen wurde, dass der Herr durch sein Gottvertrauen über Sturm und Wogen siegen werde, so müssen doch die Schüler in Spannung erhalten werden, bis sie in der Geschichte selbst die Bestätigung ihrer Vermutung finden.

In der Synthese wünschte ich vor allem eine reinliche Scheidung der beiden Hauptteile, nämlich der Erarbeitung des Geschichtsstoffes und der psychologisch-ethischen Vertiefung. Erst muss das Kind den ganzen zu einer methodischen Einheit gehörigen Geschichtsstoff überschauen und innehaben, dann erst kann es urteilen.[*]) Selbstverständlich werden die Urteile, welche die Schüler von selbst bei der Wiedererzählung einfliessen lassen, gern akzeptiert.

Im ersten Teil der Synthese werden auch die Überschriften der Abschnitte von den Kindern festgestellt, denn sie dienen als Reproduktionshilfen beim Wiedererzählen. Erst wenn die ganze Geschichte fliessend wiedererzählt werden kann, schreitet man zum zweiten Teil der Synthese, nämlich zur sogenannten Konzentration, fort.

Für diesen Teil möchte ich auf ein Wort Niemeyers hinweisen. Er sagt (Grunds. d. Erz. u. des Unterrichts, Langensalza, 1878, Bd. I, 166): „Je freier die Seele ist, wenn sie über ein Beispiel reflektiert, desto kräftiger wirkt es. Was man ihr aufdringen will, nimmt sie weniger willig auf und hält es selten fest .... Man lasse die That selbst zu ihrem Gefühl sprechen und gebe nur soviel Winke, als ein verständiger Führer thut, damit nicht gerade das Wichtigste übersehen werde." Mir scheint es nun, als ob G. mit seiner Unmasse von Fragen so viel Winke gebe, dass man vor lauter Unbedeutendem und Nebensächlichem (Warum nicht allein? Warum Jünger? Warum Schiff? etc.) die Hauptgedanken nicht herausfindet.

---

[*]) Ziller, l. c. 234.

Hätte sich G. streng an Zillers Vorschriften (l. c. 143) halten wollen, so musste er die vielen Fragen, wie sie Seite 20 auftreten, vermeiden und andere, pädagogischere Mittel zur Fortleitung des Unterrichts an die Hand geben. Einzelfragen, wie: „Was hätten sie (die Jünger) auch mitten in der grössten Not sicher wissen müssen, wenn sie fest an Gott geglaubt hätten?" bieten stets viel dar, was der Schüler selbst finden kann, und zerreissen, wenn sie massenhaft auftreten, die im Ablaufen begriffenen Reihen des kindlichen Denkens.

Einzelfragen werden den Schüler nie dahin bringen, dass er zusammenhängend denkt und spricht, sie machen ihn bloss denk- und mundfaul. Wo eine formale Weisung, z. B.: „Wir wollen über das Verhalten der Jünger sprechen", nicht ausreicht, um eine Meinungsäusserung der Schüler zu veranlassen, da würde ich bloss durch weiteres Ausmalen (in unserem Falle: Schilderung des nach Art der Schweizer Seen wütenden Sees (Genezareth), oder durch den Kontrast (Lage und Stimmung der Jünger und des Meisters), oder durch ein augenscheinlich falsches Urteil, das natürlich nicht lächerlich sein darf (Jesus hätte sich doch in dieser grossen Gefahr auch fürchten sollen), die Schüler zum Nachdenken und Urteilen zu reizen suchen. Dass ein Unterricht ohne massenhaftes Fragen in manchen Lagen gar nicht möglich sei, ist ein Aberglaube, der durch die Erfahrung stets bestätigt werden wird, so lang man nicht den Versuch macht, durch ein längere Zeit konsequent fortgesetztes, streng methodisches Verfahren sich seine Schüler umzuschaffen.

Im System hätte gesagt werden können, dass die Sprüche nicht sämtlich zum Lernen, sondern zur Auswahl für den Lehrer dargeboten sind. Ausserdem hätte zwischen Aufstellung des neuen Gedankens und der Einreihung desselben in ein grösseres begriffliches Ganze geschieden werden können.

Auerbach i. V.

E. Thrändorf.

Druckfehler.
Studien I, pag. 17, Zeile 17 v. u.: Weckung, nicht Wirkung.

III. Präparation.
Geometrie im Anschluss an die Heimatskunde.*)

> Motto: Mein Ziel ist nicht die Wissenschaft zu geben, sondern den Schülern zu lehren, sie im Falle des Bedürfnisses sich zu erwerben.
> Rousseau III, 189.

Ziel: Warum fahren Röbers Rollwagen nicht den Plauenschen Weg nach dem Bahnhof.

Analyse: Wenn wir nach dem Bahnhofe gehen und schnell dort sein wollen, gehen wir freilich diesen Weg, aber er ist sehr steil und wird daher vom Fuhrwerk jetzt fast gar nicht mehr benutzt. Die beiden Bahnhofs-

---

*) Nachstehendes kann zugleich als Fortsetzung zu Jahrbuch X, 19—41, gelten.

strassen dagegen machen die eine einen grösseren, die andere einen kleineren Umweg, um weniger Steigung zu haben. Sehr schwere Lastwagen machen daher gern den grösseren Umweg, weil dort die Steigung ziemlich gering ist. Aber wie kommt denn dieser Unterschied, man muss doch auf jeder dieser Strassen aus derselben Tiefe zu derselben Höhe? — Ganz genau können wir die Frage noch nicht beantworten, aber wir wissen von uns selbst, dass man auf der längsten Bahnhofsstrasse viel bequemer und rascher gehen kann als auf dem Planenschen Weg. Doch es giebt auch auf dieser Bahnhofsstrasse eine Stelle, an der man sehr stark bergan steigen muss. Das ist gerade da, wo Herr Oberlehrer Sch. wohnt. — Dort sind auch die Mauern der vor den Häusern liegenden Gärten ganz eigenthümlich gebaut, auf der einen Seite ist die Mauer hoch, auf der andern ist sie niedrig (das Bild der Strasse im Verhältnis zu einer solchen Gartenmauer wird angezeichnet). Hängt diese merkwürdige Erscheinung vielleicht auch mit der Steilheit der Strasse zusammen? Die Schüler kommen von selbst darauf, dass die Gartenmauer wagerecht — sie werden sagen: „Gerade hin" — liegen muss, und dass die Strasse um so steiler ist, je mehr sie sich von der wagerechten Linie entfernt.

Wenn wir nun nur erfahren könnten, wie diese Steilheit in ihren verschiedenen Graden zu messen und zu vergleichen ist!

Zwischen der Behandlung des vorstehenden Stoffes und der Inangriffnahme der Synthese liegt eine Exkursion. Überhaupt ist es günstig, wenn bei solchen Gelegenheiten zwischen Analyse und Synthese etwas Zeit verstreicht, damit die angeregten Gedanken Gelegenheit haben, im Schüler selbständig noch etwas weiter zu arbeiten, damit Versuche, Beobachtungen etc. vom Schüler auf eigene Faust angestellt werden können.

Bevor wir aber die Exkursion unternehmen, überlegen wir uns, was wir dabei vornehmen wollen und welche Instrumente wir dazu etwa brauchen können. — Wo an der Strasse Häuser sind, da können wir den Abstand von der Wagerechten leicht messen. Wie werden wir's aber da machen, wo keine Häuser sind? Nun, wir haben ja den Maurern oft genug zugesehen und ihnen das Geheimnis, wie man eine Wagerechte herstellt, sorgfältig abgelauscht.

Wir rücken also mit Richtscheit, Setzwage und Lot aus. — O weh, seufzt der Landschullehrer, wenn Instrumente nötig sind, dann kann ich nicht mitmachen, denn mein Schulvorstand ist nicht zu bewegen, auch nur den einfachsten Apparat anzuschaffen. — Nun, guter Freund, das ist auch gar nicht nötig. An den vielen künstlichen Apparaten, welche die physikalischen Kabinete schmücken, ist noch nicht viel gelernt worden. Selbstgefertigte Apparate*) sind die besten Lehrmittel. — Am Ziele angekommen, bringen wir unser Richtscheit, das mit dem einen Ende auf der Strasse aufliegt, mit Hilfe der Setzwage in die rechte Lage, lassen von dem andern Ende des Richtscheites das Lot auf die Strasse und finden so den Abstand von der Wagerechten. Wir haben Richtscheite von verschiedener Länge, jeder Schüler kontroliert mit seinem Apparat die Messungen und macht sich sorgfältige Notizen, die dann die Grundlage für den Unterricht bilden sollen.

*) Wer Anleitung bedarf, findet sie im Handwerksbuch von Barth u. Niederley.

Synthese: Wie steil ist nun die Bahnhofsstrasse, wie steil der Plauensche Weg? Der erste Schüler antwortet auf Grund seiner Beobachtungen: Die Bahnhofsstrasse weicht an der Stelle, an der wir zuerst beobachteten, um x, der Plauensche Weg um y cm von der Wagerechten ab. Aber sogleich meldet sich ein anderer Schüler, der an derselben Stelle gemessen hat, aber mit einem längeren Richtscheit, er hat ganz andere Zahlen gefunden. Das ist eine ganz verzweifelte Geschichte! — Und nun überlegen wir uns: Je länger wir das Richtscheit machen, um so grösser wird der Abstand, und doch wissen wir bestimmt, dass die Steigung dieselbe blieb.

Wir wollen uns die Sache einmal anzeichnen, und zwar bloss für die eine Beobachtungsstelle. Die Richtscheite werden übereinander gelegt, und zwar so, dass die Enden, welche auf der Strasse auflagen, sich decken. Nun decken sich auch die von Lot, Richtscheit und Strasse gebildeten Dreiecke zum teil, ihre Seiten sind ungleich, nur der Winkel an der Spitze ist in allen Dreiecken derselbe. Es gilt also die Grösse dieses Winkels zu bestimmen. Um sein Wachsen zu beobachten, lasse ich einmal den wagerechten Schenkel A, auf dem die verschiedenen Längen der Richtscheite abgetragen sind, mit dem auf der Strasse aufliegenden B zusammenfallen, dann giebt es keinen Winkel mehr. Wenn ich nun aber den Schenkel A nach seiner früheren Lage zu und darüber hinaus bewege, so beschreibt der Endpunkt desselben ein Stück eines Kreises, aber auch die Endpunkte der kleineren Richtscheite beschreiben Kreisstücke. Wir machen nun durch eine volle Umdrehung des Schenkels A um seinen Endpunkt aus diesen Kreisstücken ganze Kreise und sogleich zeigt sich ganz augenscheinlich: Wenn der äussere Kreisbogen ein Viertel des ganzen Kreises ist, so sind bei gleichbleibender Schenkelöffnung die nach dem Drehungspunkte zu liegenden kleineren Kreisbogen ebenfalls vier Teile von den kleineren Kreisen, zu denen sie gehören; ich kann also sagen: Die Winkelöffnung ist einen Viertelkreis gross.

Etwas ähnliches haben wir an unsern Uhren. Ob das Zifferblatt gross (Turmuhr) oder klein (Taschenuhr) ist, darauf kommt es nicht an, sondern von Bedeutung ist nur die Frage: Welchen Bruchteil der ganzen Kreislinie hat der Zeiger beschrieben? Damit wir nun aber diesen Bruchteil genau bestimmen können, ist sie in 60 Minuten eingeteilt, den Kreis aber, der zur Winkelmessung dient, teilt man in 360 Grad ein. Wenn wir also den durch unsere Messungen gegebenen Bogen genau bestimmen wollen, müssen wir ihn zum Kreis ergänzen, diesen in 360 Teile teilen und dann zusehen, wie viel Teile auf unsern Bogen fallen. Nachdem wir nun die Steigungswinkel der Strassen an verschiedenen Stellen festgesetzt haben, fällt uns die Vergleichung leicht.

Association: Wie ist die Verteilung der Steigung bei der oberen Falkensteiner Strasse, wie bei der unteren beschaffen? Welche Steigung zeigt durchschnittlich unser Weg? Die Winkel werden mit Hülfe der an den Häusern leicht aufzufindenden Wagerechten geschätzt und dann nachgemessen. Wie viel Grad der Kreislinie fallen auf 20 Minuten der Uhr, wie viel auf 15 etc.? — Die Kinder kommen ganz von selbst auf den Gedanken, dass man nicht jeden Bogen von neuem zum Kreis zu ergänzen und diesen in Grade einzuteilen braucht, sondern dass man einen einmal eingeteilten

Kreis mehrfach zu Messungen benutzen kann. So erarbeiten sie sich den Transporteur.

System: Der Transporteur.

Funktion: An den Eisenbahnstrecken haben wir schon oft Pfähle beobachtet, an denen oben zwei Arme waren. Auf diesen Armen standen Zahlen, deren Bedeutung wir uns jetzt klar machen. Wir setzen nun unsre Steigungsbestimmungen in diese neue Bezeichnungsweise um. Wie steil ist der Weg auf den Schafberg in Graden und Verhältniszahlen ausgedrückt? Übungen im Winkelschätzen.

E. Thrändorf.

IV. Präparation.
Bearbeitung der Geschichte: Der Kranke am Teiche Bethesda.
Für die Oberstufe von Gelderblom-Steele.

Zielangabe. Ich erzähle euch heute, wie der Heiland einen Kranken am Teiche Bethesda geheilt hat.

I. Vorbereitung.

1. Der Teich Bethesda war eine Quelle am Fusse des Tempelberges, er lag am Schafthor, also ganz in der Nähe der Stadt Jerusalem (zeigen). Hier heilte der Heiland einen Kranken.

2. In den letzten Stunden haben wir auch von einer Krankenheilung gehört: wen hatte der Herr gesund gemacht? (den Königischen.) Erzählt mir davon! — Es wird dann darüber gesprochen, dass Krankheiten unangenehm und traurig sind. Man muss oft viel Schmerzen leiden. An manchen Krankheiten stirbt man leicht, sie sind gefährlich, andere führen sicher zum Tode, sie sind unheilbar. —)

Wie versuchen wir, den Kranken zu helfen? (Wir beobachten die Kranken und ihre Krankheit, wir pflegen den Kranken sorgfältig, halten ihm alles Schädliche möglichst fern. Wir fragen andere Menschen, vor allem den Arzt, um Rat. Wir trösten den Kranken, wir beten für ihn.)

Was thut der Arzt? (Er besucht den Kranken, er fragt ihn nach seinem Befinden, er untersucht ihn. Er fragt nach seinen Schmerzen, er sucht sie zu lindern. Er verschreibt ihm Medizin. Er giebt dem Kranken und den Angehörigen gute Ratschläge. (Wiederholen!)

3. Manchmal rät der Arzt dem Kranken, an andern Orten Genesung zu suchen; er sagt wohl: der Kranke muss in andere Luft, das hilft ihm. Manche Krankheiten lassen sich an gewissen Orten oft leichter heilen, die Orte werden von den Kranken besucht; dort sieht man sie dann in der gesunden Luft spazieren gehen, sie wohnen in luftigen Wohnungen, sie baden in Heilquellen und trinken aus Gesundbrunnen. Wir haben solcher Orte mehrere in Deutschland kennen gelernt, nennt sie! — Auch an das Meer gehen die Leute, um dort zu baden. In solchen Badeorten sieht man Häuser, die sind nach einer oder auch nach mehreren Seiten ganz offen, so dass die Luft überall hindurch gehen kann; hier stehen Stühle und Betten. Auch sind die Spazierwege oft mit einem langen, schmalen Dach versehen. Solche offene, helle Räume nennt man Hallen. Wozu dienen sie? — Wann auch können die Kranken in desen Hallen sein, spazieren gehen oder umhergefahren werden? — Werden alle Kranken, die hier Hilfe suchen, diese auch finden? — (Wiederholen.)

4. Eine solche Heilquelle war auch der Teich Bethesda. Um ihn herum lagen fünf Hallen, diese hatten ihm auch den Zunamen verschafft. Bethesda bedeutet nämlich Haus der Gnade, der Barmherzigkeit. Barmherzige Menschen hatten sie für Elende, Kranke erbaut, und solcher befanden sich viele hier, da sie hier Genesung für jedes Leiden finden konnten. Der Teich besass nämlich die Kraft, von jeder Krankheit zu befreien. Aber nicht fortwährend hatte die Quelle diese Heilkraft, sondern nur dann, wenn das Wasser sich bewegte, aufbrauste und emporsprudelte, und nur der Kranke wurde gesund, der dann zuerst hinein gelangte. (Wiederholung.)

5. So wird also mancher Arzt vergeblich gerufen, manche Heilquelle ohne Erfolg aufgesucht und gebraucht. Wir merken, auf irdische, menschliche Hilfe können wir uns nicht verlassen. Nur an einem Orte giebt's immer Hilfe, bei Einem immer Trost und Rettung aus jeder Not, bei dem, der jetzt durch die Hallen Bethesdas wandelt und sucht, wem seine Hilfe wohl am meisten notthut.

II. Erzählung und Besprechung.

a. Ich erzähle euch jetzt, wie der Heiland an dem Teiche Bethesda einen Kranken heilte, der dort keine Hilfe finden konnte.

1. (Die Heilung.) Es war ein Fest der Juden und Jesus zog hinauf gen Jerusalem. Ganz in der Nähe der Stadt bei dem Schafthore befand sich ein Teich, der hiess mit seinem Beinamen Bethesda; um denselben waren fünf Hallen gebaut, in welchen viele Kranke: Blinde, Lahme, Dürre (Schwindsüchtige) lagen; die warteten daselbst auf den Augenblick, wenn sich das Wasser bewegte.

Daselbst war auch ein gichtbrüchiger Mensch, der schon 38 Jahre krank gelegen hatte. Jesus ging nach dem Fest dort vorüber und sah denselben liegen. Als er vernahm, dass derselbe schon so lange krank war, sprach er zu ihm: „Willst du gesund werden?" Der Kranke antwortete: Herr, ich habe keinen Menschen, der mich in den Teich lasse, wenn das Wasser sich bewegt, und wenn ich komme, so steigt ein andrer vor mir hinein (und nimmt mir die Heilkraft des Wassers weg). Jesus spricht zu ihm: „Stehe auf, nimm dein Bett und gehe hin." Alsbald ward der Mensch gesund, nahm sein Bett und ging hin. (Wiedererzählen; Ergänzung und Berichtigung seitens der übrigen Schüler und wenn nötig, Erläuterung von Einzelnem seitens des Lehrers.)

2. (Der Geheilte und die Juden.) Es war aber desselbigen Tages der Sabbat. Da sprachen die pharisäisch gesinnten Juden, die dem begegneten, der gesund geworden war: „Es ist heute Sabbat, es ziemt sich nicht, das Bette zu tragen." Er antwortete: Der mich gesund machte, sprach zu mir: „Nimm dein Bett und gehe hin." Da fragten sie ihn: „Wer ist der Mensch, der zu dir gesagt hat: Nimm dein Bett —." Der aber gesund worden war, wusste nicht, wer er war, konnte also auch keinen Namen nennen, denn Jesus hatte sich ihm entzogen, was ihm auch leicht gelang, da so viel Volks an dem Ort war. (Wiedererzählen u. s. w.)

3. (Jesus und der Geheilte.) An einem andern Tage fand ihn Jesus im Tempel und sprach zu ihm: Siehe zu, du bist gesund geworden, sündige hinfort nicht mehr, damit dir nicht etwas Ärgeres widerfahre." Der Mensch

ging darnach hin und verkündigte es den Juden, es sei Jesus, der ihn gesund gemacht habe. (Wiederholung.)

4. (Der Juden Hass.) Darum verfolgten die Juden Jesum und suchten ihn zu töten, dass er solches gethan hatte auf den Sabbat. Jesus aber antwortete ihnen: „Mein Vater wirket bisher, und ich wirke auch." Darum trachteten die Juden ihm nun viel mehr nach, dass er nicht allein den Sabbat brach, sondern sagte auch, Gott sei sein Vater, und machte sich selbst Gott gleich. (Wiederholung.)

5. (Was Jesus noch weiter zu seiner Verteidigung sagte, lesen wir Joh. 5, 19—45.) [Wiedergabe der ganzen Erzählung.]

b. Besprechung nach den drei Seiten:

1. Geographisches: über den Ort der Handlung.
2. Kulturhistorisches: Krankheit, Arzt, Badeort, Hilfe.
3. Religiös-ethisches: skizziert in nachfolgendem.

Erzählt, was für einen Kranken der Herr geheilt hat! (Es war ein gichtbrüchiger Mensch, der schon 38 Jahre lang krank gelegen hatte, dem bis heute niemand hatte helfen können, auch nicht hatte helfen wollen.) Was klagte ihm der Kranke? (Er klagt ihm: Herr, ich habe keinen Menschen —.) Wie fand des Kranken langes Leiden ein schnelles Ende? (Jesus sprach zu ihm: Stehe auf —.) Was wirkt die That Jesu an und in dem Menschen? (Alsbald ward derselbe gesund, nahm sein Bett und ging. Er erkannte, dass der Helfer mehr als ein gewöhnlicher Mensch sei, er hält ihn für einen grossen Prophet, einen Gottgesandten, er glaubt an ihn. Er ist dem Herrn dankbar. Er freut sich seiner Genesung.) Wie wurde seine Freude plötzlich wieder gestört? (Der ganze zweite Abschnitt wird erzählt.) Was würdet ihr gesagt und gethan haben, wenn ihr den Menschen, sein Bett tragend und Gott lobend und preisend, hättet daher kommen sehen? (Wir hätten uns mit gefreut, auch Gott gedankt und an ihn geglaubt.) Wie verhielten sich aber die Juden der Heilsthat des Herrn gegenüber? (Sie ärgerten sich darüber, dass er das am Sabbat gethan hatte, sie hassten ihn und trachteten ihm nach dem Leben.) Wo haben sie sich schon früher über ihn geärgert? (Bei der ersten Tempelreinigung.) Worüber ärgerten sie sich dort? (Dort hat Jesus sich ihnen dargestellt als der Vertreter seines Vaters in dessen Hause, als der Herr des Tempels.) Warum lässt der Herr den Geheilten gerade am Sabbat das Bett hintragen? (Er will den Juden damit sagen, dass ihre Vorschriften über die Sabbatheiligung Äusserlichkeiten ohne Wert seien, ihre Sabbatheiligung eine falsche, wie ihr ganzes Wesen: eitel Schein und Heuchelei.) Warum hassen die Juden Jesum? (Weil er den Sabbat nach ihrer Meinung brach, weil er sagte, Gott sei sein Vater; weil er ihre Heuchelei aufdeckte und ihnen die Wahrheit sagte; weil er durch seine Worte und Werke ihnen in den Augen des Volkes schadete.)

III. Vergleichung. Welcher Unterschied besteht zwischen:

1. Der ersten Krankenheilung und dieser? (Ort: Kana—Jerusalem; Kranker: Sohn eines Königischen — alter Mann; Krankheit: Fieber—Gichtbrüchig. Der Vater kommt und bittet — Jesus fragt. (Jesus wird gesucht — Jesus sucht.) Jesus heilt in der Ferne — in der Nähe.)

2. Der menschlichen Hilfe und Jesu Hilfe? (nicht immer — immer; nicht aus eigner Kraft; — Menschen ohnmächtig — Jesus allmächtig.)
3. Jener Quelle und unsern Quellen? (für alle Seuchen — für einzelne; zeitweise — immer heilkräftig.)
4. Den jüdischen Satzungen und Gottes Gebot? (Äusserlichkeiten; — was vor Augen — Gott sieht das Herz an; Schein — Wirklichkeit; Buchstabe — Sinn.)
5. Dem ersten Streit mit den Juden und diesem? (Tempel — Sabbat.)
6. Die Wirkung der Heilung auf den Geheilten und auf die Juden? (Glauben — Unglauben; Dank — Zank; Liebe — Hass; Freude — Zorn.)

IV. Zusammenfassung. Was lernen wir aus dieser Geschichte 1) in bezug auf den Heiland? (Er erlöst von Leibes- und Seelennot und ist ein Herr des Sabbats); 2) in Bezug auf den Geheilten? (Er glaubt an den Herrn und ist Gott dankbar); 3) in bezug auf die Juden? (Sie hassen den Herrn.)

Lesen und Einprägen dieser Ergebnisse auch in biblischer Form:
Psalm 130, 7—8: Israel, hoffe auf —
Hebräer 10, 26—27: So wir mutwillig —
Marcus 2, 27—28: Der Sabbat ist —

Der Geheilte hätte auch sprechen können mit den Worten unseres Liedes:
Ich rief zum Herrn in meiner Not —
Der Herr ist nun und ewig nicht —
Wenn Menschenhilfe nichts mehr kann —
Ich will dich Gott —

Katechismus: 3. Gebot.

V. Anwendung. Was lernen wir aus dieser Geschichte für uns? (Der Herr ist ein Helfer in Krankheit, — er kann auch uns davon befreien. Der Glaube an ihn errettet Leib und Seele, — darum müssen auch wir an ihn glauben. Für seine Hilfe müssen wir ihm dankbar sein, und wir müssen ihn lieben.)

Der Heiland fragt auch uns: „Willst du gesund werden?" Er erlöst auch uns von Leibes- und Seelennot, ruft uns dann aber auch zu: „Sündige hinfort nicht mehr!" Dafür sollen wir ihn loben und preisen und sprechen:
Ich will dich, Gott, mein Leben lang —
Ich will dich lieben, meine Stärke —

Und wenn er uns noch nicht hat schmecken lassen, wie schmerzlich und traurig Krankheit ist, so haben wir umsomehr Grund zu Lob und Dank und sollen jauchzen: Lobe den Herrn, der künstlich —. Wenn er uns aber mit Krankheit schlägt, uns traurige Tage mit Weinen, Schmerz und Not schickt, dann sollen wir beten und hoffen:
Hoffe, Herz, es kommt die Stunde,
Wo du ausgeweint,
Wo aus des Erbarmers Munde
Dir auch Trost erscheint;
Wenn kein Mensch und auch kein Engel
Deiner Not gedenkt,
Hat er schon den Palmenstengel
Mild auf dich gesenkt.

Luft und Wasser kann er segnen,
Wann es ihm gefällt.
Kann vom Himmel Gnade regnen,
Ihm gehört die Welt;
Ohne Kraut und ohne Salben
Heilt sein kräftig Wort,
Den Verlassnen allenthalben
Ist er Arzt und Hort.

Tauche gläubig deine Wunden
In sein Gnadenmeer,
Aber hast du Gnade funden,
Sündige nicht mehr;
Wandle auf dem Friedenspfade,
Bet ihn ewig an,
Dessen Macht und dessen Gnade
Viel an dir gethan.

(K. Gerock.)

5. Die achte ordentliche Generalversammlung des Vereins deutscher Zeichenlehrer zu Breslau.

Für den 6. und 7. Juni e. hatte der „Verein deutscher Zeichenlehrer" seine diesjährige Generalversammlung in Breslau anberaumt. Die Verhandlungen begannen unter dem Vorsitz des Vereinspräsidenten, des Professors Dr. Hertzer aus Berlin, mit einem Vortrage des Realschulzeichenlehrers Banke aus Breslau. Derselbe sprach „über die Wichtigkeit und Notwendigkeit der allgemeinen Einführung und konsequenten Durchführung des Modellzeichnens im Freihandzeichnen an Gewerbeschulen, Realschulen, Gymnasien, Seminarien, sowie auch auf der Oberstufe der gehobenen sechsklassigen Stadtschulen und in Fortbildungsschulen". Herr Banke wies zunächst darauf hin, dass in neuerer Zeit der Freihandzeichenunterricht eine erfreuliche Wandelung erfahren und einen wesentlichen Fortschritt dadurch gemacht habe, dass man mit dem sonst so beliebten Kopieren aufgehört und sich bestrebt habe, auch den Zeichenunterricht als Massenunterricht zu erteilen; dass man demselben stofflich für jede Klasse ein ganz bestimmtes Pensum vorzeichnete, einen wohl erwogenen Zeichengang vom Leichteren zum Schwereren zu grunde legte und die zunächst zu zeichnenden Formen aus der Ornamentik entlehnte, um dieselbe sowohl für sich allein zum Verständnisse zu bringen, als auch ihre gebräuchliche und mögliche Verwendung auf dem Gebiete der Verzierungskunst zu zeigen. Freilich habe man noch nicht überall das mechanische, verständnislose Kopieren verlassen und bei gar mancher Ausstellung sehe man noch jetzt derartigen Zeichnungen auf den ersten Blick an, wie fleissig der Lehrer die „letzte Hand angelegt" habe. Aber selbst da, wo das allein berechtigte Ornamentzeichnen bereits Platz gegriffen, insbesondere auf der Oberstufe der Elementarschule sei eine Erweiterung des Stoffes über das Flachornament hinaus durchaus notwendig. Es müsse also auch da das Körperliche an die Reihe kommen, das Modell als direktes Vorbild eintreten: in dieser Hinsicht sei die Wiedergabe der Elementarkörper in charakteristischen Stellungen die nächstliegende Aufgabe. In dem zweiten ausführlicheren Teile seines Vortrags zeigte der Redner, wie die freie Auffassung für das Modellzeichnen schon durch das vorangehende Ornamentzeichnen angebahnt werden könne und vorbereitet werden müsse; er hob deshalb insbesondere diejenige aus der methodischen Behandlung des ersten Zeichenunterrichts hervor, was das Modellzeichnen vorbereitet.

Herr Banke begründete zunächst, dass es gerade bei dem freien perspektivischen Zeichnen nach Modellen dringend geboten sei, darauf zu sinnen, wie für den Schüler die neue Arbeit erleichtert und so vorbereitet werden möge, dass sie ihm Interesse gewährt und gelingt. Hat der Schüler bei dem vorhergehenden Zeichnen ebener Gebilde das zu zeichnende Gebilde schon auf einer Fläche vor sich, hält er sich dabei an die wirklichen Mafse und Formen, dieselben ebenso, verkleinert, vergrössert, etwas verändert wiedergebend; so beschäftigt ihn beim freien perspektivischen Zeichnen die scheinbare Form und Grösse des körperlichen Gebildes und dessen Darstellung auf eine Ebene ist die erst zu lösende Aufgabe.

Wenn nun auch bei allem vorangehenden Zeichnen darauf bedacht zu nehmen sei, dass die ganz freie Auffassung rechtzeitig angebahnt werde, so bedürfe das Modellzeichnen dennoch nicht, und gerade darum nicht, besonderer auf dasselbe berechneter Vorübungen; es sei nur nötig, gewisse Grundsätze und Gesichtspunkte bis zum Modellzeichnen konsequent festzuhalten und durchzuführen. Nämlich 1. dass der Zeichen-Unterricht von Anfang an wirklich Freihandzeichenunterricht sei, also jedes Hilfsmittel zum Abmessen, Abtragen der Mafse, sowie zur Erzeugung der Linien unbedingt ausgeschlossen werde. Wenn dieser Grundsatz als mafsgebender konsequent festgehalten wird, so gewinnt der Schüler sofort Respekt vor seiner Arbeit und lernt auch das Zeichnen kennen als eine Thätigkeit, die in jedem Augenblicke den ganzen Menschen in Anspruch nimmt, bei welcher jede Gedankenlosigkeit sich straft; so wird er sich ferner seiner Kraft bewusst und fühlt sich von selbst angetrieben, Schwierigkeiten zu überwinden, sein Selbstgefühl und seine Selbständigkeit wachsen. Neue Antriebe zu Fleiss und Sorgfalt liegen besonders in dem Umstande, dass auch der geringsten derartig entstandenen Arbeit ein Wert zuerkannt werden kann, wie er auf höherer Stufe verhältnismässig nicht bedeutender ist. Das Nachmessen nach sorgfältigster Prüfung des Gezeichneten, nach wohlerwogener Abschätzung seitens des Schülers ist empfehlenswert; es muss aber ohne jedwedes Messinstrument geschehen, darf nur mit dem Bleistifte, nur auf Anordnung des Lehrers in bestimmt vorgeschriebener Weise vollzogen werden und nur zum Zwecke der Kontrole bei grossen Dimensionen. 2. Den Unterrichtsstoff betreffend, so muss jede neue Zeichenübung dem Auge neue Gelegenheit bieten, das Schätzungsvermögen zu erweitern und die Formenkenntnis zu bereichern. Darum keine Übung, die auf blosses Strichemachen hinausläuft, in der vermeintlichen Absicht, die Zeichenfertigkeit zu fördern; keine Wiederholung von Formen, die nicht sicher weiterbringen; daher Abweisung von Zeichenheften mit vorgedruckten Originalen, die auf Übung in Strichen und zahlreiche Wiederholungen berechnet sind. Es muss vielmehr immer wieder dem Verlangen der Jugend nach frischer Nahrung durch Darbietung neuer Formen, womöglich auch durch Hinzufügung der Farbe Befriedigung und damit Förderung der Formenkenntnis, des Geschmacks und des Urteils für das Schöne verschafft werden. Beseitigt muss auch werden das zeitraubende Schraffieren zum Zwecke der Grundierung in Zeichnungen mit fortlaufenden Mustern; um das Ornament hervorzuheben, empfehle sich vielmehr die Anwendung eines leichten Farbentones. Sei die Übung des Schraffierens mit Rücksicht auf nachfolgendes Schattieren zu empfehlen; so könne seine Anwendung doch erst dann eintreten, wenn der Schüler durch Zeichnen vieler musterhafter Verzierungsformen (Konturen) eine solche Gewandtheit erreicht habe, dass es nicht mehr als zeitraubend bezeichnet werden könne; keinesfalls dürfe es mehr Zeit in Anspruch nehmen, als die Zeichnung des Ornaments, das es hervorheben soll. 3. Wenn mit der Anwendung der Farbe zur Unterstützung der deutlichen Ausprägung der Einzelformen der jetzige Zeichenunterricht einen Fortschritt gemacht hat, so ist es als ein Abweg zu bezeichnen, wenn die Zeichenstunde zur Mal- und Kolorierstunde ausartet, in welcher der Zeichenstift eine untergeordnete Rolle spielt. Beabsichtigt oder nicht, schleichen sich Manierismus und Effekthascherei ein, und zu seinem Formgefühl kommt es beim Schüler selten; denn er zeichnet nicht, was er sieht, sondern malt, was er dem Modelle an Farben nicht sieht und trägt so gewöhnlich Fremdartiges in die Zeichnung hinein, in dem Glauben, es sei die Wahrheit. 4. In Rücksicht auf das, was das Modellzeichnen vorbereitet, wies der Vortragende darauf hin, dass beim Klassen-(Massen)Unterricht und dem Zeichnen nach grossen Wandtafel-Vorlagen ungleich mehr dafür geschehon kann, als beim Einzelunterrichte und dem Zeichnen nach Vorlageblättern. Die unmittelbare Nähe des Vorlageblattes wird in vieler Hinsicht nachteilig für die zu erzielende freie Auffassung; keinesfalls dürfe der Schüler kopieren, ohne Verständnis über Anlage, Gliederung, Ausschmückung etc. 5. Den Klassenunterricht vorausgesetzt, ist es sehr vorteilhaft, den Schülern die anzufertigende Zeichnung vor Beginn der eigentlichen Zeichenarbeit in möglichst grosser Ausführung vorzuzeigen, um durch den empfangenen Totaleindruck bald Interesse für die Arbeit zu erzeugen und die Einführung in das Verständnis zu erleichtern. 6. Das darnach platzgreifende Vorzeichnen (oder Skizzieren) an der Tafel geschieht in gewissen Absätzen (a tempo), je nachdem es die Zeichnung ihrem Aufbaue gemäss an die Hand giebt. Durch dieses allmälige Entstehenlassen der Zeichnung sollen die Schüler lernen, welcher Gang vom ersten Zeichenstriche bis zur Abgabe der Zeichnung innegehalten werden muss; sie sollen durch eingehende, ihrem Fassungsvermögen genau angepasste Erklärung die Bildungs- und Stylgesetze kennen und sich selbständig über das notwendige aus der Ornamentformenlehre aussprechen lernen. 7. Um der freien Auffassung möglichst vorschub zu leisten, muss auch für den Zeichenunterricht ein heuristisches Unterrichtsverfahren empfohlen werden. Die Abschätzung der grössern Dimensionen aus grösserer Entfernung, wie es das Zeichnen nach Wandvorlagen mit sich bringt, fördert die freie Auffassung um so mehr, wenn man anfänglich nur streng symmetrische Muster wählt, die Mafsverhältnisse aufsuchen und zahlenmäfsig angeben, dann beim Anzeichnen an die Wandtafel wiederholen und allmälig eintragen lässt. (Wie viel mal so gross ist etwa diese Strecke im Vergleiche zu jener? Diese Frage wird beim spätern Modellzeichnen zu einer Kardinalfrage.) 8. Ganz besondere Aufmerksamkeit ist der richtigen Anwendung von Hilfslinien und Hilfsfiguren, welche ja bei der freien Darstellung des Körperlichen die wesentlichsten Dienste leisten müssen, zuzuwenden. Hilfslinien und Hilfsfiguren müssen sich ganz nach dem organischen*) Aufbau der Zeichnung richten; eine willkürliche Angabe derselben — etwa Quadratnetz — wird also Unkenntnis der Sache verraten. Hilfsfiguren müssen zunächst im ganzen angefasst werden, ehe das Auge sich Einzelheiten zuwendet; zweckmässig ist es, bisweilen eine Nebenfigur aus dem Gebilde herauszuheben und sie auf der Schultafel zu skizzieren; dadurch kommt man der freien Auffassung von Linien und Figuren, worauf es beim Modellzeichnen so sehr ankommt, wesentlich zu Hülfe. 9. Die festzuhaltenden Hauptrichtungen, nach welchen die Lage der zu zeichnenden geraden und geschwungenen Linien zu schätzen ist, sind die senkrechte, die wagerechte und die halbrechte. Zur Beurteilung der Hauptrichtungen dient das Visieren mit dem lang vorausgehaltenen langen Zeichenstifte, wobei darauf zu halten ist, dass sofort die Lage des Stiftes im Raume auch bald für sich allein betrachtet und dem Auge fest eingeprägt werde. 10. An Stelle derjenigen Ornamente, bei denen die strenge Symmetrie gewahrt ist, müssen beim weitern Fortschrit solche treten, die eine freie Behandlung und ungezwungene Entwickelung der Formen zeigen, und je mehr sich die Schüler dem Modellzeichnen nähern, desto weniger muss es sich als notwendig erweisen, das Zeichnen selbst noch vorzubereiten. 11. Unbedingt sind grosse Wandtafelvorlagen, die gar keine Hilfslinien enthalten, am geeignetsten, die ganz freie Auffassung zu fördern, indem der Schüler genötigt wird, sich die bez. Hilfslinien und -Figuren auf der Vorlage als gezeichnet selbst vorzustellen. In ganz beliebiger Verkleinerung, wie es der zugeteilte Raum auf dem Zeichenblatte gestattet, ist die Zeichnung wiederzugeben. Hierbei werden oft ganz unregelmäfsige Figuren den Anhalt geben können. 12. Überaus wichtig ist das Zeichnen nach natürlichen Blatt- und Blütenformen und einigen Fruchtformen. Schon im Anschlusse an das Zeichnen einfacher stylisierter Blumen aus verschiedenen Stylarten sind auch einfache natürliche Blattformen, die unschwer geometrische Grundformen erkennen lassen, den Hauptumrissen nachzuzeichnen, selbstverständlich nur stylisiert und als Flachmuster aufgefasst. Bei erlangter grösserer Fertigkeit werden zusammengesetzte und in den Umrissen feiner bewegte Blatt-

---

*) Organische Hülfslinien und -Figuren. (Wr.)

formen, die aber nicht gerade ins Minutiöse hinein ausgebildet sind, sehr geeignet sein, die Auffassung auch an kleinen Formen zu erproben. Jeder Schüler soll dazu ein (gut gepresstes) Blatt als Vorbild vor sich haben und, als Flachmuster behandelt, selbständig und möglichst charakteristisch zur Darstellung bringen, wobei es weniger darauf ankommt wird, die Ausrandungen der Blätter wiederzugeben, als vielmehr ihre Umrissformen im ganzen und einzelnen wahrheitsgetreu wiederzugeben. In vielen Fällen wird man eine bedeutende Vergrösserung der Blätter verlangen müssen, da sich ein grosser Teil recht zierlich gehaltener, aber sehr kleiner Blätter auffinden lässt, die man in der Verzierungskunst bei Bildung von Flächenmustern, Eck- und Flächenfüllungen, Bändern u. s. w. sehr wohl verwenden kann. —

Dem Vortrage schloss sich eine kurze Diskussion über einzelne Punkte desselben an, an welcher sich insbesondere Zeicheninspektor Flinzer aus Leipzig, das „Nachmessen", und Zeichenlehrer Kleist aus Magdeburg, das Visieren durchaus abweisend, Seminarlehrer Wehner aus Bunzlau, die richtige Anwendung beider Operationen verteidigend, endlich der Vorsitzende, die entgegenstehenden Ansichten vermittelnd, beteiligten.

In dem zweiten Vortrage der Tagesordnung, demjenigen des Zeicheninspektors Flinzer aus Leipzig, erläuterte derselbe an einer sehr zweckmässig geordneten Kollektion von Schülerzeichnungen den in seinem Buche: „Lehrbuch des Zeichenunterrichts an deutschen Schulen. Wissenschaftlich entwickelt und methodisch begründet" (Bielefeld und Leipzig, Verlag von Velhagen & Klasing) niedergelegten Zeichengang, und zwar von den einfachsten Arbeiten der Volksschule an bis zur vollendetsten Zeichnung eines Primaners. Erwähnen wollen wir, dass Herr Flinzer den Anfang des Zeichenunterrichts stofflich etwas zurückverlegt hat; er lässt jetzt vor dem Quadrate, welches nach seinem Lehrbuch die erste Figur ist, erst die gerade Linie, und zwar in beliebiger Lage, zeichnen, dieselbe auffassen lehrend als den „kürzesten Weg" zwischen zwei Punkten.

Nach gemeinsamem Mittagsmahle in der vereinigten Loge begab sich die Versammlung nach der schlesischen Gewerbe- und Industrieausstellung, um unter Führung des Direktors und der Lehrer der Königlichen Gewerbeschule zu Breslau die einschlägige Abteilung XVIII., „Ausstellung von Schülerarbeiten schlesischer Gewerbeschulen" u. a. zu besichtigen. Abermals musste sich hier jedem Kenner die Überzeugung aufdrängen, wie unter Zugrundlegung eines wohldurchdachten, logisch fortschreitenden Unterrichtsganges sich die schönsten Resultate erreichen lassen, selbst wenn die Geldmittel zur Anschaffung von Lehrmitteln nur geringe sind. Auszeichneten sich die Gewerbeschulen zu Breslau, zu Krieg und die Bergschule zu Gleiwitz.

In der Sitzung des zweiten Tages beschäftigten sich die Vereinsgenossen zunächst mit innern Angelegenheiten des Vereins. Die Einnahmen und Ausgaben des Vereins balancieren im verflossenen Vereinsjahre mit etwa 3340 Mk. Die nächste ordentliche Generalversammlung ward zu Pfingsten 1882 für Bremen in Aussicht genommen, da aber die allgemeine deutsche Lehrerversammlung in Karlsruhe diesen Ort für 1883 bestimmt hat, so dürfte der Beschluss der Zeichenlehrerversammlung wohl eine Änderung erfahren.

Unter andern innern Angelegenheiten ist für unsern Zweck noch das Ergebnis jener Preisbewerbung hervorzuheben, auf welche u. a. bei Gelegenheit der Provinziallehrerversammlung zu Osnabrück im Jahre 1879 empfehlend hingewiesen ward, nämlich derjenigen vom Verein ausgeschriebenen „über das Körperzeichnen in der Volksschule." Zeicheninspektor Flinzer referierte namens der Preisrichterkommission, dass keine von den vier Bewerbungsschriften als preiswürdig habe bezeichnet werden können, indem sie sämmtlich den gegebenen Bedingungen teils gar nicht, teils nur ungenügend entsprochen hätten. Es ist also eingetreten, worauf der Herausgeber dieser Studien bereits im vierten Heft des vorigen Jahrganges pag. 25 hingewiesen hat: „Ein besserer Gang als der Stuhlmanns ist vorläufig nicht zu finden." —

Es folgte nun der Bericht des Vorsitzenden über die allgemeine Abstimmung mittelst Stimmkarten hinsichtlich der von einer Kommission unter Zugrundlegung der vom Verein im Jahre 1879 angenommenen „Grundsätze für den obligatorischen Freihandzeichenunterricht ausgearbeiteten Lehrpläne für Volksschulen.

für Präparandenanstalten und Seminare." Von den 276 eingegangenen Stimmen — der Verein zählt gegenwärtig 291 aktive Mitglieder — erklärten sich betreffend a. den Lehrplan für den Zeichenunterricht in der Volksschule 251 dafür, 17 dagegen, 8 enthielten sich der Abstimmung; b. in Bezug auf den Lehrplan für Präparanden-anstalten und Seminare waren 245 dafür, 21 dagegen, 10 enthielten sich der Ab-stimmung. Sehr am Platze war hierbei die Bemerkung des Vorsitzenden, wie not-wendig es sei, bei dem jetzt so häufigen Wechsel der Schüler, namentlich auch wegen des Wechsels in den Volksschulen, Einheit in die Methode und den Lehrplan des Zeichenunterrichts zu bringen. Diesen Gedanken bestätigend wies Inspektor Flinzer auf die günstigen Erfahrungen an den Leipziger Volksschulen, Lehrer Sturtevant auf diejenigen an den Volksschulen in Breslau hin: entschieden segensreich seien die Folgen, welche die durch den Verein deutscher Zeichenlehrer eingeleitete Reform des Zeichenunterrichts in dieser Richtung bereits gehabt habe.

Die weitere Beratung erstreckte sich auf die Veranstaltung einer Aus-stellung von Schülerarbeiten und Lehrmitteln für das Jahr 1884 in Berlin. Mit der speziellen Ausarbeitung und Veröffentlichung des Programms wird eine Kommission, welcher das Recht der Kooptation zuerkannt ward, betraut, bestehend aus den Herren Prof. Dr. Hertzer aus Berlin, Seminaroberlehrer Hahnemann aus Annaberg i. S., Zeicheninspektor Flinzer aus Leipzig, Zeichenlehrer Moratzki aus Elberfeld und Zeichenlehrer Gräber aus Bremen. Aus den vom Verein nach einer eingehenden Kommissionsberatung angenommenen allgemeinen Grundsätzen für das Programm der genannten Ausstellung ist hervorzuheben: § 1. Die Ausstellung hat den Zweck, Klarheit in den Wettstreit der Methoden zu bringen, um dadurch noch mehr als bisher den allgemein (,,formal") bildenden Werte dieses Unterrichtsfaches für die wissenschaftlichen Lehranstalten Anerkennung zu verschaffen. § 2. Zur Ausstellung werden zugelassen Schülerzeichnungen aus den allgemein wissenschaftlichen Lehranstalten (z. B. Volksschulen, Mittelschulen, Gewerbeschulen, Realschulen, Gymnasien, Lehrerbildungsanstalten etc.), und zwar nur aus dem Schuljahr 1883/84. § 3. Aus den Schülerarbeiten ein und derselben Klasse und den hinzugefügten Erläuterungen muss aber eine gleichzeitige Be-lehrung, ein logischer Lehrgang und ein bestimmtes Klassenziel ersichtlich sein. § 4. Es sind aus ein und derselben Klasse möglichst sämtliche Zeich-nungen in methodisch geordneter Reihenfolge zu heften; der Lehrgang wird entweder durch Zeichnungen des Lehrers oder durch die des besten Schülers, welche zum Zwecke des Anheftens in losen Blättern einzuliefern sind, veranschaulicht. § 5. Ausnahmsweise dürfen Arbeiten der Oberklassen, welche im Einzelunter-richte entstanden sind, ausgestellt werden, wenn aus denselben hervorgeht, dass sie methodisch mit den Arbeiten der unteren Klassen in Verbindung stehen. § 6. Die Berechtigung zur Ausstellung beschränkt sich nicht auf die Mitglieder des Vereins, auch nicht auf die Methode desselben. § 7. Eine Ausstellung von Lehrmitteln soll damit verbunden werden. § 8. Der Verein wird seinerzeit eine Kommission zur Berichterstattung erwählen.

Bei dem Interesse, welches die Redaktion dieser Studien auch dem Zeichen-unterrichte bislang zugewendet hat, ein Interesse, welches nicht weniger bei den Lehrern vorhanden sein wird, dürfen wir wohl noch anzuführen uns gestatten, dass die bezügl. Kommission seinerzeit in dem Programm ein „Erläuterungsschema" für diejenigen Lehrer vorschreiben wird, welche die Ausstellung mit Schülerarbeiten etc. zu beschicken gedenken. Dieses Schema soll mit Notizen versehen werden, welche Auskunft geben über den Charakter der Anstalt, auf wie viele Jahre der Kursus der Anstalt berechnet ist, ob der Zeichenunterricht in allen Klassen obligatorisch, in welchen er nur fakultativ ist, wie viele Zeichenstunden wöchentlich erteilt werden und ob in Doppel- oder getrennten Stunden, wie viele Zeichenstunden im Schuljahre 1883:84 in den einzelnen Klassen faktisch erteilt worden sind, wie hoch die Schüler-zahl der einzelnen Klassen und ob ein Zeichensaal vorhanden ist, oder ob der Unterricht im Klassenzimmer erteilt wird, ob und welche Hilfsmittel bei Anfertigung der Zeichnungen angewendet seien, ob der Lehrplan vorgeschrieben sei (be-jahendenfalls ist derselbe mitzuteilen), welche Summe für Lehrmittel ausgesetzt, wie das Schülermaterial beschaffen sei etc. etc. Die gewissenhafte Behandlung der Notizen des Erläuterungsschemas wird als eine Ehrenpflicht hingestellt werden. — Das Programm wird ferner, als sehr geeignet, den Nachweis über die Wirksamkeit

eines Lehrverfahrens zu führen, die Anfertigung und Einsendung von Klausurarbeiten empfehlen, welche, wie andere Prüfungsarbeiten, ohne vorhergehende Besprechung dieser Spezialaufgabe angefertigt worden sind. Zeicheninspektor Flinzer
aus Leipzig nahm Gelegenheit, der Versammlung einen Stoss Klausurarbeiten
aus einer der ihm unterstellten Klassen vorzuzeigen.

Die Versammlung fasste ferner den Beschluss, einen Preis von 300 M. für
eine als gut anzuerkennende sachgemässe Beurteilung der vom
Vereine aufgestellten „Grundsätze für den obligatorischen Freihandzeichenunterricht an allgemein wissenschaftlichen Lehranstalten" auszusetzen. Dieser
Beschluss motiviert sich durch die Erwägung, dass es, wenn den Grundsätzen allgemeine Anerkennung verschafft werden soll, unbedingt nötig ist, das in den Protokollen, in der Zeitschrift und in besonderen Schriften enthaltene Material zur Begründung derselben zusammenzustellen und zu sichten. Das Ausschreiben des Kon-
kurses, die Wahl der Preisrichter etc. bleibt dem Vorstande des Vereins (Vorsitzen-
der: Prof. Dr. Hertzer in Friedenau bei Berlin; Mitglieder: Zeicheninspektor
Flinzer in Leipzig, Seminaroberlehrer Hahnemann in Annaberg, Zeichenlehrer Kleist
in Magdeburg, Reallehrer Gräber in Bremen, Reallehrer Banke in Breslau, Ge-
werbeschullehrer Moratzki in Elberfeld) überlassen. Es sei hierbei bemerkt, dass
die „Grundsätze für den obligatorischen Freihandzeichenunterricht an allgemein
wissenschaftlichen Lehranstalten, einschliesslich Volksschulen" (Preis: 0,20 M., mit
Protokollen: 0,60 M. in Briefmarken) und die auf grund der Grundsätze abgefassten
„Lehrpläne" für den obligatorischen Freihandzeichenunterricht an allgemein
wissenschaftlichen Lehranstalten" (Preis: 0,40 M. in Briefmarken) von dem Vorsitzenden des Vereins, Prof. Dr. Hertzer in Friedenau, zu beziehen sind.

Eine längere Debatte verursachte zur Verhandlung
kommende Antrag des Zeichenlehrers Zeppenfeld in Elberfeld: „Der Verein
möge an den Redakteur der Vereinszeitschrift (Prof. Dr. Hertzer) die
Bitte richten, in Zukunft mehr, als dies bisher geschehen, den
parteilosen Charakter der Zeitschrift zu wahren". Der Antrag fand
Zustimmung, namentlich ward von posenern und schlesischen Mitgliedern hervorgehoben, dass die fortgesetzten Streitartikel, welche zwischen Grau (Reallehrer in
Stade) und Flinzer, zwischen Thiele (Reallehrer in Osnabrück) und Grau, zwischen
Zeppenfeld und Schlömilch (Prof. und Geh. Schulrat in Dresden) von Hertzer gegen
Jessen und Stuhlmann (Vertreter der Hamburger Methode) gewechselt und ge-
schleudert wurden, sowohl der Verbreitung der Zeitung, als auch namentlich die
zum teil recht abfälligen Kritiken von Ausstellungen etc., der Ausbreitung des Vereins ein Hindernis bereits geworden seien, bezw. bei ihrer Fortsetzung noch werden
müssten. Die Versammlung stimmte dem Antrage bei. Würden sich die streiten-
den Mitglieder des Vereins mehr der auf- und ausbauenden Thätigkeit, einer
ruhigeren Beurteilung und einem sicheren Studium auch anderer Methoden hingeben, so könnte eine solche Unbekanntschaft wie die, dass der Herr Dr. Rein in
Eisenach in seinem „Ersten Schuljahr" schon für Einführung des Zeichenunterrichts Partei genommen; eine Äusserung wie die: mehr als „Spielen" könne das
doch nicht sein, und wo kein systematischer Zeichenunterricht am Platze sei, da
solle man überhaupt das Zeichnen lassen, nicht vorkommen.

Im Anschluss an diesen Bericht bringen wir die Thesen zur Mitteilung, welche
die Generalversammlung der schlesischen Lehrerschaft letzte Pfingsten in Hirschberg
angenommen hat. In einem längeren Vortrage legte nämlich Lehrer Klose aus
Görlitz einen „Zeichenunterrichtsgang für die Volksschule" dar, dessen
Grundgedanken in folgende Sätze gefasst waren:

1. Der Zeichengang muss dazu beitragen, dass nicht bloss Auge und
Hand gebildet werden, sondern dass auch Verstand und Schönheitssinn einige Pflege
erfahren.

2. Als Zeichenstoff eignen sich zunächst ebene Gebilde, und zwar die
einfachen geometrischen Linien und Flächen, sodann geometrische Linien- und
Flächenornamente, stilisierte Pflanzenformen, sowie einige leichte, idealistisch gehaltene Tiergestalten.

3. Auszuschliessen sind dagegen Landschaften und dergl., menschliche
Figuren, realistisch aufgefasste Tier- und Pflanzenformen.

4. Die Formen müssen der Leistungsfähigkeit der Kinder entsprechen und müssen

5. schön und mannigfaltig sein.

6. Die Anordnung der Formen darf nicht bloss nach den Grundsätzen: „Vom Leichteren zum Schwereren" etc. getroffen werden, sondern es muss die Anordnung zugleich mit Rücksicht auf die Abstammung bezw. mit Rücksicht auf die gegenseitige Verwandtschaft der Formen geschehen.

7. Die rein technischen Übungen müssen in dem angewandten Stoffe so wohlgeordnet und so reichlich vertreten sein, dass sich sogenannte Vorübungen fast ganz erübrigen. Jedenfalls müssen aber die angewandten Stoffe die etwa ubgesondert vorausgegangenen technischen Übungen auch wirklich zur Anwendung bringen.

8. Nicht bloss einfache Grundformen und einzelne Motive, sondern auch kleine Zusammensetzungen muss der Zeichengang enthalten.

9. Die zusammengesetzten Formen müssen übersichtlich und harmonisch gegliedert sein.

10. Die Zeichnungen müssen, soweit dies ausführbar ist, praktisch verwendbar sein.

11. Nach den ebenen Flächengebilden werden einfache geometrische Körper nebst einigen zunächst liegenden Zusammensetzungen nach vorgestellten Modellen gezeichnet.

Die allgemeine Versammlung schlesischer Lehrer nahm nach kurzer Debatte die vorstehenden Sätze an und bezeugte damit ihr wachsendes Interesse, ihr vermehrtes Verständnis für den Zeichenunterricht in der Volksschule.

Bunzlau.   Seminarlehrer Wehner.

III. Rezensionen.

I.

K. Eberhardt, Grossherzogl. Sächs. Schulrat u. Bezirksschulinspektor, Die Poesie in der Volksschule. Deutsche Dichtungen für den Schulgebrauch erläutert. Langensalza, Beyer & Söhne. 1880.

Das Buch verdient nach mehr als einer Seite hin volle Anerkennung.

Zuerst in bezug auf die Auswahl der behandelten Gedichte.

Der Verfasser hält es vor allem mit Uhland. Diesem begegnen wir in der Sammlung, die 34 Gedichte enthält, zwölf mal. Und das ist recht; denn Uhland ist derjenige unter unseren Dichtern, welcher an erster Stelle berufen ist, in unserer Jugend durch seine Poesie dasjenige Interesse zu wecken und zu pflegen, welchem der Unterricht in der Muttersprache zuvörderst dienen soll, nämlich das nationale. Seine Gedichte müssen deshalb die Darstellung der Geschichte unseres Volkes begleiten von der sagenhaften Vorzeit an, von welcher die Siegfriedlieder erzählen, das Mittelalter hindurch, dem vor allem die Rolandslieder angehören, bis zu den Ereignissen der neueren Zeit herab, welche Uhland bis

zu dem siegreichen Ausgange der Freiheitskriege mit seinem Sange begleitet.

Aber auch Hebel und Claudius kommen in der „Poesie der Volksschule" zu ihrem Recht. Der Verf. verwendet sich für beide bei den Lehrern mit warmen Worten, für jenen, weil seine Gedichte „uns versetzen in das Paradies des Kindes, das dichtend mit der Natur verkehrt, den Dingen Sprache, Willen, Leben beimisst und sie demgemäss behandelt", weil die Sprache derselben einfach und zum Herzen gehend ist und die Gedanken sinnig und voll sittlicher Bedeutung; für diesen wegen seiner „kindlichen Einfalt und Herzensfrömmigkeit". Für uns kommt noch eine andere Betrachtung hinzu. Die Liebe zum Vaterlande und zum eigenen Volke, welche sich entzünden soll an den Meisterwerken unserer Litteratur, ist gegründet auf die Interessen für die engeren Gemeinschaften: der Familie, der Gemeinde, des Stammes, wie auch für die heimatliche Natur. Hier ruhen im letzten Grunde die starken Wurzeln unserer Kraft. Claudius und Hebel aber sind diejenigen Dichter unseres Volkes, welche in ihren Gesängen das Leben in jenen engeren Kreisen mit Teilnahme begleiten, welche die Freude auch an dem Kleinen und Unscheinbaren in unseren Herzen zu erwecken verstehen, welche den stillen, zufriedenen Sinn, der unserer Zeit so not thut, in ihrer Poesie hegen und pflegen.

Endlich gewährt der Verfasser auch Schiller einen bevorzugten Platz, natürlich in der Oberklasse. Die Ethik fordert ja, dass unsere Teilnahme nicht stehen bleibt bei dem, was uns individuell nahe steht, dass sie sich nicht bloss den Gemeinschaften widmet, aus denen wir herausgewachsen sind, und den sittlichen Gütern, welche in diesen sich darstellen, sondern dass sich dieselbe darüber hinaus erstreckt auch auf das rein Menschliche, bei welchem die individuellen Züge abgestreift erscheinen. Auch die Volksschule muss eine solche Erweiterung der Interessen der Teilnahme anzubahnen versuchen, und sie kann das nicht besser thun als unter der Führung von Schiller, dessen Gedichte den Einzelnen hinausheben aus der engen Sphäre, in welcher er lebt, und in ihm das Bewusstsein erwecken, dass er ein Glied der Menschheit ist.

Es versteht sich von selbst, dass sich den angeführten Gedichten, welche den Kern der Sammlung bilden, auch einzelne von anderen Dichtern, so von Rückert, Gerhard, Chamisso, Schwab etc. anreihen.

Ist denn aber, wird man fragen, eine solche Auswahl ein Verdienst? Ist sie nicht etwas, was sich von selbst versteht, eine Voraussetzung, die einer besonderen Hervorhebung gar nicht bedarf?

Wir halten es allerdings gegenüber dem gekünstelten, steifen und oft läppischen Singsang, mit welchem heutzutage unseren Kleinen schon im Kindergarten der Geschmack an der Poesie verdorben wird, ferner gegenüber der geschmacklosen Auswahl von Gedichten, welche so manche Herausgeber von Lesebüchern für die Volksschule zur Zeit noch zu stande bringen,*) sowie endlich gegenüber der Autorität, deren sich solche Machwerke bei unseren Lehrern erfreuen, wir halten es diesen Thatsachen gegenüber für ein Verdienst, wenn ein einflussreicher Mann auf die wahre, echte Poesie aufmerksam macht und seinen Lehrern die rechten Wege in dem weiten Gebiete zeigt. —

Das Buch verdient aber auch Anerkennung in bezug auf die methodische Behandlung der Gedichte.

*) Vgl. dazu die Ausführungen des Verf. in den deutschen Blättern für erzieh. Unterr. 1881, No. 1 ff. „Über die Poesie in der Volksschule."

Die Richtlinien für dieselbe giebt der Verf. in der Einleitung. Daselbst heisst es S. 4: „Dass das Neue erwartet werde, dass es mit dem Vorhandenen ... Verbindungen eingehe, die von denen zum Verallgemeinerungsprozess führen, dass das erworbene Allgemeine (sc. Wissen) zum freudigen Können werde, dass der Schüler also in den Stoff energisch versenkt werde und doch nach der Versenkung wieder zu sich selber komme und den erworbenen Stoff als ein von seinem Subjekt verschiedenes Objekt erfasse, über das er die Herrschaft besitzt: das wird immer die höchste Aufgabe pädagogischen Geschicks sein und bleiben."

Das sind gewiss treffliche Worte, und man fürchte nicht, dass sie bloss für die Einleitung bestimmt sind, um sich, wie es wohl hin und wieder geschieht, in leichter Weise mit den Forderungen der Pädagogik abzufinden. Man fürchte nicht, dass wir es hier mit pädagogischem Firniss zu thun haben, der zuweilen aufgetragen wird, um den Büchern einen hübschen Schein zu verleihen und flüchtige Rezensenten zu täuschen.

Der Verf. ist in der That ernstlich bemüht, die Aufgaben, welche er als erstrebenswert hinstellt, in seinem Buche zu lösen.

Bevor das Gedicht selbst behandelt wird, erinnert er an die bekannte Sage oder den geschichtlichen Stoff, welcher demselben zu Grunde liegt (s. S. 55 Klein Roland), er weist hin auf das heimatliche Monument (Rolandssäule), oder er lässt sich die Beobachtungen der Kinder über das Ereignis, das im Gedicht zur Darstellung kommt, erzählen (s. S. 46 Das Gewitter).

Er bietet sodann das Gedicht nach seinen einzelnen Teilen dar (s. S. 92 Die alte Waschfrau) und sorgt für die rechte Erfassung des Inhaltes durch sorgfältige Anweisungen für ein gutes, sinngetreues Lesen (s. S. 40 Das Gewitter, S. 84 Der Wegweiser). Durch Hervorhebung des Grundgedankens oder der Idee (s. S. 18 Das Spinnlein: „Gott giebt jedem seine Speise zur rechten Zeit." S. 44 Das Gewitter: „Heute rot, morgen tot." S. 104 Die Bürgschaft: „die Freundestreue, welche alle Hindernisse besiegt") lenkt er den Blick der Schüler auf die sittlichen Gedanken, welche in dem Gedichte leben, und durch Betrachtungen über die Sprache und Kunst des Dichters (s. S. 14 Das Spinnlein: Personifikation, Rhythmus. S. 25 Der Winter: malerische Anordnung. S. 90 Die Sonne bringt es an den Tag: Kürze und Lebendigkeit der Darstellung) erweckt er das Verständnis für jene Formen der Schönheit, die in der Poesie sich offenbaren.

Vermittelst mannigfacher Vergleichungen und Zusammenstellungen führt alsdann der Verf. den Schüler hin zu einem klaren und geordneten Wissen von der Sprache und der Kunst des Dichters, und endlich wird von ihm Sorge getragen dafür, dass das Gelernte auf verwandten Gebieten zur Anwendung kommt (S. 19 Das Spinnlein: Personifikation des Käfers, S. 38 Der Winter ist ein rechter Mann: der Winter ein Fürst). Dabei begleiten schriftliche Arbeiten die Besprechung auf allen Stufen (S. 44 Das Gewitter: Inhaltsangabe, Charakteristik der vier Personen, S. 104 Die Bürgschaft: Angabe des Gedankenganges, S. 86 Der Wegweiser: Ausführung des Grundgedankens).

Den Glanzpunkt bei dieser Behandlung der Gedichte erblicken wir in den vergleichenden Betrachtungen, welche der Verfasser anstellt zwischen der Sage, Geschichte oder auch den Beobachtungen des Kindes auf der einen Seite und der poetischen Form, in welche der Dichter diese Stoffe gebracht hat, auf der anderen. Durch diese Vergleichungen, welche zuweilen meisterhaft durchgeführt sind (s. S. 41 Das Gewitter, Seite 57 Klein Roland, S. 89 Die Sonne bringt es an den Tag), bekommt das Kind einen Einblick in die künstlerische Thätigkeit des Dichters, in das Walten der poetischen Einbildungskraft, und seine eigene Phantasie wird in der kräftigsten Weise angeregt. Zugleich erschliesst sich dem Gemüt des Kindes mit der Empfindung des Hohen und Idealen, was die Dichtung vor der Wirklichkeit auszeichnet, der Wert der Poesie, und seine Seele wird erfüllt mit Achtung und Bewunderung für die Schöpfer jener Kunstwerke.

Nur mit der Art und Weise, wie der Verf. die Stoffe, mit welchen das Gedicht verglichen wird, zuweilen herbeischafft, oder, was in dem vorliegenden Falle dasselbe ist, mit dem Verfahren bei der analytischen Besprechung können wir uns nicht befreunden. Gewiss ist es richtig, was der Verf. sagt: „Die Vorbereitung (d. i. die analytische Besprechung) muss eine Anzahl Anknüpfungspunkte zur Vergleichung mit dem Stoffe des Gedichts darbieten, damit die Differenz zwischen dem verarbeiteten prosaischen und poe-

tischen Stoffe, oder vielmehr der prosaischen und poetischen Auffassungsweise recht sichtbar wird" (S. 34). Aber daraus folgt doch nicht die Notwendigkeit, dass man, wie das öfters, so z. B. bei dem Gedicht: Das Spinnlein (S. 14), geschieht, die Hauptsätze des Gedichts (Die Spinne ist eine Spinnerin. Sie ist aber auch eine Brückenbauerin und ein Goldschmied etc.) abkatechisirt?*) Ein solches Verfahren ist verfehlt in zwiefacher Hinsicht:

Bei der analytischen Besprechung, der Zerlegung des kindlichen Gedankenkreises kommt es doch darauf an, dass das Kind seine Gedanken, Erfahrungen und Ansichten über den betreffenden Gegenstand in zwangloser Weise äussert — dagegen werden ihm hier eine Reihe von Sätzen in bestimmter Form dargeboten resp. aufgedrängt. Und weiter soll, wie der Verf. S. 4 selbst hervorhebt, durch die analytische Besprechung die Erwartung auf das Neue gespannt werden — während sie hier, wo das Kind im Gedicht dasselbe wiederfindet, was ihm vorher schon einmal gesagt worden ist, geradezu abgestumpft wird.

Aber wie kommen wir denn zu jenen Gedanken, welche Anknüpfungspunkte darbieten zu einer Vergleichung mit dem Gedichte? Nun, das geschieht in durchaus sicherer Weise durch eine derartige Formulierung der betr. Aufgabe, die auf das Gedicht hinweist, dass die sich daran schliessende Besprechung gleich auf einzelne Punkte hingelenkt wird, über welche die Kinder sich dann in ihrer Weise und nach ihrem Anschauungs- und Erfahrungskreise auszusprechen haben. Wir wollen ein Gedicht lesen „von den Glocken, die im Frühling läuten", sagt der Lehrer, wenn das Gedicht: „Schneeglöckchen thut läuten" von R. Reinick behandelt werden soll, oder: Wir kommen heute zu einem neuen Liede, „in dem erzählt ist von einem Wandersmann, der im Frühling hinausgeht in die weite Welt", wenn W. Müllers Wanderlied: „Der Mai ist auf dem Wege" zur Besprechung gelangt.

Und nun haben wir in Bezug auf die methodische Behandlung nur noch einen Wunsch auszusprechen, einen

---

*) „Sehn wir einmal zu, was die Spinne spinnt. Denkt euch zwei Häuser nebeneinander. Da spinnt sie von einem zum andern. Da kann man ja darüber gehen. Wie willst du das wohl nennen, da man darüber gehen kann? Einen Weg. Und da er unten hohl ist? Eine Brücke. Ei, da ist ja unsere Spinne noch etwas anderes geworden. Was denn? Eine Brückenbauerin (S. 14). Siehe auch S. 83.

Wunsch, dessen Erfüllung dem Geiste des Ganzen entsprechend gewesen wäre. Es hätten nämlich aus den betrachteten Gedichten diejenigen Züge abgeleitet werden sollen, welche charakteristisch sind für die betreffende Dichter-Individualität, damit das Kind auch eine Vorstellung bekommt von der Person des Dichters, von seinen Bestrebungen und Neigungen, damit es den kennen und lieben lernt, dem es die Kunstwerke verdankt, an denen es sich erfreut. Einige biographische Mitteilungen würden dann das gewonnene Bild ergänzen und vervollständigen. —

Wir kommen nunmehr zu dem dritten Vorzuge des Buches.

Dieser besteht darin, dass der Verf. „die zu behandelnden Gedichte im Sinne der Konzentration in das Ganze des Lehrplans einzufügen", also sowohl an die Gesinnungsstoffe als auch an die Heimatskunde anzulehnen sucht; denn „wer Gedichte . . . beliebig und ohne Rücksicht auf den kulturgeschichtlichen Stoff aufnehmen und isoliert lassen wollte, würde damit nur beweisen, wie wenig ihm der Gedanke an die Bedeutung des erziehlichen Unterrichts aufgegangen ist" (S. 9).

In der That ist es eins von den hohen Zielen, welche sich die Pädagogik, die von Herbart ausgeht, gesetzt hat: alle Stoffe, welche geeignet werden für das Werk der Erziehung in seinen einzelnen Stufen, in eine solche Verbindung zu bringen, wie es die Rücksichtnahme auf die zu bildende Einheit des Gedankenkreises des Zöglings verlangt, oder mit anderen Worten: ein Lehrplansystem zu schaffen. Dazu gehört vor allem auch, dass die Schätze unserer Litteratur in der rechten Weise beachtet und mit den Konzentrationsstoffen, welche den einzelnen Schuljahren zuerteilt sind, in Zusammenhang gebracht werden, wie der Unterzeichnete das im 11. Jahrbuch des Vereins für wissenschaftl. Pädagogik in Bezug auf Claudius zu thun versucht hat.

Stagnation auf dem Gebiete der Erziehung, Mechanisieren des Unterrichts (S. 10) ist dabei wahrlich nicht zu befürchten; denn diese Arbeit ist eine unendliche. So lange die menschliche Forschung fortschreitet, so lange Dichter und Denker leben, kann sie kein Ende finden.

Ein Mechanisieren des Unterrichts liegt insbesondere der Herbartschen Pädagogik fern, welche die Individualität des Zöglings in so hervorragender Weise berücksichtigt. Nach ihr kann sich die Erziehung kein Mal in derselben Weise wiederholen. Vielmehr sind die Erziehungsmittel, vor allem der Unterricht, immer und immer zu modifizieren je nach der Individualität des Schülers, der Zeitlage, den örtlichen Verhältnissen oder auch den jeweiligen Bedürfnissen der Charakterbildung.

Wollte Gott, die Bedeutung des Werkes, das wir erstreben und an dessen Spitze die Ausbildung eines Lehrplansystems steht, ginge unseren Lehrern und Erziehern auf! Es giebt so viele treffliche und kenntnisreiche Männer unter ihnen, die nur darum der Sache fremd, zum teil feindlich gegenüberstehen, weil ihr Bildungsgang sie nicht frühzeitig genug hineinversetzt hat in die rechten pädagogischen Gedankenkreise und Bestrebungen.

Zu ihrer Anfmunterung setzen wir zum Schlusse ein Wort hierher, das einer Zuschrift des Herrn Professor Theodor Vogt entnommen ist, und das uns selbst in unserem Streben von neuem gestärkt und gekräftigt hat:

„Am Ausbau und für die Anerkennung des Lehrplansystems arbeiten heisst, einem grossen und menschenwürdigen Zwecke dienen. Wer Bände von Schriften der Akademien der Wissenschaften urteilend durchmustert und etwa findet, dass gar viele Schriftsteller der blossen wissenschaftlichen Neugierde dienen, ohne auf den grossen Bann menschlicher Erkenntnis Rücksicht zu nehmen, geschweige auf ethisch-praktische Tendenzen zu denken, wie gross ermessen, wie gross die Höhe jenes Zweckes sei." —

Dresden.   Karl Just.

II.

R. Dietlein, W. Dietlein, Dr. R. Gosche, Fr. Polack, aus deutschen Lesebüchern. 1. Bd. Lief. 1. Berlin 1881.

Aus dem Werke, welches Dichtungen in Poesie und Prosa für Schule und Haus erläutert, greife ich für meine Besprechung die Einleitung heraus, und aus dieser wieder den Abschnitt über die methodische Behandlung, da dieser Teil für viele unserer Leser von besonderem Interesse ist.

„Die Methode der Behandlung, heisst es Seite 6, hat sich eng dem Wesen des Gegenstandes anzuschmiegen und ihm ihre

Gesetze abzulauschen." Wir glaubten bisher, dass die Methode sich vor allem eng dem Wesen des kindlichen Geistes anzuschmiegen und diesem ihre Gesetze abzulauschen habe. Wir können uns aber irren. Allerdings meinten wir bisher, dass der Gegenstand, der Stoff zunächst gar nicht in Frage komme; erst dann, wenn man dem Prozess des Lernens nachgegangen ist, wenn man genau erkannt, wie sich im kindlichen Geiste Vorstellungen und Begriffe bilden, dann kann man fragen, welche Modifikationen erleidet der in seinen Grundzügen für alle Denkarbeit feststehende Gang in bezug auf den oder jenen Stoff. —

Seite 6 heisst es dann weiter: Sind Dichtungen Kunstwerke, so muss ihre Behandlung ein Kunstgenuss sein oder doch dazu führen. Welche psychologischen Stufen durchläuft nun der Kunstgenuss? Die Stufen der Vorbereitung, der Unmittelbarkeit, der Vertiefung und der Verwertung.

Der Kunstgenuss jedoch durchläuft gar keine psychologischen Stufen, wohl aber der Lernprozess. Der Kunstgenuss ist ein Produkt verschiedener Faktoren: Einsicht in die Verhältnisse des dargebotenen Kunstwerkes, Beurteilung der einzelnen Glieder und Vergleichung mit anderen ähnlichen Werken. Er ist um so intensiver, je höher die Bildung, hat also verschiedene Grade; dass er aber im Kinde — und von diesem ist hier die Rede — psychologische Stufen durchläuft, ist uns unverständlich. Was soll das heissen, der Kunstgenuss durchläuft die Stufe der Vorbereitung? Ich denke auf dieser Stufe ist er noch gar nicht vorhanden. Er kann es auch nicht sein, denn das Kunstwerk, aus welchem er resultiert, wird ja erst auf der zweiten Stufe dem Kinde vorgelegt. Also zweifelsohne meinen die Verfasser, so wie es bei Herbart, Ziller u. Anderen heisst: Der Lernprozess durchläuft vier Stufen; nicht der Kunstgenuss. Das ist ein Missverständnis.

Denn ebenso unzweifelhaft ist es, dass die 4 Stufen der 4 Verfasser aus der herbartischen Schule hergeholt sind. Das sieht man auf den ersten Blick. Man braucht nur Eberhardts Poesie in der Volksschule (Langensalza 1880) zu kennen. Aus dieser Quelle stammen zum grossen Teil die Auseinandersetzungen der Verfasser in bezug auf die methodische Behandlung.

Die Quelle selbst ist hierbei nicht genannt, daher möge es nachträglich von mir geschehen. Bei Eberhardt heisst es in bezug auf die Stufe der Vorbereitung Seite 3: „Es soll (von dem Lehrer) nichts Neues gegeben werden, was nicht in der Kindesseele bereits seinen Haken vorfindet, woran es befestigt werden kann." In der vorliegenden Schrift wird daraus Seite 7: „Der Lehrer muss gleichsam alle eingeschlagenen Nägel kennen, woran er das Neue anhaken kann." Ich muss gestehen, das Eberhardtsche Bild gefällt mir besser. Denn die vorhandenen Vorstellungen mit eingeschlagenen Nägeln zu vergleichen, erscheint mir etwas kühn; auch möchte ich dagegen protestieren, dass die Seelen unserer Kinder mit Brettern verglichen werden, in welche mit grösserer oder geringerer Mühe grössere und kleinere Nägel vom Lehrer hineingetrieben werden, damit er etwas daran anhaken resp. aufhängen kann.

Im Übrigen stimmen wir mit den Verfassern in bezug auf die Erklärung der ersten Stufe überein. Nur möchten wir sie auf folgenden Widerspruch aufmerksam machen. Sie sagen Seite 7: „In den meisten Fällen wird darum der Lektüre einer Dichtung eine Vorbereitung vorangehen müssen. Diese kann auf mannigfache Weise geschehen. Bei Prosastücken wird sie durch gutes Vorlesen und eingeschaltete kurze Erläuterungen der schwierigen Ausdrücke mit der unmittelbaren Wirkung zusammenfliessen. Dasselbe wird bei kindlichen, leicht verständlichen Gedichten der Fall sein." Das heisst also: Die Vorbereitung kann auf mannigfache Weise geschehen. Erstens: sie geschieht gar nicht. Sowie nämlich das Vorlesen des Stückes auftritt, beginnt die Darbietung des Lehrers. Wer also damit seinen Unterricht anfängt, macht offenbar keine Vorbereitung. Denn ich habe noch nie gehört, dass man das sofortige Darbieten des Neuen, noch dazu mit eingeschalteten kurzen Erläuterungen, „Vorbereitung" genannt habe. Es läuft hier also abermals ein kleines Missverständnis unter.

Noch eine andere Stelle über die „Vorbereitung" ruft unsere Missbilligung hervor. Seite 7: „Schwierigere Dichtungen werden aber erst dann gehörig wirken, wenn der Lehrer im engen Anschluss an Gang und Ausdruck derselben, frei oder mit dem Buch in der Hand (!), ein Situations- und Stimmungsbild zeichnet, das die Seelen der Hörer in die rechte Spannung versetzt. Er hat dabei alle Steine des Anstosses aus dem Wege des Verständnisses zu räumen, indem er unbekannte Ausdrücke mit bekannten vertauscht, Schwierigkeiten im Satzbau durch leise Umstellung beseitigt, auf alle dunklen Stellen Licht fallen lässt und bei Sprüngen und Auslassungen das Verständnis durch ein entsprechendes Zwischengewebe vermittelt." Ausgezeichnet! Wenn der Lehrer Alles macht, dann brauchen ja die Kinder nichts zu thun!

II. Die Unmittelbarkeit. „Nach erfolgter Vorbereitung hat der Lehrer die Dichtung möglichst gut vorzulesen." Also die zweite Stufe beginnt mit dem Vorlesen. Vorhin aber hörten wir, dass das Vorlesen zuweilen auch auf die erste Stufe gehört. „Hierauf folgt ein abschnittweises Lesen durch bessere Schüler, wobei der Lehrer den Inhalt und knappe Wort- und Sacherklärungen abfragt. Letztere brauchen nicht erst mühsam heraus katechisiert zu werden, da sie bei der Vorbereitung bereits gegeben sind." Eine merkwürdige methodische Verarbeitung, eine sonderbare Mischung von altertümlicher und neuerer Methodik! Das Abfragen des Inhaltes ist etwas von der neueren Methodik längst überwundenes als durchaus überflüssiges und der „Unmittelbarkeit" eminent schädliches, da sie die Gesamtauffassung in viele kleine Stückchen zerreisst und den Gesamteindruck schädigt. Und wozu das Abfragen der „knappen Wort- und Sacherklärungen" auf der zweiten Stufe, da sie auf der ersten bereits gegeben sind? Es scheint uns dies eine gänzliche Verkennung nicht nur der ersten Stufe, sondern des ganzen stufenmässigen Aufbaues zu sein. Überdies vermag der gekünstelte Ausdruck „Unmittelbarkeit" des Verständnisses zur Klärung der Sache wenig beizutragen. Ich will den Verfassern gern den Ruhm der Erfindung dieser unpassenden Bezeichnung für die zweite Stufe lassen — aber mir scheint es allerdings so, als ob dieselben eine Stelle aus Ziller, Jahrbuch des Vereins für wissensch. Päd. 1871, S. 125 f. missverstanden hätten. Dort ist nämlich auch von einer Stufe der „Unmittelbarkeit" die Rede — aber freilich in einem ganz anderen Sinn.

Nach der Unmittelbarkeit, d. h. nach dem oberflächlichen Verständnis des Gedichtes, welches auf der zweiten Stufe erreicht werden soll, folgt die Vertiefung und endlich die Verwertung: „Nutzanwendung für Herz und Leben" u. s. w.

Wir wollen uns hier auf Einzelnes nicht einlassen, da die Besprechung zu weit führen würde. Ich habe den Eindruck empfangen, als ob die Verfasser von dem methodischen Aufbau nach herbartischen Grundsätzen nichts weiter gelesen, als was sie in der Einleitung zu dem Eberhardtschen Buch gefunden. Was aber hier mit klaren Worten und als Resultat eingehenden Studiums bestimmt dargelegt ist, haben die Verfasser mit entschiedenem Geschick zu verdunkeln gewusst. Auch sonst bemerkt man deutlich den Einfluss der Eberhardtschen Anleitung. Wer erinnert sich nicht der Warnung bei Eberhardt über die Anwendung der formalen Stufen bei jeder methodischen Einheit, wenn er liest: „Das eben aufgestellte methodische Tableau (!) für die Behandlung von Dichtungen soll aber nicht ein eiserner Rahmen sein, auf den jede Dichtung gespannt und Zug für Zug angepasst wird. Dann könnte es in ungeschickter Hand leicht ein Prokrustesbett werden, auf dem die Schönheit verrenkt und verstümmelt, der Geist aber ausgetrieben würde."

Ferner verwahrt sich Eberhardt gegen den Vorwurf, dass er die Anleitung geschrieben habe, um für den Lehrer ein bequemes Ruhekissen zu schaffen. Dies wolle er durchaus nicht. Auch die vier Verfasser der vorliegenden Schrift wollen das entschieden nicht; nur wird bei ihnen aus dem „Ruhekissen" eine „Schlummerrolle". Ihr Werk soll nämlich ein „Wegweiser durch stufenmässiges Aufsteigen und methodische Winke, aber es soll keine Schlummerrolle für die Trägheit sein." So wurden in ähnlicher Weise, wie schon oben erwähnt, aus dem „Haken" bei Eberhardt hier „Nägel" fabriziert. —

Zum Schluss erlaube ich mir für eine event. neue Auflage den Wunsch auszusprechen, die Verfasser möchten entweder bei der alten Weise bleiben, oder — wenn sie sich der neuen anschliessen wollen — dieselbe erst gründlich nach den Quellen (Herbart, Ziller) studieren. Die vorliegende theoretische Begründung des Lehrverfahrens ist oberflächlich, unreif und nur zu sehr geeignet, dem nachfolgenden praktischen Teil zu schaden.

Eisenach. W. Rein.

III.

Stoppel, Zeichenhefte mit Vorzeich-
nungen. 4 Hefte. Hanau 1881. 2. Aufl.
Wir können die Zeichenhefte des Herrn
Stoppel nicht empfehlen. Auf dem Titel-
blatt steht: Nachdruck verboten! Sollte diese
Warnung wirklich nötig gewesen sein? Wir
erlauben uns dieselbe umzuwandeln in den
Satz: Nachzeichnung verboten, da
wir unsere Volksschule gern vor solcher
Stoppelei bewahren möchten.

Leider steht diese nicht einzig in
ihrer Art da. Es giebt immer noch
Lehrer, die mir nichts dir nichts ein
Zeichenwerk bearbeiten. Das möchte
noch sein. Im Schrank liegt Manches
gut und bringt Niemandem Schaden.
Aber dass solche Fabrikanten Verleger
für ihre Machwerke, die mühsam aus
allen Ecken zusammengestoppelt sind,
finden — das ist das Wunderbare, ja geradezu Unbegreifliche!

Aber das Unbegreifliche — hier ist
es geschehen. Zeichenhefte mit Vorzeichnungen, also mit einem ver-
alteten, längst abgethanenen, weil durchaus unpädagogischen Prinzip behaftet!
Freilich kann sich Herr Stoppel auf
Domschke und Flinzer berufen. Wenn
aber Andere etwas Törichtes begehen, so
braucht man es doch nicht gleich nach-
zumachen. Und wozu Vorzeichnungen,
die jeder Lehrer, auch der im Zeichnen
ungeübte, an der Tafel mit Leichtigkeit
entwerfen kann? Weiss Herr Stoppel
nichts vom Vorzeichnen an der Wandtafel
oder will er Beides, Vorzeichnen an der
Wandtafel und die Vorlagen im Buch?
Eins davon ist aber entschieden überflüssig. Ich brauche nicht zu sagen, dass
Vorzeichnungen in den Heften zu verwerfen sind. Warum, ist sicher schon
hundertmal gesagt worden, darum
schweige ich darüber. Für jeden einsich-
tigen Lehrer sind die Hefte von vornherein schon dadurch vollständig gerichtet, dass sie die Vorlagen in Form kleiner Vorzeichnungen im Heft enthalten.

Aber sie sind auch ohnedies zu verwerfen. Der eingeschlagene Gang zwar
— von der Stigmographie zum Freihandzeichnen — ist auch der unsere. Aber
innerhalb dieses Rahmens nun der Fortschritt im Einzelnen! Ein Prinzip ist
kaum zu erkennen. Wir bemühen uns
auch nicht lange, es wäre ja doch vergeblich, und sehen nur noch das an, was
unsere Volksschüler nach Herrn Stoppel
zeichnen sollen. Da ist allerdings vieles
himmelschreiend.

In Heft 1 und 2 sind nur die Flachornamente — bekannte gute Muster, die
Herr Stoppel ausser anderem von Herrn
Professor Bauer sich geholt hat — zu
gebrauchen. Alles übrige ist trauriges
Zeug, welches nur geschmackverbildend
wirken kann. Heft 3 bietet ebenfalls ein
merkwürdiges Sammelsurium: Flachornamente, Gefässe, lateinische Schrift (!)
und eine Karte von Palästina (!). Noch
toller ist das vierte Heft. Da giebt es
unter anderem auch ein Blatt mit vier
perspektivischen Zeichnungen, die noch
dazu teilweise falsch sind. Was soll das
heissen? Glaubt Herr Stoppel, dass die
Kinder nach diesen vier Vorzeichnungen
Perspektive lernen könnten? Dieses
11. Blatt im 4. Heft ist ein sprechender
Beweis für den Mangel pädagogischer
Bildung und eingehender Überlegung des
Herrn Stoppel. Dass bei ihm keine Spur
von Geschmack zu finden ist, nehmen
wir ihm weniger übel. Unverständlich
ist es aber, wie ein Lehrer so unpädago-
gisches Zeug zu Tage fördern kann. Es
liegt also hier wieder einmal die Thatsache vor, dass Jemand, der weder
ästhetische noch pädagogische Bildung
besitzt, zu der Herausgabe eines Zeichen-
werkes sich versteigt.

Durchblättern wir nun zum Schluss
noch einmal das Ganze, so könnte man
beinahe meinen, es sei doch nicht so
schlecht, da die verschiedenen Gruppen
des Interesses in demselben berücksichtigt
seien. Die Art und Weise jedoch, wie dies
geschieht, muss abermals eine vollständige
Verurteilung des Ganzen herbeiführen.
Das ästhetische Interesse wird beispielsweise auf der einen Seite durch gute
Flachornamente geweckt, auf der andern
wieder durch das geschmackloseste Zeug
getötet; das spekulative Interesse findet
seine Nahrung an verschiedenen Darstellungen, über die man sich lange den
Kopf zerbrechen muss, ehe man darauf
kommt, was sie bedeuten sollen. So kann
uns z. B. ein Kirchturm, von dem weiter
nichts vorhanden ist, als die Spitze, sehr
irreführen. Das religiöse Interesse
könnte geweckt werden bei dem Anblick
verschiedener Leichensteine. O, diese
Leichensteine! Von 100 Zeichenwerken
können 90 nicht ohne sie existieren. Für
diese Sorte von Denkmälern kenne ich
aber nur eine Verwendung: ich begrabe
damit sämtliche Stümpereien und Stoppe-
leien, von denen die deutsche Volksschule
leider noch immer heimgesucht wird!

Das Posener Schulblatt sagt zwar, das Stoppelsche Opus sei ein vortreffliches Werk, wie ein derartig zweckmässig angelegtes noch nicht existiere — und die Mainzer Zeitung schreibt sogar, es gehöre die vorliegende Arbeit unstreitig zu den besten auf diesem Gebiete — allein solche Urteile beweisen uns nur immer und immer wieder, wie nötig es ist, Rezensionen zu geben, welche allein die Wahrheit im Auge haben. Wir nehmen aber zur Ehre der Verfasser obiger Lobsprüche an, dass dieselben die Stoppelschen Hefte nur von weitem gesehen haben, oder aber, dass ihnen auf dem Gebiet des Zeichenunterrichts weiter nichts bekannt ist, als diese Arbeit.

Eisenach.   W. Rein.

IV. Anzeigen.

Th. W. Danzel und G. E. Guhrauer, Gotthold Ephraim Lessing. Sein Leben und seine Werke. II. bericht. und vermehrte Aufl., herausg. von W. von Maltzahn und R. Boxberger. 2 Bände (VIII, 520 S.; 699 S. 8°). Berlin, Verlag von Theodor Hofmann. 1880 u. 81. 15 M.

Das seit langer Zeit im Buchhandel vergriffene klassische Werk von Danzel-Guhrauer, die erste würdige Biographie unsers grossen Kritikers und Dichters, über deren epochemachende Bedeutung keine Meinungsverschiedenheit besteht, wird hiermit dem deutschen Publikum in neuer Bearbeitung dargeboten. Bei seinem ersten Erscheinen hat das Werk bei allen kompetenten Zeitgenossen seiner Gründlichkeit und Gewissenhaftigkeit wegen, entsprungen aus Liebe und Bewunderung für den Heros desselben, mit Fug und Recht gebührend Anerkennung gefunden. Für das Studium und die Kenntnis Lessings ist das Buch nicht nur in Deutschland, sondern auch im Auslande von hoher Bedeutung gewesen. Die Resultate seiner Forschungen wurden bei neuen Ausgaben der Lessingschen Werke benutzt; Adolf Stahr popularisierte dasselbe; das Stahrsche Buch aber wurde jenseits des Kanals bei Herstellung der Werke von J. Sime und H. Zimmern nicht wenig verwertet und diese in Übersetzungen dem deutschen Publikum dargeboten und als Gipfel literarhistorischer Leistungen angepriesen. Die Herausgeber der neuen Auflage haben es vortrefflich verstanden, dieselbe auf dem heutigen Standpunkte der Lessing-Forschung zu halten, ohne im geringsten die Pietät gegen die hochverdienten Verfasser, deren Werk ihnen zugleich als Vermächtnis galt, aus den Augen zu setzen. Der Text wurde mit möglichst schonender Hand behandelt, selbst da, wo die Gründlichkeit bisweilen etwas zu gründlich und die philosophische Spekulation allzu spekulativ war. Nur insoweit fand eine Änderung des ursprünglichen Textes statt, als thatsächliche Berichtigungen und Ergebnisse eigener und fremder Forschung Aufnahme forderten, wogegen abweichende ästhetische Ansichten der Herausgeber in die Anmerkungen verwiesen worden sind. Die zu einem ausserordentlichen Umfange angewachsene Lessing-Litteratur hat in der neuen Auflage die sorgfältigste Berücksichtigung erfahren, alle neueren einschlagenden Publikationen finden an den betr. Stellen als Anmerkungen oder Beilagen Erwähnung. Durch die Mitteilung bisher noch „unbekannter Lessingiana" wird dem Studium unsers Dichters und Kritikers ein wesentlicher Vorschub geleistet und Stoff und Gelegenheit zu neuen Kombinationen geboten. Aus dem Gesagten geht zur Genüge hervor, dass damit dem vorliegenden Werke der demselben zukommende hervorragende Platz in der Lessing-Litteratur für die Zukunft gesichert ist.

Die neue Auflage zitiert nicht nur nach der früher besten Ausgabe, der von Lachmann, sondern auch nach den neueren wissenschaftlichen Ausgaben von Maltzahn und Hempel, zuweilen wird auch die Grotesche Ausgabe angezogen.

Uns dünkt, es falle die neue Ausgabe in eine dem Lessing-Studium günstige Zeit, als erfülle sich das Wort Gustav Kühnes: „Auf Lessing zurückgehen, heisst fortschreiten." Möge darum das Danzel-Guhrauersche Werk in seiner neuen Gestalt zu den alten Freunden viele neue gewinnen, nicht nur sich selbst, sondern auch dem Geistesheros, dessen Leben und Streben es in so trefflicher Weise zur Darstellung bringt. Möge das Buch auch in pädagogischen Kreisen freundliche Aufnahme finden.

Halle.   H. Grosse.

I.

Über die Organisation der Lehrerbildung in Deutschland.

Vortrag von Dr. W. Rein, gehalten auf der Seminarlehrerversammlung zu Berlin im Herbst 1881.

Es ist keine sogen. „brennende“ Frage, m. H., welche wir behandeln wollen, aber es ist eine Lebensfrage für unsere Schule. Sie schneidet tief ein in die Einrichtung der Anstalten, welche der Lehrerbildung dienen. Sie ist auch geeignet, das allgemeine Interesse hervorzurufen, da wir im Reich keineswegs schon zu einem Abschluss der Organisation in bezug auf unsere Lehrerbildung gekommen sind.

Machten sich auch schon vor beinahe 10 Jahren in der Seminarsektion der Hamburger Lehrerversammlung, sowie auf der Seminarlehrerversammlung zu Neuwied bestimmte Richtungen geltend und kam es damals schon zu einer bedeutenden Klärung unserer Frage, so ist doch keineswegs eine erneute Diskussion*) überflüssig, zumal seit dieser Zeit neue Wünsche und neue Erfahrungen sich angesammelt und die Verhältnisse sich insoweit geändert haben, als die stete Rücksichtnahme auf die Lehrernot — wie sie in den früheren Verhandlungen immer zu Tage trat — in der Gegenwart hinfällig geworden ist. Unser Blick wurde dadurch freier, unsere Betrachtung unabhängiger. Wir haben nicht mehr mit einer Grösse zu rechnen, die nur zu sehr geeignet war, weitergehende Wünsche im Keime zu ersticken. Jetzt aber scheint der Zeitpunkt gekommen, wo solche Wünsche hervortreten und erneute Betrachtungen angestellt werden können, um das Ziel, dem wir zustreben, und die Mittel und Wege, auf welchen wir das gesteckte Ziel zu erreichen vermögen, sicher und klar uns vor Augen zu stellen.**)

Denn ein Blick in die Geschichte unserer Seminare würde uns zeigen, wie die Entwicklung der Lehrerbildung viel mehr dem zufälligen Bedürfnis Schritt für Schritt folgte und deshalb oftmals falsche Bahnen einschlug, als einem einheitlichen Plane, der in seinen Grundzügen feststehend den Wegzeiger für den allmählichen Ausbau hätte abgeben können.

---

*) Leider wurde dieselbe von vornherein durch ziemlich heftige, und zum teil ganz unverständliche Angriffe illusorisch gemacht.

**) Der Verfasser hat sich hierin getäuscht. Wenigstens für Preussen scheint dieser Zeitpunkt noch nicht gekommen. Hier nähert sich zwar die Lehrernot ihrem Ende, dafür scheint aber die Geldnot in akutem Steigen begriffen. Da liegt es auf der Hand, dass für die Lehrerbildung, namentlich für den Ausbau der Präparandenanstalten, nichts geschehen kann. Hinc illae lacrimae!

1

So lehrreich nun auch ein Blick in die Geschichte unserer Lehrerbildung sein mag, so können wir uns jetzt doch nicht auf einen geschichtlichen Exkurs einlassen, zumal die Thatsache, dass ich zu Fachleuten spreche, eine solche retrospektive Betrachtung unnötig erscheinen lässt. Wir beschränken uns also darauf, den status quo so kurz und treffend als möglich zu zeichnen, um von hier aus direkt an unser Thema heranzutreten.

Es sind — trotz aller Verschiedenheiten im einzelnen — im wesentlichen zwei Systeme, welche in Deutschland die Lehrerbildung bestimmen. Beide bauen sich auf und schliessen sich an die Volksschulbildung an. Hierüber dürften auch wohl die Meinungen kaum verschieden sein.

Ebenso herrscht vollständige Übereinstimmung über die Zeitdauer, welche auf die Vorbereitung zum Lehrerberuf verwendet werden soll. Denn i. a. bestimmt man diese Zeit auf sechs Jahre.

Aber darüber erhebt sich der Streit, ob diese sechs Jahre in einer, oder in zwei getrennten Anstalten absolviert werden sollen; mit andern Worten, ob die allgemeine und die Berufsbildung der Volksschullehrer mit einander eng verbunden, oder innerlich und äusserlich aus einander gehalten werden sollen.

Das erste System ist vor allem im Königreich Sachsen ausgebildet und angenommen worden, das zweite hatte bisher Gültigkeit in Preussen, Baiern, Würtemberg und den meisten übrigen deutschen Staaten.

Allerdings meinen einige, es sei ganz gleichgültig, ob die Zeit der Vorbildung in dieser oder jener Weise ausgefüllt würde, im Grunde liefen beide Systeme auf dasselbe hinaus. Das ist irrig. Im Nachstehenden werden wir zu zeigen versuchen, dass wirklich ein grosser Unterschied zwischen diesen beiden Systemen besteht. Bei der Verschiedenartigkeit derselben und bei dem hohen Interesse, welches Lehrer und Schulfreunde unserem Thema entgegenbringen, lohnt es sich wohl der Mühe zu untersuchen, welches von beiden Systemen den Vorzug verdiene. Denn wenn es richtig ist, dass wir vor allem darauf bedacht sein müssen, unsere Lehrerbildung auf gesunde, zweckentsprechende Grundlagen zu stellen, dass es viel wichtiger ist, darüber sich zu verständigen, was zur Gesundheit der Lehrerbildung gehört, als ihr Vollmafs genau zu treffen, so wird die Auseinandersetzung über die beiden im Reich bestehenden Systeme nicht als eine müssige bezeichnet werden können, selbst auf die Gefahr hin, dass unsere theoretischen Untersuchungen zunächst ohne praktische Folgen bleiben.

Sollen aber die Fundamente, auf denen sich unsere Lehrerbildung aufbaut, gesunde sein, so ist vor allem die Wahrheit zu fixieren, dass streng unterschieden werden muss zwischen der allgemeinen Bildung und der Berufsbildung.*) Schreibt sich doch alle Not und alle Klage, die man noch heutigen Tages in den Präparandenschulen und in den Seminaren täglich hören kann, im Grunde genommen von der Verkennung dieser Wahrheit her. Oder hätte jemand noch nie klagen hören über die Mangelhaftigkeit der Kenntnisse und Fertigkeiten der jungen Leute, welche von

---

*) Dieser Satz ist in Berlin zwar stark angefochten worden, doch weiss ich nicht recht, warum. Derselbe gilt — und nicht bloss in Seminarkreisen — als unumstösslich. Siehe die später folgenden Zeugnisse.

den Präparandenschulen her in das Seminar eintreten, über die Sisyphus-
arbeit in den Seminaren selbst, wo die Vermischung der allgemeinen mit
der Berufsbildung keine von beiden zu ihrem Recht kommen lässt, wo von
diesen beiden Seiten aus ein so starker Druck auf den Zögling ausgeübt
wird, dass er bei seinem Austritt aus der Anstalt weder in dem Einen noch
in dem Andern einen in sich befriedigenden Abschluss erreicht hat?

Seit der Zeit ihres Bestehens laborieren die Seminare an ihrer eigenen
Doppelnatur. Sie müssen nämlich neben den Fächern, die der Berufsbildung
dienen, den grössten Teil der allgemeinen Bildungsfächer bis an das Ende
des Cursus mit fortschleppen. Der Seminarist kann sich in keines recht
vertiefen; er wird tagtäglich zwischen dem Heterogensten herüber und hinüber geworfen. Und seitdem trifft auch den ganzen Zuschnitt der Lehrerbildung mehr oder weniger offen das Mitleid, ja sogar die Verachtung der
Gebildeten. „Aus der verhängnisvollen Doppelnatur unserer Lehrerbildungsanstalten resultieren all' jene kläglichen Zustände, die noch jetzt i. a. die
Bestandteile des Gedankenbildes ausmachen, welches uns aus dem Bewusstsein der gebildeten Gesellschaft hie und da entgegentritt. Wer aber wollte
die Behauptung wagen, dass bereits alle Züge dieses Bildes unzutreffend
geworden wären?" (Andreä.) Es steht ausser Zweifel, dass das Seminar
in seiner jetzigen Gestalt eine unselige Verquickung von Erziehungsschule
und Fachschule ist, welche zur Folge hat, dass der erziehliche Charakter
desselben so gut wie verschwindet und dass auch sein Charakter als pädagogische Fachschule nicht zur Geltung kommt.

Wer hier bessernd eingreifen will, beherzige zuerst den Satz, welchen
wir an die Spitze unserer Untersuchung gestellt haben.

Hierzu nötigt uns zunächst die **Natur des Unterrichts**. Die allgemeine Bildung hat es mit vielerlei Lehrgegenständen zu thun, denn es
handelt sich darum, in den Zöglingen ein vielseitiges Interesse zu erzeugen.
Dieses ist die Grundlage des zu bildenden Charakters. Die einzelnen Fächer
stehen hier durchaus im Dienste der Erziehung. Die Schulen, in welchen
dies der Fall ist, nennt man daher **Erziehungsschulen** und scheidet
sie ganz scharf von den **Fachschulen**.*) Jene sollen dem Jüngling das
Verständnis für die Errungenschaften unserer Kultur auf allen allgemein
zugänglichen Gebieten verschaffen, dessen Besitz den Gebildeten unserer
Tage kennzeichnet; ganz besonders aber soll sie Geist und Gemüt durch-
bilden, Willen und Urteil entwickeln und durch dies alles die feste Grundlage herstellen, auf der in angestrengter Arbeit alsdann das Gebäude der
besonderen Lebensstellung zu errichten ist. Hier setzt die **Fachschule**
ein. Sie hat naturgemäß mit der Aneignung positiver, in ihrem Umfang
gegebener Kenntnisse als unentbehrlichen Rüstzeuges für den Wettkampf im
Beruf zu rechnen, während bei jener das Lernen Mittel zum Zweck ist.
Daraus ergeben sich zugleich genaue Unterschiede in der Darbietung des
Stoffes. Die Berufsbildung kann bereits eine begriffliche Bildung voraussetzen; sie kann, wenn die Erziehungsschule ihre Aufgabe richtig gelöst
hat, auf ein schon vorhandenes Wollen im Jüngling rechnen, das aus freiem
Selbstentschluss und unter strenger Selbstzucht das gewählte Studium be-

---

*) S. Dr. Just, Bl. für erz. Unterricht. 1879. No. 18. Langensalza, Beyer.

treibt. Hier kann also die Selbstthätigkeit des Schülers bei der Aneignung des Unterrichtsstoffes in hohem Mafse herangezogen werden. Man kann ihm zumuten, dem streng logischen Gang zu folgen, wie ihn unsere Lehrbücher darstellen. Ganz anders bei der allgemeinen Bildung. Hier soll erzogen werden; hier sollen die Begriffe erst gewonnen, das Interesse und der Wille, der aus jenem hervorgeht, erst geschaffen werden. Die methodische Behandlung der Stoffe ist demnach eine durchaus verschiedene. Der Gang des Unterrichts ist nicht so sehr ein logischer als ein psychologischer, d. h. die einzelnen Fächer werden nicht in systematischer und abgeschlossener Form behandelt, sondern es werden alle die Teile aus ihnen herausgenommen, welche allgemein menschliche Bedeutung haben und von Einfluss auf die Bildung der Persönlichkeit des Zöglings sind. Sie wollen nicht nur Kenntnisse und Fertigkeiten vermitteln, sondern in erster Linie auf den Gedankenkreis des Zöglings, auf sein Wollen und Thun Einfluss gewinnen. Die Berufsfächer haben dieses Ziel nicht. Ihnen liegt daran, den jungen Mann tüchtig zu machen für den künftigen Beruf, ihn einzutauchen in all das, was er erwerben muss, um dereinst mit vollen Kräften den Pflichten seines Amtes obzuliegen.*)

Aber auch die N a t u r d e s G e i s t e s drängt auf eine Trennung zwischen der allgemeinen und der Berufsbildung hin. In den jüngeren Jahren findet der Geist sich leichter in die Vielheit der Lehrgegenstände als später, wo er nach Vertiefung und demgemäfs nach Konzentrierung verlangt; in den jüngeren Jahren leistet der Geist mehr im rezeptiven Lernen, wie es mit der Vielheit der Lehrgegenstände und ihrer Einübung notwendig zusammenhängt als später, wo er mehr zur Reflexion hinneigt. In den späteren Jahren verlangt der Geist immer lebhafter nach einer Anwendung des Gelernten, nach praktischer Thätigkeit. So fordert auch die Natur des Geistes einen Abschluss in der Aufnahme und Verarbeitung verschiedenartigen Lehrstoffes, um sich von hier aus einer neuen Aufgabe, der Vertiefung und Konzentrierung auf spezielle Berufsfächer, zuzuwenden. Wenn aber der Geist des Jünglings zu einer Zeit, wo er das Bedürfnis fühlt, sich mehr mit einzelnen Gegenständen oder einem Fache zu befassen und zu durchdringen; wo das Gemüt sichtbar der Zersplitterung, wie sie durch die vielfachen Disziplinen des Seminars geboten wird, widerstrebt; wenn dem Geiste des Jünglings zu solcher Zeit Gewalt angethan wird — da muss Kopf und Herz halb wirr, halb leer, der Charakter aber unsicher und schwankend werden. Anders bei der Sonderung der allgemeinen von der Berufsbildung. Ist die erste zu einem gewissen Abschluss gebracht, dann regt ein neuer Impuls die geistigen Kräfte in eigenartiger Weise an, denn es gilt, in Kreise einzutreten, welche unmittelbare Fühlung mit dem Leben besitzen. Es wird nicht mehr gelernt, nur um zu sammeln und das Wissen zu bereichern, sondern es öffnet sich bereits die Perspektive auf die Anwendung des Gelernten im Leben, auf den künftigen Beruf. Dieser Ab-

---

*) „Vielseitigkeit", schreibt G ö t h e in Wilhelm Meisters Lehrjahren, „bereitet eigentlich nur das Element vor, worin der Einseitige wirken kann, dem aber jetzt genug Raum gegeben ist. — Was der Mensch leisten soll, muss sich als ein zweites Selbst von ihm ablösen, und wie könnte das möglich sein, wäre sein erstes Selbst nicht ganz davon durchdrungen."

schnitt tritt in jedem ein, bei dem einen früher, bei dem andern später. Eine gesunde, naturgemäße Organisation der Vorbildung wird dieser Natur des Geistes entgegen kommen und sich bemühen, dass der Abschluss in die Zeit fällt, wo der Geist des Zöglings das Bedürfnis immer lebhafter empfindet, die weiteren Kreise des Lernens zu verlassen und sich auf engere zu beschränken, die sein besonderes Interesse erregt haben, in die zu vertiefen er sich mit voller Kraft anschickt.

Da aber, wo der eigene Wille des Zöglings in energischer und zielbewusster Weise hervortritt, müssen selbstverständlich andere Gesichtspunkte in der Behandlung desselben hervortreten, als da, wo sein Streben und Arbeiten an die Aufsicht und Autorität des Lehrers im Bewusstsein der eigenen Machtlosigkeit und Unzulänglichkeit sich eng anschliesst. Die disziplinarische und erziehliche Behandlung muss in den jüngeren Jahren eine wesentlich andere sein als in den reiferen. Während in der früheren Zeit die straffe Regierung neben der Zucht noch ihr volles Recht behauptet, ist für erstere, sobald der Zögling seine Erziehung selbst in die Hand genommen hat, kein Raum mehr vorhanden. Und würde sie dennoch geübt, sie würde als ein Druck empfunden werden, der die feineren Regungen der Seele nur allzu leicht zu zerstören im stande ist. Gewiss wird dieser Punkt noch lange nicht genug beachtet, obwohl gerade er auf eine Trennung der früheren und der späteren Jahrgänge hinweist.*)

Es erübrigt noch, darauf hinzuweisen, dass in allen anderen Berufsklassen die strenge Unterscheidung zwischen der allgemeinen und der Berufsbildung längst in bewährter Übung ist. Der Gymnasiast wie der Realschüler muss seine allgemeine Bildung erst zu einem gewissen Abschluss bringen, ehe er in die Fachschule eintreten und seinen speziellen Beruf ergreifen darf. Was nun hier als selbstverständlich gilt, ebenso geboten durch die Natur des Unterrichts wie durch die des Geistes, dies versagt man bisher demjenigen, der sich zum Lehrer ausbilden will. Von ihm verlangt man beides zu gleicher Zeit: er soll sich seine allgemeine Bildung zugleich mit seiner Berufsbildung erwerben. Man wende nicht ein, dass bei dem Seminaristen andere Verhältnisse vorlägen, die in der elementaren Bildungssphäre begründet seien. Die Natur des Geistes und des Unterrichts ist hier wie dort dieselbe, wenn auch der Umfang und der Inhalt der Lehrstoffe ein anderer ist.

So sollte man sich vor allem davon überzeugen lassen, dass nur die scharfe Sonderung der beiden Gebiete im stande sei, unsere Lehrerbildung auf gesunde Grundlagen zu stellen.

Am drastischsten zeigt sich die abnorme Entwicklung unserer Lehrerbildung darin, dass man dieselbe von oben anfing. Man schuf zuerst die Fachschule — wo aber die allgemeine Bildung erworben werden sollte, darum kümmerte man sich nicht. So war zwischen der Volksschule und dem Seminar eine grosse Lücke. Bis das nötige Alter zum Eintritt in die Fachschule erreicht war, musste der Schüler sich, so gut es eben ging, möglichst viele Stückchen allgemeiner Bildung zusammenlesen oder er ward

---

*) Wegen der Wichtigkeit dieses Punktes komme ich später noch einmal auf denselben zurück.

Lehrling bei einem Schulmeister und übte sich im Unterricht. War die Zeit gekommen, dann versuchte man im Seminar sein Glück.*)

Und doch ist es unzweifelhaft, dass die Sorge für die allgemeine Bildung ungleich wichtiger ist als die für die Berufsbildung. Ist doch der Kursus, welcher die allgemeine Bildung zu übermitteln hat, der grundlegende. Von dem Grunde aber hängt alles übrige ab. Soll eine intensive fachmännische Bildung erzielt werden, so muss für die allgemeine Bildung vorher möglichst vollständig gesorgt sein. „Es ist nichts schrecklicher", schreibt Göthe in Wilhelm Meisters Wanderjahren, „als ein Lehrer, der nicht mehr weiss, als die Schüler allenfalls wissen sollen. Wer andere lehren will, kann wohl oft das beste verschweigen, was er weiss — aber er darf nicht halbwissend sein."

Die Zeit ist glücklicher Weise längst vorüber, wo man es nicht auffallend fand, wenn der Lehrer tags vorher so viel Wasser aus irgend welcher Quelle schöpfte, das er anderen Tages über seine Schüler auszugiessen gedachte. Man hat die Anforderungen, welche an das Wissen des jungen Lehrers gestellt werden, bedeutend gesteigert, aber der Vorwurf der Halbheit ist darum bis jetzt von den Lehrern noch nicht genommen. Es muss also irgendwo das Übel verborgen sein. Wir brauchen nicht lange zu suchen. An dem Fundament, an der allgemeinen Bildung fehlt es. So lange nicht ein sicherer, festerer Grund für die Fachbildung gelegt wird, so lange wird der Fluch der Halbheit, der Halbbildung, sowie der Unzufriedenheit an der Lehrerbildung und an dem Lehrerberuf haften. Nur eine gründliche, in sich abgerundete und in sich zusammenhängende allgemeine Bildung wäre im stande, den Vorwurf der Halbbildung zu beseitigen und innere Befriedigung dem Lehrer zu gewähren. Im fortwährenden Kampf aber mit mangelhaften Kenntnissen erlahmt nur zu leicht die Kraft und die Freudigkeit im Beruf. Nur wenige Gottbegnadigte arbeiten sich durch. Wie viele aber verfallen in ein ödes, schablonenhaftes Handwerkertum, das nach aussen hin mühsam verdeckt unseren Schulen die schwersten Wunden schlägt!

Es bedarf keines langen Beweises, dass das, was qualitativ oder quantitativ an der allgemeinen Bildung gebricht, auch die Berufsbildung nach der theoretischen und nach der praktischen Seite hin schädigt.

Es ist für uns alle wohl ein unumstösslicher Satz, dass, je gründlicher und solider die allgemeine Bildung ist, desto gediegener die Berufsbildung werden kann, theoretisch vertiefter, praktisch geschickter.

Weiterhin ist aber auch zu berücksichtigen, dass, wenn eine tüchtige allgemeine Bildung gewonnen ist, auf solcher Grundlage im Notfall die Berufsbildung auf autodidaktischem Wege erworben werden kann. Bekanntlich ist dieser Weg für die Lehrer an Gymnasien und Realschulen der gewöhnliche. So wenig wir dies als Regel billigen können, da die Kunst des Unterrichts und der Erziehung auch an den Gymnasien etc. nicht dem Zufall und der Willkür des einzelnen überlassen bleiben soll, indem der

---

*) Kehrsche Blätter, 1877, Seite 523 ff. „Die private Vorbildung einzelner Schüler passt nicht mehr in die jetzige Zeit, sie schädigt die Lehrer- und damit die gesamte Volksbildung auf empfindliche Weise." Lotz-Usingen.

Schwerpunkt in diesen Kreisen auf das Maſs der Kenntnisse gelegt wird und zwar so sehr, dass die Frage nach der pädagogischen Fachbildung, nach der theoretischen Einsicht und dem praktischen Lehrgeschick fast ganz unberücksichtigt bleibt — so kann uns diese Thatsache doch ein deutlicher Fingerzeig sein dafür, wo bei uns die Besserung einzusetzen hat. Wir meinen nicht zunächst in der Fachbildung — obwohl auch hier manche Änderungen vorgenommen werden müssen — sondern vor allem in der allgemeinen Bildung. Diese ist zu vertiefen, auf eine breitere Basis zu stellen und erst zu einem gewissen Abschluſs zu bringen, ehe man zur pädagogischen Fachbildung übergehen darf.*)

Dies ist auch aus dem Grunde wünschenswert, um eine richtigere und angemessenere Schätzung des Lehrerstandes herbeizuführen. Denn mit Recht bemisst sich der sociale Rang eines Standes vornehmlich nach seiner obligatorischen allgemeinen Bildung. Die geringe Schätzung, welche den Lehrerstand so oft noch offen und geheim, auf der Bühne und in der Welt, officiell und officiös, trifft, schreibt sich zum grössten Teil daher, dass man die allgemeine Bildung, welche der Lehrer in den Präparandenanstalten und in den Seminaren sich aneignet, in wesentlichen Punkten unterschätzt.

„In dem Bildungsgang der Schulamtsaspiranten, sagt Dörpfeld, nimmt bekanntlich der Musikunterricht bis zum Schluss der Seminarjahre einen ansehnlichen Raum in Anspruch. Wäre dies nicht notwendig, so würde die auf die Musik zu verwendende Zeit hinreichen, zum Vorteil der allgemeinen Bildung ein oder zwei fremde Sprachen zu lernen. Bei der Schätzung des Bildungsstandes der Volksschullehrer pflegt man aber im Publikum, wie an höheren Stellen bloss auf die Lücke in der Sprachbildung zu sehen; die auf die musikalische Schulung verwendete Kraft kommt nicht in Anschlag. Ferner haben die Schulamtsaspiranten von den oberen Volksschulklassen an bis zum Ende der Seminarzeit beträchtlich mehr Zeit auf Religion und praktisches Rechnen, zum Teil auch auf Zeichnen und Schönschreiben zu verwenden, als in den Gymnasien und Realschulen gefordert wird. Wäre dies nicht der Fall, so würden sie in der Naturkunde und in der Mathematik ein um so höheres Ziel erreichen können. Bei der Taxierung ihres Bildungsstandes pflegt aber wieder bloss auf die Lücke in Naturkunde und Mathematik, nicht auf den Ersatz gesehen zu werden. So kommt also der Volksschullehrerstand bei der Einschätzung seiner allgemeinen Bildung in mehrfacher Weise empfindlich zu kurz." Zwar wagen sich heutigen Tages solche Stimmen nicht mehr hervor, die da meinen, um den Hochmut der Lehrer zeitig zu dämpfen, solle man die Seminaristen angesichts der lustwandelnden schönen Welt mit Schaufel und Hacke auf dem Acker arbeiten lassen, aber dass häufig genug über die Anmaſsung und Überhebung der Lehrer geklagt wird, wer wollte dies

---

*) Gymnasialdirektor Vogt-Kronstadt (Programm No. 636, 1881, S. 56) sagt: „Wann hat das Fach oder die Fachbildung zu kommen? doch naturgemäſs nur dann erst, wenn der Mensch durch die Unterrichtsgegenstände geworden, was er hat werden sollen; wenn er durch das vollständige klare Wissen dazu gereift ist. Dies Wissen muss er erst verarbeitet inne haben, bevor es dran kommen kann, ihm nun auch zu zeigen, wie das Wissen an andre zu bringen ist."

leugnen? Wer wollte auch bestreiten, dass nur zu oft diese Klagen nicht unbegründet sind? Andererseits möge man doch auch gerecht sein und zugestehen, dass, wo derartige krankhafte Erscheinungen zu tage treten, tiefliegende Ursachen wirken müssen. Alle, die es ehrlich mit dem Lehrerstand und seiner Bildung meinen, müssen auf die Beseitigung dieser Ursachen bedacht sein. Gründliche, solide Bildung macht bescheiden. Wollt ihr einen bescheidenen, in sich zufriedenen, seine Blicke fest auf das, was not thut, richtenden Lehrerstand haben, so gebt seiner Bildung zuerst ein besseres Fundament, gebt dem Lehrer eine bessere allgemeine Bildung. Dann auch werden mit der Zeit die Klagen verstummen und eine gerechtere Einschätzung des Lehrerstandes Platz greifen.*)

So lange aber das Seminar die doppelte Aufgabe vollbringen muss, für beides, für die allgemeine und für die Berufsbildung, in gleicher Weise Sorge tragen zu müssen, so lange ist auf eine Besserung nicht zu hoffen.

Schon aber mehren sich die Stimmen, welche das Grundübel, an dem unsere Lehrerbildungsanstalten leiden, erkannt haben und auf Abhülfe dringen. So schrieb der bekannte Esslinger Schulrat Denzel in seiner Schrift: Erfahrungen und Ansichten über die Berufsbildung der Volksschullehrer: „Die Bildung der Schullehrer hat wie jede andere wissenschaftliche zwei Elemente, welche durchaus nicht mit einander vermengt werden sollten. Das erste, vorbereitende bezweckt die eigene Bildung des Schülers für sich und die Aneignung derjenigen Kenntnisse und Fertigkeiten, welche er bedarf, wenn der Hauptzweck seiner Bildung in der zweiten, höheren Anstalt, der eigentlich pädagogischen, erreicht werden soll, und verhält sich zu der letzteren wie die Gymnasialbildung zur Bildung auf der Universität." Ebenso findet Karl Richter in seiner Schrift „die Reform der Lehrerseminare" den wundesten Fleck (Abschnitt über die Mängel der Seminare) darin, „dass die Seminare Fachschulen und allgemeine Bildungsanstalten zu gleicher Zeit sein wollen und weder das eine, noch das andere in rechter Weise; dass sie Zwitteranstalten sind, die eins über dem andern zu vernachlässigen gezwungen sind, die von jedem nur ein Bisschen geben können und wenn sie aufrichtig wären, ihren Lehrplänen das Motto beisetzen müssten: In omnibus aliquid, in toto nihil."

Auf gleichem Standpunkt steht Herr Dr. Andreä, Seminardirektor in Kaiserslautern (Seminarprogramme) und Herr Dr. Just in Dresden in seinem Vortrag über die Stellung des Lehrerseminars in der Reihe der Schulen und seine innere Organisation. (Mann, deutsche Blätter No. 18 f. 1879).

Dieselben Gedanken sprach auch Herr Seminardirektor Dr. Kehr in der Seminarsektion der Hamburger Lehrerversammlung aus. Er sagte dort: „Man fordert mit Recht, dass die allgemein-menschliche Bildung das erste sei und dass der Mensch für einen bestimmten Beruf erst dann vorgebildet werde, wenn er die zur Ausführung desselben nötige allgemein-menschliche

---

*) S. Ballauf, Über den Radikalismus der Volksschullehrer. Jahrbuch des Vereins f. w. Pädagogik 1877.

Bildung erworben hat. Dabei wird immer der Grundsatz festzuhalten sein: Eines nach dem anderen, niemals beides neben und mit dem anderen." Ferner: So lange man an die Seminare die Anforderung stellt, allgemeine Bildungsanstalten und specielle Fachschulen zugleich zu sein, und so lange sie sich damit abquälen müssen, beide Arten der Bildung mit- und nebeneinander zu kultivieren, so lange wird auch dieser unglückselige Doppelcharakter der Hemmschuh ihrer gedeihlichen Entwicklung sein, so dass sie beim besten Willen nicht imstande sind, weder im Gebiete des allgemein Menschlichen, noch im Gebiete des speciell Beruflichen den Ansprüchen der Zeit Genüge zu leisten. Wer die Verhältnisse kennt, muss das ganz natürlich finden. Sie können jetzt nicht ganze Berufsschulen sein, denn sie müssen den grössten Teil ihrer Zeit auf Religion, deutsche Sprache, Rechnen und Geometrie, Geographie und Geschichte, Naturgeschichte, Physik und Chemie, Schreiben, Zeichnen, Gesang und Musik verwenden; sie können aber auch die allgemein-menschliche Bildung nicht in ausreichender Weise fördern, denn die pädagogische Bildung muss doch auch einige Berücksichtigung erfahren und darf ehrenhalber doch nicht ganz und gar vernachlässigt werden. So bleibt denn den armen vielgeplagten und vielgescholtenen Seminaren nichts weiter übrig, als sich damit abzuquälen zwei Füsse in einen Schuh zu zwängen". Ferner: „Ohne möglichst scharfe Trennung der beiden Bildungsarten ist jede Veränderung nur ein neuer Lappen auf ein altes Kleid".

Endlich sei noch eines Bundesgenossen gedacht, der vor mehr als 30 Jahren schon die gemischte Ehe von Bildungsanstalt und Berufsschule auf das bestimmteste verurteilte. In einem Aufsatz „Etwas über Seminarbildung" setzte Herr Rektor Dörpfeld in Gerresheim die Missstände der Lehrerbildung mit klarem Blick und vollem Verständnis der Notlage, in der sich die Lehrerbildung befindet, auseinander. Er war damals bereits nüchtern genug, um zu erkennen, dass die Anklagen der Gegner keineswegs gänzlich unbegründet waren. Andrerseits sah er ebenso klar ein, dass eine ganze Reihe von teils verschobenen, teils unfertigen Verhältnissen den Lehrerstand hinderte, das richtige Gleise zu finden, und dass zu diesen verdrehten Verhältnissen auch sein unnatürlicher Bildungsgang gehörte. Nach Auseinandersetzung der Missstände, welche bei der bisherigen Praxis in den Seminaren fortwährend unter Mühe und Not gepflegt werden — natürlich in der wohlmeinendsten Absicht — schliesst er seine Betrachtung mit den Worten: „Aber es ist doch mehr als betrübend, wenn ein Menschenkind, das sich dieser zusammengekuppelten Mischehe halb gezwungen, halb freiwillig in guten Treuen zur Pflege übergeben, sich nachher dafür abstrafen lassen, dass es unter dieser Pflege nicht das geworden ist, was es unter anderen Händen hätte werden können. Wir denken also, weder göttliches noch menschliches Gesetz wird etwas dawider haben, wenn wir auf Scheidung dieser gemischten Ehe antragen."

I.
Von der allgemeinen Bildung.

Das Resultat unserer bisherigen Untersuchung wäre demnach dies: in unseren deutschen Lehrbildungsanstalten muss die gemischte Ehe zwischen der allgemein-menschlichen und der spezifisch-beruflichen Bildung aufgehoben werden. Es muss dahin kommen, dass den Seminaren die Fachbildung ausschliesslich zugewiesen wird.

Wenn aber die Seminare in der angegebenen Weise reorganisiert werden sollen, dann muss notwendig auch die derzeitige Seminarvorbildung eine andere werden als bisher. Dies ist die Voraussetzung dazu. Über diese Vorbildung zum Seminar ist schon ausserordentlich viel und lebhaft diskutiert worden. Das Eine steht fest: über die Frage der Vorbildung auf dem Gymnasium und der Realschule braucht heute nicht mehr gesprochen zu werden. Man ist in unseren Kreisen vollständig davon überzeugt, dass für unsere Seminaristen die nötige allgemeine Bildung in diesen Anstalten nur dadurch erworben werden kann, wenn der Kursus bis zum Abiturienten-Examen durchlaufen wird, indem ja beide Anstalten ihr Werk nur dann vollziehen, ihre Aufgabe nur dann lösen können, wenn sie vollständig absolviert werden, nicht aber, wenn nur einzelne Stufen erklommen sind. Das wird aber im Ernst Niemand fordern können. Ein Übertreten aber aus der Unter- oder Obersekunda in das Seminar ist unbedingt zu verwerfen aus Gründen, welche hier nicht wiederholt zu werden brauchen. Es genügt die That-sache, dass diese Art der Vorbildung als eine überwundene zu betrachten ist, da man die allgemeine Bildung weder für abgerundet noch für gediegen genug zu halten vermochte, indem sie eines regelmäfsigen Abschlusses ent-behrte und auf Fundamenten aufgebaut war, welche später unbenutzt bleiben mussten.

Ebenso ist als ein überwundener Standpunkt zu betrachten der sogen. wilde Vorkursus, eine Einrichtung, nach welcher die jungen Leute vor dem Eintritt ins Seminar als Lehrlinge zu einem Schulmeister gingen, den-selben in der Schule unterstützten und ihre allgemeine Bildung nebenbei, so gut es eben gehen wollte, förderten. Auch hierüber ist nicht mehr zu diskutieren. Stellt doch eine solche Einrichtung von vornherein alles auf den Kopf.

Es bleibt also als naturgemäfse Einrichtung die Präparandenschule oder das Proseminar übrig. Diese Anstalt soll im Anschluss an die Volks-schule die nötige allgemeine Bildung überliefern. In der Seminarsektion zu Hamburg und der Seminarlehrerversammlung zu Neuwied wurde die Notwendigkeit der Präparandenanstalten bereits anerkannt, wenn man auch in einzelnen Fragen noch auseinander ging. Hie und da schien die Furcht vor einer Bildung ad hoc eine vollkommene Zustimmung nicht aufkommen zu lassen.

Doch erscheint uns diese Furcht unberechtigt.

Alle die dunkeln Punkte: das frühzeitige Drängen zur Entscheidung für einen bestimmten Beruf; das Entziehen der Zöglinge aus der Berührung mit Altersgenossen, die auch für andere Stände eine weitergehende allgemeine

Bildung erstreben, als die Volksschule gewähren kann; das Vorwegnehmen von manchem, was erst ins Seminar selbst gehört; das leidige Vorbereiten für das Examen selbst, was viele Anstalten geradeswegs zu blossen Pressen erniedrigt, u. s. w.; — alle diese dunkeln Punkte, welche der Präparandenbildung anhaften sollen, zum Teil wohl auch derselben bisher anhafteten, können durch eine zweckentsprechende Organisation und durch einen guten Geist, der in ihnen waltet, beseitigt werden.

Wir wollen kein Zurichtungs-, kein Abrichtungssystem, keine Dressur. Wir wollen nicht, dass das Proseminar zu einer Anstalt erniedrigt werde, die weiter nichts zu thun habe, als die bleiernen Schlüssel zur Öffnung der Seminarthüre einzuhändigen. Wir wollen das Proseminar auch jungen Leuten öffnen, welche nicht „Lehrer" werden, sondern einen anderen Beruf ergreifen wollen. Dann wird die Präparandenanstalt eine Erziehungsschule im wahren Sinne des Wortes sein. Sie wird darnach streben, dass sie die jungen Leute ausstatte mit dem Drange, weiter zu arbeiten, ihre Bildung zu fördern und zu vertiefen. Erreicht die Anstalt dies, dann hat sie ihre Schuldigkeit gethan. Dann kann selbst bei denen, die ins Seminar eintreten, über manche Lücke im einzelnen hinweggesehen werden. Denn dies steht von vornherein fest: die allgemeine Bildung wird und kann niemals in der Vorbereitungsanstalt abgeschlossen sein — so wenig, als der strebsame Mann sich jemals für durchaus fertig erklären und alles neue von sich abweisen wird — so wenig auch der Abiturient des Gymnasiums mit dem Übertritt zur Universität meinen kann, er hätte genug der allgemeinen Bildung in sich eingesogen und brauche sich von nun ab nur dem Fachstudium zu widmen.

Es handelt sich also auf dem Proseminar nur um einen relativen Abschluss der allgemeinen Bildung. Als höchster und letzter Zweck muss der Anstalt die Bildung eines religiös-sittlichen Charakters vorschweben. Darum darf hier kein blosser Fachunterricht getrieben werden. Kein Fachlehrer darf seine eigenen Wege gehen, unbekümmert darum, wohin seine Mitarbeiter streben. In den Mittelpunkt des Unterrichts treten, dem Erziehungszweck der Schule entsprechend, die religiösen, die historischen und die poetischen Stoffe. In bezug auf diese soll man aber endlich verzichten auf jede Art von Chrestomathie. Man möge seine Stärke darin suchen, den Zögling in einige wenige Dichter einzuführen, deren Studium mit Sicherheit einen reichen Vorteil für die Gestaltung des geistigen Lebens und des rechten Wollens erwarten lässt.

Der Lehrer darf sich in keinem Fache damit begnügen, die fertigen Resultate einfach zu überliefern, wohl gar zu diktieren — sondern jedem soll es darum zu thun sein, das Wissen im Geiste seiner Schüler neu zu erzeugen und durch eigne Denkarbeit auffinden zu lassen. Überall die Forderung: eine naturgemäse, den Gesetzen des Geistes entsprechende Bildung der Begriffe anzubahnen und herzustellen. Dann wird der Unterricht erziehend wirken, dann wird sich die Freude einstellen, welche alles Selbsterfinden und alles Selbsterarbeiten stets erzeugt, sowie das Bewusstsein des Wertes, welches jedem selbsterworbenen Besitz beiwohnt. Dann wird das fortwirkende und weiterstrebende Interesse eintreten, ohne welches wir im Seminar nichts zu erreichen vermögen.

Endlich aber würde eine ausgezeichnete Vorbildung für den künftigen

Beruf eine streng methodische Behandlung aller Unterrichtsstoffe von Seiten der Präparandenlehrer sein, damit die Schüler an solchem Unterricht ein Vorbild gewännen für ihre spätere Schulpraxis. Selbstverständlich würde aber alles vorzeitige Eindrängen pädagogisch-methodischer Bemerkungen und Anweisungen in diesem Kursus nur schädlich sein, weil dadurch die allgemeine Bildung vernachlässigt und ein ganz fremdes Element in dieselbe zu früh und unvorbereitet hineingetragen würde.

In bezug auf die Grundzüge der Organisation für die Präparandenschule gestehen wir von vornherein, dass die Sorge hierfür besonderer Untersuchung und spezieller Bearbeitung aufbewahrt bleiben muss. Es kommt hier nur darauf an, die hauptsächlichsten Punkte als die Grund- und Eckpfeiler der Organisation des Vorbereitungskursus aufzustellen, die bei Einrichtung des Lehrplans festzuhalten sind.

Obenan steht die Forderung, dass der Kursus der Präparandenschule vierjährig sein und die Zeit vom 14.—18. Jahr umfassen soll. Werden auch nicht überall im Reich jetzt schon sechs Jahre auf die Lehrerbildung verwendet, so ist doch da, wo nur fünf Jahre im Ganzen konzediert sind, das Bestreben rege, die Gesamtkursus-Dauer auf sechs Jahre zu verlängern. Und dies ist auch das Minimum, welches man verlangen darf. Da nun, wo, wie in Preussen, der Seminarkursus allgemein 3 jährig ist, wird man sich vorläufig mit einem dreijährigen Präparandenkursus behelfen müssen, obwohl es uns keinen Augenblick zweifelhaft ist, dass diese Organisation nicht die richtige sein kann, weil für Erwerbung der allgemeinen Bildung, als des Fundaments und des wichtigeren Teiles der Lehrerbildung, drei Jahre ein zu kurz bemessener Zeitraum ist und weil, so lange die Seminare dreijährig sind, niemals zu hoffen steht, dass der Doppelcharakter, welcher unsere Anstalten so tief schädigt, von dem dreiklassigen Seminar genommen werden kann. Ausserdem ist zu erwägen, dass das erste der drei Seminarjahre fast ausschliesslich zur Erweiterung und Vertiefung der allgemeinen Bildung benutzt wird, dass also folgerichtig dieser Jahrgang der Präparandenschule zu überweisen ist. Hier wird er als oberster Jahrgang organisch den drei vorangehenden sich anschliessen und deshalb in der Verbindung und als Schlussstein des Ganzen viel mehr leisten können, als herausgenommen als Anfangsglied einer Anstalt, die ihrer ganzen Anlage und ihrem Charakter nach nicht Erziehungsschule, sondern Fachschule ist.*)

Ein weiterer Punkt, welcher ebenso wie der besprochene von vornherein allgemeiner Zustimmung sich erfreuen wird, betrifft den Anschluss des Vorbereitungskursus an die Volksschule. Es ist dies die Consequenz des Vorausgehenden: Wird ein besonderer Vorbereitungskursus für das Fachseminar gefordert — mag er nun mit diesem in Verbindung stehen oder nicht — so muss sich dieser Kursus selbstverständlich auf die Volksschule aufbauen. Also Unterbau: Volksschule; Weiterbau: Präparandenkursus; Aufbau: Seminar. Durch das Festhalten der Volksschule als der natur-

---

*) Der genaue Anschluss könnte durch innige Anpassung beider Lehrpläne zwar gewonnen werden, aber es ist doch noch zu berücksichtigen, dass in die dritte Seminarklasse Leute aus den verschiedensten Gegenden und von den verschiedensten Anstalten einzutreten pflegen.

gemäfsen Grundlage für die Seminar-Vorbildung wird am besten der organische Zusammenhang des Fachseminars mit der Volksschule bewahrt. Dass dieser Zusammenhang aber aufrecht zu erhalten ist, bedarf kaum des Beweises. Denn die Fachschule muss mit der ihr vorausgegangenen Erziehungsschule immer in derselben Richtung liegen. Hierdurch wird eine gewisse Gleichmäfsigkeit in der Vorbildung gesichert. Denn bei aller Verschiedenheit der Volksschulén selbst strebt diese doch überall nach einem gewissen Abschluss, nach einer gewissen Abrundung ihrer Bildung. Überdies wird sie betreffs der darin gehandhabten Disziplin, sowie der ganzen Unterrichtsweise eine angemessenere Grundlage bilden für den künftigen Volksschullehrer als jede Art der höheren Schulen, welche wesentlich anderen Zwecken dienen.

Wie nun der weitere Aufbau in der Präparandenschule sich gestalten, welche Ziele in den einzelnen Fächern hier erreicht werden sollen, dies zu bestimmen erfordert — wie ich schon hervorhob — eine eigene ausführliche Arbeit.

Als Richtschnur kann i. a. der Lehrplan für die Realschule II. O. dienen. Selbstverständlich hat man dabei Rücksicht zu nehmen auf die Musik. Für diese muss im Lehrplan die nötige Zeit gewonnen werden. Ferner muss der Religionsunterricht stärker auftreten, mit Rücksicht darauf, dass die jungen Leute später Religionsunterricht erteilen sollen.

Hinsichtlich der fremden Sprache gestatten Sie noch ein kurzes Wort. Dieselbe ist in der Vorbereitungsanstalt unumgänglich nötig als obligatorischer Unterrichtsgegenstand. Wir treiben sie nicht um ihrer selbst, sondern um der deutschen Grammatik und überhaupt um der Sprachbildung willen. Wer jemals in einem Seminar, das keinen fremdsprachlichen Unterricht kannte, deutsche Grammatik unterrichtet hat, wird sich erinnern, dass dies für ihn und die Schüler eine grosse Qual war. Letzteren fehlt nämlich i. a. das Sprachgefühl. Dies hängt zusammen mit den Kreisen, aus denen sie stammen und in denen sie verkehren. Das Sprachgefühl kann aber nur geweckt und gestärkt werden durch den Vergleich. Daher die Notwendigkeit einer fremden Sprache in der Präparandenanstalt.*)

Mag nun auch die allgemeine Bildung in den Präparandenanstalten

---

*) Welche es sein soll, ob die lateinische oder eine der neueren Sprachen, darüber ist ebenfalls schon viel diskutiert worden. Bekanntlich ist im Königreich Sachsen das Lateinische obligatorisch. Ich entscheide mich ebenfalls dafür, wenn ich auch zugebe, dass besondere lokale Verhältnisse die Einführung einer modernen Sprache verlangen können. Es ist hier nicht der Ort, um die Einführung der lateinischen Sprache zu begründen. Nur dies sei hervorgehoben, dass sie, wie keine andere, geeignet ist, die grammatische Bildung zu vermitteln. Auch kann uns die Thatsache, dass alle unsere Wissenschaften, ja unsere gesamte Litteratur durchdrungen ist von den Elementen der lateinischen Sprache, die mit unserer Muttersprache fortleben und sich fortentwickeln, darauf hinweisen, dass eine tiefere allgemeine Bildung ohne Kenntnis dieser Bestandteile nicht denkbar ist. Auch ist die lateinische Sprache die beste Grundlage zur Erlernung einer der neueren Sprachen. Wir sind übrigens weit davon entfernt, eine Beherrschung des klassischen Lateins in den Lehrerbildungsanstalten zu erstreben — uns kommt es vor allem auf eine Vertiefung der allgemeinen Bildung an. Dieser Vertiefung wird aber keine andere Sprache so vortreffliche Dienste leisten, wie die lateinische.

höher oder niedriger bemessen werden, uns kommt es vor allem darauf an, dass dieselbe einen gewissen Abschluss, eine gewisse Abrundung erhält; dass ferner in den Zöglingen das Streben geweckt ist, durch eigene Kraft und durch eigenes Studium in die einzelnen Fächer tiefer einzudringen, die Förderung ihrer allgemeinen Bildung selbst in die Hand zu nehmen. Dann kann der Fachunterricht eintreten.

II.
Von der Berufsbildung.

Der Kursus sei zweijährig vom 18.—20. Jahr. Als das Grundprincip, das die Fachbildung beherrschen soll, gilt die Forderung, dass die pädagogischen Fächer im Mittelpunkt alles Unterrichts stehen, dass auf diese sich alle Kraft konzentriere. Hier im Seminar muss der Grund zur pädagogischen Fachbildung so vollkommen und so fest gelegt werden, wie sie jeder andere Beruf auf seinem Gebiete fordert.

Ihrer Pflege gebührt darum vor allen Dingen der hinreichende Raum. Bei Aufstellung des Lehrplans ist also in erster Linie die Stundenzahl für die Berufsbildung festzusetzen; dann erst mag man zusehen, welche Fächer aus dem allgemeinen Bildungsunterricht noch zu betreiben und welcher Raum ihnen zuzumessen ist. Nicht aber umgekehrt, wie es jetzt geschieht.*)

Nur in dem Falle, dass die allgemeine Bildung nicht mehr den Hauptplatz im Seminar beansprucht, können die pädagogischen Studien in dem Umfang, mit derjenigen Gründlichkeit und Konsequenz getrieben werden, welche das Berufsstudium verlangt. Denn die Aufgabe ist schwierig und das Werk ist gross, vorausgesetzt, dass man die Pädagogik nicht als eine Summe von Rezepten, sondern als Wissenschaft, und die Thätigkeit des Unterrichtens nicht als ein Handwerk, sondern als eine Kunst betrachtet. Wer mit der Pädagogik nichts anzufangen weiss, wer da meint, es handle sich ja nur um das Beibringen gewisser Fertigkeiten — der möge überhaupt der pädagogischen Fachschule fern bleiben.**)

Nach unserem Standpunkt kann die Zeit nicht reichlich genug bemessen werden, um die Schüler mit den Fachwissenschaften vertraut zu machen. Es gilt zunächst, sie einzuführen in die pädagogische Theorie und zwar so, dass sie diese begreifen lernen als eine Wissenschaft, welche fundamentiert ist auf Ethik und Psychologie. Durch das Studium der Sittenlehre müssen die Schüler sich die Überzeugung von der Richtigkeit des Erziehungsideals verschaffen, durch die Vertiefung in die Psychologie müssen sie die Gültigkeit und Richtigkeit der Erziehungswege prüfen lernen. Um aber

---

*) Von grossem Interesse hierfür ist der Lehrplan des Berliner Seminars zur Zeit Diesterwegs und jetzt. Die erste Seminarklasse hatte im Jahre 1836 10 Stunden, und 1872 20. Siehe Schultze, Nachrichten etc. Berlin 1881.

**) In Preussen scheint man sich allerdings von der „immanenten Methodik" noch nicht trennen zu können. Seminardirektor Dr. Kehr macht hierin eine Ausnahme. S. Kehr, Päd. Abhandlungen etc. Gotha 1881. Seite 211 f.

den Gedanken nachgehen zu können, die gegenwärtig das Gebiet der Erziehung und des Unterrichts beherrschen, sollen die Zöglinge eingeführt werden in die Geschichte der Pädagogik, nicht durch einen kurzen Leitfaden, nicht durch das Naschen an Auszügen aus so und so vielen pädagogischen Klassikern, sondern durch die Vertiefung in die hauptsächlichsten Quellen selbst. Durch das Studium derselben möge in den Schülern das Verlangen geweckt werden, auch weiterhin, nachdem sie längst das Seminar hinter sich gelassen haben, andere pädagogische Schriftsteller zu lesen, um immer neue Nahrung für das pädagogische Nachdenken und neue Anregung für den Unterricht zu schöpfen.*)

Wie eine Verteilung dieser Gebiete auf die beiden Seminarkurse vorzunehmen ist, muss hier, wie überall in den speciellen Fragen, dem Lehrplan überlassen bleiben. Doch dürfte es sich empfehlen, im ersten Jahre Ethik, Religion, Logik und Psychologie vorzunehmen. Durch beide Jahre hindurch zieht sich die Lektüre pädagogischer Klassiker, allgemeine Pädagogik und Methodik. Die Übersicht über das System der Pädagogik verschiebe man bis ans Ende des ganzen Kursus. Ebenso gehört dahin die Einführung in die Volksschulgesetzgebung, bez. Bekanntmachung mit den staatlichen Verordnungen.

Beide Jahre werden auch benutzt zur Thätigkeit in der Seminarübungsschule. Die gegenwärtige Praxis zeigt hierin eine grosse Verschiedenheit, wenngleich sich im Grossen und Ganzen zwei verschiedene Systeme geltend machen. Bei dem einen kommt es darauf an, die jüngeren Leute möglichst rasch auf Grund einer handvoll Rezepte, welche jeder Fachlehrer in Bereitschaft hält (sogen. immanente Methodik) für Unter-, Mittel- und Oberstufen zurecht zu machen, bei dem anderen wird danach gestrebt, dass sich die Thätigkeit zu einer wahrhaft künstlerischen gestalte und in die engste Beziehung zu der pädagogischen Wissenschaft gesetzt werde. Auch darin zeigt sich die verschiedene Auffassung, ob die Seminarschule Muster- oder Übungsschule sein, ob die Seminaristen hospitieren oder mehr unterrichten sollen.**) Wir sind darüber keinen Augenblick im Zweifel, da wir von dem Grundsatz ausgehen, dass wer unterrichten lernen will, dies nicht durch blosses Anschauen, das nur zu oft in müssige Träumerei ausartet, sondern durch möglichst grosse Thätigkeit, durch möglichst vieles Unterrichten geschehen kann. Die Übungsschule ist nicht wie andere Schulen um der Schüler willen da, sondern sie ist, wie ihr Name besagt, eingerichtet worden zur Schulung der angehenden Lehrer. Sie ist ferner in dem Sinne Übungsschule, dass in ihr neue Theorieen, neue Ratschläge zur Erteilung des Unterrichts, neue Lehrmittel etc. zur Prüfung gelangen können, vorausgesetzt, dass die anzubahnenden Neuerungen genügend theo-

---

*) Möglich auch, dass durch eine intensivere Betreibung der pädagogischen Fächer dem weitverbreiteten Radikalismus der Lehrer — namentlich in Preussen — wirksamer entgegen gearbeitet werden könnte, als es die jetzt noch beliebte „immanente Methodik" zu thun imstande ist. Letztere vermag keinesfalls die Pflege eines idealen Sinnes unter den Lehrern zu fördern. Sie schmeckt zu sehr nach Dressur.

**) Über das Hospitieren s. Gymnasialdirektor Vogt-Kronstadt. Programm No. 636. 1881. Seite 57.

retisch gestützt sind. So können die Übungsschulen zugleich der Förderung der pädagogischen Praxis dienen.

Es wird dabei, wie schon angedeutet, vorausgesetzt, dass sie im engsten Zusammenhang mit der pädagogischen Wissenschaft stehen. Nur dann wird die Thätigkeit in der Übungsschule eine wahrhaft fruchtbringende sein. Unter steter Bezugnahme auf die pädagogische Theorie, bei sorgfältiger Vorbereitung und genauer Kontrole lässt sich in den Zöglingen die rechte Gemütsstimmung des Lehrers, sowie eine ernste und würdige Auffassung des Lehrerberufs und der rechte pädagogische Takt erzeugen, lässt sich die Anleitung geben zu individualisierender Behandlung der Kinder, lässt sich die Gewissenhaftigkeit und Sorgfalt pflanzen, die hingebende Liebe an den einzelnen, wodurch der Lehrer erst zum Erzieher wird.

Und in diesen Zusammenhang, welcher zwischen der allgemeinen Pädagogik, der speciellen Methodik und der Schulpraxis besteht, müssen die Zöglinge schon frühzeitig eingeführt werden. Die einzelnen Unterrichtsversuche, welche angestellt werden, um bald einem zusammenhängenden Unterrichte zu weichen, geben die mannigfachste Gelegenheit zur Besprechung, Begründung der pädagogischen Theorie, zur Aneignung der nötigen Technik.

Ein Jahr ist zu kurz hierzu. Daher die Forderung, mit den praktischen Übungen bereits im ersten Jahr zu beginnen. Auch muss der Übungsschulthätigkeit, dem Unterrichten und den Besprechungen, reichliche Zeit zugemessen werden, da von der rechten Einführung in die pädagogische Praxis so viel für die ganze übrige Berufsthätigkeit abhängt.

Die Zeit nun, welche in dem Fachseminar übrig bleibt, nachdem die pädagogischen Fächer den Hauptplatz für sich in Anspruch genommen haben, möge dazu benutzt werden, die allgemeine Bildung der Zöglinge zu fördern, soweit es eben der Raum gestattet, und so weit es geschehen kann, ohne in eine Überbürdung der Zöglinge zu verfallen, wie es jetzt vielfach der Fall ist.

Man wende nur nicht gleich ein, als ob durch solche Weiterführung die Berufsbildung ebenso beeinträchtigt werde, wie es bisher geschehen, dass wir dadurch im Grunde genommen in dieselbe von uns verworfene Vermischung der allgemeinen mit der Berufsbildung zurückfielen.

Dieser Einwand ist bei näherem Hinsehen nicht stichhaltig. Denn es ist ein grosser Unterschied, ob man im Seminar beides — allgemeine und Berufsbildung — für gleichwertig hält und demgemäß den Lehrplan einrichtet, oder ob man — wie wir wollen — den pädagogischen Unterricht in den Mittelpunkt rückt, so zur Hauptsache macht und nur den Rest der gegebenen Zeit für die allgemeine Bildung verwendet, die hier nicht sowohl dem Nutzen, als vielmehr der Erfrischung und der Selbstthätigkeit dient. Demgemäß wird auch hier ein ganz anderer Betrieb der allgemeinen Bildungsfächer eintreten, als in der Erziehungsschule. Das streng schulmäßige und methodische, wie es in der Vorbereitungsanstalt herrschte, muss einer freieren, an die Selbstthätigkeit der Schüler apellierenden Behandlung Platz machen. Denen gegenüber, welche meinen, dass in der Fachschule die allgemeine Bildung zu kurz käme, ist zu erwidern, dass, wenn im Seminar die einzelnen Unterrichtsgegenstände in der Methodik durchgearbeitet werden, die allgemeine Bildung eine Förderung erfährt, welche nicht zu unterschätzen ist. Jeder von uns hat es wohl an sich erfahren, wie gerade die unterrichtliche Thätigkeit selbst dazu angethan ist, vorhandene Lücken im Wissen auszufüllen, Unklarheiten im einzelnen zu beseitigen, zum Fragen und Suchen anzuregen, wesentliches vom unwesentlichen zu sondern und System in das eigentliche Wissen zu bringen. So kann auch das Seminar zu einer trefflichen Stätte allgemeiner Bildung werden, ohne dass es wie bisher sämtliche allgemeine Bildungsfächer mit einer grösseren oder geringeren Stundenzahl bis an das Ende des Kursus mit sich fortführt. Thatsächlich wurden sie aber dadurch ihrer eigenen Aufgabe immer untreuer.*) Indem sie sich das Ziel steckten, die allgemeine Bildung ganz in derselben Weise wie auf den unteren Stufen fortzuführen und zu erweitern, musste dadurch notwendigerweise die Berufsbildung in die zweite Linie gedrängt werden. Allerdings — und dies diene zu ihrer Entschuldigung — sind sie auf diesen Abweg dadurch gebracht worden, dass die Vorbildung vielfach in durchaus ungenügender Weise besorgt wurde. Man wird daher im Seminar die Berufsbildung nicht eher in den Vordergrund rücken und damit diese Anstalten selbst ihrer eigentlichen Aufgabe zurückgeben können, bis für eine gediegene, gründliche, allgemeine Vorbildung in der angegebenen Weise gesorgt ist. Ist dies geschehen, so verlangen die allgemeinen Bildungsfächer im Seminar an sich schon weniger Raum. Der nötige Platz kann aber auch dadurch geschafft werden, dass der Musikunterricht in Harmonielehre und Orgelspiel fakultativ fortgesetzt wird. Auch ist zu bedenken, dass einige der allgemeinen Bildungsfächer im Seminar unmittelbar in den Dienst der pädagogischen Bildung treten. So nehmen die deutschen Aufsätze und die Vorträge ihren Stoff aus der Pädagogik; der Religionsunterricht schliesst sich eng an die Präparationen für den Religionsunterricht in der Seminarschule an, teils sie vorbereitend, teils sie kritisierend; das Zeichnen wird zum Wandtafelzeichnen, dient also zur unmittelbaren Vorübung auf den Beruf, aber nicht mehr der allgemeinen Bildung.

So drängt und arbeitet alles auch von Seiten der allgemeinen Bildungsfächer darauf hin, dass im Seminar der pädagogische Gedankenkreis der herrschende werde. Und er muss es werden, soll anders die Zersplitterung und Verflachung, wie sie die gegenwärtige Praxis zeitigt, aufhören.

Aber noch ein anderer Gesichtspunkt hat auf die Betreibung der Disciplinen aus dem allgemeinen Bildungsunterricht grossen Einfluss, ein Gesichtspunkt, welcher bisher gewiss nicht genügend berücksichtigt wurde und der Lage der Dinge nach nicht genügend berücksichtigt werden konnte. Es ist nämlich dringend zu wünschen, dass die obligatorischen Lehr- und Lernstunden im Seminar so weit eingeschränkt werden, dass auch noch Zeit zu freien Studien bleibt. Hier im Seminar handelt es sich vorzugsweise darum, dass der Zögling lernt, selbständig zu arbeiten. Es gilt, den Schwerpunkt in das freie Streben, in die Selbstthätigkeit der Schüler, in ihre eigne Arbeit zu verlegen. Wird dieses Arbeiten erzielt,

*) S. Seite 14, Anmerkung 1.

2

welches aus reinem Interesse an der Sache und aus eigenem freien Antriebe hervorgeht, so ist damit das höchste, was der Unterricht erstrebt, erreicht. Und wurzelt dieses Streben tief genug, so wird es noch auf lange Zeit hinaus seinen Einfluss in der Thätigkeit des Lehrers, in der Auffassung seines Berufes geltend machen zum Wohle unserer heranwachsenden Jugend. Die Formen aber, in welchen dieses Studium der Zöglinge seinen Ausdruck fände und vom Lehrer controliert würde, wären Referate, Vorträge, Diskussionen. Auf diese Weise kann ein freies, wissenschaftliches Fortarbeiten und das selbständige Finden der rechten Wege angebahnt werden. Das kann man aber nicht von jungen Lehrern verlangen, die im Seminar nur die bestimmten Aufgaben gefertigt und die vorgeschriebenen Pensen geliefert haben. Die Gymnasiasten können sich diese notwendigste Mitgift für das Leben, das selbständige rege wissenschaftliche Arbeiten, durch ihren Aufenthalt auf der Universität aneignen, wo aber können es die Seminaristen lernen, wenn ihnen im Seminar ihnen Anregung und Hilfe geleistet wird?

Dies das Ideal, welches wir vor Augen haben. Es besteht also in der richtigen Scheidung von allgemeiner- und Berufsbildung, von Erziehungsschule und Fachschule. Letztere soll im wesentlichen der pädagogischen Bildung dienen, nicht wie bisher beides besorgen und daher keines in der rechten Weise.

Da diese Forderung eine bedeutende Umgestaltung der bestehenden Anstalten nach sich zieht, so steht nicht zu hoffen, dass diese Reform mit einem Male und mit allen Mitteln ins Werk gesetzt werde*). Eine Anbahnung aber hierzu könnte leicht dadurch erzielt werden, dass man wenigstens die oberste Klasse der bestehenden Anstalten schon jetzt von allem befreite, was nicht direkt zur Berufsbildung in Beziehung steht. Man schliesst also die allgemeine Bildung mit der vorletzten Klasse ab und giebt diesen Abschluss auch dadurch kund, dass man vor dem Eintritt in die oberste Klasse ein Examen veranstaltet, in welchem die Zöglinge Rechenschaft über ihre Kenntnisse in den allgemeinen Bildungsfächern abzulegen haben. Die Abgangsprüfung wird also geteilt und zwar in folgender Weise: a) Am Schlusse des ersten Seminarjahres, bez. des zweiten bei 3jährigem Kursus, finde die Abiturientenprüfung in den allgemeinen Bildungsfächern, die Musik ausgenommen, statt. b) Am Schlusse des ganzen Seminarkursus finde die eigentliche Lehrerprüfung statt, wobei ausschliesslich in den Berufsfächern und in der Musik examiniert wird.

Was erreichen wir hierdurch? Vor allem dies, dass die Seminaristen im letzten Jahr sich unbeschwert dem Studium ihrer Berufsfächer widmen können. Es wäre dies eine grosse Wohlthat, die man ihnen erwiese. Viele von Ihnen, m. H., haben es vielleicht an sich selbst erfahren, was es heisst, auf ein Examen loszusteuern und dabei eine Menge von Dingen, die seitab liegen und nichts mit einander zu thun haben, betreiben zu müssen. Das

---

*) Diese Hoffnung ist in dem Verfasser seit der Berliner Versammlung noch mehr herabgedrückt worden. So lange die bestehenden Verhältnisse für vortrefflich und unantastbar gehalten werden — selbst innerhalb der beteiligten Kreise, so lange man von der Pädagogik eine so geringe Meinung offen zur Schau trägt, so lange ist auf Besserung nicht zu hoffen.

ist nichts anderes als Menschenquälerei. Und diese finden wir in unseren Seminaren bei den jetzigen Einrichtungen in hohem Grade. Die jungen Leute sind gezwungen, ihren gewiss nicht leichten Schulsack, in welchem eine Menge der verschiedensten Dinge sich vertragen müssen, bis an das Ende des ganzen Kursus mitzuschleppen. Warum aber unter allen Ständen gerade der Volksschullehrerstand in seinem Bildungsgang eine solche abnorme Behandlung ertragen soll, ist vom Standpunkt der Vernunft unverständlich und höchstens aus seiner traurigen Geschichte einigermaßen erklärlich.*)

Es wäre also gewiss schon viel gewonnen, wenn eine derartige Trennung der Abgangsprüfung, wie ich sie eben vorgeschlagen habe, beliebt würde, zumal sich diese Einrichtung leicht einführen lässt, da sie weder finanzielle Opfer mit sich bringt, noch sonst irgendwie den bestehenden Organismus äusserlich zu alterieren vermag. Es wäre überdies der erste Schritt auf dem Wege, die allgemeine Bildung von der Berufsbildung in strengerer und richtigerer Weise von einander zu scheiden, als dies bisher geschehen ist. —

III.
Verhältnis der beiden Anstalten zu einander hinsichtlich der Einrichtung und der Leitung.

Es erübrigt uns nun noch, die Konsequenzen aus dem Gesagten zu ziehen in bezug auf die Organisation der beiden Anstalten, welche der Lehrerbildung dienen. Wer die vorausstehenden grundlegenden Sätze als richtig anerkannt hat, wird nicht umhin können, den Konsequenzen, welche wir aus denselben ziehen, seine Zustimmung zu erteilen. Dieselben gipfeln in dem Satze:

„Beide Anstalten, Präparandenanstalt und Seminar, müssen streng geschieden sein — räumlich und in der Leitung, wo möglich auch örtlich."

Die einzelnen Gründe aber, welche diesen grundlegenden Satz zu stützen vermögen, sind folgende:

1. Die oben bezeichneten tiefgreifenden Unterschiede beider Anstalten — hinsichtlich des Lehrstoffs, der Lehr- und Lernweise, und der disziplinarisch-erziehlichen Behandlung der Zöglinge — machen auch eine äussere Scheidung wünschenswert. Zunächst der Unterschied des Lehrstoffes: hier eine Mannigfaltigkeit von Disziplinen, welche darauf abzielen, dem Zögling seine allgemeine Bildung zu vermitteln — dort die Pädagogik mit ihren Hülfswissenschaften und praktischen Übungen. Hier steht der Unterricht im Dienste der Erziehung, er muss daher in besonderer, methodisch angelegter Weise verfahren, dort will er zum speziellen Beruf vorbereiten, hat deshalb wesentlich andere Wege einzuschlagen. Hier Unmündige, die

---

*) S. Dörpfeld, Ein Beitrag zur Leidensgeschichte der Volksschule etc. Barmen 1881.

ständiger Führung und zuweilen scharfer Regierung noch bedürfen, dort Erwachsene, die ihren Beruf unmittelbar vor Augen haben und nach Absolvierung des Fachkursus in das öffentliche Amt einzutreten gedenken.

Wo aber solche tiefgreifende Unterschiede herrschen, Unterschiede, die keiner, welcher die Sache kennt, zu verwischen im stande ist, da ist es auch durchaus geboten, eine Trennung der Anstalten als das einzig richtige hinzustellen. Es erscheint als ein ganz irriger Weg, zwei so grundverschiedene Anstalten in einer einzigen vereinigen zu wollen. Will man aber bei der Vereinigung im Lehrplan wenigstens eine Trennung herbeiführen, so ist dies nur ein Notbehelf — nie das Ideal. Für eine Vereinigung kann man nur finanzielle, keine in der Sache begründeten Vorteile beibringen.

2. Es lassen sich aber ausser dem oben genannten durchschlagenden Grunde eine Reihe von Überlegungen anstellen, die mehr oder minder wichtig alle eine Trennung der beiden Anstalten befürworten. Denn die Sache steht so, dass wir nicht die Möglichkeit einer Vereinigung leugnen, sondern dass wir rein objektiv untersuchen wollen, welches von beiden Systemen, das System der Verbindung oder das System der Trennung den Vorzug verdiene.*)

Da drängt sich uns zunächst der Gedanke auf, dass es in einem kleineren Schulorganismus leichter ist, die erforderliche Übereinstimmung in der pädagogischen Ansicht und in der gemeinsamen Arbeit herzustellen, als in einem doppelt so grossen. Nirgends aber, in keinem Schulorganismus ist die Forderung, dass die Lehrer von einer gemeinsamen pädagogischen Überzeugung getragen werden, so berechtigt als hier. Man sage nicht, dass bei einer Trennung in zwei Anstalten die beiden Collegien sich noch schroffer in ihren Ansichten gegenüber stehen könnten, als wenn sie in einer Anstalt verbunden wären. Darauf kommt es nicht an, sondern darauf, dass innerhalb jeder einzelnen Anstalt die erforderliche Übereinstimmung herrsche. Und diese kann ohne Zweifel in einem kleineren Organismus viel leichter hergestellt werden als in einem grösseren. Je grösser der Organismus, desto grösser ist auch die Gefahr, dass die Einheit der Arbeit und der Grundanschauung verloren geht. Diese ist aber hier um so nötiger, sollen nicht die Anfänger in der schwierigen Kunst des Unterrichts verwirrt und an der Autorität ihrer Lehrmeister irre werden.

3. In einem kleineren Schulsystem können Lehrer und Schüler in eine innigere Beziehung zu einander treten als in einem grossen. Es ist nicht nötig, hier auseinander zu setzen, wie wünschenswerth es ist, dass sich zwischen Lehrer und Schüler ein vertrauteres Verhältnis entwickle, damit der Schulorganismus den Charakter der Familie erhalte. Je kleiner nun der Kreis, um so eher kann sich ein näherer Umgang anbahnen. In dem grösseren Organismus wird sich dieser nur innerhalb der Klasse, aber nicht innerhalb des Ganzen ausbilden können. Daher sind kleinere Schul-

---

* In Preussen wie in Baiern giebt man dem letzteren den Vorzug. Nur wünscht man die Inspektion der Präparandenschule von seiten des Seminardirektors aufrecht zu erhalten.

organismen vorzuziehen. Es empfiehlt sich also die Trennung in 2 Anstalten.

4. Die Direktionsaufgaben sind schon bei jeder dieser Anstalten zu umfassend und schwierig, als dass es rätlich sein könnte, dieselben in eine Hand zu legen. Zwei freie selbständige Kräfte leisten mehr als eine, welche für zwei Mann arbeiten soll. Die Hauptaufgabe des Seminardirektors besteht unstreitig darin, die pädagogische Fachbildung in ihren verschiedenen Zweigen zu vermitteln. Die Zeit, welche zur Lösung dieser Aufgaben verwendet wird, ist nicht nach abgegrenzten Stunden zu berechnen. Man denke nur an die Durchsicht der schriftlichen Präparationen, an das Durchsprechen derselben mit den Zöglingen, an das Hospitieren und Rezensieren der gehaltenen Lektionen etc. Alles also, was dieser Hauptaufgabe entgegen läuft, alles, was dieselbe in ihrer Wirkung und in ihrem Umfang abzuschwächen vermag, muss von ihr ferngehalten werden, denn was ihr verloren geht, büssen die Lehrseminaristen ein. Wozu also einem Manne die Direktion der vier Präparandenklassen zuweisen, deren Aufgabe von der seinigen ganz verschieden ist, in denen er kaum unterrichtet, deren Schüler er oft nur dem Namen nach kennt? Wozu eine solche Zersplitterung der Arbeit, eine Sorge für unzählige schwerere und leichtere Vorkommnisse, wie sie der Betrieb einer grossen Schule mit sich bringt, dem Seminardirektor zuerteilen, dessen Aufgabe — wie schon hervorgehoben — auf einem anderen Felde liegt? Sparsamkeitsrücksichten dürfen hier, wo es sich um so Wichtiges handelt, nicht mafsgebend sein. Dass eine Kraft das, was eine sechsklassige Anstalt verlangt, leisten kann, sei unbestritten. Dass aber zwei Kräfte bei getrennten Anstalten grösseres vollbringen können, dürfte eben so sicher sein.

5. Der Schulwechsel, wie er durch die Trennung beider Anstalten hervorgerufen wird, übt auf die Schüler einen viel stärkeren Anregungsimpuls aus, als das blosse Vorrücken von einer Klasse zur anderen innerhalb eines sechsklassigen Organismus. Es ist ein bestimmter Abschnitt, den er mit der Absolvierung der Vorbereitungsschule erreicht hat, ein Markstein in seiner Entwickelung. Mit neuer Kraft und mit neuem Interesse wendet er sich der neuen Aufgabe zu. Ein solcher Impuls, der auch auf die Charakterentwicklung einen nicht zu unterschätzenden Einfluss ausübt, ist aber nicht hoch genug anzuschlagen, gegenüber der Thatsache, dass in vielklassigen Schulen gar leicht die Kraft des Schülers nach oben hin erlahmt, dass er müde und schlaff wird. Da ist ein Einschnitt in die Bildungszeit von grosser Wirkung. Mit ganz anderem inneren Respekt tritt der, welcher seinen Vorbereitungskursus vollendet hat, in das Seminar ein, als in einem sechsklassigen Organismus der Schüler der 3. in die 2. Klasse. Ausserdem wird — bei räumlicher Trennung — das Neue in Natur- und Menschenleben, sowie im Unterricht seine Aufmerksamkeit stärker anregen, Veranlassung und Gelegenheit zu fruchtbaren Vergleichungen bieten. So kann ein Wechsel der Anstalten dem geistigen Wachstum nur förderlich sein.

6. Wir haben schon mehrfach auf die Verschiedenheit der disziplinarisch-erziehlichen Behandlung der Zöglinge in beiden Anstalten hingewiesen. Ein Punkt verdient aber noch besonders markiert zu werden. Mit der durchaus veränderten Lehr- und Studienform im Seminar wird sich

naturgemäfs ein freierer Verkehr zwischen Lehrern und Schülern bilden. Es macht sich überhaupt eine wesentlich andere Behandlung der Schüler nötig als in der Präparandenanstalt. Sie geniessen Freiheiten, die der Erziehung noch Bedürftigen nicht gewährt werden können. Sie dürfen über ihre Zeit freier disponieren, ihren Lieblingsstudien sich freier hingeben. Ferner ist zu berücksichtigen, dass die Lehrseminaristen in ihrer Thätigkeit als Lehrer der Übungsschule eine ganz andere Stellung den Seminarlehrern gegenüber einnehmen als bei dem früheren Unterricht. Die Natur der Sache bringt es so mit sich. In der Übungsschule vereinigen sich beide, Seminarlehrer und Lehrseminarist zu gemeinsamer Arbeit. In den Konferenzen, den gemeinsamen Besprechungen und Beratungen treten beide sich einander näher, ohne dass die nötige Grenze zwischen ihnen alteriert zu werden braucht. Durch das öftere Beisammensein wird von selbst schon das Verhältnis zwischen beiden ein vertrauteres. Der Lehrer erscheint dem Schüler in höherem Grad als bisher als persönlicher Freund und treuer Ratgeber. Dabei können die jungen Leute allmählich zu immer grösserer Selbständigkeit geführt werden. Dieselbe ist aber nötig, damit sie bei ihrem Eintritte in das Amt inmitten eines schweren Berufs, inmitten mannigfacher Gelegenheit zu Zerstreuungen und Vergnügungen nicht unvorbereitet erscheinen, wie es wohl oft vorkommt. Denn woher sollen Leute, die bis ans Ende der Schulzeit stets geleitet und bewacht, stets am Gängelband geführt worden sind, Festigkeit des Charakters erhalten, woher eine sichere Beurteilung der verschiedenen Lebenslagen? Es ist also geboten, den Zöglingen des Seminars einen weit grösseren Raum zu freier Bewegung zu geben, als den Schülern der Präparandenanstalt. Sind beide Anstalten nun mit einander verbunden, so ergeben sich verschiedene Schwierigkeiten. Zunächst sind mit Sicherheit eine Reihe von Nachteilen zu erwarten, indem der Präparand die Freiheiten für sich bereits in Anspruch nimmt, die er tagtäglich bei seinen Genossen der oberen Klassen wahrnimmt, um die er sie stündlich beneidet. Ferner hat der Lehrer in der sechsklassigen Anstalt fortwährend ein verschiedenes Mafs und eine verschiedene Art der Behandlung bei den Schülern zu gebrauchen. Ob hier die Grenzen mit der nötigen Konsequenz immer aufrecht erhalten werden können? So ist es gekommen, dass man lieber eine gewisse schulmäfsige Strenge und gleichmäfsige Schärfe bis ans Ende der Seminarzeit beobachtet. Damit hängt aber nun der oben besprochene Nachteil zusammen, dass die oberen Klassen, die Schüler des Seminars, bei ihrem Austritt aus dem Seminar die schrankenlose Freiheit, die sie empfängt, nicht recht gebrauchen können. Also auch hier erscheint die Trennung in zwei Anstalten als das bessere, da sich bei solcher Organisation leichter eine Verschiedenheit in der disziplinarisch-erziehlichen Behandlung herstellen und durchführen lässt.

7. Der unterrichtliche Nachteil, welcher bei der Trennung der Anstalten möglicherweise dadurch entsteht, dass der Lehrplan der Präparandenschule nicht bis aufs Pünktchen genau an den des Seminars anschliesst, ist von verschwindender Bedeutung gegen die vorgenannten zahlreichen und wichtigen Vorteile der Trennung. Es ist sogar wünschenswert, dass den Präparandenschulen innerhalb der Schranken, welche die unitas in necessariis fordert, ein billiges Mafs von libertas gegönnt werde — wie

es andrerseits ebenfalls wünschenswert ist, dass die Seminare eines grösseren Landes nicht bis aufs einzelnste nach einer Schablone zugeschnitten sind. — Als Hauptvorzug der sechsklassigen Seminare wird immer in erster Linie aufgeführt, dass der unterrichtliche Erfolg ziemlich sicher verbürgt werde, insofern es sich in einem grossen sechsstufigen Organismus, der einheitlich geleitet, die folgenden Stufen immer auf die Vorstufen Rücksicht nehmen lässt, viel eindringender und fruchtbarer, viel mehr ohne Umwege arbeiten lässt, als in zwei kleineren Organismen, die ohne einheitliche Leitung nur gelegentlich mit einander Fühlung nehmen können. Letzteres trifft entschieden nicht zu. Denn es ist selbstverständlich, dass der Lehrplan der Präparandenschule auf den später folgenden Seminarunterricht berechnet sein muss. Aufgabe der Aufsichtsbehörde ist es, für diesen Anschluss Sorge zu tragen. Überdies liegt die Sache nach unserem Plan insofern etwas anders, als ja in der vierklassigen Präparande die allgemeine Bildung zu einem gewissen Abschluss gebracht werden und die Fortbildung im Seminar in ganz anderer Weise stattfinden soll, wodurch man von vornherein auf einen peinlichen Anschluss verzichtet. Dadurch wird auch die Ansicht hinfällig, dass eine einheitliche Gewöhnung und Disziplin durch sechs Jahre hindurch sich dauernder einprägen und eher zur zweiten Natur werden wird, als eine von zwei verschiedenen Kollegien ausgehende, die einerseits zur Vergleichung herausfordert, andrerseits mit dem unmittelbaren Hinweis auf den Lehrerberuf beginnt. Nach all' diesem streben wir aber nicht, sondern vielmehr nach dem Entgegengesetzten. Die einheitliche Gewöhnung und Disziplin fordern wir zwar für die Präparande, aber für das Seminar wünschen wir eine ganz abweichende Behandlung, wie wir oben auseinandergesetzt haben. Vorstehende Einwände treffen wohl die gegenwärtigen Einrichtungen, nicht aber die, welche wir im Auge haben. Diese beruht auf ganz anderen Grundlagen und Voraussetzungen.

8. Endlich weist auch die ausnahmslose Analogie darauf hin, dass allein die Trennung beider Anstalten das richtige ist: da bei allen anderen Ständen die allgemeine Bildungsanstalt und die Berufsschule völlig gesondert sind. Wir haben schon Gelegenheit gehabt, auf diese Parallele hinzuweisen, nämlich auf Gymnasium und Universität, Realschule und Polytechnikum. Wir stellen in dritte Reihe: Proseminar und Seminar. Die Berechtigung zu dieser Vergleichung aber leiten wir aus Folgendem ab. Das Proseminar oder die Präparandenschule ist eine Erziehungsschule, so gut wie die Realschule und das Gymnasium. Ihren Zielen nach kommt sie der Realschule II. O. sehr nahe; diese wiederum der Realschule I. O. und diese dem Gymnasium. So erhalten wir hinsichtlich der Ziele drei verschiedene, aufsteigende Anstalten, die aber alle einen Zweck haben, nämlich die allgemeine Bildung zu vermitteln und für die verschiedenen Berufszweige die jungen Leute vorzubilden. Auf der anderen Seite stehen ebenfalls drei Anstalten, die dem Fachstudium dienen, im Zweck also übereinkommen, nur im Umfang bedeutende Unterschiede aufweisen. In aufsteigender Reihe also: Seminar, Polytechnikum, Akademie und Universität. Wir sind weit davon entfernt, irgendwelche weitere Konsequenzen aus einer derartigen Parallele ziehen zu wollen. Aber dies steht fest, wenn bei den anderen Berufsklassen die Trennung der beiden Anstalten das richtige ist, so muss es auch auf

dem Gebiet der Lehrerbildung sein — wenigstens ist nicht einzusehen, warum gerade hier eine Ausnahme stattfinden soll.

Also nochmals: Trennung der beiden Anstalten — nicht Vereinigung ist das Ideal.

Zwar ist man im Königreich Sachsen anderer Meinung und auch in Preussen scheint man hie und da auf eine Vereinigung hinzuarbeiten. In keinem Falle aber ist eine solche Verbindung von Präparandenschule und Seminar zu billigen, wobei die erstere bloss als Anhängsel figuriert oder als Nebeneinnahmequelle für die Seminarlehrer dienen soll. Eine solche Einrichtung ist absolut zu verwerfen. Denn wir erinnern uns, dass die Präparandenbildung als das Fundament, auf dem sich das Gebäude der Fachbildung erheben soll, von der grössten Wichtigkeit ist. Eine so hohe und wichtige Aufgabe aber sollte niemals Nebenbeschäftigung sein. Wenn wir selbst den besten Willen und das grösste Lehrgeschick bei den Seminarlehrern voraussetzen, so liegt der Schwerpunkt ihrer Arbeit doch im Seminar und muss dort liegen. Der Unterricht in der Präparandenanstalt wird also zur Nebenbeschäftigung degradiert, und das ist es, was wir im Interesse der Vorbildung der jungen Leute entschieden bekämpfen. Die Vorbereitungsanstalt für das Seminar erfordert, falls sie das leisten soll, was wir von ihr verlangen, die ganze und volle Hingabe der Lehrer, die an ihr wirken und ihr zugehören, nicht solche, deren Berufs- und Wirkungskreis auf einem andern Felde liegt. So lange es hier nicht besser wird, so lange die Vorbildung für das Seminar vielfach nur als Nebensache behandelt wird, als ein Geschäft, das Geld einbringt, so lange werden auch die Seminare nicht aus ihrer unglücklichen Stellung herauskommen, so lange werden sie sich abquälen, die Lücken in der allgemeinen Bildung mühsam zuzustopfen, und damit so viel Zeit hinbringen, dass die Berufsbildung zu kurz kommt. Also weg mit einer Einrichtung, die das Seminar und die Präparande gleichmäßig schädigt, die nur zu sehr geeignet ist, den gesamten Lehrerstand herabzusetzen, die Seminarlehrer in ein falsches Licht zu stellen und sie zu verleiten, bei der Aufnahmeprüfung zu Gunsten der eigenen Präparanden die fremden zurückzustellen und ungerecht zu beurteilen. Es ist diese Organisation die allerschlechteste, die sich denken lässt. Hoffentlich verschwindet sie bald aus den preussischen Landen. *)

Die Frage über die Inspektion der selbständigen Präparandenschule ist vorläufig noch als eine offene zu behandeln, da sich auch in den einzelnen Staaten gewisse Verschiedenheiten geltend machen, doch kann die Aufsicht dem Seminardirektor übertragen werden.

Endlich habe ich noch einen Punkt kurz zu berühren. Er betrifft die Aufnahmeprüfung der Seminare. Dieselbe kann nicht ganz wegfallen, aber sie muss eingeschränkt werden. Diese Einschränkung lässt sich in folgender Weise herstellen: Diejenigen Präparandenschulen, welche den vierjährigen Kursus haben und vollständig ausgerüstet sind, erhalten das Recht der Abiturientenprüfung. Dieses Recht besitzt z. B. die Präparandenschule in Eisenach, welche, als „Sekundarschule" unter eigener Direktion stehend,

---

*) Der Verfasser hat eine Reihe von Zuschriften in Händen, welche sich auf das bitterste über die vorstehend geschilderten Zustände beklagen.

eine vom Seminar vollständig unabhängige Stellung einnimmt. Mit dem Zeugnis der Reife treten hier die Zöglinge aus der Präparandenschule in das Seminar ein, ohne vorherige Aufnahmeprüfung. Eine solche haben nur diejenigen abzulegen, welche aus anderen Anstalten in das Seminar übertreten wollen.

Ich bin am Schluss. In meinen Auseinandersetzungen habe ich versucht, meine Ansichten über die Organisation der Lehrerbildungsanstalten zu entwickeln und zu begründen. Ich gebe mich der Hoffnung hin, dass meine Darlegung — mögen Sie nun mit ihr einverstanden sein oder nicht — den Eindruck gemacht hat, dass sie sich auf dem Boden der Wirklichkeit bewegt, dass sie nicht Unerreichbares anstrebt und nicht in leere Phantasieen sich verliert. Ich habe mich an die bestehenden Verhältnisse angeschlossen und von da aus die Besserungsvorschläge gebracht.*)

In den beiden grössten Staaten unseres Reiches wären meine Vorschläge verhältnismäfsig leicht durchführbar, da die Entwicklung der Lehrerbildungsanstalten in ihrer scharfen Trennung von einander von selbst darauf hinweist, die Präparanden auszubauen und die Seminare in reine Fachschulen umzuwandeln. In Sachsen freilich, wo die Organisation nach unserer Meinung einen zu frühen Abschluss gefunden, können wir kaum auf Änderung hoffen.

Wem aber unser Plan doch zu weit ab von der Wirklichkeit zu liegen scheint, dem möchte ich das Wort Kants zurufen: „Man muss nur nicht gleich die Idee für chimärisch halten und sie als einen schönen Traum verrufen, wenn auch Hindernisse bei ihrer Ausführung eintreten."

Es kann meiner Überzeugung nach nichts schaden, wenn wir ein Ideal vor uns sehen — selbst auf die Gefahr hin, dass wir nicht im stande sind, es sogleich zu realisieren. Alles Weiterschreiten zum Bessern erwächst aus dem Bewusstsein, dass das Gegenwärtige noch unzureichend und ungenügend ist.**) Aber soll dieses Weiterschreiten ein bewusstes und sicheres sein, so muss uns deutlich das Ziel vor Augen schweben, dem wir durch unsere Mafsnahmen zusteuern wollen. Ohne klares Bewusstsein dieses Zieles und ohne feste Überzeugung, dass dasselbe das Höchste bedeute, was zu erreichen ist, kann das Fortschreiten nur zu leicht auf falsche Bahnen geraten. Und fast möchten wir meinen, als sei auf dem Gebiet der Lehrerbildung bisher mit wenig Ausnahmen nicht in zielbewusster, klarer Weise gearbeitet worden, als sei die Entwicklung unserer Seminare mehr vom Zufall und von individuellen

---

*) Aus der Debatte, die sich in Berlin an den Vortrag anschloss, hat der Verfasser freilich die Ansicht gewonnen, dass er damit lieber noch hätte warten sollen, da eine Reihe der sonderbarsten Missverständnisse hervortrat. Dieselben hatten zumeist in der auffallenden Unkenntnis der pädagogischen Wissenschaft unserer Zeit ihren Grund. In gewissen Kreisen ist die „immanente Methodik" die Summe aller pädagogischen Weisheit — ein Standpunkt, der von andern als längst überwunden gilt.

**) Leider ist die gegenteilige Meinung noch sehr weit verbreitet, dass nämlich die Seminare, wie sie jetzt sind, ganz vortreffliche Anstalten seien, die gar keiner Verbesserung bedürften. Und doch sollte man die Wahrheit mehr vor Augen haben: An ihren Früchten werdet ihr sie erkennen! Die Wahlbewegung und die Wahlresultate unserer Tage gäben, dächte ich, auch mancherlei in bezug auf den stark hervortretenden Radikalismus der Lehrer zu denken!

Ansichten abhängig gewesen als von einem grossen, einheitlichen Plane, dessen Verwirklichung man nach und nach anzustreben habe.

Möglich, dass auch die Erfahrung bisher noch nicht hinreichend deutlich gesprochen. Wie dem auch sei — die Zeit ist ernst genug, dass man nicht mehr dem Zufall und subjektiver Willkür es überlassen soll, welche Wege künftighin die Entwicklung unserer Lehrerbildung zu wandeln habe.

II. Mitteilungen.

Thesen über die Organisation des Lehrerseminars.

Von J. Böhm, Seminarlehrer in Altdorf.

1. Die organische, örtliche und räumliche Verbindung der Präparandenschule und des Seminars unter einem Vorstand hat Vorteile: a) in Hinsicht auf die Erziehung, welche, weil aa) länger in denselben Händen liegend, eine genauere Kenntnis des Zöglings und bb) eine richtigere Behandlung ermöglichend, sich cc) zu einer durchgreifenderen Wirkung konzentrieren müsste; b) in Hinsicht auf den Unterricht, welcher aa) auf Grund eines einheitlicheren Lehrplans in besserem Zusammenhang und bb) nach dem Grundsatze der Arbeitsteilung von tüchtigen Fachlehrern gründlicher und wissenschaftlicher betrieben werden könnte; c) in Hinsicht auf die Direktion und Aufsicht über die Präparandenschulen, da aa) die Direktion dann immer einem Fachmann übertragen (in Bayern ist der Geistliche Inspektor der Präparandenschulen) und bb) der bisher zwiefachen und vielleicht zwiespältigen Aufsicht des Seminarinspektors und des Kreisschulinspektors dadurch ein Ende gemacht würde.

2. Die organische und räumliche Verbindung beider Anstalten hat Nachteile: a) betreffs der Erziehung, welche aa) immer in denselben Händen liegend, die Gefahr der Einseitigkeit in sich birgt; bb) durch die lange Abgeschlossenheit der Jugend nur noch mehr zur Kastenerziehung versteinern und die Jugendnatur notwendig dahin führen würde, das Leben, statt mit freiem Blicke, nur durch die gefärbte Brille des Berufs zu betrachten, cc) bei Zusammenlegung der bisher einem Seminar zugeteilten Präparandenschulen mit jenem nicht mehr individualisieren könnte, da die Zahl der Zöglinge zu gross würde; b) betreffs des Unterrichts, welcher aa) soweit er die allgemeine Bildung betrifft, in ein bedauerliches Abhängigkeitverhältnis gegenüber der Fachbildung treten durfte — oder auch umgekehrt; bb) in seinem Erfolg gefährdet erscheint, weil ohne die bisher dazwischen liegende reinigende Aufnahmeprüfung mehr schwachbegabte Schüler durch das Seminar wandern würden, als bisher; c) betreffs der Leitung, welche mehr mit administrativen als pädagogischen Fragen sich beschäftigen müsste; d) betreffs der finanziellen Seite, da die nötige Herstellung solcher 5—6 klassigen . Seminare übermässige Summen erfordern würde.

3. Referent beantwortet die gestellte Frage deshalb dahin: Es sollen a) die Schullehrerseminare als Fachschulen gesondert von den die allgemeine Bildung vornehmlich vermittelnden Anstalten, ebenso b) die Präparandenschulen als Anstalten für Aneignung der allgemeinen Bildung gesondert bestehen bleiben; c) sollte die Direktion der Präparandenschulen den Hauptlehrern derselben übertragen, die Inspektion derselben dagegen den Seminardirektoren belassen bleiben; d) sollte die Präparandenschule zur allgemeinen Bildungsanstalt insofern erweitert werden, als sie auch denen zu öffnen wäre, die sich nicht dem Lehrerberuf widmen wollen.

Lokalverein für wissenschaftliche Pädagogik in Dresden.

Der Verein besteht zur Zeit aus 11 Mitgliedern, von denen 2 am Seminar, 3 an der höhern Töchterschule und die übrigen an der Volksschule angestellt sind. Aller 14 Tage ist Vereinssitzung. Bis jetzt sind folgende Vorträge gehalten worden: Dr. Just, Pestalozzis Unterrichtsmethode. Derselbe: Wie Moses seines Volkes im Unglücke nicht vergisst. Derselbe: Wissenschaftliche Begründung des vorigen praktischen Vortrags. Oberl. Bahnert, Entstehung und Bedeutung der Anschauung. Oberl. Leupold, Die Lehre über die Seelenvermögen. Für die nächsten Vereinsabende sind folgende Arbeiten angemeldet: Thibault, Die Assoziation im Zeichenunterrichte. Dr. Just, Die 5 Formalstufen. Leupold, Zur Geschichte des Anschauungsunterrichts. Den Vorträgen folgte regelmässig eine Debatte.

Dr. Petermann und die herbartische Schule.

Es ist keine Frage: Viele ereifern sich gegen Herbart und seine Schule, ohne eine gründliche Kenntnis der betr. Pädagogik zu haben. Ein Beispiel hierfür bietet auch Herr Dr. Petermann in seinem Schriftchen „Die Schäden, hervorgerufen durch unsere heutige Schulbildung und Vorschläge zu ihrer Abhilfe." (Braunschweig 1881.) Es heisst daselbst Seite 40: „Noch einer Richtung inbezug auf den Religionsunterricht gedenke ich, die aus der herbartischen Schule hervorgegangen ist. Sie verwirft den biblischen Geschichtunterricht für die ersten drei Schuljahre überhaupt, weil die in demselben niedergelegten Begriffe von Gott u. s. w. dem Kinde noch unfassbar wären. Statt derselben erzählt man Märchen, wie Fundevogel etc. Es ist diese Ansicht nichts weiter als das Echo der durch Rousseau bis in unsere Zeit hinüber tönenden, mit echt französischer Leichtfertigkeit ausgesprochenen Behauptung, dass der Begriff Gott ein unverstandener für Kinder sei, dass erst lange metaphysische Studien den Menschen befähigen, Gott zu denken und dass deshalb Gott den Kindern gar nicht genannt werden dürfe. Während aber Rousseau dies konsequent durchgeführt wissen will, sprechen die Vertreter jener Richtung von Gott, vom Himmel, von gut und fromm (s. Sternthaler) in den Märchen, aber Religionsunterricht resp. biblischen Geschichtsunterricht wollen sie nicht."

Seite 51 f. spricht der Verfasser noch einmal über den Religionsunterricht der herbartischen Richtung, welche er zu den „Abklatschen des Philanthropin" rechnet. Da diese Stelle aber nichts wesentlich neues enthält, beschränken wir uns darauf, die „echt deutsche Gründlichkeit" des Verfassers in den oben angeführten Worten zu beleuchten.

1. Die unterrichtliche Behandlung der biblischen Erzählungen beginnt bei uns mit dem dritten Schuljahre, der Verfasser aber sagt: Die herbartische Schule verwirft den biblischen Geschichtsunterricht für die drei ersten Schuljahre.*) Doch vergeben wir ihm dies Versehen. Aus seiner Begründung aber, aus seiner Berufung auf Rousseau ist ersichtlich, dass er keine Ahnung hat von dem unterrichtlichen Aufbau der herbart-zillerschen Schule, von den sogen. kulturhistorischen Stufen,**) dass er nichts weiss von der Forderung, dass vom ersten Schuljahr ab sonntägliche Erbauungsstunden im Anschluss an die kirchlichen Feste gehalten werden sollen. Er kennt nicht die wundervolle Stelle aus der Herbartschen allgemeinen Pädagogik: „Die Idee von Gott zu erzeugen und zu bilden ist das Werk der religiösen Synthesis etc." (Ausgabe von Willmann, I., Seite 439.), aus welcher er auf das deutlichste hätte herauslesen können, dass die Zusammenstellung mit Rousseau vollständig schief und unzutreffend ist.

„Mit echt französischer Leichtfertigkeit" spricht der Verfasser Urteile über eine Richtung der Pädagogik aus, von welcher er nur eine blasse Ahnung besitzt, wagt er es, eine Reihe von Männern in ihren Bestrebungen zu verdächtigen und zu diskreditieren, ohne sich eingehende Rechenschaft über den Geist und das Ziel dieser Bestrebungen gegeben zu haben. (Siehe Leipz. Korrespondenzblatt, Nr. 3, 1881.)

---

*) Siehe die vier ersten Schuljahre von Rein, Pickel, Scheller. Dresden, Bleyl & Kaemmerer, namentlich die zweite Auflage des ersten Schuljahres, Einleitung.
**) Siehe Pädag. Studien 1880. II. Heft. Dresden, Bleyl & Kaemmerer.

III. Rezensionen.

I.

Julius Vogel, Cand. rer. min. und Oberlehrer am K. Seminar zu Löbau i. S.: Die Wunder Jesu als Gleichnisse. Löbau, J. G. Walde*).

Im Vorwort weist der Verfasser darauf hin, hinsichtlich seiner Auffassung der Wunderthaten Jesu habe er sich lange Zeit auf dem alten, niedrigen Standpunkte be-

---

*) Vergleiche zu dieser Kritik:
1. G. F. Taute, Philosophie des Christentums. Leipzig, Steinacker.
2. Otto Flügel, das Wunder und die Erkennbarkeit Gottes. Leipzig, Louis Pernitzsch.

funden; es sei ihm aber gelungen, auf einen neuen und zwar höheren sich zu erheben. Der Zweck des Buches sei daher, andere auf diesen Standpunkt zu erheben, die Liebe zum Heiland zu fördern, der die Quelle aller frommen Gesinnung und — damit die Selbstsucht ja nicht zu kurz komme — eines dauernden Glückes sei. Als Leser denkt sich der Verfasser einmal gebildete Gemeindeglieder, doch hat er die Form des Buches den Bedürfnissen der Schule angepasst, und er wünscht daher, dass namentlich Geistliche und Lehrer, sowie Schüler höherer Bildungsanstalten dem Buche besondere Teilnahme schenken. Die Anlage ist derart, dass jedesmal erst der Bibeltext abgedruckt, dabei aber alles, was dem Verfasser nicht recht passte, weggelassen ist; dann folgt die erbauliche Auslegung. Der neue Standpunkt aber, den dabei H. Vogel einnimmt und den er am Schlusse in einer allgemeinen Darlegung zu begründen sucht, ist der: Jesus hat die Wunder wirklich vollbracht, aber unbeschadet dieser historischen Gewissheit sollen sie als Gleichnisse aufgefasst werden. Was erwartet man daher von dem Buche? Doch wohl dieses, Herr Vogel würde in leichter, verständlicher, gefälliger Darstellung ausführen: Es giebt zwar nicht absolute, wohl aber relative Wunder; alle die Thaten unseres Heilandes sind einmal geschichtlich verbürgt, dann aber auch möglich; zwar stimmen sie nicht zur Alltags-Erfahrung, aber nur aus dem Grunde, dass unsere Naturerkenntnis trotz der vielgepriesenen Fortschritte noch äusserst mangelhaft ist. Diese metaphysischen Betrachtungen müssen offenbar bei einer zu diesem Zwecke und für solche Leser unternommenen Auslegung im Hintergrunde stehen; dagegen muss in den Vordergrund derselben der psychologische, noch mehr aber der sittlich-religiöse Gehalt der Wunder gestellt werden; darin stimmt gewiss jeder bei. Man erwartet daher mit Recht, Herr Vogel werde ausführen: Jesus that die Wunder, nicht um sich zu rühmen, sondern teils um sich als Messias zu beweisen („ein Heiland, welcher nicht mit absolut göttlicher Vollmacht und Befriedigung sprach und handelte, wäre kein Erretter aus der Not, kein Befreier von den feindlichen Gewalten des Lebens, kein Herold eines vollen göttlichen Segens"), teils — und dies in der Regel — um irgend jemand zu helfen, ihm wohlzuthun. Christus konnte aber diese Wunder vollbringen kraft seiner Einheit mit dem Vater. Ausserdem muss selbstverständlich gefragt und gezeigt werden, welche Weisungen diese Wunderthaten für unser Streben, für die Gestaltungen unserer individuellen und gesellschaftlichen Verhältnisse einschliessen. Was bietet nun Herr Vogel? Ich will es an zwei Beispielen zeigen, an der Erzählung von dem reichen Fischzug Petri und vom Stater im Rachen des gefangenen Fisches.

Herr Vogel hat erst den Text der Erzählung vorgedruckt; dabei hat er aber die Stelle, die doch für die richtige Auffassung des ganzen Vorganges von grösstem Belang ist, weggelassen: Denn es war ihm ein Schrecken angekommen und alle, die mit ihm waren, über diesen Fischzug, den sie miteinander gethan hatten; desselben gleichen auch Jacobus und Johannes, die Söhne Zebedäi, Simonis Gesellen. Warum aber diese Worte ausgelassen werden, ist nicht schwer zu erraten.

Auf den Text folgt dann die Auslegung. Die Gedanken, welche nach den obigen Andeutungen dabei, die einen mehr, die andern weniger, in den Vordergrund treten sollten, sind gewiss folgende: Dieses Wunder ist möglich; so reiche Fischzüge kommen in der That vor, — der Herr vermittelte diesen nur; dass Jesus aber denselben voraussah und wie Gott im stande ist, an einem Orte die Fische so zu versammeln, das ist unserer Beschränktheit unverständlich. Sicher aber ist, dass Christus den Fischzug nicht voraussagte ohne in Übereinstimmung mit seinem himmlischen Vater; er that ferner das Wunder nicht, um zu prahlen, nicht einmal, um Petrus zu bekehren; dies war eine notwendige Folge, welche Jesus zwar voraussah, die aber nicht das Motiv der That war, sondern aus reinem Wohlwollen gegen Petrus, der die ganze Nacht nichts gefangen hatte, wie der Herr wusste, ehe ihm diese Antwort zu teil ward. Mit einem Worte, dieser Vorgang muss als ein Wunder des Gottessegens, als ein Hinweis auf die Fülle des Wohls aufgefasst und ausgelegt werden, dessen nach dem Ratschluss der unerschöpflichen Liebe Gottes die Menschen teilhaftig werden können und sollen. Ferner erwartet man, Herr Vogel werde ausführen, wie Petrus an dem Erfolg der Weisung Christi und somit an dem göttlichen Wohlwollen zweifelt; nach seiner Erfahrung ist das Wunder unmöglich, darauf stützt er sich; doch fügt er sich im Glauben dem Ansehen Christi; der Zug gelingt, und jetzt wird ihm der Abstand offenbar zwischen ihm und dem Sohne Gottes; ein Schrecken kommt ihm an; es wird ihm klar, dass nur durch Gott, nicht ohne ihn, dieses Ereignis gewirkt worden ist. Herr, gehe hinaus, ich bin ein sündiger Mensch. Durch dieses Bekenntnis hatte aber der Herr erfahren, wie Petrus und seine Gesellen sich eignen zu seinen Jüngern, von denen aus im Laufe der Zeit die Beseelung der menschlichen Gesellschaft sich entwickeln solle.

Was aber die Weisung anbelangt, die aus diesen Vorgängen sich für uns ergeben, so muss wohl gefordert werden, Herr Vogel werde darauf hinweisen, dieses

Wunder stellt an uns die Forderung, den Ursachen des Ansammelns der Fische nachzuforschen, in der Natur gebotene Verhältnisse und Umstände für unsere sittlichen Zwecke zu benützen; es ermahnt uns zur Bescheidenheit und Demut uns unverständlichen Vorgängen gegenüber, was unserem auf sein vermeintliches Wissen so eingebildeten Zeitalter nicht oft genug eingeschärft werden kann; es fordert uns auf, einerseits auf die unermessliche Güte, auf das unerschöpfliche Wohlwollen unseres himmlischen Vaters zu vertrauen, andrerseits für Gottes und Christi Sache, für die Beseelung der Menschheit, für die Aufrichtung des Himmelreiches auf Erden mit allen Kräften zu wirken. Von alledem bietet jedoch Herr Vogel nichts; er will auch nichts bieten, denn er beabsichtigt, jedes Wunder als Gleichnis zu behandeln.

Er verdreht daher die Erzählung so, dass nicht mehr Petrus, sondern der Herr der Fischer, das Wort Gottes das Netz ist, ein an und für sich und am rechten Orte brauchbares und auch vom Herrn selbst angewendetes Bild. Und womit schliesst dieser Teil der Betrachtung? Mit dem Ausrufe: Wohl uns, wenn wir nicht zu den faulen Fischen zählen! Ebenso müssen wir es für eine Verdrehung bezeichnen, wenn denn aus der Weisung des Herrn, auf die Höhe des Sees zu fahren, gemacht wird: Ziehe von dem Strande weg, an dem Du kümmerlich (?!) Dich nährest, nach den Höhen der Stadt Jerusalem, nach der Höhe der Heidenwelt (wohl gar nach Griechenland!?), von Antiochien bis zur Weltstadt Rom (wo Petrus bekanntlich nicht hingekommen ist!). Für eine Wortspielerei müssen wir es erklären, wenn weiter gesagt wird: Petrus senkt auf der Höhe des Meeres das Netz in die Tiefe, so müssen auch wir ein hohes Lebensziel zu erreichen suchen, aber nicht, um dann auszurunen und im Glanze uns zu sonnen (Petrus wollte sich wohl auf der See sonnen?), sondern um uns dort noch tiefer zu versenken in die Aufgabe unseres Lebens; je weiter wir in das Meer kommen, desto tiefer wird es; je höher wir im Leben stehen (im Alter oder in der Gesellschaft?), desto tiefer soll unsere Wirksamkeit werden. Vollends lächerlich aber ist es, daraus, dass Petrus in einem, Johannes und Jacobus in dem andern Schiffe standen, es also zwei Schiffe waren, zu machen: das eine bedeutet die Bekehrung der Juden, das andere die der

Heiden, wenngleich Herr Vogel hier sich auf Vorgänger berufen kann. Wie beschaffen aber der moralische Standpunkt ist, auf dem das Buch steht, wird zur Genüge durch die Stelle gekennzeichnet, dass dann, wenn wir uns nicht überheben, wir neben dem Glück auch das Heil erlangen, wir das zeitliche und ewige Wohl auch unserer Mitmenschen befördern.

Dass die übrigen Wunder nicht besser behandelt sind, lässt sich leicht erraten. So macht Herr Vogel aus der Erzählung vom Stater: Jeder Bekehrte ist ein Fisch; der gefangene Fisch hatte aber eine Münze im Rachen, — darum, o Christ, öffne jedem Christen Herz, Mund und Hand!

Ich glaube, diese Probe genügt, uns zu zeigen, wes Geistes Kind das neue Buch ist, welche Hohlheit und Oberflächlichkeit, welches Phrasentum zum Vorschein kommt auf dem gepriesenen höheren (nebenbei gesagt, nicht sowohl neuen, sondern vielmehr sehr alten) Standpunkt; die Schrift des Herrn Vogel steht nicht auf einer Höhe, sondern tief im Thal, weit zurück hinter allen bisherigen Versuchen. Herr Vogel steckt sogar bis an Hals im Sumpf des Eudämonismus; geradezu armselig ist seine Auffassung der Persönlichkeit und des Erlösungswerkes Christi; um dies zu verdecken, wickelt er das Ganze in einige dogmatische Redensarten ein. Und dieses Geschwätz (man verzeihe den Ausdruck, — er ist aber allein zutreffend!) will eine erbauliche Auslegung von Gleichnissen sein?! Herr Vogel scheint gar nicht zu ahnen, welch' himmelweiter Unterschied zwischen einem Wunder und einem Gleichnis ist. Und solchen Schund darf man in unseren Tagen nicht nur den Gebildeten, sondern vor allem den Schülern, namentlich denen der höheren Anstalten bieten und anpreisen, gerade als wäre für die Schule auch das Schlechteste immer noch gut genug. So will man Liebe zum Heiland erwecken!?

Von den schlechten Versen, Citaten und andern Dingen, die eingeflochten sind, um die Schrift mit dem Heiligenscheine der Gelehrsamkeit zu umleuchten, will ich schweigen.

Was den Druck anlangt, so ist die Korrektur sehr leichtfertig, dagegen die vielleicht als Muster beigelegten Rezensionen sind nicht nur auf besseres Papier gedruckt, sondern vor allem auch besser korrigiert.

Leipzig.　　　　R. K. A. Hofmann.

II.

L. Wangemann, Einführung in das
Verständnis des Dr. M. Luther'-
schen Katechismus auf Grund der
biblischen Geschichte. Dritter
Teil: dritter Artikel, III., IV. und V.
Hauptstück. Leipzig 1881.

Wangemann hat die Beobachtung gemacht, „dass kein Teil des Katechismus
in so abstrakter, unfruchtbarer Weise
beim Unterricht behandelt wird, als die
Lehren des 3. Artikels", und er will sein
„Scherflein beitragen, um den noch weit
verbreiteten „Verbalismus" beim Religionsunterricht zu beseitigen." — Die
Forderung, (die übrigens erst ganz vor
kurzem im „Sächsischen Kirchen- und
Schulblatte" wieder auftauchte), dass der
Katechismus jährlich in voller Ausdehnung behandelt werde, hält W. für
eine schwere Täuschung, „denn es geht
gegen menschliches Empfinden, ein Gerippe zu lieben" (p. VII). „Solcher
Unterricht verdient nicht den Namen
Religionsunterricht; man mag solche
Stunden Memorirübungs- oder Denk- und
Sprechübungs-Stunden nennen". Über
das geistlose Breittreten des Unterrichtsstoffes in Katechesen und über lang-
atmige Gefühlsergiessungen" ist das Nötige in der Einleitung zum I. Teil des
Werkes gesagt worden*).

Im grossen und ganzen herrscht auch
in diesem III. Teil derselbe gesunde Ton,
der im I. anerkannt werden musste.
Wangemann geht von der religiösen Thatsache, die vielleicht bisweilen etwas mehr
ausgemalt werden dürfte, aus und steigt
von da zum religiösen Begriff auf. Dieser
methodische Weg hätte aber bisweilen
konsequenter festgehalten werden sollen,
dann wären die logischen Untersuchungen
über die „Person" des h. Geistes (p. 4
ff.), die für Kinder völlig unverständlich
sind, weggeblieben und an ihre Stelle
wäre ein recht eingehende, anschauliche
Schilderung der Wirkungen getreten, die
der von Christo ausgehende heilige Geist
hervorgebracht hat. Aus den Lebens-
äusserungen dieses Geistes, die in an-
sprechenden Bildern durch die h. Geschichte verfolgt werden mussten, konnte
dann am Ende auf das innere Wesen
dieses Geistes geschlossen werden, und
wenn das geschehen war, so musste darauf hingewiesen werden, wie sich in

*) Conf. Studien 1880, Heft 4.

diesem Geiste alle Verheissungen des
Herrn und der Propheten erfüllt haben.
Die Auseinandersetzungen über die Berufung etc. sind trotz der vorangestellten
biblischen Geschichte sehr abstrakt geblieben; es musste die Berufungsgeschichte
einer Persönlichkeit, z. B. Pauli oder Luther's eingehend geschildert werden; ferner musste das Verständnis dafür geweckt
werden, dass auch wir noch heute durch
den in Familie, Schule und Kirche wal-
tenden h. Geist berufen werden und dass
wir aus eigener Kraft den Weg zum
Herrn nicht finden können, wie ihn auch
Paulus und Luther trotz aller Kraft-
anstrengung nicht finden konnten.

Indem ich darauf verzichte, weitere
Unvollkommenheiten in der Durchführung
des methodischen Grundgedankens aufzu-
zählen, mache ich nur noch auf einen
andern Punkt aufmerksam, der dem Buche
sehr wenig zur Zierde gereicht. In dem
Abschnitt über „Wort Gottes" wendet sich
nämlich W. besonders an die jungen Lehrer,
diese kommen jetzt vielfach in Gefahr,
durch Afterweisheit und Frechheit des
Unglaubens der Halbgebildeten in Zweifel
zu geraten, und um sie daher vor den
Gefahren „der zersetzenden negativen
Kritik" zu bewahren, trägt W. ihnen „zur
Kräftigung ihres Glaubens"(X) eine Reihe
höchst gewagter und unglaublicher Hypo-
thesen vor: Moses ist der Erfinder der
Buchstabenschrift (170), die Urgeschichte
hat Adam dem Methusalah, dieser dem
Noah erzählt. Von Noah sind diese ältesten
Nachrichten unmittelbar auf Thara und
Abraham gekommen. Als aber durch
nähere Berührung des Volkes mit den
Egyptern die Gefahr eintrat, dass die
Reinheit der Überlieferung Schaden leiden
könnte, wurde Moses zu den Israeliten
versetzt, bei denen er sicher die alte
reine Überlieferung fand. Dass Moses
seinen Tod nicht selbst beschrieben haben
kann, giebt W. zu und findet es ganz
natürlich, dass ein Anderer unter dem
Namen des Moses das Werk ergänzt hat
(172); wollte man dagegen im neuen
Testament denselben Vorgang annehmen,
so würde man die Verfasser der heiligen
Schriften zu „Fälschern, Tendenzschrift-
stellern" etc. machen (178). Also was
im alten Testament erlaubt ist, ist im
neuen unsittlich. Das Warum kann ich
offen gestanden nicht einsehen! Die
strengwissenschaftliche Forschung wird
mit der Behauptung, dass ihre Vertreter

nicht an den historischen Christus glauben (175 Anm.), einfach abgethan. Als ob man die ernste Arbeit eines Jahrhunderts mit einem Federstrich und einer grundlosen Verleumdung beseitigen könnte. — Mit solchen Mitteln also glaubt man die jungen Lehrer gegen die biblische Wissenschaft verschliessen und dadurch ihren Glauben stützen zu müssen, so sehr hat man den Glauben an die unbesiegbare Macht der religiösen Wahrheit, den Glauben an die innere Kraft des Bibelwortes verloren. Der Meister würde solchen Verteidigern zurufen: O, ihr Kleingläubigen! — Wangemann selbst hat, wie aus der Vorrede hervorgeht, das Gefühl, dass dieser oben besprochene Teil nicht recht in sein Buch passt; er hätte sicher besser gethan, wenn er diesem Gefühl gefolgt wäre.

Auerbach i. V.   E. Thrändorf.

III.

L. Zippel, Zur Methodik des lateinischen Unterrichts in Sexta. Greiz, 1881.

Ausgehend von der Thatsache, dass die Schüler der Gymnasien einen grossen Mangel an Freudigkeit und Selbständigkeit in ihrem Studium zeigen, suchte der Verfasser nach den Ursachen dieser Erscheinung und findet sie nicht, wie das so oft geschieht, bloss in äusseren Verhältnissen, sondern im Unterricht selbst. Der Unterricht versäumt es, durch Anregung und Übung der geistigen Kraft dem Schüler Freude an der Arbeit zu erwecken. Das blosse Einpauken genügt auch auf der untersten Stufe nicht. Die Regeln und Sprachgesetze müssen vom Schüler selbst unter Anleitung des Lehrers aus lateinischen Sätzen abgeleitet werden. — Bis hierher kann man mit dem Verfasser völlig einverstanden sein. Seine nächste Voraussetzung, dass die ersten lateinischen Sätze dem Schüler als etwas völlig Neues entgegentreten und ihm daher vom Lehrer vorübersetzt werden müssten, ist durch die Arbeiten der Herbart'schen Schule thatsächlich widerlegt. Mag man auch mit den beiden Versuchen, die in Barth's Übungsbuch (Leipzig, Gräbner) und Ziller's Arbeit im Jahrbuch XIII des Vereins f. w. Pädagogik gemacht sind, nicht in allen Einzelheiten einverstanden sein, so ist doch das Vorhandensein appercipierender Vorstellungen nachgewiesen, und diese darf ein methodischer Unterricht nicht ignorieren.

Im Anschluss an den Satz Porta firma est lässt der Verfasser (p. 14) den ganzen Singular der ersten Dekl. lernen. Wo bleibt da die Selbstthätigkeit und das Ableiten aus dem Satz? Die Regel, dass das Subjekt im Nominativ steht, muss im Deutschen bereits gelernt und geübt worden sein. Aus lateinischen Sätzen, in denen bloss Nominative vorkommen, lässt sich die Regel gar nicht ableiten. Für das Übersetzen aus dem Deutschen lässt der Verf. (p. 21) besondere Vokabeln vorher lernen, statt, wie es allein methodisch richtig ist, die im lateinischen Satze gewonnenen zu verwenden. Die Fragen, mittelst deren der Einblick in die Satzteile gewonnen werden soll, werden auf einen möglichst allgemeinen Ausdruck gebracht, z. B. „Wer ist irgendwie beschaffen?" Ganz abgesehen davon, dass eine solche Frage ein stilistisches Ungeheuer ist, so erschwert sie dem Schüler das Einleben in das Konstruktionsverfahren ganz gewaltig und verhindert dadurch das Zustandekommen der Freude an der Arbeit. Diese Fragen aber und ihre Verwendung sind die wichtige neue Entdeckung, um die sich das ganze Schriftchen dreht. Die Sätze, an denen der Schüler Interesse an der Sache und Freude an der Arbeit gewinnen soll, sind nach grammatischen Überschriften geordnet und lauten: Gallia terra est. Puella modesta pia est. Columbae bestiae timidae sunt — etc. etc. Die Kritik kann ich mir unter Hinweis auf Günther's erschöpfende Darlegung (Jahrb. XIII d. V. f. w Päd. 149 ff.) ersparen. Mit gespannter Erwartung nahm ich Zippel's Schriftchen zur Hand; um eine gründliche Enttäuschung reicher versenke ich es in den Papierkorb.

Auerbach i. V.   E. Thrändorf.

IV.

Dr. A. Vogel, Systematische Encyklopädie der Pädagogik. Ein Wegweiser durch das gesamte Gebiet der Erziehung mit ausführlicher Angabe der Litteratur. Eisenach, Bacmeister. 240 S. Preis 4 Mark.

Als die Eigentümlichkeiten seines Buches bezeichnet der Verfasser in der

Vorrede (S. VIII u. IX) folgendes: „Neben dem Guten und dem Wahren hat in der bisherigen wissenschaftlichen Pädagogik das Schöne, neben der Ausbildung des Willens und des Verstandes diejenige des Gefühls und der Phantasie keine selbständige Stätte gefunden, und doch durchbricht die ungezügelte Phantasie oft die Schranken auch des festesten Willens, und ohne Phantasie verrostet die Schärfe des Verstandes. Der Wille sowohl wie auch der Verstand haben ihre Wurzeln in dem Gefühl wie beide auch andrerseits in einem in sich befriedigten, mit Gott und der Welt im harmonischen Einklange stehenden Gefühle ihren Endzweck haben." „Und so tritt als drittes, gleichberechtigtes Moment der erziehenden Thätigkeit in diesem Werke neben der Zucht und dem Unterrichte die Bildung auf, die sich bisher nur kümmerlich von den Brosamen ernähren musste, die von der andern beiden Herren Tische fielen." „Als weitere Eigentümlichkeit ist sodann die ausführliche Angabe der Litteratur über alle Zweige der Pädagogik hervorzuheben." Bei Besprechung des Werkes wollen wir diesen „Eigentümlichkeiten" unsere Hauptaufmerksamkeit widmen. Schon aus den wenigen angeführten Worten lässt sich vermuten, dass der Verfasser die halb begrabene Lehre von den Seelenkräften des Menschen abermals zu erwecken versucht hat, ja dass sie für sein ganzes Werk von grundlegender Bedeutung sein wird. Über das Wahre oder Falsche dieser Lehre wollen wir hier nicht mit ihm streiten, wir würden ihn nicht und er uns nicht überzeugen. Zudem bleibt der Streit über diesen Gegenstand so lange ein Wortstreit, bis die Psychologie eine Erfahrungswissenschaft im strengen Sinne geworden sein wird. Das wird aber wohl nie geschehen, weil das eigentliche Wesen der Seele uns Erdenbürgern wahrscheinlich stets unbekannt bleiben wird. Glücklicherweise ist auch der Streit für den praktischen Pädagogen nicht von prinzipieller Wichtigkeit. Für diesen ist vielmehr von der grössten Interesse und der eminentesten Bedeutung die Kenntnis der Gesetze des geistigen Lebens. Diese Kenntnis hat mit dem Wissen von der Substanz der Seele gar nichts zu thun. Dass z. B. eine Vorstellung im Bewusstsein um so fester haftet, je mehr Hilfen sie in demselben findet, ist ein Satz, den der Materialist gerade so gut wie der Spiritist, der Kreatianer ebensowohl, als der Traduzianer anerkennen muss. Nichts

anderes, als das Bedürfnis, die zahllosen Ausserungen der Einen Seele in Klassenbegriffe zu bringen, sie zu rubrizieren, hat die Theorie von den Seelenkräften hervorgerufen. Sie als ursprüngliche, angeborene, selbständige Kräfte zu betrachten, kann konsequenterweise nur zu einer Dreiseelenlehre führen. Wenn übrigens die Vertreter der Vermögenstheorie (wie auch unser Verfasser, S. 15) sich immer und immer wieder auf Kant als den eigentlichen Urheber derselben berufen, so sollten sie doch berücksichtigen, dass Kant gar oftmals die Blicke auf die Untersuchung jenes einfachen Ichs lenkt, als desjenigen, was die Verbindung des an sich unverbundenen Anschauens und Denkens hervorbringt. Doch hierauf wollen wir nicht weiter eingehen, zumal sich von wirklichen Gründen für die Vermögenslehre bei unserem Verfasser absolut nichts findet. Wie aber darf der Verfasser es wagen, zu behaupten, dass in der bisherigen wissenschaftlichen Pädagogik das Schöne keine selbständige Stätte gefunden habe? Ja, wenn man den Ausdruck „selbständig" ganz streng nehmen will, so mag er recht haben. Aber er selbst nimmt ihn nicht streng, denn er fährt fort: „Nicht aber, als ob jeder Dorfschüler zum Künstler zu erziehen sei, wohl aber soll auch sein Gefühl für das Saubere, für den Anstand, für alles wahrhaft Edle und Schöne empfänglich gemacht werden, ohne welches das Gute und das Wahre nimmermehr zur adäquaten Erscheinung gebracht werden kann. Ein Verächter des Dekorum und des Schönen würde schwerlich das Ideal der Pädagogik abzugeben instande sein, auch wenn er sonst ein Heiliger und ein Gelehrter wäre." Scheint es hiernach nicht, als ob der Verfasser meine, die bisherigen Vertreter der wissenschaftlichen Pädagogik hätten nur Heilige und Gelehrte bilden wollen, aber sich nicht weiter darum gekümmert, ob dieselben daneben Verächter des Dekorum und des Schönen geworden wären? Ist es denn der Verfasser ganz unbekannt, wie Herbart unter dem Interesse der Erkenntnis gerade das ästhetische als ein besonderes und den übrigen gleichgeordnetes anführt und was für klassische Worte sich in seiner Allgemeinen Pädagogik über die Bildung gerade des Geschmackes finden? Niemeyer aber in § 10 seiner „Grundsätze" hat ausdrücklich eine intellektuelle, ästhetische und moralische Erziehung unterschieden. Er hat ein ganzes Kapitel, § 67 ff., der ästhetischen Erziehung gewidmet, er hat also keineswegs, wie unser Verfasser meint (S. 50 Anm.), nur in einer Beilage auf dieselbe gedrungen. Von Strümpell und Schrader giebt der Verfasser selbst zu, dass sie seiner Ansicht und Absicht am nächsten stünden. Wie darf er also behaupten, es müsse „eingestanden werden, dass bisher die Pädagogik des ästhetischen Faktors völlig entbehrte?" (S. 50.) Diese Behauptung ist ganz und gar ungerechtfertigt; doch wird sich im Verlauf unserer Besprechung zeigen, wie der Verfasser dazu gekommen ist, dann aber wird ihre Grundlosigkeit erst recht erhellen.

Er teilt (S. 46) die Pädagogik in die Lehre von den 1. aus dem Erziehungsziel, 2. aus dem Erziehungsobjekt, 3. aus dem Erziehungssubjekt abgeleiteten Erziehungsmitteln. Die aus dem Erziehungsziel abgeleiteten Mittel sind ihm 1. Die Zucht als diejenige Thätigkeit, welche die Ausbildung des Willens, 2. der Unterricht, der die Ausbildung des Verstandes, 3. die Bildung, welche die Ausbildung des Gefühls bezweckt (S. 49). Die aus dem Erziehungsobjekt sich ergebenden Erziehungsmittel sind ihm die 3 Erziehungsanstalten: 1. Die Familie, 2. die Schule, 3. das Alumnat (S. 183). Im 3. Teile (die aus dem Erziehungssubjekt abgeleiteten Erziehungsmittel) handelt er von den Eltern, von dem Lehrer und von dem Hauslehrer (S. 210 ff.). Obwohl schon die gegebene Haupteinteilung der Erziehungsmittel logisch insofern nicht scharf ist, als die beiden letzten Teile dem ersten eigentlich nicht bei-, sondern untergeordnet sind, so wollen wir das doch auf sich beruhen lassen und uns gleich der sog. „Bildung" zuwenden. Man vergegenwärtige sich die oben angeführten Worte: „Ein Verächter des Dekorum und des Schönen würde schwerlich das Ideal der Pädagogik abzugeben instande sein, auch wenn er sonst ein Heiliger und ein Gelehrter wäre." Das scheint sehr harmlos und ganz richtig zu sein, allein bei näherer Betrachtung wird die Sache ganz anders. Wenn der Verfasser es als möglich setzt, dass ein Heiliger oder ein Gelehrter ein Verächter des Schönen sei, so muss er sich auch die Frage vorlegen, wie es mit dem stehe, der ein Anbeter des Schönen, aber ein Verächter des Guten und des Wahren ist. Wie will er nun einen nennen, der zwar ein Ver-

götterer der Kunst, aber in sittlicher Hinsicht ein Lump, in intellektueller ein Ignorant ist? Er muss ihn konsequenterweise — einen Gebildeten nennen, das thut er nun freilich nicht, aber hieraus erhellt eben, dass die gegebene Dreiteilung völlig unstatthaft ist. Der Verfasser braucht einfach den Ausdruck „Bildung" im Sinne von „ästhetischer Bildung." Was er Bildung nennt, ist nur ein Teil der wahren Bildung.[*]) Es ist überhaupt eine missliche Sache, die drei Begriffe: Gut, wahr, schön, auf die sog. Seelenvermögen anzuwenden und so die obige Dreiteilung zu gewinnen. Lässt sich denn wirklich von der Zucht sagen, „sie umfasse alle diejenigen Mittel, durch welche der Jüngling bestimmt wird, das Gute zu wollen und zu vollbringen" (S. 51) und vom Unterricht, seine Aufgabe sei „die Herausbildung der Vernunftidee des Wahren im Menschen?" (S. 66.) Es wird dadurch eine Trennung herbeigeführt, die auch in der Theorie nicht durchführbar ist (in der Praxis ohnehin nicht, was auch der Verfasser zugiebt S. 51). Das zeigt sich am deutlichsten, wenn man die Paragraphen betrachtet, welche der „Bildung" gewidmet sind (§ 41—52). Diese Paragraphen behandeln „Aufgabe, Wesen und Methode der Bildung, der Gymnastik, Poesie, Musik und der plastischen Künste," überall mit Angabe der Litteratur. Schon diese Überschriften müssen doch sofort die Frage vorlegen: Auf welchem anderen Wege, als auf dem des Unterrichts sollen denn Gymnastik, Poesie, Musik und plastische Künste betrieben werden? Der Verfasser kann sich doch nicht vom blossen Anhören eines Musikstückes oder vom Anschauen eines Kunstwerkes eine

---

[*]) Die Frage, wer ein Gebildeter sei, beantwortet sehr gut Julian Schmidt in dem interessanten Aufsatze „Goethes Stellung zum Christentum" (in Ludwig Geigers Goethejahrbuch, 2. Bd. Frankfurt 1881. S. 52): „Ein Gebildeter ist, wer das Bedürfnis hat, sich über den Zusammenhang seines Denkens, Wollens und Empfindens Klarheit zu verschaffen. Je reicher der geistige Stoff ist, den er zu bewältigen hat, je energischer er ihn bewältigt, desto gebildeter ist der Mensch. In diesem Sinne war Goethe der gebildetste Mann des 18., wie Leibnitz der gebildetste Mann des 17. Jahrhunderts." Vergl. auch Muff, Was ist Kultur, Halle 1880, S. 5: „Man nennt die Summe aller Bestrebungen, welche darauf abzielen, die in dem Menschengeist liegenden Kräfte zu entwickeln und sie dem vorgesteckten Ziele zu nähern, Bildung, und dann wieder, und zwar in der Regel, ist Bildung die geistige Verfassung einer Zeit und eines Volkes, der Ertrag aller auf die Förderung des inneren Lebens verwandten Mühen."

tiefer gehende Wirkung auf den Schüler versprechen? Doch sehen wir noch näher zu. Der Verfasser will (S. 148 ff.) möglichst streng den Begriff der „Bildung" von denen der Zucht und des Unterrichtes scheiden. So sagt er S. 150: „Nicht die (legale) Sittlichkeit an und für sich, nicht die blosse Erkenntnis der Wahrheit bilden das Endziel der Erziehung, sondern das reine, selbstlose Wohlgefallen des Menschen an den höchsten Ideen der Menschheit, verbunden zugleich mit dem Bestreben, diese Ideen als Ideale in und durch sich selber zu verkörpern." Man wird doch hier mit Recht fragen: Wird denn das etwa von denen bestritten. welche bloss Zucht und Unterricht als die Mittel zur Erreichung des Erziehungszweckes kennen? Übrigens verrät das in Klammern beigefügte „legale", dass auch dem Verfasser noch eine andere, als die bloss gesetzliche Sittlichkeit vorschwebt, und diese andere ist eben einfach das Ziel der Erziehung, welches durch Zucht und Unterricht erreicht werden soll. Dass der Verfasser über die Ethik ziemlich oberflächlich urteilt. das geht aus folgender Stelle auf S. 29 hervor: „Es ist eine oft wiederholte Behauptung, die fast zum pädagogischen Dogma erhoben ist, dass die Ethik der Pädagogik das Ziel, die Psychologie die Mittel angiebt, und doch ist das thatsächliche Verhältnis ein geradezu entgegengesetztes; denn nicht nur die ethische, sondern auch die logische und die ästhetische Wissenschaft, d. h. die reine Psychologie, bestimmt der Pädagogik ihr Ziel, während es ihre eigentümliche Aufgabe erfordert, die geeigneten Mittel zur Realisierung jenes Zieles ausfindig zu machen. Empfinge die Pädagogik von der Ethik ihr Ziel, von der Psychologie ihre Mittel, so wüssten wir in der That nicht, welche Aufgabe ihr noch übrig bliebe." So lange uns keine besseren Gegengründe gebracht werden, werden wir wohl bei jenem pädagogischen Dogma bleiben, das eigentlich die Pädagogik erst zu einer Wissenschaft gemacht hat.

In dem Abschnitte über „die Methode der Bildung" wird zunächst von den „notwendigen Vorbedingungen für das in die Erscheinung tretende Schöne" (S. 154) gesprochen und als solche Vorbedingungen die Reinlichkeit und Ordnungsliebe aufgestellt. Das lässt sich ja hören, und einige Bemerkungen des Verfassers über diese „allgemeinen Eigenschaften" mögen

ganz treffend sein, aber dieser Abschnitt gehört doch sicherlich in das Kapitel von der Zucht. Oder wie soll man sich eine Zucht denken, die mit der Reinlichkeit und Ordnungsliebe nichts zu thun hat? So gehört denn auch das Kapitel über die Poesie so gewiss in den Abschnitt vom Unterricht, dass eine Debatte darüber ganz überflüssig ist. Oder ist es etwas anderes, als Unterricht, wenn der Verfasser von einem „grammatischen und logischen Verständnis" und von einer „Anleitung, sich der sinnlichen Erscheinung des Schönen in der Sprache nach Inhalt und Form bewusst zu werden," spricht? (S. 163), oder wenn er verlangt, dass „der Schüler die poetische Ausdrucksweise in die gewöhnliche Umgangssprache übersetze," wenn er von der Poetik sagt. dass sie „den Schüler in das Wesen des dichterischen Geistes und seiner Ausdrucksweise durch die Sprache einführt." oder wenn er will, dass man die Idee des poetischen Kunstwerks „in möglichst prägnanter Form entwickle?" Ganz das Gleiche gilt von der Musik und den plastischen Künsten, vergl. S. 175: „Daher muss den reiferen Schülern die symbolische Bedeutung der Kunstformen, insbesondere des Lebenden, durch erläuternden Vortrag zum Verständnis gebracht werden" und S. 176: „Geradezu unmöglich ist es, die Schüler durch praktische Anleitung in die Geheimnisse der Kunst (der Architektonik) einzuführen, weshalb eine theoretische Anleitung zum Verständnis der architektonischen Formen genügen muss." So kann denn unser Urteil über dieses ganze Kapitel von der „Bildung", auf welches sich der Verfasser so viel zu gute thut, nur dahin lauten, dass das Gute darin nicht neu und das Neue nicht gut ist. Soviel wenigstens ist sicher, dass ein Bedürfniss, den Ausdruck Bildung in des Verfassers Sinne zu verstehen, nicht vorliegt.

Das Gleiche gilt auch von des Verfassers Definition der Erziehung. Erziehen ist ihm „das planmässige Einwirken auf den geistig noch unmündigen Menschen durch den bereits mündigen Menschen, um denselben zu befähigen, die Vervollkommnung seines wahren Wesens selbstädig zu erstreben" (S. 21). Hiermit stellen wir die Definitionen von Beneke, Gräfe und Stoy zusammen. Beneke: Der Begriff der Erziehung im engeren Sinne ist: Absichtliche Einwirkung von Seiten der Erwachsenen auf die Jugend, um diese zu der höheren Stufe der Ausbildung zu erheben, welche die Einwirkenden besitzen und überblicken." Gräfe: „Erziehung ist die absichtliche Einwirkung gebildeter Menschen auf noch nicht gebildete, wodurch diese in ihrer Selbstbildung unterstützt werden." Stoy: „Erziehung ist die Summe der Thätigkeiten, durch welche die Fürsorge der Erwachsenen die Unmündigen aus ihrem natürlichen Zustande leiblicher wie geistiger Hilflosigkeit zu Gliedern der Gesellschaft heranzieht." Wir können durchaus nicht finden, dass des Verfassers Definition so wesentlich anders und besser als die angeführten ist, dass dadurch seine Worte (S. 24) Berechtigung erhielten: „Vergleichen wir diese kurze Geschichte des Erziehungsbegriffes mit der von uns aufgestellten Definition, so ergiebt schon eine oberflächliche Betrachtung, dass in jenen Begriffsbestimmungen fast überall mehr oder weniger wesentliche Momente fehlen."

Was nun die zweite der oben angeführten Eigentümlichkeiten anlangt, nämlich die ausführliche Litteraturangabe, so besitzt das Werk wirklich einen Vorzug, z. B. vor der Stoyschen Encyklopädie, welche in diesem Punkte mangelhaft ist. Diejenigen Werke, die „dem Verfasser als empfehlenswert bekannt waren oder von Autoritäten als solche bezeichnet werden," sind mit einem Sternchen versehen. Er fügt selbst hinzu, dass hierbei manchen Autoren Unrecht geschehen sein wird. Das mag in der That bisweilen der Fall sein, man vergleiche z. B. die Litteratur über die methodischen Werke des Geschichtsunterrichts. Hier haben Droysen „Grundriss der Historik" und Radenhausen „Osiris" die Sternchen, während von den jedenfalls hervorragenden Werken von Miquel, Löbell, Biedermann, Jäger, Herbst keines mit diesem Zeichen der Anerkennung versehen ist. Das muss jedoch rühmend anerkannt werden, dass eine annähernde Vollständigkeit in der Litteraturangabe erreicht worden ist. Erhöht wird die Brauchbarkeit der Verzeichnisse dadurch, dass immer die chronologische Reihenfolge angewendet ist.

Eisenach.   Dr. Bliedner.

V.

L. Rudolph, Die Stellung der Schule zu dem Kampfe zwischen Glauben und Wissen. Ein Beitrag zur Verständigung für Eltern, Lehrer und Erzieher. Berlin, Nikolai'sche Verlagsbuchhandlung, 1881. 173 S.

„Allgemeine Begriffe und grosser Dünkel sind immer auf dem Wege, unsägliches Unglück anzurichten." Mit diesen Goethe'schen Worten beginnt die Vorrede. Man braucht nur den Titel des Buches mit diesem Zitate zusammenzuhalten, so wird man sofort erraten, was der Verfasser damit andeuten will. Er will Front machen gegen jene sich in unseren Tagen leider allzu breit machende Afterwissenschaft, die, an der Hand ungeprüfter und unverstandener Schlagwörter, gegen alles zu Felde zieht, was heilig und ehrwürdig heisst, und die dabei eine Anmassung zur Schau trägt, die dem echten Forscher ebenso fremd ist, als sie auf Geistesarmut und Gemütsleere ihrer Besitzer schliessen lässt. An vielen Stellen des Buches tritt die polemische Tendenz gegen die materialistische Denkweise zu Tage. „Verschmelzung von Thatsachen mit Betrachtungen, Aufstellung von Phantasiegebilden ohne scharfe

Entwickelung der Gedanken, — das ist ein Verfahren, zu dem die exakte Naturwissenschaft sich nicht bekennen kann, und mischen sich nun gar noch religiöse und politische Tendenzen mit ein, wie in Karl Vogt's „Köhlerglaube und Wissenschaft", dann kann man nur von einer beklagenswerten Verirrung, wenn nicht gar von einem Missbrauch verliehener Geistesgaben reden, die sich wohl einem würdigeren Zwecke hätten dienstbar machen lassen" (S. 54). Wollte man jedoch aus solcher Polemik schliessen, der Standpunkt des Verfassers werde wohl ein weit nach rechts gehender sein, so würde man sehr irren. Es heisst S. 4: „Halten wir uns demnach nicht mehr für verpflichtet, jede überlieferte Lehre auf Treue und Glauben anzunehmen, sondern fühlen wir uns innerlich gedrungen, auch freieren Ansichten Gehör und verständigen Meinungen unsere Zustimmung zu schenken, so werden wir uns allerdings von unwürdigem Zwange möglichst frei zu machen suchen." Wir dürfen also wohl unseren Verfasser als einen Mann der Mitte betrachten, der zwischen den scharfen Gegensätzen unserer Zeit eine Versöhnung herbeizuführen strebt. Dass solche Vermittler uns not thun, wird jeder Gemässigte zugestehen, nur ist die Rolle des Vermittlers gewöhnlich eine sehr undankbare. Darum heisst es auch in der Vorrede: „Dass wir es nicht allen recht machen werden, davon freilich sind wir im voraus überzeugt; den einen werden wir zu liberal, den anderen viel zu orthodox sein." „Abgeraten hat mir mancher, aber ich denke, der Lehrer soll nicht bloss in seiner Zeit, er soll auch für dieselbe leben, und wo sich Gelegenheit bietet, eine gute That zu thun, da soll er sie nicht unterlassen. Im Sinne der Aufklärung und gleichzeitig in dem der Versöhnung zu wirken, das war meine Absicht." Welches sind denn nun aber die vermittelnden Gedanken, von deren Realisierung der Verfasser eine Versöhnung der Gegensätze erhofft, und worin bestehen denn die Gegensätze selbst? Die Antwort auf die letzte Frage wird teilweise schon durch die Überschriften der einzelnen Abschnitte gegeben, denn wir finden da „Religion und Wissenschaft" (Abschn. 1), „Semitische und indogermanische Völker" (Abschn. 2), „Naturreligion oder Offenbarung" (Abschn. 13); der Hauptgegensatz aber, von dem die übrigen Abschnitte handeln, ist der zwischen mechanischer und teleologischer Weltauffassung. Worin dieser Gegensatz besteht, das bedarf an dieser Stelle keiner weiteren Auseinandersetzung; desto mehr sind wir gespannt, zu vernehmen, wodurch denn eine Ausgleichung so entgegengesetzter Standpunkte erfolgen soll. Von vornherein wird man erwarten müssen, dass es sich hier nicht um eine Ausgleichung im strengen Sinne des Wortes handeln kann. Was sich seiner Natur nach ausschliesst, das kann nicht vereinigt werden. Wer, wie unser Verfasser, sich zu einer gemässigten Teleologie bekennt, der kann mit einem Karl Vogt, Büchner und Moleschott keinen Compromiss schliessen. Wohl aber kann er von diesen Männern und anderen hervorragenden Vertretern der neueren Naturwissenschaft vieles lernen. Ja, der Verfasser macht den Versuch, eine grosse Zahl von Resultaten der naturwissenschaftlichen Forschung im Dienste einer teleologischen Weltbetrachtung zu verwerten. So wird denn hingewiesen auf die Stellung der Erdaxe zu ihrer Bahn, auf die Lage der Mondbahn, auf die berühmten Kepler'schen Gesetze, auf die Gravitation der Weltkörper, auf die Vulkane als die „Sicherheitsventile" der Erde, auf die Hebungen und Senkungen der Erdrinde, auf die Verteilung von Land und Wasser, auf die geographische Teleologie, wie sie durch K. Ritter aufgestellt worden ist, auf die Wasserpflanzen, wie die gelbe Seerose und das Laichkraut, die ihre Blüten über die Wasserflächen erheben, auf andere, wie der Froschlöffel, die zwar nicht über den Wasserspiegel emporsteigen, aber dafür zwischen den Blumenblättern eine Luftblase haben, wo die Bestäubung vor sich gehen kann (S. 95), auf diejenigen Pflanzen, deren Blütenstaub durch Insekten fortgetragen wird, auf die zweckentsprechende Einrichtung im Bau des Adlers im Gegensatze zu dem des Schwans, auf den Umstand, dass vollkommene Insekten nie eher ausschlüpfen, als bis die Jahreszeit für ihre Nahrung gesorgt hat (S. 98 u. 99), auf die Regulierung der Körperwärme durch das Atmen, auf den merkwürdigen Einsiedlerkrebs in der Tiefe des Meeres, vor allem aber auf die zweckmässige Beschaffenheit des menschlichen Körpers u. s. w. Niemand wird behaupten, dass durch die angeführten Thatsachen strikte Beweise für das Vorhandensein von vernünftigen Zwecken in der Natur gegeben würden. Denn sicher lässt sich eine ganze Reihe anderer Erscheinungen beibringen, in denen wenigstens unser menschlicher Verstand bis jetzt Vernunft nicht zu entdecken vermag und die den Materialisten die stärkste und natürlich auch gehörig ausgebeutete Stütze für ihre Behauptung vom Kampfe ums Dasein bieten. Dass der Verfasser hierauf nicht näher eingeht, ist freilich ein Mangel, und wenn einer der Herren Materialisten sein Buch in die Hände bekommt, wird er nicht verfehlen, ihm diesen Mangel zum Vorwurf zu machen. Wir thun dies nicht im Hinblick auf des Verfassers eigene Worte (S. 151): „Die blosse Erfahrungswissenschaft wird nie imstande sein, die Rätsel der Welt zu lösen; von der Erfahrung ausgehend, findet sie in der Erfahrung selbst wiederum ihre natürliche Schranke. An dieser aber würde jede menschliche Weisheit scheitern, wenn nicht eine innere Stimme uns mahnte, gleichzeitig der unvergänglichen Güter zu gedenken, die uns über die Sinnenwelt erheben." Der Verfasser legt es den Lehrern mit warmen Worten an das Herz, Hüter dieser unvergänglichen Güter zu sein. Mit Recht macht er darauf aufmerksam, wie es unmöglich ist, die unverdorbene Jugend für materialistische Grundsätze zu erwärmen, während freilich unreife Jünglinge sich leicht davon blenden lassen.

Eine andere Frage wird in den Abschnitten erörtert, welche sich mit der Urkunde unserer Religion und mit der Stellung des Lehrers dazu beschäftigen. Hier strebt der Verfasser eine ernste Vermittelung extremer Ansichten an. Die Bibel muss dem Lehrer „die Urkunde der wahren Religion sein, das Buch, welches seit der Reformation als die einzig ächte Quelle aller religiösen Überzeugung anerkannt worden, aber zugleich als ein Werk, dessen Deutung und Erklärung im Gegensatze zur katholischen Kirche uns völlig freigegeben worden ist" (S. 20). „Der Lehrer muss das Buch mit derselben ruhigen Überzeugung lesen wie jedes andere Buch und sich vor keinem Bedenken scheuen, das ihm aufstösst" (S. 21). Es liegt hier die jedenfalls richtige Ansicht zu grunde, wonach man zwischen dem ewig wahren religiösen Gehalte der Bibel und dem menschlich beschränkten Standpunkte ihrer Verfasser sorgfältig zu scheiden hat. Nur sollte man sich doch hüten, sich für diese Ansicht allzu sehr auf Luther zu berufen. Die so oft angeführten Aussprüche des letzteren über den Jakobusbrief als „eine stroherne Epistel" und über die Offenbarung Johannis als über ein Buch, das „weder apostolisch noch prophetisch" zu halten sei, sind doch im Grunde etwas ganz anderes, als die freisinnige Urteile der heutigen Wissenschaft. Bei all' unserer unbegrenzten Hochachtung für Luther's Grösse müssen wir doch unbefangen anerkennen, dass er seiner Zeit den schuldigen Tribut zollte und dass ihm jene genannten biblischen Schriften vor allem deshalb weniger hoch standen, weil sie ihm gewisse, für ihn von vornherein unbedingt feststehende Dogmen entweder gar nicht oder nicht mit dem gehörigen Nachdrucke zu vertreten schienen. Luther verliert für uns nichts von seiner Genialität und seiner vorbildlichen Bedeutung, auch wenn wir mit ihm in keinem einzigen der Urteile übereinstimmen können, die er bei dem grossen Mangel an Hilfsmitteln und in einer gänzlich anders denkenden Zeit über den neutestamentlichen Kanon ausgesprochen hat. In diesem Punkte können wir uns also nicht zu dem Versuche einer Vermittelung zwischen Luther's Standpunkt und dem der heutigen Wissenschaft bekennen.

Ganz auf dem Boden moderner Betrachtungsweise steht das Kapitel „Ideale Auffassung der Wunder" (S. 22—39). Hier versucht der Verfasser eine Reihe alttestamentlicher Wunder, wie den Untergang von Sodom und Gomorrha, den feurigen Busch, die Verwandlung des Stabes in eine Schlange, des Nilwassers in Blut u. s. w., auf natürliche Weise zu erklären. Für den Kundigen bieten diese Erklärungen nicht gerade Neues, doch mag die Zusammenstellung immerhin dankenswert genannt werden. Aber an die weit schwieriger zu erklärenden und doch für uns viel wichtigeren neutestamentlichen Wunder wagt er sich nicht, wenigstens nicht im einzelnen. Doch wird seine principielle Stellung zu ihnen durch die Worte angedeutet: „Erklären wir uns also, was sich hier erklären lässt, und fassen wir die uns unbegreiflichen Wunder als poetischen Schmuck auf. Verweilen wir überhaupt weniger bei dem, wo unser Verstand stille steht, als bei dem, was wir in lebendigem Glauben ergreifen können, bei dem Geiste Jesu, dessen Person, geschichtlich und menschlich aufgefasst, uns jedenfalls innerlich näher steht, als jenes einem Halbgott gleichende Wesen, von dessen wahrer Natur wir uns doch nie eine deutliche Vorstellung machen können" (S. 38).

Mit ziemlichen Erwartungen sind wir an den letzten Abschnitt herangegangen: „Die Lösung des Konflikts auf dem Gebiete der Pädagogik" (S. 154—173). Sollte es wirklich möglich sein, auf diesen paar Seiten eine „Lösung" zu geben? Wir müssen denn auch gestehen, dass die Erwartungen nicht erfüllt worden sind. Aber bei tieferem Nachdenken zeigt es sich, dass man überhaupt hier nicht unberechtigte Erwartungen hegen darf. Uns fällt dabei Nathan's Wort ein: „Wahrheit, Wahrheit, — Als ob die Wahrheit Münze wäre! — So neue Münze, die nur der Stempel macht, — Die man aufs Bret nur zählen darf. — Das ist sie doch nun nicht." Wir können keine Anweisung verlangen, in der wir nur nachzusehen brauchen, wenn uns der Konflikt auf dem Gebiete der Pädagogik entgegentritt. Gesetzt also, ein Lehrer habe die „Ausgiessung des heiligen Geistes" in der Oberklasse zu behandeln, gesetzt, er wolle sich bei unserem Verfasser Rats erholen, wie er den biblischen Bericht aufzufassen, sich überhaupt zu dem in Frage stehenden Gegenstande zu verhalten habe, er würde sich enttäuscht fühlen. Was der Verfasser Positives zur Lösung beibringt, das komm* fast auf die Worte hinaus S. 160: „Gönnen wir unserer Jugend diesen poetischen Hauch, gönnen wir ihn ihr auch bei den biblischen Geschichten des alten wie des neuen Testaments; überlassen wir es der fortschreitenden Entwickelung ihres eigenen Lebens, zwischen Dichtung und Wahrheit zu unterscheiden." Gleichwohl ist auch dieser Abschnitt bemerkenswert, denn er enthält wenigstens Andeutungen über den Weg, auf welchem eine Lösung möglich ist. Als solche führen wir die Worte an S. 165: „Demnach steht also so viel fest, dass wir die Religion allein als die wirksamste Grundlage für unser sittliches Wollen und Handeln, als die sicherste Stütze im Leben und als den einzigen Trost im Sterben zu betrachten haben" — S. 166: „Es ist ein beklagenswerter Irrtum, wenn man Wissenschaft und Glauben für unversöhnliche Gegner hält" — S. 169: „Die Rätsel, die uns umgeben, werden nur lösbar mit der Vorstellung eines persönlichen Gottes" — S. 168: „Auf streng confessionelle Färbung mag der Lehrer verzichten; christliche Gesinnung und lebendige Kundgebung derselben müssen ihm die Hauptsache sein".

Und so scheiden wir denn von unserem Buche mit dem wohlthuenden Gefühle, das uns ergreift, wenn wir mitten im Hader der Parteien redliche Worte des Friedens und der Versöhnung vernehmen. Möchten doch manche der Heisssporne unter unseren jüngeren Lehrern von unserem Verfasser, der eine 45jährige Lehrthätigkeit hinter sich hat, lernen, was es heisst: Der modernen Wissenschaft ihr volles Recht geben und doch des Gemütes unabweisliche Bedürfnisse nicht unbefriedigt lassen!

Eisenach.   Dr. Bliedner.

VI.

G. Friedrich, Deutsche Aufsätze (Abhandlungen) in ausführlichem Entwurfe für die oberste Bildungsstufe der Gymnasien und zur belehrenden Lektüre für Bildungsbeflissene. München 1881, 140 S.

Stoffsammlungen, Stoffsammlungen, weiter nichts, — wo bleibt die Methode? So möchten wir beim Anblicke dieses Büchleins ausrufen. Es enthält 20 Themen mit ziemlich ausführlichen Entwürfen. Selbst wenn dieselben aber auch noch so gut gelungen wären, was hat denn die Schule eigentlich für einen Gewinn davon? Es sollen, wie das Vorwort sagt, „Muster für Übungen im freien Aufsatze sein". Wie sollen denn aber diese Muster den Schülern nahe gebracht werden? Was helfen die besten Muster ohne methodische Durcharbeitung? Rein gar nichts. Mit viel grösserem Interesse hätten wir das Buch von vornherein begrüsst, wenn statt der 20 Themen vielleicht 2 gegeben, aber dafür in genügender Weise folgende Fragen zur Erledigung gekommen wären: 1) In welchem Zusammenhange stehen diese Themen mit dem Unterrichte einer bestimmten Gymnasialstufe überhaupt? 2) mit dem deutschen Unterrichte dieser Stufe im besondern? 3) Was thut der Lehrer zu ihrer Vorbereitung? 4) Was für Dispositionen sind möglich? u. s. w. Die Themen selbst sind meist Aussprüche klassischer Autoren der alten und neuen Zeit, z. B. Vita quam sit brevis, cogita — Des Lebens edle Güter erben nicht sich wie gemeine Güter fort — Vielen gefallen ist schlimm — etc. Die Ausführungen sind angefüllt mit zahlreichen Citaten, die eine ziemliche Belesenheit verkünden. Bisweilen herrschen sie aber so vor, dass die eigentliche Beweisführung dabei zu kurz kommt; vergleiche z. B. in dem Aufsatze „Gerechtigkeit ist die schönste Tugend" S. 7, wo es heisst: „Die Gerechtigkeit ist es aber auch, von der wahre Religiosität vor allem abhängt. Je mehr sich daher der Mensch von jener entfernt, desto mehr greift die Frivolität in ihm Platz." Und nun folgen drei Citate. Aber exempla illustrant, non probant. Übrigens sind die Citate leider oft nicht genau, so S. 83: Credebant hoc grande malum (statt: nefas) et morte piandum — S. 116: Gesell' dich einem Bessern zu, dass mit ihm deine bessern Kräfte ringen (bessern ist zu streichen) — S. 118: Warum will sich Geschmack und Genie so selten vereinen? Jener fürchtet die Kraft, dieses verachtet den Zaun (statt: Zaum) — S. 126: O, wieviel neue Feinde der Wahrheit! Mir blutet die Seele, seh' ich das Eulengeschlecht, das zum Lichte sich drängt (statt: zu dem Lichte). Für die der klassischen Sprachen Unkundigen ist immer eine Übersetzung beigefügt.

Eisenach.   Dr. Bliedner.

VII.

Blume, Zur Methodik des Geschichtsunterrichts in den Seminarien (3. Jahresbericht über das
herzogl. anhaltische Landesseminar in
Köthen). Ostern 1881.

In der öden Wasserwüste von Ge-
schichtslehrbüchern, Leitfäden, Auszügen
und Tabellen ragt diese Broschüre wie
eine grüne Insel freundlich empor. Es
sind besonders zwei Forderungen, die der
Verfasser für den Geschichtsunterricht
auf Seminaren geltend macht, die eine
betrifft den Stoff, die andere die Methode.
Was den Stoff anlangt, so beklagt er sich,
dass in den Lehrbüchern und Unterrichts-
anstalten allzusehr die politische Geschichte in den Vordergrund tritt. Dem
gegenüber verlangt er eine viel energi-
schere Betonung der kulturhistorischen
Zustände und demgemäss eine ausreichen-
dere Gliederung des Stoffes nach sachlichen Gesichtspunkten. Seine methodische Forderung spricht sich in den
Worten (S. 12) aus: „Ich habe den Versuch gemacht, meine Stellensammlung,
so weit dieselbe ausreiche, dem Geschichtsunterrichte zu grunde zu legen,
indem ich die Quellensätze vorlas und die
Zöglinge anleitete, aus diesen das Bild
der Gestaltungen auf den einzelnen Lebens-
gebieten zunächst in mündlichem Vortrage zu entwerfen. In häuslicher Arbeit
hat nun die eine der von mir so unter-
richteten Klassen aufgezeichnet, was wir
in den Lehrstunden gemeinsam gefunden,

und hat die schriftliche Ausarbeitung als
Mittel zur Wiederholung benutzt." Die
Schüler sollen also angehalten werden,
selbst die Geschichte aus den Quellensätzen zu konstruieren, damit der Geschichtsunterricht aufhöre, vorwiegend
nur das Gedächtnis in Anspruch zu
nehmen. Wenn auch diese Forderung
keine neue ist, so muss doch anerkannt
werden, dass ihr noch wenig entsprochen
wird und — man muss hinzufügen —
entsprochen werden kann. Der Grund
liegt, namentlich was die deutsche Geschichte anlangt, in dem Mangel einer
geeigneten Sammlung von Quellensätzen,
obwohl uns in dem Lehrbuche von Schumann und Heinze ein beachtenswerter
Anfang geboten worden ist. Wie wir
hören, wird Herr Oberlehrer Blume seine
Sammlung von Quellensätzen zur deutschen
Geschichte in nicht zu ferner Zeit dem
Drucke übergeben. Einige sehr interessante und viel versprechende Proben hat
er aber bereits obigem Jahresberichte
beigegeben. Indem wir uns ein ausführ-
licheres Eingehen für das Erscheinen des
Werkes selbst vorbehalten, wollen wir
nur noch bemerken, dass unserer Ansicht
nach der von Blume angedeutete Weg der
einzig richtige ist, um in den Schülern
ein intensiveres und daher auch frucht-
bringenderes Interesse zu bewirken, als
bei der hergebrachten Art nach den gewöhnlichen Unterrichtsbüchern.

Eisenach. Dr. Bliedner.

VIII.

H. Hoffmann (Lehrer an der Realschule I. Ord. in Mülheim), die Erziehung zur Produktion, die
Aufgabe der realistischen Pädagogik.
Köln und Leipzig, Mayer, 1881.

Dem Leser dieser Zeilen geht es
vielleicht wie dem Schreiber: er ver-
mutet unter dem Titel „Erziehung
zur Produktion" eine soziale Schrift,
wahrscheinlich über den eben etwas von
der Tagesordnung verschwindenden „Ar-
beitsunterricht". Von diesem, durch welchen das Volk zu erhöhter Produktion
auf wirtschaftlichem Gebiete befähigt werden sollte, enthält das ziemlich umfang-
reiche Buch (253 S.) aber kein Wort.
Es „versucht vielmehr, die Aufgaben
des naturgeschichtlichen

Unterrichts darzulegen in der
Höhe, wie unser heutiges Bewusstsein sie stellt, und möglichst an
der Hand unmittelbarer Lehrer-
erfahrung." Warum der Verfasser dafür obigen Titel wählte, geht wohl aus
folgenden Stellen hervor: „Eine Vergleichung der Aufgaben des naturgeschichtlichen Unterrichts mit der von
Heinrich Hiecke in seinem Buche: „Der
deutsche Unterricht auf deutschen Gymnasien. 1841. Zweiter Abdruck. 1872"
zum Zwecke einer Reform der Gymnasien
dargelegten Methode, wird die Uberein-
stimmung und gegenseitige Bedingung in
den Lebensinteressen beider Unterrichtsgegenstände, des naturwissenschaftlichen
und deutschen, ergeben. Die Zurück-
weisung der Unklarheiten in der Pionier-

arbeit Hiecke's wird gleich sein der Anerkennung der wesentlichen Forderung Ph. Wackernagel's in seinem Buche: „Der Unterricht in der Muttersprache. Stuttgart. 1843." (Vorrede, S. 1). — „Die naturwissenschaftlichen Extemporalien, die den Schüler frei auf sich stellen, bezeichnen den Höhepunkt seiner Arbeit in der Schule. Wie ist der Unterricht zu gestalten, wie ist im mündlichen Unterrichte schon darauf hinzuwirken, vorbereitend einzuwirken im Hinblick auf diesen Moment, wo der Schüler allein gelassen wird, wo er aus eigenem Antriebe, aus eigener Initiative, wie Raumer will, in stiller Betrachtung jede Beobachtung machen, die gemachten ordnen, vergleichen, überhaupt thätig sein soll? Wie kann die Initiative der Beobachtung im Schüler geweckt, gepflegt werden? Die Initiative der Beobachtung d. h. wesentlich die Befreiung durch Aussprechen des Wahrgenommenen. Unbezweifelt liegen viele Wahrnehmungen in den Seelen der Kinder; sie schrecken aber zurück, sind unfähig, die Schwierigkeit des klaren Aussprechens zu überwinden, und so zum „Bewusstsein" der Wahrnehmung zu gelangen. Darauf aber kommt es an; hier liegt der Schwerpunkt des gesamten Unterrichts; das Kind zu lehren, „das, was es umgiebt, zu beschreiben, also sich von seinen Vorstellungen Rechenschaft zu geben und so über dieselben zu herrschen, indem es ihrer, das schon in ihm liegen, erst jetzt deutlich bewusst wird." (Pestalozzi). Das ist der Fortschritt, den der „Wilde" machen soll, im Gange der Natur wie auf dem Gange zur Schule, wenn er hereingerufen wird in die „Schule". Das aber heisst „die intensive Kraft des Kindes entwickeln". Das heisst „Kraft bilden", wo andere — wie Hegel, Kant gegenüber — nur „Leerheit finden", wenn sie Regeln mitteilen, Resultate geben wollen — in irgend einem Fache. Das ist aber der Weg, „die mechanische Form alles Unterrichts den ewigen Gesetzen zu unterwerfen, nach welchen der menschliche Geist sich von sinnlichen Anschauungen zu deutlichen Begriffen erhebt". Und die Kunst des Lehrers besteht nur darin, die Irrwege vermeiden zu lehren und so dem „Kinde in kurzen Augenblicken zu geben, wozu die Natur Jahrtausende brauchte, um es zum Menschen zu machen" (S. 55)."

Aus diesen Zitaten, die ich absichtlich so ausführlich bringe, um dem Leser zugleich eine Probe von der gerade nicht

sehr einfachen Schreibweise des Verfassers zu geben, geht zunächst hervor, dass die „Erziehung zur Produktion" gleich ist „der Erzeugung von Klarheit im Wissen" und „Befähigung zu selbständiger Arbeit". Der Verfasser rechnet aber auch den Weg, auf welchem man zu diesen Zielen gelangt, zur „Produktion": „Induktion und Produktion sind aber Ausdrücke für dieselbe Geistesthätigkeit, der Unterschied liegt nur darin, dass in dem Ausdrucke Produktion der Zweck dieser Thätigkeit zur Erlangung eines Ergebnisses, einer Wahrheit hervorgehoben wird; dagegen Induktion als solche, speziell in pädagogischer Hinsicht die Erziehung der Kindes zur Wahrheit bezeichnet, mehr mit Hinweisung auf die Änderung, Befreiung Formalisierung des Subjekts". (S. 93.) Die Aufgabe des naturgeschichtlichen Unterrichts ist deshalb auch gleich „der Aneignung, der Ausübung des induktiven Denkens in Gebiete der Naturerscheinungen". (S. 3.)

Der bisherige naturgeschichtliche Unterricht, besonders der, welcher offen oder geheim auf möglichste Vollständigkeit des Systems hinsteuert, erfüllt diese Aufgabe nicht. „Welches Bild entsteht in uns, welches Bild gewährt das Wissen des Schülers; die geistige Constitution desselben? Eine gleichmässige Masse von Wissen im besten Falle, die überall eine gleichmässige Schicht bildet über das ganze Gebiet, nirgends der Versuch zeigt, tiefer einzugehen, die Richtung auf das Erschöpfen zu nehmen, um — Bescheidenheit zu lernen, nirgends die Ruhe und das Bescheiden des Besitzes gewährend. Diese Gleichmässigkeit ist das Ideal, das erstrebte und nie erreichte, nicht zu erreichende Ideal unseres Unterrichtes".

Deshalb ist zu verwerfen zunächst der Unterricht, „der allgemeine Pläne statt der Einzelbearbeitungen giebt." „Bei der Abmessung der Pensa für die einzelnen Klassen soll nicht leiten die Rücksicht auf systematische Vollständigkeit, sondern die Thätigkeit des Schülers soll konzentriert werden um einen Punkt, den Hauptpunkt, der die charakteristische Aufgabe der Klasse zeigt und die Arbeit des Schülers so regelt, dass sie sich wesentlich als Spezialforschung ergiebt". (S. 10.) Welches ist aber die „charakteristische Aufgabe der Klasse?" Durch genaue Erfahrung des Unterrichts, in wahrhafter Seelsorgerthätigkeit, Forscherthätigkeit, in Beobachtung und Versuch

(z. B. in Extemporalien) hat der Lehrer festzustellen, welche Jahre des Kindes den Jahren der Kulturgeschichte entsprechen, eine Aufgabe, die auch Lessing berührt. Es ist die Aufgabe — ontogenetisch wie phylogenetisch — kulturgeschichtlich das Pensum jeder Klasse festzustellen: das Pensum einer Klasse ist der wesentliche Inhalt der Jahre der phylogenetischen Entwickelung, der Stammesgeschichte, der Kulturgeschichte, welchen die Stufe der ontogenetischen Entwickelung, das Alter der Schüler dieser Klasse entspricht. Des wesentlichen! also alle Hemmungen (Einfluss des Fremden!) wird die Schule von der Seele des sich emporringenden Kindes zu entfernen trachten." (S. 144.) „Die folgende höhere Stufe bewahrt, umfasst die vorhergegangene auch, und ist nur dadurch eine höhere, nicht eine andere. Jede Stufe fügt ihren eigenen Inhalt zu allen den hinzu, die ihr vorangehen, und jede rafft die Resultate aller vorhergehenden in sich zusammen, und dient ihrerseits wieder als Stufe zu der folgenden. Auf dieser objektiven Abhängigkeit der Entwickelungsstufen beruht die subjektive Abhängigkeit unserer Mittel des Begreifens, beruht die Notwendigkeit des Erlebens. Inhalt der vorangegangenen Stufe wird oft Gegenstand des „Vergnügens", ist „bequemer". (S. 146.)

Ferner ist zu verwerfen beim mündlichen Unterricht die „bestimmte Frage" als Regel. „Sie tritt erst dann in ihr Recht, wenn eine bestimmte Beobachtung nicht zu erreichen ist; sie ist die Aushelferin, die Krücke, wenn es nicht weiter gehen will, oder wenn man schneller vorwärts kommen, extensiv arbeiten will, wenn man nur den — sich nicht ändernden — Schülern möglichst viel geben, überliefern, sie viel lehren will, nicht für ein Bestreben des Unterrichts, in dem die Schüler selbst finden, selbst lernen sollen, initiativ lernen, beobachten, produzieren, nicht — hingebend aufnehmen, empfangen, lernen sollen. — Das energische Mittel zur Weckung der Initiative der Beobachtung ist die unbestimmte Frage! (S. 56.) — Sie prüft, greift nicht vor und stört nicht die Anstrengung selbständigen Forschens von Seiten des Schülers, das sich in seiner Energie offenbart, wenn im Gange einer speziellen Untersuchung selbständig, allein vom Schüler der weitere folgerichtige Schritt gethan wird'" (S. 69.) Das grösste Gewicht legt der Verfasser auf die „Extemporalien". „Der Eintritt dieser Extemporalien in das Leben der Schule ist für einen — ich sage nicht energischen Betrieb, sondern für einen normalen Betrieb eine Notwendigkeit. Es handelt sich dabei aber nicht um solche, „bei denen der Schüler geprüft wird nach dem Besitze von Wissensstoff, der ihm irgendwie mitgeteilt sein kann, sondern um eine Beurteilung des Schülers nach seiner Fähigkeit sich diesen Wissensstoff auf dem Wege der eigenen, Initiativen Entdeckung zu erringen, und nach der Sicherheit, zu der er es auf diesem Wege gebracht hat. Das ist das Wesentliche des heutigen naturwissenschaftlichen Unterrichts."

In diesen Zitaten glaube ich die Punkte erfasst zu haben, auf welche es dem Verfasser beim naturkundlichen Unterricht hauptsächlich ankommt, und bemerke dazu nur Folgendes: Induktion bez. Produktion im Sinne des Verfassers kann nach heutigem Stande der Erziehungslehre nicht als „Aufgabe der Pädagogik" bezeichnet werden, sie sind blos Merkmale eines methodisch richtig erteilten Unterrichts und kommen deshalb auch nicht einem einzigen Unterrichtsfach zu. Der Verfasser hat durch seine Untersuchungen ja auch gefunden „dass die Aufgaben des naturkundlichen und deutschen Unterrichts übereinstimmen." In der Methode kann auch nicht das „Wesentliche" eines Unterrichtsfaches gesucht werden, wie denn die Gegner des naturkundlichen Unterrichts mit Leichtigkeit nachweisen werden, dass zur „Übung im Vollziehen induktiver Denkprozesse" Naturkunde nicht nötig sei. Dagegen wird es ihnen nicht gelingen, glaubhaft zu machen, dass eine Hauptrichtung des menschlichen Geistes, die naturkundliche nämlich, durch blos historischen oder Formenunterricht gepflegt oder ausgebildet wird. — Vollständig stimme ich dem Verfasser in der Ansicht bei, dass ein naturgeschichtlicher Unterricht, der offen oder geheim nur auf „Vollständigkeit des Systems, Überblicke" hinsteuert, seine Aufgabe nicht löst, dass vielmehr Einzelbearbeitungen wertvoll sind. Ferner sind die methodischen Winke: „Es kommt nicht auf den Wissensstoff, sondern auf die Be- und Erarbeitung desselben an, Resultate dürfen nicht gegeben werden etc." als richtige anzuerkennen. Neu sind diese Forderungen

allerdings nicht, der Verfasser wird sie
in jeder neuern Methodik finden; es
schadet aber jedenfalls nicht, dass er sie
in seinem Buche betont, denn die „Methodik" scheint man in gewissen Kreisen
für überflüssig oder nur für „niedere"
Lehrer nötig zu halten. Das Buch ist
unverkennbar mit sehr grossem Fleiss
geschrieben, und die Belesenheit des
Verfassers muss imponieren. Um so
mehr ist es zu verwundern, dass ihm
viele neuere hervorragende pädagogische
und methodische Schriften, besonders
die von Herbart, Ziller etc. vollständig
unbekannt zu sein scheinen. Es würde
ihm auf alle Fälle wenigstens sehr interessant gewesen sein, wenn er z. B.
seinen Satz: „Das Pensum einer Klasse
ist der wesentliche Inhalt der Jahre der
phylogenetischen Entwickelung, der
Stammesgeschichte, der Kulturgeschichte,
welchen die Stufe der ontogenetischen
Entwickelung, das Alter der Schüler
dieser Klasse entspricht", mit der Her-
bart-Ziller'schen Lehre von den kulturhistorischen Stufen zusammengehalten
hätte. Interessant und sehr verdienst-
lich wäre dann der Nachweis gewesen,
welcher Stoff jeder Klasse zugewiesen
werden müsse, und warum er gerade
dieser und nicht einer andern Altersstufe entspreche; warum z. B. im Bil-
dungszentrum der Obertertia die Gräser
sind (S. 34), oder warum man den Eintritt der Chemie in Untersekunda bio-
genetisch etwa 1774 gleichzustellen hat
(S. 42) etc. Mir will es auch scheinen, als
halte sich der Verfasser zu sehr an das
„biogenetische Grundgesetz" (das übrigens
meines Wissens noch nicht mit der Bestimmtheit erwiesen ist, wie Verfasser
anzunehmen scheint). Wenn z. B. der
Toricellische Versuch sehr viel früher
auftreten soll, als eine Beschreibung
von Pflanzen, wie sie de Bary in
seinem Elementarbüchlein will (S. 53),
so gerät der Verfasser damit doch nur
auf den alten (anfechtbaren) Satz: „Die
Geschichte einer Wissenschaft ist ihre
Methode".

Nicht ganz verstanden habe ich den
Satz: „Die folgende höhere Stufe bewahrt, umfasst die vorhergegangene
auch, und ist dadurch eine höhere, nicht
eine andere". Er klingt verdächtig nach
„konzentrischen Kreisen", würde dann
aber mit einem anderen in Widerspruch
stehen: „Es ist ganz etwas anderes, ein
anderer Geist geht durch den Unterricht, wenn in Sexta statt Repräsen-

tanten aus dem Gebiete der Säugetiere
und Vögel in systematischer Abfolge,
die Raubvögel, die Enten etc. eingehend
durchgenommen werden. Der Unterricht ist den Schülern viel fesselnder,
sie haben wirklich etwas davon, wenn
sie die Raubvögel ihrer Heimat unterscheiden können." (S. 7.)

Was der Verfasser über die Notwendigkeit der Extemporalien sagt, ist
gewiss richtig. Sie sind natürlich kein
spezifisches Merkmal eines guten naturgeschichtlichen Unterrichts, sondern bilden
in irgend einer Form den Abschluss
eines jeden grösseren Abschnittes in
allen Unterrichtsfächern „bei normalem
Betriebe".

Mein Referat hat sich nur auf den
kleineren Teil des Buches erstreckt.
Der Verfasser unternahm die Arbeit,
„um Klarheit zu gewinnen über einen
wesentlichen Teil des Lebens. Es kann
daher nicht fehlen, dass neben diesen
Ergebnissen noch Fäden von ihr ausgehen, Verzahnungen sich finden zur
Orientierung in anderen Fragen". Diese
„Verzahnungen" und „andern Fragen"
liegen ausserhalb meiner Urteilsfähigkeit.
Sie berühren das Innerste und Heiligste
der humanistischen Gymnasien und Realschulen. Mit Schrecken werden Philo-
logen lesen: „Es ist für die Entwickelung des deutschen Volkes seit seiner
Urzeit charakteristisch gewesen, dass es
trotz der höheren Kultur der Alten sich
entwickeln musste, aber der Einfluss
der fremden Sprache hat diese Entwickelung gehemmt, gehemmt, wie und
wo es nur möglich war; wir leben in den
glücklichen Tagen, wo immer unaufhalt-
samer sich dieses Bewusstsein regt, um
die Stunde völliger Befreiung herbeizuführen. Dann mögen die Fahnen flattern!
Auf die Gymnasien, die lateinische,
deutsch-feindliche Schule, hat man ge-
häuft Deutsch, Mathematik, (das Quadri-
vium wurde von der lateinischen Schule
bei Seite gedrängt,) Französisch, heute
treten Forderungen für die Naturwissenschaften (à 2 Stunden) auf. So „hat sie
ihren alten Schwerpunkt verloren, das
Ganze ist mindestens in's Schwanken
geraten, der neue Schwerpunkt noch
nicht gefunden. Er liegt aber eben im
Deutschen. Deutsche Schulen müssen
auch unsere Gymnasien werden und eben
damit auch Volksschulen, nur mit
höheren Zielen". (Hiecke.) Ja, deutsche
Schulen, aber, nicht auf der Basis des
umgemodelten Fremden, weg mit ihm!"

(S. 107.) Oder: „Es ist ein Vorurteil, das der armen, gedrückten Seele des deutschen Volks eingeimpft wurde, als es aus seinen Urwäldern hervortrat. Wir brauchen zu unserem geistigen Entwickelungsgange, in dem Wuchern mit dem Pfunde, das uns der Schöpfer mitgegeben hat, keinen Menschen als Vermittler, und es ist ein verhängnisvoller Fehlschluss, nun gar neuere Sprachen als Ersatz des Latein treiben zu wollen". (S. 109.)

Damit seien auch weitere Kreise auf das Buch aufmerksam gemacht Mögen die Gegner desselben bei etwaigen Angriffen berücksichtigen, dass der Verfasser erklärt hat: „Bei dieser Arbeit hat mich nur der Trieb nach Wahrheit geleitet; kein Parteidienst führt mich irre, keine persönliche Beziehung beschränkt mein Urteil".

Eisenach.   E. Scheller.

IX.

Pictures from Italy by Charles Dickens, für die Oberklassen höherer Lehranstalten mit Anmerkungen und Erläuterungen herausgegeben von Dr. Th. Weischer, Lehrer an der städt. höhern Töchterschule zu Köln. C. Reisner & Gauz. Leipzig u. Köln, 1879.

Der Verfasser hat in der Wahl dieser Reisebilder für den Zweck der Lektüre in oberen Klassen einen guten Griff gethan. „Der unsterbliche Humoristiker" wie Dickens merkwürdiger Weise in der Vorrede genannt wird, ist gerade in seinen kleineren Arbeiten vermöge all der edlen Eigenschaften, die ihn auszeichneten, die sein Urteil über Menschen und Dinge zu einem so milden und liebenswürdigen machen, vorzugsweise geeignet, eine gute, d. h. belehrende und unterhaltende ethisch fördernde Schullektüre zu geben. Der Herausgeber hat wesentliche Verkürzungen eintreten lassen; besonders solche Stellen fehlen, an denen Dickens von seinem freien Standpunkte gegen den katholischen Kultus Bemerkungen machte, die diesem Buche die katholischen Schulen verschlossen haben würden. Solche Auslassungen sind freilich immer bedenklich; Dickens könnte so katholische Freunde gewinnen, die, wenn sie ihn erst genauer kennen lernen, sehr enttäuscht wären und es Herrn W. wenig Dank wissen würde, dass er sie mit einem so ketzerischen Autor bekannt gemacht.

Im ganzen sind wir mit des Verfassers Art, seinen Text mit Anmerkungen zu versehen, einverstanden: doch hat er nicht immer uns zu Dank erklärt; seine Fehler liegen darin, dass er oft die freieste Übersetzung giebt, wo eine wörtliche besser war, dass er geradezu falsche Erklärungen giebt, obwohl selten, und dass

er keine giebt, wo er nach dem sonst anzunehmenden Prinzip welche geben musste. Ich will einige Beispiele anführen; zur ersten Art gehören unter andern: pag. 8: *cocked hat*, erklärt mit Stülphut, während dreieckiger Hut richtiger wäre; pag. 24: *seedy*, kann nach seiner Grundbedeutung nicht verwildert heissen, im *slang* heisst es schäbig und das würde für den Garten genügen, verwildert sagt zu viel; pag. 37: *lofty*, ist nicht anmassend, sondern erhaben, dann von oben herab urteilend; pag. 39: *plot*, ist hier technischer Ausdruck, Verwickelung, Knoten im Drama; pag. 70: warum heisst *touch* das Charakteristische? pag. 85: *tube*, besser Röhre als Cylinder; pag. 94: *prime*, besser Jugend als Blüte; pag. 116: *amphora*, die Übersetzung „Fass" wäre besser als Krug; pag. 120: *recognised*, ist anerkannt, wozu: bestallt?

Zur zweiten Kategorie rechne ich: pag. 8: *rambling*, übersetzt mit „abgelegen," statt mit „unregelmässig, weitläufig"; vergl. das nicht erklärte *wandering*, pag. 25, Z. 5 v. o.; pag. 44: *a ship is due*, heisst niemals „pünktlich", sondern „fällig"; pag. 69: *Houndsditch*, ist nicht ein Quartier in London, sondern eine Strasse in der City, zwischen *Bishopsgate* und *Aldgate*; das in der Note angeführte *Victoria Palace* bedurfte auch einer Erklärung; pag. 89: *short-hand*, ist der engl. Ausdruck für Stenographie; der Witz *a sort of short-hand or arbitrary character for soup* geht durch die beiden Erklärungen ganz verloren; pag. 97: *backing*, ist nicht hinter etwas herfahren, sondern rückwärtsfahren, zurückhofen; pag. 99: *van*, ist das deutsche Wagen, hier Rollwagen; auf das seemännische Bild bei *broadside* und *fairy-fireship* war ebenso hinzuweisen als pag. 100 bei *wake*, das nicht Spur, sondern Woge ist. Pag. 100: *to the life*, heisst nicht „aus Leibeskräften", sondern „nach dem Leben", d. h. „ganz natürlich".

Ich vermisse die Erklärungen zu pag. 4: *green old age*; zu der Stelle über Lyon pag. 12 unten, die entschieden unklar ist und besser weggeblieben wäre, ebenso wie pag. 59: *to be in the Family way*; es müsste da das Wortspiel erklärt werden, da das aber nicht geht für eine Schullektüre, so blieben die 3 Zeilen besser weg; pag. 70 unten und 71 oben hätte wohl das *there it is* und *there it is not* eine Erklärung verdient; ebenso das seltne Wort *wen* eher als *to retouch upon*, das ausserdem mit „retouchiren" für jugendliche Leser nicht erklärt ist; pag. 76 letzte Zeile war auf das *sit romping* aufmerksam zu machen, das offenbar einen inneren Widerspruch enthält; pag. 78 *Magra* ist der alte Grenzfluss von *Gallia cisalpina*, die *Macra*, was wohl hätte bemerkt werden können. Pag. 84 war *Campo Santo* und 131 *Campanile* ebensogut zu erklären als an erster Stelle *Baptistery*. Pag. 90 *foot-on-staircase-falling* zu erklären; auch pag. 109, Z. 8 u. 9, wo *light* zu ergänzen ist.

Das Buch ist im ganzen korrekt gedruckt; aufgefallen ist mir pag. 46 in der Mitte *out its place* statt *out of its place*; pag. 78: *to high* statt *too high*; pag. 94: *Septimus* statt *Septimius*; pag. 103 *bis in ist in his*; pag. 108 letzte Zeile ist vor *hieroglyphic a* ausgefallen und pag. 129 steht *a* vor *whose assistance* zu viel; pag. 109, 1. Z. muss *Emperors* stehn.

Auch in der Aussprachebezeichnung habe ich pag. 83 zu *Leghorn* zu bemerken, dass es *Leforn* zu sprechen ist, wobei das gh lautet wie in *enough*.

Eisenach.　　　Prof. Dr. Balzer.

X.

Biographies of English Poets. —
Bilder aus der englischen Litteraturgeschichte zur Ergänzung des litteraturhistorischen Unterrichts, zugleich Lesebuch für obere Klassen höherer Lehranstalten, zusammengestellt und mit Anmerkungen und Bezeichnung der Aussprache der Eigennamen und der schwierigen Wörter versehen von Dr. Saure, korresp. Mitglied der Berliner Gesellschaft für das Studium der neueren Sprachen und Dr. Weischer, Oberlehrer. Leipzig und Köln, Verlag von C. Reissner & Ganz. 1880.

Das vorliegende Buch ist eine Kompilation, welche den Herausgebern viele Mühe gemacht hat; sie haben aus Litteraturgeschichten und Biographien und Essays über einzelne Autoren Stellen herausgenommen und zu einem Ganzen zu verknüpfen versucht. Als Resultate dieser Arbeit erscheinen 15 Biographien von sehr verschiedenem Werte und ungleicher Abrundung. Die zur Verbindung der Excerpte eingeschalteten eignen Zugaben lassen sich häufig sofort an der Sprache erkennen. Die als Einleitung gegebene Skizze der Geschichte der englischen Sprache und Litteratur ist sehr trocken und unzureichend. So ist pag. 1 unten und 2 oben in wenigen Zeilen gesagt, dass das Angelsächsische von 1066 bis 1362 als Schriftsprache fast vernichtet gewesen wäre, indem das Normännisch-französische die herrschende Sprache gewesen; dass aber im letztgenannten Jahre Eduard III. bestimmt habe, alle öffentlichen Akte etc. sollten in englischer Sprache geschrieben werden. Wer kann daraus die Entstehung des Englischen sich erklären? ist es par ordre du roi entstanden? pag. 2 wird Spencer *the greatest epic* genannt. Es ist unrichtig, wenn pag. 5 die Dichtungen „*The Lady of the Lake*", „*The Lay of the Last Minstrel*", „*Marmion*" als lyrische bezeichnet werden; pag. 7 ist der Satz ‚ *Lytton … ranks among the best modern novelists who takes his heroes mostly from high life*" zu beanstanden. Die dürftige Skizze könnte unbedingt fehlen.

Zu den Biographien selbst vermissen wir Konsequenz in der Annotierung; englische Schriftsteller, deren Namen vorkommen, finden Berücksichtigung, wenn nicht im Text hinreichende Aufklärung gegeben ist, andere Namen bleiben unerörtert, so z. B. pag. 97: *Archilochus* und *Alcaeus*, wo zum Verständnis des Textes einige Worte wünschenswert wären. Die Worterklärungen sind oft nicht gelungen oder mit Hilfe der landläufigen Lexika gemacht; so ist pag. 25, *Sheriff* erklärt mit Landoberrichter: doch sind die *Sheriffs* nur Grafschaftsbeamte mit geringen richterlichen Kompetenzen; gerade solche Fehler der Wörterbücher, die sich von einem ins andre vererben, müssten gute Kommentare beseitigen. Ein wesentlicher Irrtum ist in der Biographie *Shakespeare's* der Name *Hannah* pag. 35, es unns *Hamnet* heissen; dieser Sohn des Dichters starb 12 Jahre alt 1596. Überhaupt erzählt diese Lebensbeschreibung erst alle Fabeln aus dem Mythus von *Shakespeare* und übt dann eine sehr knappe Kritik, pag. 32—39.

Für die beabsichtigte Fortsetzung möchten wir den Herrn Herausgebern empfehlen, lieber Biographien aus einem Gusse zu geben und andere Beurteilungen in die Noten zu verweisen.

Eisenach.   Prof. Dr. B a l z e r.

IV. Anzeigen.

I.

Bilder aus Brehms Tierleben. Systematisch geordnet auf 55 Tafeln. 1.—3. Lieferung. Preis der Lieferung (11 Tafeln) 1 Mark. Leipzig, Bibliographisches Institut.

B r e h m s Tierleben ist jederman bekannt, wenigstens in seinen Illustrationen. Sie sind von unsern ersten Tierzeichnern entworfen und was das Tierl e b e n betrifft, die besten, die wir haben. Auf das grosse Werk müssen die meisten Schulen aus bekannten Gründen leider verzichten. Durch die jetzt erfolgende Ausgabe der Bilder wird ihnen aber

wenigstens etwas davon zugänglich gemacht. Sie erhalten ein Bilderbuch, „wie es bisher noch nicht existierte und zu dem die Schüler immer wieder gern zurückkehren werden." Der Preis ist überaus billig. Die Schüler können auch einzelne Tafeln erhalten. Die 3 ersten Lieferungen enthalten: Affen (Blatt 1 u.2); Flattertiere (Bl. 3); Raubtiere (Bl. 4—7); Kerfjäger (Bl. 8); Papageien (Bl. 19); Schwirr- und Spechtvögel (Bl. 21); Leichtschnäbler (Bl. 20); Panzerochsen (Bl. 34); Fische (Bl. 39—41); Insekten (Bl. 44 u. 45); Spinnen (Bl. 49); Weichtiere (Bl. 53).

Sch.

II.

Entwürfe und Dispositionen zu Unterredungen über den kl. Katechismus Dr. M. Luthers. Für Schulamtspräparanden und angehende Lehrer bearbeitet von K. Grossmann. Wittenberg, Herrosé 1881. 234 S. Preis 2,40 Mark.

Enthält katechetische Entwürfe über die 5 Hauptstücke und 3 ausgeführte Katechesen. Von den in der Einleitung ausgesprochenen Grundsätzen mögen folgende hier eine Stelle finden: 1. Der Lehrer halte sich bei Besprechung der Haupt-

stücke besonders an die lutherische Erklärung derselben. 2. Der Lehrer halte bei der Besprechung des 1. Hauptstückes Gesetz und Evangelium immer zusammen. 3. Der Lehrer führe die Kinder bei der Besprechung des Katechismus immer und immer wieder in die Zeugnisse der heil. Schrift und der heil. Geschichte hinein. 4. Der Lehrer ziehe auch die Kirchengeschichte, speziell die Geschichte der Reformation und die Weltgeschichte mit in den Religionsunterricht. 5. Der Lehrer wecke beim Religionsunterricht keinen Zweifel an der Kirchenlehre.

III.

Immanuel Kants Kritik der reinen Vernunft. Herausgegeben, erläutert und mit einer Lebensbeschreibung Kants versehen von J. H. v. K i r c h m a n n 5. Aufl. Leipzig. 1881. Koschny. 720 S. Preis 3 Mark.

Es ist der Text der 2. Ausgabe von 1787 zugrunde gelegt und die Abweichungen der ersten Ausgabe in Noten und Zusätzen beigefügt worden.

IV.

Die deutschen Volksschullehrer-Konferenzen des Jahres 1880.

2. pädagogisches Jahrbuch, enthaltend Themen und Thesen über Erziehung und Unterricht, aufgestellt, debattiert und angenommen in den Lehrer-Konferenzen. Gesammelt von G. Giggel, Lehrer. Dresden, Bleyl & Kaemmerer, 1881. 77 S. Preis 1,20 Mark.

Enthält 1. Thesen über Themen aus der allgemeinen Erziehungs- und Unterrichtslehre; 2. aus der besonderen Unterrichtslehre (Religion, Deutsch, Rechnen, Raumlehre, Geschichte, Geographie, Naturkunde, Gesang, Turnen); 3. Thesen über allgemein pädagogische Themen. Der Anhang bringt solche Thesen mit ihren Themen, welche nicht in Volksschullehrer-Conferenzen aufgestellt und debattiert sind.

V.

Zeitschrift für Orthographie.

Unparteiisches Zentralorgan für die orthographische Bewegung im In- und Auslande. Unter Mitwirkung namhafter Fachmänner herausgegeben von Dr. W. Vietor. Verlag von Werther in Rostock. Nr. 1 vom Oktober 1880. Preis halbjährlich 3 Mark. 32 S.

Enthält: Kräuter, Sprache und Schrift 1.; D. Sanders, Über den Unterschied zwischen theoretischen Erörterungen und praktischen Reformen auf dem Gebiete der Orthographie und mein Standpunkt in der orthographischen Frage; Wiebe, Aphoristische Bemerkungen zu „Noch einmal der Silbenschluss“; Sayce, Why we want a reformed alphabet; De Beer, De Nederlandsche spelling; Raoux, La réforme de l'orthographe française. Bibliographie. Zeitschriften. Notizen.

VI.

Zur Methodik der bibl. Geschichte.

Eine historisch-genetische Untersuchung von K. Knoke, Seminardirektor. I. Teil. 2. Ausgabe. Hannover, Meyer, 1878. 270 S. Preis 3 Mark.

Enthält: Einleitung. 1. Abschnitt: Die bibl. Geschichte in der heil. Schrift. 2. Abschnitt: Die bibl. Geschichte in der alten Kirche 3. Abschnitt: Die bibl. Geschichte in der mittelalterlichen Kirche.

VII.

D. Sanders, Deutsche Sprachbriefe.

Berlin, Langenscheidtsche Verlagsbuchhandlung.

Von diesem bedeutenden Werke liegt uns der erste Brief vor. Derselbe enthält nach einer „Einleitung“ und den „Vorbemerkungen“ an der Hand dreier Lesestücke (Anfang der Bibel nach Luthers Übersetzung, Worte Gottes zur Schlange und der Dornenstrauch von Lessing) eine grosse Zahl sprachlicher Bemerkungen, die von des Verfassers Klarheit und Gründlichkeit, wie all seine Werke, beredtes Zeugnis ablegen. Am Schlusse folgen „Wiederholungsfragen“ und Unterhaltungen auf sprachlichem Gebiete.“

VIII.

F. K. A. Friesicke, Der poetische Memorierstoff in der Volksschule.

40 ausgewählte Gedichte für den Gebrauch in der Schule. Berlin 1881, Wohlgemuths Verlagsbuchhandlung. 222 S.

Auf Wahrheit beruhen offenbar folgende Auslassungen des Verfassers (S. 4): „Es lässt sich durchaus nicht in Abrede stellen, dass in der Behandlung gerade der poetischen Memorierstoffe noch eine grosse Zerfahrenheit und Unsicherheit herrscht. Wer Gelegenheit gehabt hat, diesen Unterrichtszweig aus eigener Anschauung und Wahrnehmung kennen zu lernen, wird gefunden haben, dass selten ein entsprechendes, zielbewusstes Verfahren angewandt wird; entweder löst sich die Besprechung in eine grammatische Zerstückelung der einzelnen Strophen und Teile auf, oder es wird im allgemeinen über das Gedicht etwas hingeredet, ohne auf den Inhalt einzugehen. .... In der Deklamierstunde wird dann einfach aufgesagt, wobei sich der Lehrer, behaglich auf seinem Stuhle sitzend, recht hübsch ausruhen und die Stunde ohne jegliche Anstrengung beschliessen kann." Ob aber ein Lehrer, der vorstehendes Buch seinem Unterricht zu grunde legt, nicht ebenfalls in Versuchung gerät, sich die Sache unendlich leicht zu machen? Wir wenigstens haben den Eindruck empfangen, als ob dieses Buch die Lehrer des Deutschen wie Kinder betrachte, die am Gängelbande geführt werden müssten. Bei einer grossen Zahl von Gedichten heisst es nämlich zu Anfange: „Der Lehrer liest das Gedicht gut vor," bei anderen steht freilich blos: „Vorlesen des Gedichtes." (Bei letzteren ist wohl das gute Vorlesen nicht nötig?) Sodann folgt eine Inhaltsangabe des Gedichtes, bei welcher man nicht weiss, ob der Lehrer oder der Schüler sie machen soll. Der Verfasser scheint dass erstere zu wünschen, denn er sagt (S. 5): „An dieses Vorlesen schliesst sich dann zweitens eine kurze Inhaltsangabe an, die den Schüler in allgemeinen Zügen mit den Personen und Handlungen oder mit den im Gedicht zum Ausdruck gebrachten Stimmungen bekannt macht." Unseres Erachtens hat die mangelhafteste durch die Schüler gemachte Inhaltsangabe grösseren Wert für die letzteren als die beste des Lehrers. Nach der Inhaltsangabe kommen die Erläuterungen der einzelnen Strophen und nach denselben jedesmal eine Zusammenfassung. Die Erläuterungen sind in vollständigen Fragen und Antworten gegeben. Was bleibt dem Lehrer noch zu thun übrig? Zuletzt stehen noch Notizen über den Dichter und bisweilen Aufgaben für schriftliche Übungen. Korrektheit im einzelnen ist dem Buche nicht abzusprechen, und so mag es immerhin unter der Legion seiner Brüder ein Plätzchen behaupten.

Bl.

IX.

Th. Gelbe, Schulgrammatik der deutschen Sprache. Dresden, Bleyl und Kaemmerer. 82 S.

Dieses Buch ist ein Auszug aus des Verfassers grösserem Werke: „Deutsche Sprachlehre für höhere Lehranstalten, sowie zum Selbststudium. Dresden, Bleyl und Kaemmerer," welches Werk sich fast überall günstiger Aufnahme erfreut hat. Die anerkannten Vorzüge des letzteren bestehen darin, dass der Verfasser mit der grössten Sicherheit und Gründlichkeit die grammatischen Erscheinungen bis in ihr tiefstes Innere verfolgt, und dem an sich so spröden und einer gewissen Trockenheit nicht entbehrenden Stoffe die interessantesten Seiten abzugewinnen versteht. Als Schulbuch jedoch bietet es des Guten entschieden zu viel. Ein so breiter Raum kann und darf der Grammatik nicht eingeräumt werden. Um so besser scheint sich diese „Schulgrammatik" für den Schulgebrauch zu eignen — vorausgesetzt, dass der Lehrer das grössere Werk immer bei der Hand hat. Denn auf dieses ist unter dem Texte beständig verwiesen. Auf einen Übelstand, der allerdings in dem grösseren Werke viel stärker hervortritt, müssen wir aufmerksam machen: das ist eine mehrfach ziemlich schroff ausgesprochene Geringschätzigkeit, die der Verfasser der modernen Entwickelung unserer Sprache zu teil werden lässt. Das zeigt sich unter anderm in dem Abschnitt über die Substantive, in welchem Worte, wie „Gabe" und „Burg" der gemischten Deklination zugewiesen werden, trotzdem sie in ihrer gegenwärtigen Abbengung auch keine entfernte Spur einer starken Deklination mehr an sich tragen. Hierher gehören auch die scharfen Polemiken des grösseren Werkes gegen das Weglassen des Dativ-e, sowie gegen die Anhängung des e beim Imperativ der starken Verben. Was sich bei Goethe und Schiller auf jeder Seite findet, können wir nicht als eine Verschlechterung unserer Sprache betrachten. Musterhaft durch Schärfe und Bestimmtheit ist die Satzlehre.

Bl.

X.

Hermann Mehliss, Katechetische Entwürfe über den kleinen Katechismus Luther's. Ein Wegweiser für die katechetische Behandlung des Erck'schen Spruchbuches in Schule und Kirche. 3. Aufl. 3 Hefte. Preis jedes Heftes 2 Mark. Hannover, K. Meyer.

Den anerkennenden Recensionen, welche dieses Werk bereits erfahren hat, schliessen wir, was Auswahl des Stoffes, Durcharbeitung und methodische Behandlung anlangt, uns ebenfalls an. Wenn wir Bedenken äussern wollten, so würden sie principieller Natur sein, d. h. die Frage betreffen: Hat der Lutherische Katechismus in unserer Zeit wirklich ein Recht, dem Religionsunterricht in der Volksschule zu grunde gelegt zu werden? Diese Frage können wir nicht ohne weiteres bejahen, müssen uns aber, so lange die Kirche nicht selbst ein geeigneteres Buch in Vorschlag bringt, mit dem Lutherischen Katechismus begnügen. Die „Katechetischen Entwürfe" sind ent-standen, um der sog. „Katechismusnot" im Hannoverschen zu steuern. Von dieser bekommen wir freilich einen schönen Begriff, wenn wir im Vorworte lesen: „An und für sich ist die Spruchsammlung des Hannoverschen Landeskatechismus eine ganz vortreffliche. Jedoch wie verkehrt, dass in Hinsicht auf den Unterricht und auf das Memorandum zwei ganz verschiedene Gänge befolgt werden! Unterrichtet wird nach den fünf Hauptstücken; die Kinder lernen aber die Sprüche nach den acht Abschnitten. Für die Stunde, in welcher über die zweite Bitte katechisiert wird, haben sie vielleicht die zum siebenten Gebote gehörenden Sprüche zu lernen." Das ist nicht nur „sonderbar", wie der Verfasser sagt, sondern das ist entsetzlich. Nur fürchten wir, dass die Ursachen eines solchen aller Pädagogik ins Gesicht schlagenden Verfahrens tiefer liegende sind, die keine Katechismuserklärung beseitigen kann.

Bl.

XI.

Chr. Muff, Was ist Kultur? Halle, Mühlmann 1880, 35 S.

Eine interessante philosophische Untersuchung, die in dem Satze gipfelt, dass die wahre Kultur sei „die reichste Entwicklung aller Kräfte, bei welcher die Ausbildung des Geistes mit der Läuterung des Herzens Hand in Hand geht, wo alles mit dem Auge des Glaubens geschaut und nach den Geboten Gottes gethan wird, wo man die Feindschaft zwischen Fleisch und Geist, zwischen Himmel und Erde siegreich überwindet, wo Glauben und Wissen in Harmonie stehen" u.s. w. Es ist eine erfreuliche Wahrnehmung, dass sich die Stimmen derer mehren, die mit Entschiedenheit der einseitigen Ausbildung der Intelligenz entgegentreten und aufdecken, wo uns in Wahrheit der Schuh drückt. Wer solchen Männern den gehässigen Vorwurf der Reaction ins Gesicht schleudert, beweist damit nur, dass von ihm für den wahren Fortschritt nichts zu erwarten ist.

Bl.

XII.

G. Wirth, Leitfaden für den Unterricht in der deutschen Poetik. Berlin, Wohlgemuth 1881.

Das Buch hat die gute Eigenschaft, dass es, was etwa die Schule einem nicht durch Beschäftigung mit den alten Sprachen vorgebildeten Schüler oder einer Schülerin über die Formen und Gattungen der Poesie mitzuteilen hat, auf knapp 5 Bogen Hochoktav enthält. Manches liesse sich sogar dabei noch ohne Nachteil vermissen, wie die umfassende und für den Anfänger allzu schwierige Einleitung, der Abschnitt über das Wesen der Poesie und über die Tropen, Umstandteile, welche drei Achtel des Buches hinwegnehmen; will man überhaupt die Lehre von den Tropen in den Schulunterricht einführen, so scheint mir dieselbe eher an das Ende als an den Anfang der Poetik zu gehören.

Der sich daran schliessende Hauptteil des Buches bringt etwa, was andere Schulpoetiken über Versfuss und Vers, Strophe und Reim, sowie über die drei Hauptgattungen der Dichtung enthalten. Dass unter den zweisilbigen Versfüssen der Pyrrhichius ‿ ‿ aufgeführt wird, stimmt nicht mit dem richtigen, kurz vorher gegebenen Satze: „Eine durch eine Hebung zu einer Einheit verbundene Silbenreihe von zwei oder mehreren Silben heisst ein Versfuss". Viersilbige Versfüsse hat die deutsche Sprache nicht; auch der Choriambus ist kein deutscher Versfuss, wie die beiden Hebungen beweisen. Ebensowenig der Choliambus, welcher durch ‿ – – ‿ bezeichnet ist; derselbe ist ein ganzer Vers, in welchem auf fünf Jamben zum Schluss ein Trochäus folgt. Von diesen und anderen Bedenken abgesehen, wird sich das Buch ganz gut gebrauchen lassen; manches möchte auch hier zu tilgen, anderes beizufügen sein; aber darüber giebt es verschiedene Ansichten. Die Beispiele sind zweckmässig gewählt; nur sollte in einer weiteren Auflage statt Göthe richtig Goethe geschrieben werden.

Crefeld.   Dr. Buchner.

XIII.

Katechetische Vierteljahrsschrift für Geistliche und Lehrer. Herausgegeben von G. Leonhardi und C. Zimmermann. Sechzehnter Jahrgang. Leipzig bei Teubner. 1880.

Die Vierteljahrsschrift enthält: 1. katechetische Auslegungen, Katechesen und Katechisations-Entwürfe, 2. Aufsätze über Behandlung und Ordnung einzelner Stücke des Katechismus, sowie Schulreden und Ansprachen, 3. Recensionen und Referate über erschienene Schriften.

Wir sind nicht im stande, dieselbe den Lesern der „Päd. Studien" zu empfehlen, da die darin enthaltenen methodischen Bearbeitungen religiöser Stoffe die Betrachtungen Thründorf's über die Katechese (Päd. Studien 1881, 1. Heft) von neuem illustrieren.

Dresden.   Jst.

XIV.

F. W. Sering, Allgemeine Musiklehre in ihrer Begrenzung auf das Notwendigste für Lehrer und Schüler in jedem Zweige musikalischen Unterrichts. Lahr, Verlag von M. Schauenburg. Preis 80 Pf.

Wenn wir auch schon eine stattliche Anzahl von „Allgemeinen Musiklehren" besitzen und so das eigentliche Bedürfnis für eine neue nicht vorhanden ist, so geben wir doch gern zu, dass die vorliegende manches genauer und übersichtlicher bringt. So z. B. das Verhältnis von Tongeschlecht in Tonart, Verwandtschaft der Molltonarten etc., und deshalb empfehlen wir das neueste Werk Sering's angelegentlichst   Th.

XV.

Wahrheit, Freiheit, That! Predigten, gehalten von Erhard Schultz. Zweite Auflage. Mühlhausen i./Els., Bufleb. 8180 XII. 280. 4 Mark.

Der Verfasser gehört der sogenannten liberalen Theologie an. Seine Absicht, möglichst viele Wahrheiten derselben darzulegen, tritt naturgemäss in den mehr dogmatischen Predigten, in welchen er für die Kerngedanken des christlichen Glaubens nach seiner Auffassung zu gewinnen sucht, offen hervor. Zurück tritt sie dort, wo es ihm darauf ankommt, brennende Fragen der Sittenlehre, namentlich des sozialen Lebens zu behandeln, eine Aufgabe, der er sich mit heiligem Ernste und herzlicher Milde unterzieht und bei der ihm die rechte Fragstellung wie die rechte Beantwortung im christlichen Geiste sehr wohl geliugt; hier ist der Kopf im besten Sinne des Wortes zeitgemäss, modern. Die Sprache ist edel und schwungvoll, von feuriger Begeisterung getragen, vielleicht wäre „weniger" auch hier manchmal „mehr" gewesen.

Das Büchlein sei vor allem denen empfohlen, welche sich etwa mit der ausgesprochenen liberalen Theologie bekannt machen wollen. Aber wer es zu häuslicher Andacht gebrauchen will, wird des Erbaulichen und fruchtbar Anregenden genug darin finden.

B.

XVI.

Ackermann, dritter Bericht über die Karolinenschule und über das Lehrerinnenseminar zu Eisenach. Ostern 1881.

Voran steht eine höchst interessante Abhandlung des Direktors Ackermann: „In welchem Sinne darf und soll der Unterricht praktisch sein?" Non scholae, sed vitae discimus — auf Grund dieses Gedankens durchläuft der Verfasser die allgemeine, sowie die spezielle Unterrichtsmethodik, um überall die springenden Punkte nachzuweisen, an denen angesetzt werden müsse, damit die Schule nicht nur für sich selbst, sondern auch für das Leben arbeite. „Es war meine Absicht", sagt der Verfasser am Schluss seiner Abhandlung, „nachzuweisen, dass die Schule die Forderung, durch ihren Unterricht darauf hinzuwirken, dass die aus ihr Entlassenen praktische, für das Leben brauchbare Menschen werden, erfüllen kann, ohne die bis jetzt benützten Unterrichtsstoffe wesentlich zu modifizieren. Nur die eine Modifikation ist ausser der gewünschten grösseren Betonung der körperlichen Ausbildung, namentlich auch durch die Einrichtung von Schulwerkstätten, dazu nötig, dass man nicht so, wie das jetzt noch vielfach geschieht, das Quantum des Unterrichtsstoffes zum wichtigsten Maasstab für ihre Leistungen macht, dass man vielmehr in der methodischen Durcharbeitung dieses Stoffes und in der damit gegebenen Erweckung und Förderung geistiger Lebendigkeit und Regsamkeit, und das ist das Charakteristische, wodurch sich die Bildung vom Wissen unterscheidet, seine Hauptaufgabe suche und finde. Nur soweit sie geistiges Leben weckt, arbeitet die Schule für das Leben und nicht für sich. Dieses geistige Leben ist das eigentlich praktische, weil vorzugsweise in ihm die Bedingungen liegen, dass das, was der Mensch unternimmt und ausführt, möglichst gut wird."

Auch der Lehrplan bietet, namentlich demjenigen, welcher die Schicksale der herbart-zillerschen Pädagogik verfolgt, manches Interessante. Der für Klasse VI bestimmte biblische Geschichtsstoff ist, weil er für diese Altersstufe zu grosse Schwierigkeit bietet und noch nicht entsprechend verwertet werden kann, vermindert worden. Ferner treten nicht mehr wie früher alt- und neutestamentliche Stoffe abwechselnd auf, sondern die neutestamentlichen beginnen erst dann, wenn die alttestamentlichen abgeschlossen sind. Der Katechismusunterricht beginnt nicht mehr in Klasse IIIa, sondern erst in Klasse II. — Dem Geschichtsunterricht gehen in Klasse VI „Märchen", in Klasse V „Robinson" voraus. (Die Auswahl der Märchen ist bis auf eine dieselbe wie im I. Schuljahr von Rein, Pickel, Scheller.) Auch der Gang, der bei dem Geschichtsunterricht eingeschlagen wird, weicht von dem sonst üblichen nicht unwesentlich ab. Bestimmend für denselben ist die Schrift von Biedermann, der Geschichtsunterricht in der Schule etc. Siehe im Programm Seite 35, ferner die Arbeiten aus dem Zillerschen Seminar. — In der Geographie ist die Behandlung nach konzentrischen Kreisen (Stössner) aufgegeben und ein enger Anschluss an den Unterricht in der Geschichte aufgestellt worden. — Diese kurzen Andeutungen werden genügen, um für den III. Bericht über die Karolinenschule und das Lehrerinnenseminar zu Eisenach ein grösseres Interesse zu wecken, als es sonst Programmen von Fernerstehenden zugewendet zu werden pflegt.

R.